सीता कि परीक्षा COLOUR

सम्पूर्ण रामायण

विवेक कुमार पांडे शंभुनाथ

ISBN 979-888546359-1

- इस किताब को लिखने के दौरान कोई भी धर्म या कोई भी व्यक्ति और समाज को नुक्सान नहीं पहुंचाया गया है. इस किताब में हम जानेंगे कैसे सीता माता अपना जीवन आत्म समर्पण कर देती हैं.इस किताब को लिखा है श्री विवेक कुमार पांडे शंभुनाथ जी ने.।

क्रम-सूची

प्रस्तावना

Author biography in English :MY NAME IS VIVEK KUMAR PANDEY . I WAS BORN IN 30 SEP 2002,I AM FROM SURAT GUJARAT INDIA.MY DREAM WAS TO BE GOOD WRITERS ,MY FAMILY SUPPORTED ME TO SUCCESSFUL AND I CAN DO IT MY SELF.How do I write? That is a question, I believe, that cannot be honestly answered by me."CELEBRATING YOUNGEST WRITER AWARD WINNER IN GUJARAT 1ST RANK" MR PANDEY JI . I may think I did a good job writing something when in reality it could be horrible. The reader is the one who decides the quality of my writing. I do not find writing to be natural to me and therefore find it to be a real challenge. My trick as a challenged writer is to do the best I can and know that I am happy with the final outcome. It may take a while to do my best and there may be quite a few problems I run into along the way.

I am not a greedy person those who are thinking about me and my self I never tried it anyone people suffering from sadness ,I trying to get promoted people suffering from happiness and joy in your Life Time. Now in current situation in India and also world people are unemployed and have no many but our indian governor help to people to get free food from ration card , i also take part in leadership team ,i am Motivational speaker , Film script writer. There was my two dream firstly writer and secondly actor & also my own film is upcoming soon i done almost completely completed script for my film .I AM GOING TO SAY WORD OF HEART TOUCH OUT PLEASE READ IT" , firstly i thanks my father he supports me in this field they always getting inspired me by own his words and behavior ,they always said that he was a biggest person in the world in future and also they purchase fruit and chocolate for me in anytime & anyway , firstly my father buy him then call me Vivek you want a chocolate i will say yes papa but how many tell me ,papa: you tell me how much i buy him i told 1 or 2 chocolate but my father purchase whole the boxes of chocolate and they get suprised me. MY FATHER WAS BORN IN " 20 SEPTEMBER" 1971 IN INDIA.

1) MY FATHER FAVORITE CLOTHES IS KURTA PAIJMA AND ALSO STYLES SHOE
2) FAVORITE SINGER IS KISHORE DA
3) FAVORITE STATE GUJARAT AND KOLKATA , HIS VILLAGE IN BIHAR
4) FAVORITE COLOR BLACK AND WHITE

THEY ALSO LOVE cricket like IPL and one day t-20 .they also like watching a News daily and heard the song daily ,they also interested in tik tok video but in current time tik tok is banned in india but also few videos are in you tube. In lockdown time my family and me very enjoy day daily. my father play daily ludo with his sister and son, daughter.they always loved tea and coffee anytime call me "। विवेक थोड़ा चाय बनाओना विवेक तुम्हारे हाथ का चाय अच्छा लगता है". I make it tea for my father but some reason after the April to june they are suffering from fever and cough , weakness on 6 June 2020 my father death. they not told me say bye bye his life. After death of 6 June on 10 june my mom and dad anniversary.but my father is Best in the world they can do anything for me please take care of father and respect it of your parents.

1

बालकाण्ड : रामायण कथा प्रारम्भ

- *इस किताब को लिखने के दौरान कोई भी धर्म या कोई भी व्यक्ति और समाज को नुक्सान नहीं पहुंचाया गया है. इस किताब में हम जानेंगे कैसे सीता माता अपना जीवन आत्म समर्पण कर देती हैं.इस किताब को लिखा है श्री विवेक कुमार पांडे शंभुनाथ जी ने.।*

- *बालकाण्ड*

रामायण कथा प्रारम्भ

कौशल प्रदेश, जिसकी स्थापना वैवस्वत मनु ने की थी, पवित्र सरयू नदी के तट पर स्थित है। सुन्दर एवं समृद्ध अयोध्या नगरी इस प्रदेश की राजधानी है। वैवस्वत मनु के वंश में अनेक शूरवीर, पराक्रमी, प्रतिभाशाली तथा यशस्वी राजा हुये जिनमें से राजा दशरथ भी एक थे। राजा दशरथ वेदों के मर्मज्ञ, धर्मप्राण, दयालु, रणकुशल, और प्रजापालक थे। उनके राज्य में प्रजा कष्टरहित, सत्यनिष्ठ एवं ईश्वरभक्त थी। उनके राज्य में किसी का किसी के भी प्रति द्वेषभाव का सर्वथा अभाव था।

एक दिन दर्पण में अपने कृष्णवर्ण केशों के मध्य एक श्वेत रंग के केश को देखकर महाराज दशरथ विचार करने लगे कि अब मेरे यौवन के दिनों का अंत निकट है और अब तक मैं निःसंतान हूँ। मेरा वंश आगे कैसे बढ़ेगा तथा किसी उत्तराधिकारी के अभाव में राज्य का क्या होगा? इस प्रकार विचार करके उन्होंने पुत्र प्राप्ति हेतु पुत्रयेष्ठि यज्ञ करने का संकल्प किया। अपने कुलगुरु वशिष्ठ जी को बुलाकर उन्होंने अपना मन्तव्य बताया तथा यज्ञ के लिये उचित विधान बताने की प्रार्थना की।.

उनके विचारों को उचित तथा युक्तियुक्त जान कर गुरु वशिष्ठ जी बोले, “हे राजन्! पुत्रयेष्ठि यज्ञ करने से अवश्य ही आपकी मनोकामना पूर्ण होगी ऐसा मेरा विश्वास है। अतः आप शीघ्रातिशीघ्र अश्वमेध यज्ञ करने तथा इसके लिये एक सुन्दर श्यामकर्ण अश्व छोड़ने की व्यवस्था करें।” गुरु वशिष्ठ की मन्त्रणा के अनुसार शीघ्र ही महाराज दशरथ ने सरयू नदी के उत्तरी तट पर सुसज्जित एवं अत्यन्त मनोरम यज्ञशाला का निर्माण करवाया तथा मन्त्रियों और सेवकों को सारी व्यवस्था करने की आज्ञा दे कर महाराज दशरथ ने रनिवास में जा कर अपनी तीनों रानियों कौशल्या, कैकेयी और सुमित्रा को यह शुभ समाचार सुनाया। महाराज के वचनों को सुन कर सभी रानियाँ प्रसन्न हो गईं।

- **राम, भरत, लक्ष्मण और शत्रुघ्न का जन्म**

मन्त्रीगणों तथा सेवकों ने महाराज की आज्ञानुसार श्यामकर्ण घोड़ा चतुरंगिनी सेना के साथ छुड़वा दिया। महाराज दशरथ ने देश देशान्तर के मनस्वी, तपस्वी, विद्वान ऋषि-मुनियों तथा वेदविज्ञ प्रकाण्ड पण्डितों को यज्ञ सम्पन्न कराने के लिये बुलावा भेज दिया। निश्चित समय आने पर समस्त अभ्यागतों के साथ महाराज दशरथ अपने गुरु वशिष्ठ जी तथा अपने परम मित्र अंग देश के अधिपति लोमपाद के जामाता ऋंग ऋषि को लेकर यज्ञ मण्डप में पधारे। इस प्रकार महान यज्ञ का विधिवत शुभारम्भ किया गया। सम्पूर्ण वातावरण वेदों की ऋचाओं के उच्च स्वर में पाठ से गूँजने तथा समिधा की सुगन्ध से महकने लगा।

समस्त पण्डितों, ब्राह्मणों, ऋषियों आदि को यथोचित धन-धान्य, गौ आदि भेंट कर के सादर विदा करने के साथ यज्ञ की समाप्ति हुई। राजा दशरथ ने यज्ञ के प्रसाद चरा को अपने महल में ले जाकर अपनी तीनों रानियों में वितरित कर दिया। प्रसाद ग्रहण करने के परिणामस्वरूप परमपिता परमात्मा की कृपा से तीनों रानियों ने गर्भधारण किया।

जब चैत्र मास के शुक्ल पक्ष की नवमी तिथि को पुनर्वसु नक्षत्र में सूर्य, मंगल शनि, वृहस्पति तथा शुक्र अपने-अपने उच्च स्थानों में विराजमान थे, कर्क लग्न का उदय होते ही महाराज दशरथ की बड़ी रानी कौशल्या के गर्भ से एक शिशु का जन्म हुआ जो कि श्यामवर्ण, अत्यन्त तेजोमय, परम कान्तिवान तथा अद्भुत सौन्दर्यशाली था। उस शिशु को देखने वाले ठगे से रह जाते थे। इसके पश्चात् शुभ नक्षत्रों और शुभ घड़ी में महारानी कैकेयी के एक तथा तीसरी रानी सुमित्रा के दो तेजस्वी पुत्रों का जन्म हुआ।

सम्पूर्ण राज्य में आनन्द मनाया जाने लगा। महाराज के चार पुत्रों के जन्म के उल्लास में गन्धर्व गान करने लगे और अप्सरायें नृत्य करने लगीं। देवता अपने विमानों में बैठ कर पुष्प वर्षा करने लगे। महाराज ने उन्मुक्त हस्त से राजद्वार पर आये हुये भाट, चारण तथा आशीर्वाद देने वाले ब्राह्मणों और याचकों को दान दक्षिणा दी। पुरस्कार में प्रजा-जनों को धन-धान्य तथा दरबारियों को रत्न, आभूषण तथा उपाधियाँ प्रदान किया गया। चारों पुत्रों का नामकरण संस्कार महर्षि वशिष्ठ के द्वारा कराया गया तथा उनके नाम रामचन्द्र, भरत, लक्ष्मण और शत्रुघ्न रखे गये।

आयु बढ़ने के साथ ही साथ रामचन्द्र गुणों में भी अपने भाइयों से आगे बढ़ने तथा प्रजा में अत्यंत लोकप्रिय होने लगे। उनमें अत्यन्त विलक्षण प्रतिभा थी जिसके परिणामस्वरू अल्प काल में ही वे समस्त विषयों में पारंगत हो गये। उन्हें सभी प्रकार के अस्त्र-शस्त्रों को चलाने तथा हाथी, घोड़े एवं सभी प्रकार के वाहनों की सवारी में उन्हें असाधारण निपुणता प्राप्त हो गई। वे निरन्तर माता-पिता और गुरुजनों की सेवा में लगे रहते थे। उनका अनुसरण शेष तीन भाई भी करते थे। गुरुजनों के प्रति जितनी श्रद्धा भक्ति इन चारों भाइयों में थी उतना ही उनमें परस्पर प्रेम और सौहार्द भी था। महाराज दशरथ का हृदय अपने चारों पुत्रों को देख कर गर्व और आनन्द से भर उठता था।

- *महर्षि विश्वामित्र का आगमन*

अयोध्यापति महाराज दशरथ के दरबार में यथोचित आसन पर गुरु वशिष्ठ, मन्त्रीगण और दरबारीगण बैठे थे।

अयोध्यानरेश ने गुरु वशिष्ठ से कहा, "हे गुरुदेव! जीवन तो क्षणभंगुर है और मैं वृद्धावस्था की ओर अग्रसर होते जा रहा हूँ। राम, भरत, लक्ष्मण और शत्रुघ्न चारों ही राजकुमार अब वयस्क भी हो चुके हैं। मेरी इच्छा है कि इस शरीर को त्यागने के पहले राजकुमारों का विवाह देख लूँ। अतः आपसे निवेदन है कि इन राजकुमारों के लिये योग्य कन्याओं की खोज करवायें।" महाराज दशरथ की बात पूरी होते ही द्वारपाल ने ऋषि विश्वामित्र के आगमन की सूचना दी। स्वयं राजा दशरथ ने द्वार तक जाकर विश्वामित्र की अभ्यर्थना की और आदरपूर्वक उन्हें दरबार के अन्दर ले आये तथा गुरु वशिष्ठ के पास ही आसन देकर उनका यथोचित सत्कार किया। .

कुशलक्षेम पूछने के पश्चात् राजा दशरथ ने विनम्र वाणी में ऋषि विश्वामित्र से कहा, "हे मुनिश्रेष्ठ! आपके दर्शन से मैं कृतार्थ हुआ तथा आपके चरणों की पवित्र धूलि से यह राजदरबार और सम्पूर्ण अयोध्यापुरी धन्य हो गई। अब कृपा करके आप अपने आने का प्रयोजन बताइए। किसी भी प्रकार की आपकी सेवा करके मैं स्वयं को अत्यंत भाग्यशाली समझूँगा।"

राजा के विनयपूर्ण वचनों को सुनकर मुनि विश्वामित्र बोले, "हे राजन्! आपने अपने कुल की मर्यादा के अनुरूप ही वचन कहे हैं। इक्ष्वाकु वंश के राजाओं की श्रद्धा भक्ति गौ, ब्राह्मण और ऋषि-मुनियों के प्रति सदैव ही रही है। मैं आपके पास एक विशेष प्रयोजन से आया हूँ, समझिये कि कुछ माँगने के लिये आया हूँ। यदि आप मुझे वांछित वस्तु देने का वचन दें तो मैं अपनी माँग आपके सामने प्रस्तुत करूँ। आप के वचन न देने की दशा में मैं बिना कुछ माँगे ही वापस लौट जाऊँगा।"

महाराज दशरथ ने कहा, "हे ब्रह्मर्षि! आप निःसंकोच अपनी माँग रखें। सम्पूर्ण विश्व जानता है कि रघुकुल के राजाओं का वचन ही उनकी प्रतिज्ञा होती है। आप माँगें तो मैं अपना शीश काट कर भी आपके चरणों में रख सकता हूँ।" उनके इन वचनों से आश्वस्त ऋषि विश्वामित्र बोले, "राजन्! मैं अपने आश्रम में एक यज्ञ कर रहा हूँ। इस यज्ञ के पूर्णाहुति के समय मारीच और सुबाहु नाम के दो राक्षस आकर रक्त, माँस आदि अपवित्र वस्तुएँ यज्ञ वेदी में फेंक देते हैं। इस प्रकार यज्ञ पूर्ण नहीं हो पाता। ऐसा वे अनेक बार कर चुके हैं। मैं उन्हें अपने तेज से श्राप देकर नष्ट भी नहीं कर सकता क्योंकि यज्ञ करते समय क्रोध करना वर्जित है। मैं जानता हूँ कि आप मर्यादा का पालन करने वाले, ऋषि मुनियों के हितैषी एवं प्रजावत्सल राजा हैं। मैं आपसे आपके ज्येष्ठ पुत्र राम को माँगने के लिये आया हूँ ताकि वह मेरे साथ जाकर राक्षसों से मेरे यज्ञ की रक्षा कर सके और मेरा यज्ञानुष्ठान निर्विघ्न पूरा हो सके। मुझे पता है कि राम आसानी के साथ उन दोनों का संहार कर सकते हैं। अतः केवल दस दिनों के लिये राम को मुझे दे दीजिये। कार्य पूर्ण होते ही मैं उन्हें सकुशल आप के पास वापस पहुँचा दूँगा।"

विश्वामित्र की बात सुनकर राजा दशरथ को अत्यन्त विषाद हुआ। ऐसा लगने लगा कि अभी वे मूर्छित हो जायेंगे। फिर स्वयं को संभाल कर उन्होंने कहा, "मुनिवर! राम अभी बालक है। राक्षसों का सामना करना उसके लिये सम्भव नहीं होगा। आपके यज्ञ की रक्षा करने के लिये मैं स्वयं ही जाने को तैयार हूँ।" विश्वामित्र बोले, "राजन्! आप तनिक भी सन्देह न करें कि राम उनका सामना नहीं कर सकते। मैंने अपने योगबल से उनकी शक्तियों का अनुमान लगा लिया है। आप निःशंक होकर राम को मेरे साथ भेज दीजिये।"

इस पर राजा दशरथ ने उत्तर दिया, "हे मुनिश्रेष्ठ! राम ने अभी तक किसी राक्षस के माया प्रपंचों को नहीं देखा है और उसे इस प्रकार के युद्ध का अनुभव भी नहीं है। जब से उसने जन्म लिया है, मैंने उसे अपनी आँखों के सामने से कभी ओझल भी होने नहीं दिया है। उसके वियोग

से मेरे प्राण निकल जावेंगे। आपसे विनय है कि कृपा करके मुझे ससैन्य चलने की आज्ञा दें।"

पुत्रमोह से ग्रसित होकर राजा दशरथ को अपनी प्रतिज्ञा से विचलित होते देख ऋषि विश्वामित्र आवेश में आ गये। उन्होंने कहा, "राजन्! मैं नहीं जानता था कि रघुकुल में अब प्रतिज्ञा पालन करने की परम्परा समाप्त हो गई है। यदि जानता होता तो मैं कदापि नहीं आता। लो मैं अब चला जाता हूँ।" बात समाप्त होते होते उनका मुख क्रोध से लाल हो गया।

विश्वामित्र को इस प्रकार क्रुद्ध होते देख कर दरबारी एवं मन्त्रीगण भयभीत हो गये और किसी प्रकार के अनिष्ट की कल्पना से वे काँप उठे। गुरु वशिष्ठ ने राजा को समझाया, "हे राजन्! पुत्र के मोह में ग्रसित होकर रघुकुल की मर्यादा, प्रतिज्ञा पालन और सत्यनिष्ठा को कलंकित मत कीजिये। मैं आपको परामर्श देता हूँ कि आप राम के बालक होने की बात को भूल कर एवं निःशंक होकर राम को मुनिराज के साथ भेज दीजिये। महामुनि अत्यन्त विद्वान, नीतिनिपुण और अस्त्र-शस्त्र के ज्ञाता हैं। मुनिवर के साथ जाने से राम का किसी प्रकार से भी अहित नहीं हो सकता उल्टे वे इनके साथ रह कर शस्त्र और शास्त्र विद्याओं में अत्यधिक निपुण हो जायेंगे तथा उनका कल्याण ही होगा।"

गुरु वशिष्ठ के वचनों से आश्वस्त होकर राजा दशरथ ने राम को बुला भेजा। राम के साथ साथ लक्ष्मण भी वहाँ चले आये। राजा दशरथ ने राम को ऋषि विश्वामित्र के साथ जाने की आज्ञा दी। पिता की आज्ञा शिरोधार्य करके राम के मुनिवर के साथ जाने के लिये तैयार हो जाने पर लक्ष्मण ने भी ऋषि विश्वामित्र से साथ चलने के लिये प्रार्थना की और अपने पिता से भी राम के साथ जाने के लिये अनुमति माँगी। अनुमति मिल जाने पर राम और लक्ष्मण सभी गुरुजनों से आशीर्वाद ले कर ऋषि विश्वामित्र के साथ चल पड़े।

समस्त अयोध्यावासियों ने देखा कि मन्द धीर गति से जाते हुये मुनिश्रेष्ठ विश्वामित्र के पीछे पीछे कंधों पर धनुष और तरकस में बाण रखे दोनों भाई राम और लक्ष्मण ऐसे लग रहे थे मानों ब्रह्मा जी के पीछे दोनों अश्विनी कुमार चले जा रहें हों। अद्भुत् कांति से युक्त दोनों भाई गोह की त्वचा से बने दस्ताने पहने हुये थे, हाथों में धनुष और कटि में तीक्ष्ण धार वाली कृपाणें शोभायमान हो रहीं थीं। ऐसा प्रतीत होता था मानो स्वयं शौर्य ही शरीर धारण करके चले जा रहे हों।

लता विटपों के मध्य से होते हुये छः कोस लम्बा मार्ग पार करके वे पवित्र सरयू नदी के तट पर पहुँचे। मुनि विश्वामित्र ने स्नेहयुक्त मधुर वाणी में कहा, "हे वत्स! अब तुम लोग सरयू के पवित्र जल से आचमन स्नानादि करके अपनी थकान दूर कर लो, फिर मैं तुम्हें प्रशिक्षण दूँगा। सर्वप्रथम मैं तुम्हें बला और अतिबला नामक विद्याएँ सिखाऊँगा।" इन विद्याओं के विषय में राम के द्वारा जिज्ञासा प्रकट करने पर ऋषि विश्वामित्र ने बताया, "ये दोनों ही विद्याएँ असाधारण हैं। इन विद्याओं में पारंगत व्यक्तियों की गिनती संसार के श्रेष्ठ पुरुषों में होती है। विद्वानों ने इन्हें समस्त विद्याओं की जननी बताया है। इन विद्याओं को प्राप्त करके तुम भूख और प्यास पर विजय पा जाओगे। इन तेजोमय विद्याओं की सृष्टि स्वयं ब्रह्मा जी ने की है। इन विद्याओं को पाने का अधिकारी समझ कर मैं तुम्हें इन्हें प्रदान कर रहा हूँ।"

राम और लक्ष्मण के स्नानादि से निवृत होने के पश्चात् विश्वामित्र जी ने उन्हें इन विद्याओं की दीक्षा दी। इन विद्याओं के प्राप्त हो जाने पर उनके मुख मण्डल पर अद्भुत् कान्ति आ गई। तीनों ने सरयू तट पर ही विश्राम किया। गुरु की सेवा करने के पश्चात् दोनों भाई तृण शैयाओं पर सो गये।

- कामदेव का आश्रम

दूसरे दिन ब्राह्म-मुहूर्त में निद्रा त्याग कर मुनि विश्वामित्र तृण शैयाओं पर विश्राम करते हुये राम और लक्ष्मण के पास जा कर बोले, "हे राम और लक्ष्मण! जागो। रात्रि समाप्त हो गई है। कुछ ही काल में प्राची में भगवान भुवन-भास्कर उदित होने वाले हैं। जिस प्रकार वे अन्धकार का नाश कर समस्त दिशाओं में प्रकाश फैलाते हैं उसी प्रकार तुम्हें भी अपने पराक्रम से राक्षसों का विनाश करना है। नित्य कर्म से निवृत होओ, सन्ध्या-उपासना करो। अग्निहोत्रादि से देवताओं को प्रसन्न करो। आलस्य को त्यागो और शीघ्र उठ जाओ क्योंकि अब सोने का समय नहीं है।"

गुरु की आज्ञा प्राप्त होते ही दोनों भाइयों ने शैया त्याग दिया और नित्यकर्म एवं स्नान-ध्यान आदि से निवृत होकर मुनिवर के साथ गंगा तट की ओर चल दिये। वे गंगा और सरयू के संगम, जहाँ पर ऋषि-मुनियों तथा तपस्वियों के शान्त व सुन्दर आश्रम बने हुये थे, पर पहुँचे। एक अत्यधिक सुन्दर आश्रम को देखकर रामचन्द्र ने गुरु विश्वामित्र से पूछा, "हे गुरुवर! यह परम रमणीक आश्रम किन महर्षि का निवास स्थान हैं?"

राम के प्रश्न के उत्तर में ऋषि विश्वामित्र ने बताया, " हे राम! यह एक विशेष आश्रम है। पूर्व काल में कैलाशपति महादेव ने यहाँ घोर तपस्या की थी। सम्पूर्ण विश्व उनकी तपस्या को देखकर विचलित हो उठा था। उनकी तपस्या से देवराज इन्द्र भयभीत हो गए और उन्होंने शंकर जी के तप को भंग करने का निश्चय किया। इस कार्य के लिये उन्होंने कामदेव को नियुक्त कर दिया। भगवान शिव पर कामदेव ने एक के बाद एक कई बाण छोड़े जिससे उनकी तपस्या में बाधा पड़ी। क्रुद्ध होकर महादेव ने अपना तीसरा नेत्र खोल दिया। उस तीसरे नेत्र की तेजोमयी ज्वाला से जल कर कामदेव भस्म हो गए। देवता होने के कारण कामदेव की मृत्यु नहीं हुई केवल शरीर ही नष्ट हुआ। इस प्रकार अंग नष्ट हो जाने के कारण उसका नाम 'अनंग' हो गया और इस स्थान का नाम अंगदेश पड़ गया। यह भगवान शिव का आश्रम है किन्तु भगवान शिव के

द्वारा यहाँ पर कामदेव को भस्म कर देने के कारण इसे कामदेव का आश्रम भी कहते हैं।"

गुरु विश्वामित्र की आदेशानुसार सभी ने वहीं रात्रि विश्राम करने का निश्चय किया। राम और लक्ष्मण दोनों भाइयों ने वन से कंद-मूल-फल लाकर मुनिवर को समर्पित किये और गुरु के साथ दोनों भाइयों ने प्रसाद ग्रहण किया। तत्पश्चात् स्नान, सन्ध्या-उपासना आदि से निवृत होकर राम और लक्ष्मण गुरु विश्वामित्र से अनेक प्रकार की कथाएँ तथा धार्मिक प्रवचन सुनते रहे। अन्त में गुरु की यथोचित सेवा करने के पश्चात् आज्ञा पाकर वे परम पवित्र गायत्री मन्त्र का जाप करते हुये तृण शैयाओं पर जा विश्राम करने लगे।

ताड़का वध

•

ताड़का वध

प्रातःकाल स्नान, सन्ध्योपासनादि कार्यों से निवृत होकर राम और लक्ष्मण गुरु विश्वामित्र के साथ सरिता तट पर पहुँचे। एक वनवासी मुनि ने विश्वामित्र के साथ दो सुकुमार बालकों को देखा तथा उनका परिचय प्राप्त कर वे एक छोटी सी सुन्दर नौका ले आये और विश्वामित्र से बोले, "हे मुनिराज! आप इन राजकुमारों के साथ इस नौका पर बैठ कर सरिता पार कर लीजिए।" विश्वामित्र जी ने उस मुनि को धन्यवाद दिया और राम तथा लक्ष्मण के साथ नौका पर सवार हो गए। इस प्रकार वे, सागर से मिलन की आतुरता में कलकलनाद के साथ दौड़ती जा रही, उस नदी को पार कर गये। नदी के उस पार एक भयानक वन था। उस वन को देखकर राम बोले, "गुरुदेव! यह वन तो बड़ा भयंकर है। सभी ओर से सिंह, व्याघ्र आदि हिंसक पशुओं के दहाड़ने और हाथियों के चिंघाड़ने की ध्वनि आ रही हैं। जंगली सूअर, भालू, वनभैंसें आदि वन्य प्राणी भ्रमण करते दृष्टिगत हो रहे हैं। वृक्षों की सघनता के कारण सूर्य का प्रकाश इस वन के भीतर घुसने का साहस नहीं कर पा रहा है और इसी कारणवश चारों ओर अन्धकार हो रहा है। इस अति दुर्गम वन का क्या नाम है?"

राम के इस प्रश्न का उत्तर विश्वामित्र ने इस प्रकार दिया, "हे राघव! पूर्व काल में इस स्थान में वन न होकर मलदा और करुप नाम के दो बड़े समृद्ध राज्य हुआ करते थे। दोनों ही राज्य ऊँची-ऊँची अट्टालिकाओं, वीथिकाओं तथा सुन्दर पथों से सुशोभित थे तथा धन-धान्य और समृद्धि से परिपूर्ण थे। दूर-दूर के व्यापारी यहाँ पर व्यापार करने आया करते थे। किन्तु ताड़का नामक एक यक्ष कन्या ने उन दोनों राज्यों का विनाश कर दिया।"

ऋषि विश्वामित्र ने आगे बताया, "ताड़का कोई साधारण स्त्री न होकर सुन्द नाम के राक्षस की पत्नी और मारीच नामक राक्षस की माता है। उसके शरीर में हजार हाथियों के बराबर बल है और वह अत्यन्त पराक्रमी और शक्तिशाली है,। इस प्रदेश को नष्ट करने के पश्चात् ताड़का ने अपने पुत्र मारीच के साथ मिलकर यहाँ के समस्त निवासियों को मार कर खा डाला। अब उनके भय से यहाँ दो दो कोस दूर तक किसी मनुष्य की परछाईं भी दिखाई नहीं देती। भूलवश यदि कोई यहाँ आ भी जाये तो जीवित नहीं लौट पाता। उसी ताड़का का संहार करने के लिये ही मैं तुम्हें यहाँ लाया हूँ।"

राम ने आश्चर्य से पूछा, "गुरुदेव! स्त्रियाँ तो कोमल और दुर्बल होती हैं, फिर ताड़का में हजार हाथियों का बल कैसे आ गया? ऐसा प्रतीत होता है कि अवश्य कुछ न कुछ रहस्य है।"

विश्वामित्र बोले, "वत्स! तुम्हारा कथन सत्य है और वास्तव में इसके पीछे एक रहस्य है। सुकेतु नाम का एक अत्यंत बलवान यक्ष था। वह सन्तानहीन था। अतः सन्तान प्राप्ति के उद्देश्य से उसने ब्रह्मा जी की कठोर तपस्या की। उसकी तपस्या से प्रसन्न होकर ब्रह्मा जी ने उसे सन्तान होने का वरदान दे दिया परिणामस्वरूप ताड़का का जन्म हुआ। सुकेतु के द्वारा ताड़का के अत्यंत बली होने का वर माँगने पर ब्रह्मा जी ने उसके शरीर में हजार हाथियों का बल दे दिया। विवाह योग्य आयु होने पर सुकेतु ने ताड़का का विवाह सुन्द नामक राक्षस से कर दिया और उससे मारीच का जन्म हुआ। मारीच भी अपनी माता के समान बलवान और पराक्रमी था। वह सुन्द राक्षस का पुत्र होकर भी स्वयं राक्षस नहीं था किन्तु बाल्यकाल में वह बहुत उपद्रवी था। ऋषि मुनियों को अकारण कष्ट दिया करता था। उसके उपद्रवों से त्रस्त होकर एक दिन अगस्त्य मुनि ने उसे राक्षस हो जाने का शाप दे दिया। अपने पुत्र के राक्षस गति प्राप्त हो जाने से सुन्द अत्यन्त क्रोधित हो गया और अगस्त्य ऋषि को मारने दौड़ा। इस पर अगस्त्य ऋषि ने शाप देकर सुन्द को तत्काल भस्म कर दिया। अपने पति की मृत्यु का बदला लेने के लिये ताड़का भी अगस्त्य ऋषि पर झपटी। इस पर अगस्त्य ऋषि ने शाप दे कर ताड़का के सौन्दर्य को नष्ट कर दिया और वह अत्यंत कुरूप हो गई। अपनी कुरूपता को देखकर और अपने पति की मृत्यु का बदला लेने के लिये ताड़का ने अगस्त्य मुनि के आश्रम को नष्ट करने का संकल्प किया है। अतः हे राम! मैं तुम्हें आज्ञा देता हूँ कि तुम ताड़का का वध करो। तुम्हारे अतिरिक्त इसका वध कोई भी नहीं कर सकता। अपने मन से यह विचार निकाल दो कि यह स्त्री है और स्त्री का वध मैं कैसे करूँ। स्त्री के रूप में यह एक घोर पाप है और पाप को नष्ट करने में कोई पाप नहीं

होता। समस्त संशय को त्याग कर मेरी आज्ञा से तुम इस पापिनी का संहार कर दो।"

राम ने कहा, "गुरुदेव! आपकी आज्ञा मुझे शिरोधार्य है। समस्त मानवों के कल्याण के लिये मैं अवश्य ही ताड़का का वध करूँगा।" इतना कह कर राम ने अपने धनुष पर बाण रख कर उसकी प्रत्यंचा को कान तक खींच कर भयंकर टंकार किया। टंकार से उत्पन्न ध्वनि से समस्त वन प्रान्त गुंजायमान हो उठा। वन्य प्राणी भयभीत होकर इधर उधर भागने लगे। इस प्रकार की अप्रत्याशित खलबली मची देखकर ताड़का क्रोध से भर उठी। धनुष ताने राम को देखते ही इस विचार से कि कोई अपरिचित कुमार उसके साम्राज्य पर आधिपत्य करना चाहता है वह क्रोध से पागल हो गई। राम पर आक्रमण करने के लिये वह तीव्र गति से उन पर झपटी। ताड़का को अपनी ओर आते देख कर राम ने लक्ष्मण से कहा, "हे सौमित्र! ताड़ के वृक्ष जैसी विशाल और विकराल मुख वाली इस राक्षसी का शरीर कितना कुरूप है। इसकी मुख मुद्रा देख कर ही प्रतीत होता है कि यह बड़ी हिंसक है और निरीह प्राणियों की हत्या करके उनका रक्तपान करने में इसे बहुत आनन्द आता होगा। तुम एक तरफ सावधान होकर खड़े हो जाओ और देखो कि कैसे इसे मैं अभी यमलोक भेजता हूँ।"

विकराल देहधारिणी ताड़का अपने बड़े बड़े दाँत चमकाती, भुजाओं को फैलाये हुये द्रुतगामी बिजली की तरह राम और लक्ष्मण पर अत्यन्त तीव्रता के साथ झपटी। राम इस भयंकर आक्रमण के लिये पहले से ही तत्पर थे, उन्होंने तीक्ष्ण बाण चला कर उसके हृदय को छलनी कर दिया। उसके वक्षस्थल से गर्म-गर्म रक्त की धारा प्रवाहित हो उठी। वह आक्रमण करने के लिये पुनः टूट पड़े इससे पूर्व ही राम ने एक और बाण चला दिया जो सीधे उसके वक्ष में जाकर लगा। वह पीड़ा से चीखती हुई चक्कर खाकर भूमि पर गिर पड़ी और अगले ही क्षण उसके प्राण पखेरू उड़ गये। राम के इस रण कौशल और ताड़का की मृत्यु से ऋषि विश्वामित्र अत्यंत प्रसन्न हुये। उनके मुख से रामचन्द्र के लिये आशीर्वचन निकलने लगे।

गुरु की आज्ञा से वहीं पर सभी ने रात्रि व्यतीत किया। प्रातःकाल उन्होंने देखा कि ताड़का के आतंक से मुक्ति पा जाने के कारण उस वन की भयंकरता और विकरालता समाप्त हो चुकी है। कुछ समय तक उस वन की शोभा निहारने के उपरान्त स्नान-पूजन से निवृत हो कर वे महर्षि विश्वामित्र के आश्रम की ओर चल पड़े।तःकाल स्नान, सन्ध्योपासनादि कार्यों से निवृत होकर राम और लक्ष्मण गुरु विश्वामित्र के साथ सरिता तट पर पहुँचे। एक वनवासी मुनि ने विश्वामित्र के साथ दो सुकुमार बालकों को देखा तथा उनका परिचय प्राप्त कर वे एक छोटी सी सुन्दर नौका ले आये और विश्वामित्र से बोले, "हे मुनिराज! आप इन राजकुमारों के साथ इस नौका पर बैठ कर सरिता पार कर लीजिए।" विश्वामित्र जी ने उस मुनि को धन्यवाद दिया और राम तथा लक्ष्मण के साथ नौका पर सवार हो गए। इस प्रकार वे, सागर से मिलन की आतुरता में कलकलनाद के साथ दौड़ती जा रही, उस नदी को पार कर गये। नदी के उस पार एक भयानक वन था। उस वन को देखकर राम बोले, "गुरुदेव! यह वन तो बड़ा भयंकर है। सभी ओर से सिंह, व्याघ्र आदि हिंसक पशुओं के दहाड़ने और हाथियों के चिंघाड़ने की ध्वनि आ रही हैं। जंगली सूअर, भालू, वनभैंसें आदि वन्य प्राणी भ्रमण करते दृष्टिगत हो रहे हैं। वृक्षों की सघनता के कारण सूर्य का प्रकाश इस वन के भीतर घुसने का साहस नहीं कर पा रहा है और इसी कारणवश चारों ओर अन्धकार हो रहा है। इस अति दुर्गम वन का क्या नाम है?"

राम के इस प्रश्न का उत्तर विश्वामित्र ने इस प्रकार दिया, "हे राघव! पूर्व काल में इस स्थान में वन न होकर मलदा और करुप नाम के दो बड़े समृद्ध राज्य हुआ करते थे। दोनों ही राज्य ऊँची-ऊँची अट्टालिकाओं, वीथिकाओं तथा सुन्दर पथों से सुशोभित थे तथा धन-धान्य और समृद्धि से परिपूर्ण थे। दूर-दूर के व्यापारी यहाँ पर व्यापार करने आया करते थे। किन्तु ताड़का नामक एक यक्ष कन्या ने उन दोनों राज्यों का विनाश कर दिया।"

ऋषि विश्वामित्र ने आगे बताया, "ताड़का कोई साधारण स्त्री न होकर सुन्द नाम के राक्षस की पत्नी और मारीच नामक राक्षस की माता है। उसके शरीर में हजार हाथियों के बराबर बल है और वह अत्यन्त पराक्रमी और शक्तिशाली है,। इस प्रदेश को नष्ट करने के पश्चात् ताड़का ने अपने पुत्र मारीच के साथ मिलकर यहाँ के समस्त निवासियों को मार कर खा डाला। अब उनके भय से यहाँ दो दो कोस दूर तक किसी मनुष्य की परछाईं भी दिखाई नहीं देती। भूलवश यदि कोई यहाँ आ भी जाये तो जीवित नहीं लौट पाता। उसी ताड़का का संहार करने के लिये ही मैं तुम्हें यहाँ लाया हूँ।"

राम ने आश्चर्य से पूछा, "गुरुदेव! स्त्रियाँ तो कोमल और दुर्बल होती हैं, फिर ताड़का में हजार हाथियों का बल कैसे आ गया? ऐसा प्रतीत होता है कि अवश्य कुछ न कुछ रहस्य है।"

विश्वामित्र बोले, “वत्स! तुम्हारा कथन सत्य है और वास्तव में इसके पीछे एक रहस्य है। सुकेतु नाम का एक अत्यंत बलवान यक्ष था। वह सन्तानहीन था। अतः सन्तान प्राप्ति के उद्देश्य से उसने ब्रह्मा जी की कठोर तपस्या की। उसकी तपस्या से प्रसन्न होकर ब्रह्मा जी ने उसे सन्तान होने का वरदान दे दिया परिणामस्वरूप ताड़का का जन्म हुआ। सुकेतु के द्वारा ताड़का के अत्यंत बली होने का वर माँगने पर ब्रह्मा जी ने उसके शरीर में हजार हाथियों का बल दे दिया। विवाह योग्य आयु होने पर सुकेतु ने ताड़का का विवाह सुन्द नामक राक्षस से कर दिया और उससे मारीच का जन्म हुआ। मारीच भी अपनी माता के समान बलवान और पराक्रमी था। वह सुन्द राक्षस का पुत्र होकर भी स्वयं राक्षस नहीं था किन्तु बाल्यकाल में वह बहुत उपद्रवी था। ऋषि मुनियों को अकारण कष्ट दिया करता था। उसके उपद्रवों से त्रस्त होकर एक दिन अगस्त्य मुनि ने उसे राक्षस हो जाने का शाप दे दिया। अपने पुत्र के राक्षस गति प्राप्त हो जाने से सुन्द अत्यन्त क्रोधित हो गया और अगस्त्य ऋषि को मारने दौड़ा। इस पर अगस्त्य ऋषि ने शाप देकर सुन्द को तत्काल भस्म कर दिया। अपने पति की मृत्यु का बदला लेने के लिये ताड़का भी अगस्त्य ऋषि पर झपटी। इस पर अगस्त्य ऋषि ने शाप दे कर ताड़का के सौन्दर्य को नष्ट कर दिया और वह अत्यंत कुरूप हो गई। अपनी कुरूपता को देखकर और अपने पति की मृत्यु का बदला लेने के लिये ताड़का ने अगस्त्य मुनि के आश्रम को नष्ट करने का संकल्प किया है। अतः हे राम! मैं तुम्हें आज्ञा देता हूँ कि तुम ताड़का का वध करो। तुम्हारे अतिरिक्त इसका वध कोई भी नहीं कर सकता। अपने मन से यह विचार निकाल दो कि यह स्त्री है और स्त्री का वध मैं कैसे करूँ। स्त्री के रूप में यह एक घोर पाप है और पाप को नष्ट करने में कोई पाप नहीं होता। समस्त संशय को त्याग कर मेरी आज्ञा से तुम इस पापिनी का संहार कर दो।”

राम ने कहा, “गुरुदेव! आपकी आज्ञा मुझे शिरोधार्य है। समस्त मानवों के कल्याण के लिये मैं अवश्य ही ताड़का का वध करूँगा।” इतना कह कर राम ने अपने धनुष पर बाण रख कर उसकी प्रत्यंचा को कान तक खींच कर भयंकर टंकार किया। टंकार से उत्पन्न ध्वनि से समस्त वन प्रान्त गुंजायमान हो उठा। वन्य प्राणी भयभीत होकर इधर उधर भागने लगे। इस प्रकार की अप्रत्याशित खलबली मची देखकर ताड़का क्रोध से भर उठी। धनुष ताने राम को देखते ही इस विचार से कि कोई अपरिचित कुमार उसके साम्राज्य पर आधिपत्य करना चाहता है वह क्रोध से पागल हो गई। राम पर आक्रमण करने के लिये वह तीव्र गति से उन पर झपटी। ताड़का को अपनी ओर आते देख कर राम ने लक्ष्मण से कहा, “हे सौमित्र! ताड़ के वृक्ष जैसी विशाल और विकराल मुख वाली इस राक्षसी का शरीर कितना कुरूप है। इसकी मुख मुद्रा देख कर ही प्रतीत होता है कि यह बड़ी हिंसक है और निरीह प्राणियों की हत्या करके उनका रक्तपान करने में इसे बहुत आनन्द आता होगा। तुम एक तरफ सावधान होकर खड़े हो जाओ और देखो कि कैसे इसे मैं अभी यमलोक भेजता हूँ।”

विकराल देहधारिणी ताड़का अपने बड़े बड़े दाँत चमकाती, भुजाओं को फैलाये हुये द्रुतगामी बिजली की तरह राम और लक्ष्मण पर अत्यन्त तीव्रता के साथ झपटी। राम इस भयंकर आक्रमण के लिये पहले से ही तत्पर थे, उन्होंने तीक्ष्ण बाण चला कर उसके हृदय को छलनी कर दिया। उसके वक्षस्थल से गर्म-गर्म रक्त की धारा प्रवाहित हो उठी। वह आक्रमण करने के लिये पुनः टूट पड़े इससे पूर्व ही राम ने एक और बाण चला दिया जो सीधे उसके वक्ष में जाकर लगा। वह पीड़ा से चीखती हुई चक्कर खाकर भूमि पर गिर पड़ी और अगले ही क्षण उसके प्राण पखेरू उड़ गये। राम के इस रण कौशल और ताड़का की मृत्यु से ऋषि विश्वामित्र अत्यंत प्रसन्न हुये। उनके मुख से रामचन्द्र के लिये आशीर्वचन निकलने लगे।

गुरु की आज्ञा से वहीं पर सभी ने रात्रि व्यतीत किया। प्रातःकाल उन्होंने देखा कि ताड़का के आतंक से मुक्ति पा जाने के कारण उस वन की भयंकरता और विकरालता समाप्त हो चुकी है। कुछ समय तक उस वन की शोभा निहारने के उपरान्त स्नान-पूजन से निवृत हो कर वे महर्षि विश्वामित्र के आश्रम की ओर चल पड़े।

विश्वामित्र द्वारा राम को अलभ्य अस्त्रों का दान

- *विश्वामित्र द्वारा राम को अलभ्य अस्त्रों का दान*

Fiction

विश्वामित्र द्वारा राम को अलभ्य अस्त्रों का दान

मार्ग में एक सुरम्य सरोवर दृष्टिगत हुआ। सरोवर के तट पर रुक कर विश्वामित्र कहा, "हे राम! ताड़का का वध करके तुमने बहुत बड़ा मानव कल्याण का कार्य किया है। मैं तुम्हारे इस कार्य, पराक्रम एवं चातुर्य से अत्यधिक प्रसन्न हूँ। मैं तुन्हें आज तुम्हें कुछ ऐसे दुर्लभ अस्त्र प्रदान करता हूँ जिनकी सहायता से तुम दुर्दमनीय देवताओं, राक्षसों, यक्षों, नागादिकों को भी परास्त कर सकोगे। ये दण्डचक्र, धर्मचक्र, कालचक्र और इन्द्रचक्र नामक अस्त्र हैं। इन्हें तुम धारण करो। इनके धारण करने के पश्चात् तुम किसी भी शत्रु को परास्त करने का सामर्थ्य प्राप्त कर लोगे। इनके अतिरिक्त मैं तुम्हें विद्युत निर्मित वज्रास्त्र, शिव जी का शूल, ब्रह्मशिर, एषीक और समस्त अस्त्रों से अधिक शक्तिशाली ब्रह्मास्त्र देता हूँ। इन्हें पा कर तुम तीनों लोकों में सर्वाधिक शक्ति सम्पन्न हो जाओगे। मैं तुम्हारी वीरता से इतना अधिक प्रसन्न हूँ कि तुम्हें प्रचण्ड मोदकी व शिखर नाम की गदाएँ प्रदान करते हुये मुझे अत्यंत हर्ष हो रहा है। मैं तुम्हें सूखी और गीली दोनों ही प्रकार की अशनी व पिनाक के साथ ही साथ नारायणास्त्र, आग्नेयास्त्र, वायव्यास्त्र, हयशिरास्त्र एवं क्रौंच अस्त्र भी तुम्हें प्रदान करता हूँ। अस्त्रों के अतिरिक्त मैं तुम्हें कुछ पाश भी देता हूँ जिनमें धर्मपाश, कालपाश एवं वरुणपाश मुख्य हैं। इनके पाशों के द्वारा तुम अत्यन्त फुर्तीले शत्रु को भी बाँध कर निष्क्रिय बनाने में समर्थ हो जाओगे। राम! कुछ अस्त्र ऐसे हैं जिनका प्रयोग असुर लोग करते हैं। नीति कहती है कि शत्रुओं को उनके ही शस्त्रास्त्रों से मारना चाहिये। इसलिये मैं तुम्हें असुरों के द्वारा प्रयोग किये जाने वाले कंकाल, मूसल, घोर कपाल और किंकणी नामक अस्त्र भी देता हूँ। कुछ अस्त्र का प्रयोग विद्याधर करते हैं। उनमें प्रधान अस्त्र हैं खड्ग, मोहन, प्रस्वापन, प्रशमन, सौम्य, वर्षण, सन्तापन, विलापन, मादनास्त्र, गन्धर्वास्त्र, मानवास्त्र, पैशाचास्त्र, तामस और अद्वितीय सौमनास्त्र; इन सभी अस्त्रों को भी मैं तुम्हें देता हूँ। ये मौसलास्त्र, सत्यास्त्र, असुरों का मायामय अस्त्र और भगवान सूर्य का प्रभास्त्र, हैं जिन्हें दिखाने मात्र से शत्रु निस्तेज होकर नष्ट हो जाते हैं। इन्हें भी तुम ग्रहण करो। अब इन अस्त्रों को देखो, ये कुछ विशेष प्रकार के अस्त्र हैं। ये सोम देवता द्वारा प्रयोग किये जाने वाले शिशर एवं दारुण नाम के अस्त्र हैं। शिशर के प्रयोग से शत्रु शीत से अकड़ कर और दारुण के प्रयोग से शत्रु गर्मी से व्याकुल होकर मूर्छित हो जाते हैं। हे वीरश्रेष्ठ! तुम इन अनुपम शक्ति वाले, शत्रुओं का मान मर्दन करने वाले और समस्त मनोकामनाओं को पूर्ण कराने वाले अस्त्रों को धारण करो।"

इतना कह कर महामुनि ने सम्पूर्ण अस्त्रों को, जो देवताओं को भी दुर्लभ हैं, बड़े स्नेह के साथ राम को प्रदान कर दिया। उन अस्त्रों को पाकर राम अत्यन्त प्रसन्न हुये और उन्होंने श्रद्धा के साथ गुरु को चरणों में प्रणाम किया और कहा, "गुरुदेव! आपकी इस कृपा से मैं कृतार्थ हो गया हूँ। अब देवता, दैत्य, राक्षस, यक्ष आदि कोई भी मुझे परास्त नहीं कर सकता, मनुष्य की तो खैर बात ही क्या है। किन्तु मुनिवर! इसी प्रकार के अस्त्र गन्धर्वों, देवताओं, राक्षसों आदि के पास भी होंगे और उनका प्रयोग वे मुझ पर भी कर सकते हैं। कृपा करके उनसे बचने के उपाय भी मुझे बताइये। इसके अतिरिक्त ऐसा भी उपाय बताइये जिससे इन अस्त्रों को छोड़ने के पश्चात् अपना कार्य कर के ये अस्त्र पुनः मेरे पास वापस आ जावें।" राम के इस प्रकार कहने पर विश्वामित्र बोले, "राघव! शत्रुओं के अस्त्रों को मार्ग में ही काट कर नष्ट करने वाले इन सत्यवान, सत्यकीर्ति, प्रतिहार, पराङ्मुख, अवान्मुख, लक्ष्य, उपलक्ष्य आदि इन अस्त्रों को भी तु ग्रहण करो।" इन अस्त्रों को देने के बाद गुरु विश्वामित्र ने राम को वे विधियाँ भी बताईं जिनके द्वारा प्रयोग किये हुये अस्त्र वापस आ जाते हैं।

चलते चलते वे वन के अन्धकार से निकल कर ऐसे स्थान पर पहुँचे जो भगवान भास्कर के दिव्य प्रकाश से आलोकित हो रहा था और सामने नाना प्रकार के सुन्दर वृक्ष, मनोरम उपत्यका एवं मनोमुग्धकारी दृश्य दिखाई दे रहे थे। रामचन्द्र ने विश्वामित्र से पूछा, "हे मुनिराज! सामने पर्वत की सुन्दर उपत्यकाओं में हरे हरे वृक्षों की जो लुभावनी पंक्तियां दृष्टिगत हो रही हैं, उनके पीछे ऐसा प्रतीत होता है कि जैसे कोई आश्रम है। क्या वास्तव में ऐसा है या यह मेरी कल्पना मात्र है? वहाँ सुन्दर सुन्दर मधुरभाषी पक्षियों के

झुण्ड भी दिखाई दे रहे हैं, जिससे प्रतीत होता है कि मेरी कल्पना निराधार नहीं है।"

- विश्वामित्र का आश्रम

चलते-चलते वे वन के अन्धकार से निकल कर ऐसे स्थान पर पहुँचे जो भगवान भास्कर के दिव्य प्रकाश से आलोकित हो रहा था और सामने नाना प्रकार के सुन्दर वृक्ष, मनोरम उपत्यका एवं मनोमुग्धकारी दृश्य दिखाई दे रहे थे। रामचन्द्र ने विश्वामित्र से पूछा, "हे मुनिराज! सामने पर्वत की सुन्दर उपत्यकाओं में हरे हरे वृक्षों की जो लुभावनी पंक्तियां दृष्टिगत हो रही हैं, उनके पीछे ऐसा प्रतीत होता है कि जैसे कोई आश्रम है। क्या वास्तव में ऐसा है या यह मेरी कल्पना मात्र है? वहाँ सुन्दर-सुन्दर मधुरभाषी पक्षियों के झुण्ड भी दिखाई दे रहे हैं, जिससे प्रतीत होता है कि मेरी कल्पना निराधार नहीं है।"

विश्वामित्र जी ने कहा, "हे वत्स! यह वास्तव में आश्रम ही है और इसका नाम सिद्धाश्रम है।"

यह सुन कर लक्ष्मण ने पूछा, "गुरुदेव! इसका नाम सिद्धाश्रम क्यों पड़ा?"

विश्वामित्र जी ने कहा, "इस सम्बन्ध में भी एक कथा प्रचलित है। प्राचीन काल में बलि नाम का एक राक्षस था। बलि बहुत पराक्रमी और बलशाली था और समस्त देवताओं को पराजित कर चुका था। एक बार उसी बलि ने यहाँ पर एक महान यज्ञ का अनुष्ठान किया था। इस यज्ञानुष्ठान से उसकी शक्ति में और भी वृद्धि हो जाने वाली थी। इस बात को विचार कर के देवराज इन्द्र अत्यंत भयभीत हो गया। इन्द्र समस्त देवताओं को साथ लेकर भगवान विष्णु के पास पहुँचा और उनकी स्तुति करने के पश्चात् उनसे प्रार्थना की, "हे त्रिलोकीनाथ! राजा बलि ने समस्त देवताओं को परास्त कर दिया है और अब वह एक विराट यज्ञ कर रहा है। वह महादानी और उदार ह्रदय राक्षस है। उसके द्वार से कोई भी याचक खाली हाथ नहीं लौटता। उसकी तपस्या, तेजस्विता और यज्ञादि शुभ कर्मों से देवलोक सहित सम्पूर्ण ब्रह्माण्ड काँप उठा है। यदि उसका यह यज्ञ पूर्ण हो जायेगा तो वह इन्द्रासन को प्राप्त कर लेगा। इन्द्रासन पर किसी राक्षस का अधिकार होना सुरों की परम्परा के विरुद्ध है। अतएव, हे लक्ष्मीपति! आप से प्रार्थना है कि आप दुछ ऐसा उपाय करें कि उसका यज्ञ पूर्ण न हो पाये।" उनकी इस प्रार्थना पर भगवान विष्णु ने कहा, "आप सभी देवता निर्भय और निश्चिंत होकर अपने अपने धाम में वापस चले जाएँ। आप लोगों का मनोरथ पूर्ण करने के लिये मैं शीघ्र ही उपाय करूँगा।"

देवताओं के चले जाने के बाद भगवान विष्णु वामन (बौने) का रूप धारण करके वहाँ पहुँचे जहाँ पर बलि यज्ञ कर रहा था। इस बौने किन्तु परम तेजस्वी ब्राह्मण से राजा बलि अत्यधिक प्रभावित हुये और बोले, "विप्रवर! आपका स्वागत है। आज्ञा कीजिये, मैं आपकी क्या सेवा कर सकता हूँ?"

बलि के इस तरह कहने पर वामन रूपधारी भगवान विष्णु ने कहा, "राजन्! मुझे बैठ कर भगवान का भजन करने के लिए सिर्फ ढाई चरण भूमि की आवश्यकता है।"

इस पर राजा बलि ने प्रसन्नता पूर्वक वामन को ढाई चरण भूमि नापने की अनुमति दे दी। अनुमति मिलते ही भगवान विष्णु ने विराट रूप धारण किया और एक चरण में सम्पूर्ण आकाश को और दूसरे चरण में पृथ्वी सहित पूरे पाताल को नाप लिया और पूछा, "राजन! आपका समस्त राज्य तो मेरे दो चरण में ही आ गये। अब शेष आधा चरण से मैं क्या नापूँ?"

बलि के द्वार से कभी भी कोई याचक खाली हाथ नहीं गया था। बलि इस याचक को भी निराश नहीं लौटने देना चाहता था। उसने कहा, "हे ब्राह्मण! अभी मेरा शरीर बाकी है। आप मेरे इस शरीर पर अपना आधा चरण रख दीजिये।"

इस पर भगवान विष्णु ने बलि को भी अपने आधे चरण में नाप लिया। (बलि का यह दान इतना महान था कि बलिदान के नाम से विख्यात हो गया।) भगवान विष्णु ने बलि की दानशीलता से प्रसन्न होकर उसे वरदान दिया कि यह स्थान सदा पवित्र माना जायेगा, सिद्धाश्रम कहलायेगा और यहाँ तपस्या करने वाले को शीघ्र ही समस्त सिद्धियाँ प्राप्त होंगी।

उसी समय से यह स्थान सिद्धाश्रम के नाम से विख्यात है और बहुत से ऋषि मुनि-यहाँ तपस्या करके मुक्ति लाभ करते हैं। मेरे स्वयं का आश्रम भी इसी स्थान पर है। मैं यहीं बैठ कर अपना यज्ञ सम्पन्न करना चाहता हूँ। जब-जब मैने यज्ञ प्रारम्भ किया तब-

तब राक्षसों ने उसमें बाधा डाली है और उसे कभी पूर्ण नहीं होने दिया। अब तुम आ गये हो और मैं निश्चिन्त होकर यज्ञ पूरा कर सकूँगा।

इस प्रकार की बातें करते हुये विश्वामित्र ने राम और लक्ष्मण के साथ अपने आश्रम में पदार्पण किया। वहाँ रहने वाले समस्त ऋषि मुनियों और उनके शिष्यों ने उनका स्वागत सत्कार किया। राम ने विनीत स्वर में गुरु विश्वामित्र से कहा, "मुनिराज! आप आज ही यज्ञ का शुभारम्भ कीजिये। मैं आपको विश्वास दिलाता हूँ कि मैं आपके यज्ञ की रक्षा करते हुये इस पवित्र प्रदेश को राक्षसों से मुक्त कर दूँगा।"

राम के इन वचनों को सुन कर विश्वामित्र यज्ञ सामग्री एकत्रित करने में जुट गये।

मारीच का वध एवं और सुबाहु को समुद्र में फेंकना

मारीच का वध एवं और सुबाहु को समुद्र में फेंकना

दूसरे दिन ब्राहम मुहूर्त में उठ कर तथा नित्यकर्म और सन्ध्या-उपसना आदि निवृत होकर राम और लक्ष्मण गुरु विश्वामित्र के पास जा कर बोले, "गुरुदेव! कृपा करके हमें यह बताइये कि राक्षस यज्ञ में विघ्न डालने के लिये किस समय आते हैं। यह हम इसलिये जानना चाहते हैं कि कहीं ऐसा न हो कि हमारे अनजाने में ही वे आकर उपद्रव मचाने लगें।"

दशरथ के वीर पुत्रों के इन उत्साहभरे इन वचनों को सुन कर वहाँ पर उपस्थित समस्त ऋषि-मुनि अत्यंत प्रसन्न हुये और बोले, "हे रघुकुलभूषण राजकुमारों! यज्ञ की रक्षा करने के लिये तुमको आज से छः दिनों तथा रात्रियों तक पूर्ण रूप से सावधान मुद्रा में और सजग रहना होगा। इन छः दिनों मे विश्वामित्र जी मौन होकर यज्ञ करेंगे। इस समय भी वे तुम्हारे किसी भी प्रश्न का उत्तर नहीं देंगे क्योंकि वे यज्ञ की दीक्षा ले चुके हैं।"

सूचना पा कर राम और लक्ष्मण दोनों भाई अपने समस्त शस्त्रास्त्रों से सुसज्जित होकर यज्ञ की रक्षा में तत्पर हो गये। पाँच दिन और पाँच रात्रि तक वे निरन्तर बिना किसी विश्राम के सतर्कता के साथ यज्ञ की रक्षा करते रहे किन्तु इस अवधि में किसी भी प्रकार की विघ्न-बाधा नहीं आई। छठवें दिन राम ने लक्ष्मण से कहा, "भाई सौमित्र! यज्ञ का आज अन्तिम दिन है और उपद्रव करने के लिये राक्षसों की आने की पूर्ण सम्भावना है। आज हमें विशेष रूप से सावधान रहने की आवश्यकता है। तनिक भी असावधानी से मुनिराज का यज्ञ और हमारा परिश्रम निष्फल और निरर्थक हो सकते हैं।"

राम ने लक्ष्मण को अभी सचेष्ट किया ही था कि यज्ञ सामग्री, चमस, समिधा आदि अपने आप भभक उठे। आकाश से ऐसी ध्वनि आने लगी जैसे मेघ गरज रहे हों और सैकड़ों बिजलियाँ तड़क रही हों। इसके पश्चात् मारीच और सुबाहु की राक्षसी सेना रक्त, माँस, मज्जा, अस्थियों आदि की वर्षा करने लगी। रक्त गिरते देखकर राम ने उपद्रवकारियों पर एक खोजपूर्ण दृष्टि डाली। आकाश में मायावी राक्षसों की सेना को देख कर राम ने लक्ष्मण से कहा, "लक्ष्मण! तुम धनुष पर शर-संधान करके सावधान हो जाओ। मैं मानवास्त्र चला कर इन महापापियों की सेना का अभी नाश किये देता हूँ।"

यह कह कर राम ने असाधारण फुर्ती और कौशल का प्रदर्शन करते हुये उन पर मानवास्त्र छोड़ा। मानवास्त्र आँधी के वेग से जाकर मारीच की छाती में लगा और वह उसके वेग के कारण उड़कर एक सौ योजन अर्थात् चार सौ कोस दूर समुद्र में जा गिरा। इसके पश्चात् राम ने आकाश में आग्नेयास्त्र फेंका जिससे अग्नि की एक भयंकर ज्वाला प्रस्फुटित हुई और उसने सुबाहु को चारों ओर से आवृत कर लिया। इस अग्नि की ज्वाला ने क्षण भर में उस महापापी को जला कर भस्म कर दिया। जब उसका जला हुआ शरीर पृथ्वी पर गिरा तो एक बड़े जोर का धमाका हुजआ। उसके आघात से अनेक वृक्ष टूट कर भूमि पर गिर पड़े। मारीच और सुबाहु पर आक्रमण समाप्त करके राम ने बचे खुचे राक्षसों का नाश करने के लिये वायव्य नामक अस्त्र छोड़ दिया। उस अस्त्र के प्रहार से राक्षसों की विशाल सेना के वीर मर मर कर ओलों की भाँति भूमि पर गिरने लगे। इस प्रकार थोड़े ही समय में सम्पूर्ण राक्षसी सेना का नाश हो गया। चारों ओर राम की जय जयकार होने लगी तथा पुष्पों की वर्षा होने लगी। निर्विघ्न यज्ञ समाप्त करके मुनि विश्वामित्र यज्ञ वेदी से उठे और राम को हृदय से लगाकर बोले, "हे रघुकुल कमल! तुम्हारे भुबजल के प्रताप और युद्ध कौशल से आज मेरा यज्ञ सफल हुआ। उपद्रवी राक्षसों का विनाश करके तुमने वास्तव में आज सिद्धाश्रम को कृतार्थ कर दिया।"

धनुष यज्ञ के लिये प्रस्थान

•

धनुष यज्ञ के लिये प्रस्थान

दूसरे दिन राम और लक्ष्मण अपने नित्यकर्मों और सन्ध्योवन्दनादि से निवृत हुए और प्रणाम करने के उद्देश्य से गुरु विश्वामित्र के पास पहुँचे। वहाँ उपस्थित आश्रमवासी तपस्वियों से राम और लक्ष्मण को ज्ञात हुआ कि मिथिला में राजा जनक ने धनुष यज्ञ का आयोजन किया है। उस धनुष यज्ञ में देश-देशान्तर के राजा लोग भाग लेने के लिये आ रहे हैं।

रामचन्द्र ने गुरु विश्वामित्र से पूछा, "गुरुदेव! इस धनुष की क्या विशेषता है और इस यज्ञ का आयोजन का उद्देश्य क्या है?"

ऋषि विश्वामित्र ने बताया, "हे राम! जनक मिथिलापुरी के राजाओं की उपाधि है जो चिरकाल से चली आ रही है। प्राचीन काल में किसी समय देवरात नामक पूर्वपुरुष ने बड़ी निष्ठा और श्रद्धा के साथ यज्ञ किया था जिसमें उसने देवताओं को भी आमन्त्रित किया था। देवताओं ने देवरात के इस यज्ञ से प्रसन्न होकर उसे पिनाक नाम का धनुष प्रदान किया था। यह धनुष अत्यन्त सुन्दर, भव्य और गरिमामय है और साथ ही साथ यह बहुत भारी और शक्तिशाली भी है। बड़े बड़े बलवान, पराक्रमी और रणकुशल योद्धा तथा शूरवीर इस पर प्रत्यंचा चढ़ाना तो दूर, इसे उठा भी नहीं सकते। अपनी एकमात्र रूपवती एवं लावण्यमयी कन्या सीता के स्वयंवर के लिये मिथिला नरेश ने प्रतिज्ञा की है कि जो भी पराक्रमी वीर राजकुमार या राजा इस धनुष पर प्रत्यंचा चढ़ा देगा उसके साथ वे अपनी कन्या का विवाह कर देंगे। अनेक देशों के राजा एवं राजकुमार भारी संख्या में इस यज्ञ में भाग लेने के लिये मिथिलापुरी पहुँच रहे हैं। हम लोगों की भी इच्छा इस यज्ञ को देखने की है। अतः तुम भी हमारे साथ मिथिला पुरी चलो। उसे देख कर तुम लोगों को भी प्रसन्नता होगी।"

महर्षि का आदेशानुसार राम और लक्ष्मण ने भी विश्वामित्र तथा अन्य ऋषि-मुनियों के साथ मिथिलापुरी की ओर प्रस्थान किया। मार्ग में अनेक प्रकार के दृश्यों का अवलोकन करते हुये वे आध्यात्मिक चर्चा भी करते जाते थे। इस प्रकार वे शोण नदी के तट पर पहुँचे। विश्वामित्र सहित सभी ऋषि मुनियों एवं राजकुमारों ने सरिता के शीतल जल में स्नान किया। इसके पश्चात् सन्ध्या-उपासना आदि से निवृत होकर धार्मिक कथाओं की चर्चा में व्यस्त हो गये। रात्रि अधिक हो जाने पर गुरु की आज्ञा से सभी ने वहीं रात्रि व्यतीत की।

प्रातः नित्यकर्मों तथा सन्ध्यावन्दनादि से निवृत होने के पश्चात् यह मण्डली आगे की ओर बढ़ी। वे परम पावन गंगा नदी के तट पर पहुँचे। उस समय मध्यानह्न होने के कारण भगवान भास्कर आकाश के मध्य में पहुँच चुके थे और गंगा का दृष्य अत्यंत मनोरम दिखाई दे रहा था। अठखेलियाँ करती हुई लहरों में सूर्य के अनेकों प्रतिबिम्ब दिखाई दे रहे थे। जल में कौतुकमयी मछलियाँ क्रीड़ा कर रही थीं और नभ में सारस, हंस जैसे पक्षी अपनी मीठी बोली में बोल रहे थे। दूर दूर तक सुनहरे रेत के कण बिखरे पड़े थे और तटवर्ती वृक्षों की अनुपम शोभा दृष्टिगत हो रही थी।

राम इस दृष्य को अपलक दृष्टि से देख रहे थे। उन्हें देख कर विश्वामित्र ने पूछा, "वत्स! इतना भावविभोर होकर तुम क्या देख रहे हो?" राम ने कहा, "गुरुदेव! मैं सुरसरि की इस अद्भुत छटा को देख रहा हूँ। इस परम पावन सलिला के दर्शन मात्र से मेरे हृदय को अपूर्व शान्ति मिल रही है। भगवन्! मैं आपके श्रीमुख से यह सुनना चाहता हूँ कि इस कलुषहारिणी पवित्र गंगा की उत्पत्ति कैसे हुई?

राम का प्रश्न सुन कर ऋषि विश्वामित्र बोले, "हे राम! अनेक प्रकार के कष्टों और तापों का निवारण करने वाली गंगा की कथा अत्यंत मनोरंजक तथा रोचक है। मैं तुम सभी को यह कथा सुनाता हूँ।

ऋषि विश्वामित्र ने इस प्रकार कथा सुनाना आरम्भ किया, "पर्वतराज हिमालय की अत्यंत रूपवती, लावण्यमयी एवं सर्वगुण सम्पन्न दो कन्याएँ थीं। इन कन्याओं की माता, सुमेरु पर्वत की पुत्री, मैना थीं। बड़ी कन्या का नाम गंगा तथा छोटी कन्या का नाम उमा था। गंगा अत्यन्त प्रभावशाली और असाधारण दैवी गुणों से सम्पन्न थी। वह किसी बन्धन को स्वीकार न कर मनमाने मार्गों

का अनुसरण करती थी। उसकी इस असाधारण प्रतिभा से प्रभावित होकर देवता लोग विश्व के कल्याण की दृष्टि से उसे हिमालय से माँग कर ले गये। पर्वतराज की दूसरी कन्या उमा बड़ी तपस्विनी थी। उसने कठोर एवं असाधारण तपस्या करके शिव जी को वर के रूप में प्राप्त किया।"

विश्वामित्र के इतना कहने पर राम ने कहा, "हे भगवन्! जब गंगा को देवता लोग सुरलोक ले गये तो वह पृथ्वी पर कैसे अवतरित हुई और गंगा को त्रिपथगा क्यों कहते हैं?"

राम के इस प्रश्न का उत्तर देते हुए ऋषि विश्वामित्रत ने कहा, "सुरलोक में विचरण करती हुई गंगा से उमा की भेंट हुई। गंगा ने उमा से कहा कि मुझे सुरलोक में विचरण करते हुये बहुत दिन हो गये हैं। मेरी इच्छा है कि मैं अपनी मातृभूमि पृथ्वी पर विचरण करूँ। उमा ने गंगा आश्वासन दिया कि वे इसके लिये कोई प्रबन्ध करने का प्रयत्न करेंगी।"

गंगा-जन्म की कथा

•

गंगा-जन्म की कथा

ऋषि विश्वामित्र ने कहा, "वत्स राम! तुम्हारी ही अयोध्यापुरी में सगर नाम के एक राजा थे। वे पुत्रहीन थे। सगर की पटरानी का नाम केशिनी था जो कि विदर्भ प्रान्त के राजा की पुत्री थी। केशिनी रूपवती, धर्मात्मा और सत्यपरायण थी। सगर की दूसरी रानी का नाम था सुमति जो राजा अरिष्टनेमि की कन्या थी। महाराज सगर अपनी दोनों रानियों को लेकर हिमालय के भृगुप्रस्रवण नामक प्रान्त में गए और पुत्र प्राप्ति के लिये तपस्या करने लगे। उनकी तपस्या से महर्षि भृगु प्रसन्न हुए और उन्हें वर दिया कि तुम्हें अनेक पुत्रों की प्राप्ति होगी। दोनों रानियों में से एक का केवल एक ही पुत्र होगा जो कि वंश को बढ़ायेगा और दूसरी के साठ हजार पुत्र होंगे। कौन सी रानी कितने पुत्र चाहती है इसका निर्णय वे स्वयं आपस में मिलकर कर लें। केशिनी ने वंश को बढ़ाने वाले एक पुत्र की कामना की और गरुड़ की भगिनी सुमति ने साठ हजार बलवान पुत्रों की।

"कुछ काल के पश्चात् रानी केशिनी ने असमञ्ज नामक पुत्र को जन्म दिया। रानी सुमति के गर्भ से एक तूंबा निकला जिसे फोड़ने पर छोटे छोटे साठ हजार पुत्र निकले। उन सबका पालन पोषण घी के घड़ों में रखकर किया गया।* कालचक्र व्यतीत होते गया और सभी राजकुमार युवा हो गये। सगर का ज्येष्ठ पुत्र असमञ्ज बड़ा दुराचारी था और उसे नगर के बालकों को सरयू नदी में फेंक कर उन्हें डूबते हुये देखने में बड़ा आनन्द आता था। इस दुराचारी पुत्र से दुःखी होकर सगर ने उसे अपने राज्य से निर्वासित कर दिया। असमञ्ज के अंशुमान नाम का एक पुत्र था। अंशुमान अत्यंत सदाचारी और पराक्रमी था। एक दिन राजा सगर के मन में अश्वमेघ यज्ञ करवाने का विचार आया। शीघ्र ही उन्होंने अपने इस विचार को कार्यरूप में परिणित कर दिया।"

राम ने ऋषि विश्वामित्र से कहा, "गुरुदेव! मेरी रुचि अपने पूर्वज सगर की यज्ञ गाथा को विस्तारपूर्वक सुनने में है। अतः कृपा करके इस वृत्तान्त को पूरा पूरा सुनाइये।"

राम के इस प्रकार से जिज्ञासा व्यक्त करने पर ऋषि विश्वामित्र प्रसन्न होकर कहने लगे, " राजा सगर ने हिमालय एवं विन्ध्याचल के बीच की हरीतिमायुक्त भूमि पर एक विशाल यज्ञ मण्डप का निर्माण करवाया। फिर अश्वमेघ यज्ञ के लिये श्यामकर्ण घोड़ा छोड़कर उसकी रक्षा के लिये पराक्रमी अंशुमान को सेना के साथ उसके पीछे पीछे भेज दिया। यज्ञ की सम्भावित सफलता के परिणाम की आशंका से भयभीत होकर इन्द्र ने एक राक्षस का रूप धारण किया और उस घोड़े को चुरा लिया। घोड़े की चोरी की सूचना पाकर सगर ने अपने साठ हजार पुत्रों को आज्ञा दी कि घोड़ा चुराने वाले को पकड़कर या मारकर घोड़ा वापस लाओ। पूरी पृथ्वी में खोजने पर भी जब घोड़ा नहीं मिला तो, इस आशंका से कि किसीने घोड़े को तहखाने में न छुपा रखा हो, सगर के पुत्रों ने सम्पूर्ण पृथ्वी को खोदना आरम्भ कर दिया। उनके इस कार्य से असंख्य भूमितल निवासी प्राणी मारे गये। खोदते खोदते वे पाताल तक जा पहुँचे। उनके इस नृशंस कृत्य के विषय में देवताओं ने ब्रह्मा जी को बताया तो ब्रह्मा जी ने कहा कि ये राजकुमार क्रोध एवं मद में अन्धे होकर ऐसा कर रहे हैं। पृथ्वी की रक्षा कर दायित्व कपिल ऋषि पर है इसलिये वे इस विषय में अवश्य ही कुछ न कुछ करेंगे। पूरी पृथ्वी को खोदने के बाद भी जब घोड़ा और उसको चुराने वाला चोर नहीं मिला तो निराश होकर राजकुमारों ने इसकी सूचना अपने पिता को दी। क्रुद्ध सगर ने आदेश दिया कि घोड़े को पाताल में जाकर ढूंढो। पाताल में घोड़े को खोजते खोजते वे सनातन वसुदेव कपिल के आश्रम में पहुँच गये। उन्होंने देखा कपिलदेव तपस्या में लीन हैं और उन्हीं के पास यज्ञ का वह घोड़ा बँधा हुआ है। उन्होंने कपिल मुनि को घोड़े का चोर समझकर उनके लिये अनेक दुर्वचन कहे और उन्हें मारने के लिये दौड़े। सगर के इन कुकृत्यों से कपिल मुनि की समाधि भंग हो गई। उन्होंने क्रुद्ध होकर सगर के उन सब पुत्रों को भस्म कर दिया।"

ऋषि विश्वामित्र ने आगे कहा, "बहुत दिनों तक अपने पुत्रों की सूचना नहीं मिलने पर महाराज सगर ने अपने तेजस्वी पौत्र अंशुमान को अपने पुत्रों तथा घोड़े का पता लगाने के लिये आदेश दिया। वीर अंशुमान शस्त्रास्त्रों से सुसज्जित होकर अपने चाचाओं के द्वारा बनाए गए मार्ग से पाताल की ओर चल पड़ा। मार्ग में मिलने वाले पूजनीय ऋषि मुनियों का यथोचित सम्मान करके अपने लक्ष्य के विषय में पूछता हुआ उस स्थान तक पहुँच गया जहाँ पर उसके चाचाओं के भस्मीभूत शरीरों की राख पड़ी थी और पास ही यज्ञ का

घोड़ा चर रहा था। अपने चाचाओं के भस्मीभूत शरीरों को देखकर उसे अत्यन्त क्षोभ हुआ। उसने उनका तर्पण करने के लिये जलाशय की खोज की किन्तु उसे कोई भी जलाशय दृष्टिगत नहीं हुआ। तभी उसकी दृष्टि अपने चाचाओं के मामा गरुड़ पर पड़ी। उन्हें सादर प्रणाम करके अंशुमान ने पूछा कि हे पितामह! मैं अपने चाचाओं का तर्पण करना चाहता हूँ। समीप में यदि कोई सरोवर हो तो कृपा करके उसका पता बताइये। यदि आपको इनकी मृत्यु के विषय में कुछ जानकारी है तो वह भी मुझे बताने की कृपा करें। गरुड़ जी ने बताया कि किस प्रकार किस प्रकार से इन्द्र ने घोड़े को चुरा कर कपिल मुनि के पास छोड़ दिया था और उसके चाचाओं ने कपिल मुनि के साथ उद्दण्ड व्यवहार किया था जिसके कारण कपिल मुनि ने उन सबको भस्म कर दिया। इसके पश्चात् गरुड जी ने अंशुमान से कहा कि ये सब अलौकिक शक्ति वाले दिव्य पुरुष के द्वारा भस्म किये गये हैं अतः लौकिक जल से तर्पण करने से इनका उद्धार नहीं होगा, केवल हिमालय की ज्येष्ठ पुत्री गंगा के जल से ही तर्पण करने पर इनका उद्धार सम्भव है। अब तुम घोड़े को लेकर वापस चले जाओ जिससे कि तुम्हारे पितामह का यज्ञ पूर्ण हो सके। गरुड़ जी की आज्ञानुसार अंशुमान वापस अयोध्या पहुँचे और अपने पितामह को सारा वृत्तान्त सुनाया। महाराज सगर ने दुःखी मन से यज्ञ पूरा किया। वे अपने पुत्रों के उद्धार करने के लिये गंगा को पृथ्वी पर लाना चाहते थे पर ऐसा करने के लिये उन्हें कोई भी युक्ति न सूझी।"

थोड़ा रुककर ऋषि विश्वामित्र कहा, "महाराज सगर के देहान्त के पश्चात् अंशुमान बड़ी न्यायप्रियता के साथ शासन करने लगे। अंशुमान के परम प्रतापी पुत्र दिलीप हुये। दिलीप के वयस्क हो जाने पर अंशुमान दिलीप को राज्य का भार सौंप कर हिमालय की कन्दराओं में जाकर गंगा को प्रसन्न करने के लिये तपस्या करने लगे किन्तु उन्हें सफलता नहीं प्राप्त हो पाई और वे स्वर्ग सिधार गए। इधर जब राजा दिलीप का धर्मनिष्ठ पुत्र भगीरथ बड़ा हुआ तो उसे राज्य का भार सौंपकर दिलीप भी गंगा को पृथ्वी पर लाने के लिये तपस्या करने चले गये। पर उन्हें भी सफलता नहीं मिली। भगीरथ बड़े प्रजावत्सल नरेश थे किन्तु उनकी कोई सन्तान नहीं हुई। इस पर वे अपने राज्य का भार मन्त्रियों को सौंपकर स्वयं गंगावतरण के लिये गोकर्ण नामक तीर्थ पर जाकर कठोर तपस्या करने लगे। उनकी अभूतपूर्व तपस्या से प्रसन्न होकर ब्रह्मा जी ने उन्हें वर माँगने के लिये कहा। भगीरथ ने ब्रह्मा जी से कहा कि हे प्रभो! यदि आप मुझ पर प्रसन्न हैं तो मुझे यह वर दीजिये कि सगर के पुत्रों को मेरे प्रयत्नों से गंगा का जल प्राप्त हो जिससे कि उनका उद्धार हो सके। इसके अतिरिक्त मुझे सन्तान प्राप्ति का भी वर दीजिये ताकि इक्ष्वाकु वंश नष्ट न हो। ब्रह्मा जी ने कहा कि सन्तान का तेरा मनोरथ शीघ्र ही पूर्ण होगा, किन्तु तुम्हारे माँगे गये प्रथम वरदान को देने में कठिनाई यह है कि जब गंगा जी वेग के साथ पृथ्वी पर अवतरित होंगीं तो उनके वेग को पृथ्वी संभाल नहीं सकेगी। गंगा जी के वेग को संभालने की क्षमता महादेव जी के अतिरिक्त किसी में भी नहीं है। इसके लिये तुम्हें महादेव जी को प्रसन्न करना होगा। इतना कह कर ब्रह्मा जी अपने लोक को चले गये।

"भगीरथ ने साहस नहीं छोड़ा। वे एक वर्ष तक पैर के अँगूठे के सहारे खड़े होकर महादेव जी की तपस्या करते रहे। केवल वायु के अतिरिक्त उन्होंने किसी अन्य वस्तु का भक्षण नहीं किया। अन्त में इस महान भक्ति से प्रसन्न होकर महादेव जी ने भगीरथ को दर्शन देकर कहा कि हे भक्तश्रेष्ठ! हम तेरी मनोकामना पूरी करने के लिये गंगा जी को अपने मस्तक पर धारण करेंगे। इसकी सूचना पाकर विवश होकर गंगा जी को सुरलोक का परित्याग करना पड़ा। उस समय वे सुरलोक से कहीं जाना नहीं चाहती थीं, इसलिये वे यह विचार करके कि मैं अपने प्रचण्ड वेग से शिव जी को बहा कर पाताल लोक ले जाऊँगी वे भयानक वेग से शिव जी के सिर पर अवतरित हुईं। गंगा का यह अहंकार महादेव जी से छुपा न रहा। महादेव जी ने गंगा की वेगवती धाराओं को अपने जटाजूट में उलझा लिया। गंगा जी अपने समस्त प्रयत्नों के बाद भी महादेव जी के जटाओं से बाहर न निकल सकीं। गंगा जी को इस प्रकार शिव जी की जटाओं में विलीन होते देख भगीरथ ने फिर शंकर जी की तपस्या की। भगीरथ के इस तपस्या से प्रसन्न होकर भगवान शंकर ने गंगा जी को हिमालय पर्वत पर स्थित बिन्दुसर में छोड़ा। छूटते ही गंगा जी सात धाराओं में बँट गईं। गंगा जी की तीन धाराएँ ह्लादिनी, पावनी और नलिनी पूर्व की ओर प्रवाहित हुईं। सुचक्षु, सीता और सिन्धु नाम की तीन धाराएँ पश्चिम की ओर बहीं और सातवीं धारा महाराज भगीरथ के पीछे पीछे चली। जिधर जिधर भगीरथ जाते थे, उधर उधर ही गंगा जी जाती थीं। स्थान स्थान पर देव, यक्ष, किन्नर, ऋषि-मुनि आदि उनके स्वागत के लिये एकत्रित हो रहे थे। जो भी उस जल का स्पर्श करता था, भव-बाधाओं से मुक्त हो जाता था। चलते चलते गंगा जी उस स्थान पर पहुँचीं जहाँ ऋषि जह्नु यज्ञ कर रहे थे। गंगा जी अपने वेग से उनके यज्ञशाला को सम्पूर्ण सामग्री के साथ बहाकर ले जाने लगीं। इससे ऋषि को बहुत क्रोध आया और उन्होंने क्रुद्ध होकर गंगा का सारा जल पी लिया। यह देख कर समस्त ऋषि मुनियों को बड़ा विस्मय हुआ और वे गंगा जी को मुक्त करने के लिये उनकी स्तुति करने लगे। उनकी स्तुति से प्रसन्न होकर जह्नु ऋषि ने गंगा जी को अपने कानों से निकाल दिया और उन्हें अपनी पुत्री के रूप में स्वीकार कर लिया। तब से गंगा जाह्नवी कहलाने लगीं। इसके पश्चात् वे भगीरथ के पीछे चलते चलते समुद्र तक पहुँच गईं और वहाँ से

सगर के पुत्रों का उद्धार करने के लिये रसातल में चली गईं। उनके जल के स्पर्श से भस्मीभूत हुये सगर के पुत्र निष्पाप होकर स्वर्ग गये। उस दिन से गंगा के तीन नाम हुये, त्रिपथगा, जाह्नवी और भागीरथी।

"हे रामचन्द्र! कपिल आश्रम में गंगा जी के पहुँचने के पश्चात् ब्रह्मा जी ने प्रसन्न होकर भगीरथ को वरदान दिया कि तेरे पुण्य के प्रताप से प्राप्त इस गंगाजल से जो भी मनुष्य स्नान करेगा या इसका पान करेगा, वह सब प्रकार के दुःखो से रहित होकर अन्त में स्वर्ग को प्रस्थान करेगा। जब तक पृथ्वी मण्डल में गंगा जी प्रवाहित होती रहेंगी तब तक उसका नाम भागीरथी कहलायेगा और सम्पूर्ण भूमण्डल में तेरी कीर्ति अक्षुण्ण रूप से फैलती रहेगी। सभी लोग श्रद्धा के साथ तेरा स्मरण करेंगे। यह कह कर ब्रह्मा जी अपने लोक को लौट गये। भगीरथ ने पुनः अपने पितरों को जलांजलि दी।"

कथा समाप्त होने पर वे सब विश्राम करने चले गये।

जनकपुरी में आगमन

•

जनकपुरी में आगमन

दूसरे दिन ऋषि विश्वामित्र ने अपनी मण्डली के साथ प्रातःकाल ही जनकपुरी के लिए प्रस्थान किया। चलते-चलते वे विशाला नगरी में पहुँचे। इस भव्य नगरी में सुन्दर मन्दिर और विशाल अट्टालिकायें शोभायमान हो रही थीं। वहाँ कि बड़ी बड़ी दुकानें, अमूल्य आभूषणों को धारण किये हुये स्त्री-पुरुष आदि नगर की सम्पन्नता का परिचय दे रहे थे। चौड़ी-चौड़ी और साफ सुथरी सड़कों को देख कर ज्ञात होता था कि नगर के रख-रखाव और व्यवस्था बहुत ही सुन्दर और प्रशंसनीय थी।

विशाला नगरी को पार कर के वे सभी मिथिलापुरी पहुँचे। उन्होंने देखा कि नगर के बाहर सुरम्य प्रदेश में एक मनोहर यज्ञशाला का निर्माण किया गया था और वहाँ पर विभिन्न प्रान्तों से आये हुये वेदपाठी ब्राह्मण मधुर ध्वनि में वेद मन्त्रों का सस्वर पाठ कर रहे थे। शोभायुक्त यज्ञ मण्डप अत्यन्त आकर्षक था जिसे देख कर राम ने कहा, “हे गुरुदेव! इस यज्ञशाला की छटा मेरे मन को मोह रही है और विद्वान ब्राह्मणों के आनन्द दायक मन्त्रोच्चार को सुन कर मैं पुलकित हो रहा हूँ। कृपा करके इस यज्ञ मण्डप के समीप ही हम लोगों के ठहरने की व्यवस्था करें ताकि वेद मन्त्रों की ध्वनि हमारे मन मानस को निरन्तर पवित्र करती रहे।”

जब राजा जनक को सूचना मिली कि ऋषि विश्वामित्र अपनी शिष्यों तथा अन्य ऋषि-मुनियों के साथ जनकपुरी में पधारे हैं तो उनके दर्शन के लिये वे राजपुरोहित शतानन्द को लेकर यज्ञशाला पहुँचे। पाद्य, अर्ध्य आदि से विश्वामित्र जी का पूजन करके राजा जनक बोले, “हे महर्षि! आपने यहाँ पधार कर और दर्शन देकर हम लोगों को कृतार्थ कर दिया है। आपकी चरणधूलि से यह मिथिला नगरी पवित्र हो गई है।” फिर राम और लक्ष्मण की ओर देखकर बोले, “हे मुनिवर! आपके साथ ये परम तेजस्वी सिंह-शावक जैसे अनुपम सौन्दर्यशाली दोनों कुमार कौन हैं? इनकी वीरतापूर्ण आकृति देख कर प्रतीत होता है मानो ये किसी राजकुल के दीपक हैं। ऐसे सुन्दर, सुदर्शन कुमारों की उपस्थिति से यह यज्ञशाला वैसी ही शोभायुक्त हो गई है जैसे प्रातःकाल भगवान भुवन-भास्कर के उदय होने पर प्राची दिशा सौन्दर्य से परिपूर्ण हो जाती है। कृपा करके अवगत कराइये कि ये कौन हैं? कहाँ से आये हैं? इनके पिता और कुल का नाम क्या है?”

इस पर ऋषि विश्वामित्र ने राजा जनक से कहा, “हे राजन्! ये दोनों बालक वास्तव में राजकुमार हैं। ये अयोध्या नरेश सूर्यवंशी राजा दशरथ के पुत्र रामचन्द्र और लक्ष्मण हैं। ये दोनों बड़े वीर और पराक्रमी हैं। इन्होंने सुबाहु, ताड़का आदि के साथ घोर युद्ध करके उनका नाश किया है। मारीच जैसे महाबली राक्षस को तो राम ने एक ही बाण से सौ योजन दूर समुद्र में फेंक दिया। अपने यज्ञ की रक्षा के लिये मैं इन्हें अयोध्यापति राजा दशरथ से माँगकर लाया था। मैंने इन्हें नाना प्रकार के अस्त्र-शस्त्रों की शिक्षा प्रदान की है। इनके प्रयत्नों से मेरा यज्ञ निर्विघ्न तथा सफलतापूर्वक सम्पन्न हो गया। अपने सद्व्यवहार, विनम्रता एवं सौहार्द से इन्होंने आश्रम में रहने वाले समस्त ऋषि मुनियों का मन मोह लिया है। आपके इस महान धनुषयज्ञ का उत्सव दिखाने के लिये मैं इन्हें यहाँ लाया हूँ।”

इस वृत्तान्त को सुन कर राजा जनक बहुत प्रसन्न हुये और उन सबके ठहरने के लिये यथोचित व्यवस्था कर दिया।

- *अहल्या की कथा*

प्रातःकाल राम और लक्ष्मण ऋषि विश्वामित्र के साथ मिथिलापुरी के वन उपवन आदि देखने के लिये निकले। एक उपवन में उन्होंने एक निर्जन स्थान देखा। राम बोले, “गुरुदेव! यह स्थान देखने में तो आश्रम जैसा दिखाई देता है किन्तु क्या कारण है कि यहाँ कोई ऋषि या मुनि दृष्टिगोचर नहीं हो रहे हैं?”

इस पर विश्वामित्र जी ने कहा, "यह स्थान कभी महात्मा गौतम का आश्रम था। वे अपनी पत्नी अहल्या के साथ यहाँ रह कर तपस्या करते थे। एक दिन गौतम ऋषि की अनुपस्थिति में इन्द्र ने गौतम के वेश में आकर अहल्या से प्रणय-याचना की। यद्यपि अहल्या ने इन्द्र को पहचान लिया था तो भी यह सोचकर कि मैं इतनी सौन्दर्यशाली हूँ कि देवराज इन्द्र स्वयं मुझ से प्रणय-याचना कर रहे हैं, अपनी स्वीकृति दे दी। जब इन्द्र अपने लोक लौट रहे थे तभी अपने आश्रम को वापस आते हुये गौतम ऋषि की दृष्टि इन्द्र पर पड़ी। उस समय इन्द्र उन्हीं का वेश धारण किये हुये था। तत्काल वे सब कुछ समझ गये और उन्होंने इन्द्र को शाप दे दिया। इसके बाद उन्होंने अपनी पत्नी को शाप दिया कि 'रे दुराचारिणी! तू हजारों वर्ष तक केवल हवा पीकर कष्ट उठाती हुई यहाँ राख में पड़ी रहे। जब राम इस वन में प्रवेश करेंगे तभी उनकी कृपा से तेरा उद्धार होगा। तभी तू अपना पूर्व शरीर धारण करके मेरे पास आ सकेगी।' यह कह कर गौतम ऋषि इस आश्रम को छोड़कर हिमालय पर जाकर तपस्या करने चले गये। अतः हे राम! अब तुम आश्रम के अन्दर जाकर अहल्या का उद्धार करो।"

विश्वामित्र जी की आज्ञा पाकर वे दोनों भाई आश्रम के भीतर प्रविष्ट हुये। वहाँ तपस्यारत अहल्या कहीं दिखाई नहीं दे रही थी, केवल उसका तेज सम्पूर्ण वातावरण में व्याप्त हो रहा था। जब अहल्या की दृष्टि राम पर पड़ी तो उनके पवित्र दर्शन पाकर वह एक बार फिर सुन्दर नारी के रूप में दिखाई देने लगी। नारी रूप में अहल्या को सम्मुख पाकर राम और लक्ष्मण ने श्रद्धापूर्वक उनके चरणस्पर्श किये। तत्पश्चात् उससे उचित आदर सत्कार ग्रहण कर वे मुनिराज के साथ पुनः मिथिला पुरी को लौट आये।

वाल्मीकि रामायण और श्री तुलसीदास जी के रामचरितमानस में अहल्या की कथा मे बहुत सारे अन्तर हैं। जहाँ आदिकवि श्री वाल्मीकि ने अहल्या का शापवश राख में पड़ी रहना बताया है वहीं श्री तुलसीदास जी ने अहल्या का शापवश शिला बन जाना लिखा है।

पाठकों को कुछ और भी सन्देह हो सकते हैं इसलिए मैं निम्न उद्धरण भी देना उचित समझता हूँ

आदिकवि श्री वाल्मीकि रचित रामायण के अष्टचत्वरिंशः सर्गः (48वे सर्ग) के श्लोक क्रमांक 17-19 के अनुसार स्पष्ट है कि अहल्या ने इन्द्र को पहचानने के पश्चात् ही अपनी स्वीकृति दी थी। देखियेः

तस्यान्तरं विदित्वा च सहस्त्राक्षः शचीपतिः।
मुनिवेषधरो भूत्वा अहल्यामिदमब्रवीत्॥17॥

एक दिन जब महर्षि गौतम आश्रम में नहीं थे तब उपयुक्त अवसर जानकर शचीपति इन्द्र मुनिवेष धारण कर वहाँ आये और अहल्या से बोले -

ऋतुकालं प्रतीक्षन्ते नार्थिनः सुसमाहिते।
संगमं त्वहमिच्छामि त्वया सह सुमध्यमे॥18॥

"रति की कामना रखने वाले प्रार्थी पुरुष ऋतुकाल की प्रतीक्षा नहीं करते। हे सुन्दर कटिप्रदेश वाली (सुन्दरी)! मैं तुम्हारे साथ समागम करना चाहता हूँ।"

मुनिवेषं सहस्त्राक्षं विज्ञाय रघुनन्दन।
मतिं चकार दुर्मेधा देवराजकुतुहलात्॥19॥

(इस प्रकार रामचन्द्र जी को कथा सुनाते हुये ऋषि विश्वामित्र ने कहा,) "हे रघुनन्दन! मुनिवेष धारण कर आये हुये इन्द्र को पहचान कर भी उस मतिभ्रष्ट दुर्बुद्धि नारी ने कौतूहलवश (कि देवराज इन्द्र मुझसे प्रणययाचना कर रहे हैं) समागम का प्रस्ताव स्वीकार कर लिया।

संत श्री तुलसीदास जी के रामचरितमानस के अनुसार अहल्या का उद्धार श्री रामचन्द्र जी के चरणधूलि प्राप्त करने से हुई। देखिये (रामचरितमानस बालकाण्ड दोहा क्रमांक 210 के पूर्व की चौपाई से उसके बाद का छंद):

आश्रम एक दीख मग माहीं। खग मृग जीव जंतु तहँ नाहीं।।
पूछा मुनिहि सिला प्रभु देखी। सकल कथा मुनि कहा बिसेषी।।

मार्ग में एक आश्रम दिखाई पड़ा। वहाँ पशु-पक्षी, कोई भी जीव-जन्तु नहीं था। पत्थर की एक शिला को देखकर प्रभु ने पूछा, तब मुनि ने विस्तारपूर्वक सब कथा कही।

दो0-गौतम नारि श्राप बस उपल देह धरि धीर।
चरन कमल रज चाहति कृपा करहु रघुबीर॥210॥

गौतम मुनि की स्त्री अहल्या शापवश पत्थर की देह धारण किया बड़े धीरज से आपके चरणकमलों की धूलि चाहती है। हे रघुवीर! इस पर कृपा कीजिये।

छं0-परसत पद पावन सोक नसावन प्रगट भई तपपुंज सही।
देखत रघुनायक जन सुख दायक सनमुख होइ कर जोरि रही।।

श्रीराम के पवित्र और शोक को नाश करनेवाले चरणों का स्पर्श पाते ही सचमुच वह तपोमूर्ति अहल्या प्रकट हो गई। भक्तों को सुख देने वाले श्री रघुनाथ जी को देख कर वह हाथ जोड़कर सामने खड़ी हो गई।

जबकि वाल्मीकि रामायण के इंकावनवें सर्ग के श्लोक क्रंमाक 16 के अनुसारः

सा हि गौतमवाक्येन दुर्निरीक्ष्या बभूव ह।
त्रयाणामपि लोकानां यावद् रामस्य दर्शनम्।
शापस्यान्तमुपागम्य तेषां दर्शनमागता॥

रामचन्द्र के द्वारा देखे जाने के पूर्व, गौतम के शाप के कारण अहल्या का दर्शन तीनों लोकों के किसी भी प्राणी को होना दुर्लभ था। राम का दर्शन मिल जाने से जब उनके शाप का अन्त हो गया, तब वे उन सबको दिखाई देने लगीं।

•

ऋषि विश्वामित्र का पूर्व चरित्र

राम से मिथिला के राजपुरोहित शतानन्द जी विशेष रूप से प्रभावित हुये।

शतानन्द जी ने कहा, "हे राम! आप बड़े सौभाग्यशाली हैं कि आपको विश्वामित्र जी गुरु के रूप में प्राप्त हुये हैं। वे बड़े ही प्रतापी और तेजस्वी महापुरुष हैं। ब्राह्मणत्व की प्राप्ति के पूर्व ऋषि विश्वामित्र बड़े पराक्रमी और प्रजावत्सल नरेश थे। प्रजापति के पुत्र कुश, कुश के पुत्र कुशनाभ और कुशनाभ के पुत्र राजा गाधि थे। ये सभी शूरवीर, पराक्रमी और धर्मपरायण थे। विश्वामित्र जी उन्हीं गाधि के पुत्र हैं। एक बार राजा विश्वामित्र अपनी सेना के साथ वशिष्ठ ऋषि के आश्रम में गये। चूँकि उस समय वशिष्ठ जी ईश्वरभक्ति में लीन होकर यज्ञ कर रहे थे, विश्वामित्र जी उन्हें प्रणाम करके वहीं बैठ गये। यज्ञ क्रिया से निवृत होने पर वशिष्ठ जी ने विश्वामित्र जी का बहुत आदर सत्कार किया और उनसे कुछ दिन आश्रम में ही रह कर आतिथ्य ग्रहण करने का अनुरोध किया। इस पर यह सोच कर कि मेरे साथ विशाल सेना है और सेना सहित मेरा आतिथ्य करने में वशिष्ठ जी को कष्ट होगा, विश्वामित्र जी ने नम्रता पूर्वक विदा होने की अनुमति माँगी। किन्तु वशिष्ठ जी के अत्यधिक अनुरोध करने पर थोड़े दिनों के लिये राजा विश्वामित्र को उनका आतिथ्य स्वीकार करने के लिए विवश होना पड़ा।

"राजा विश्वामित्र के आतिथ्य स्वीकार कर लेने पर वशिष्ठ जी ने कामधेनु गौ का आह्वान किया और उससे विश्वामित्र तथा उनकी सेना के लिये छः प्रकार के व्यंजन तथा समस्त प्रकार की सुविधाओं की व्यवस्था करने की प्रार्थना की। उनकी इस प्रार्थना को

स्वीकार करके कामधेनु गौ ने सारी व्यवस्था कर दिया। वशिष्ठ जी के अतिथि सत्कार से राजा विश्वामित्र और उनके साथ आये सभी लोग बहुत प्रसन्न हुये।

“कामधेनु गौ का चमत्कार देखकर विश्वामित्र के मन में उस गौ को प्राप्त कर लेने की इच्छा जागृत हुई और उन्होंने वशिष्ठ जी से कहा कि ऋषिश्रेष्ठ! कामधेनु जैसी गौ तो किसी वनवासी के पास नहीं वरन राजा महाराजाओं के पास ही शोभा देती है। अतः आप इसे मुझे दे दीजिये। इसके बदले में मैं आपको सहस्त्रों स्वर्ण मुद्रायें दे सकता हूँ। इस पर वशिष्ठ जी बोले कि राजन! यह गौ ही मेरा जीवन है और इसे मैं किसी भी कीमत पर किसी को नहीं दे सकता।

“वशिष्ठ जी के इस प्रकार कहने पर विश्वामित्र ने बलात् उस गौ को पकड़ लेने की आज्ञा दे दी और सैनिकगण उस गौ को डण्डे से मार मार कर हाँकने लगे। कामधेनु गौ ने क्रोधित होकर अपना बन्धन छुड़ा लिया और वशिष्ठ जी के पास आकर विलाप करने लगी। वशिष्ठ जी बोले कि हे कामधेनु! मैं इस राजा को शाप भी नहीं दे सकता क्योंकि यह राजा मेरा अतिथि है और इसके पास विशाल सेना होने के कारण इससे युद्ध में भी विजय प्राप्त नहीं कर सकता। मैं अत्यन्त विवश हूँ। वशिष्ठ जी के इन वचनों को सुन कर कामधेनु ने कहा कि हे ब्रह्मर्षि! क्या एक ब्राह्मण के बल के सामने क्षत्रिय का बल कभी श्रेष्ठ हो सकता है? आप मुझे आज्ञा दीजिये, मैं एक क्षण में इस क्षत्रिय राजा को उसकी विशाल सेनासहित नष्ट कर दूँगी। कोई अन्य उपाय न देख कर वशिष्ठ जी ने कामधेनु को अनुमति दे दी।

“आज्ञा पाते ही कामधेनु ने योगबल से पह्नव सैनिकों की एक सेना उत्पन्न कर दिया और वह सेना विश्वामित्र की सेना के साथ युद्ध करने लगी। विश्वामित्र जी ने अपने पराक्रम से समस्त पह्नव सेना का विनाश कर डाला। इस पर कामधेनु ने सहस्त्रों शक, हूण, बर्वर, यवन और काम्बोज सैनिक उत्पन्न कर दिया। जब विश्वामित्र ने उन सैनिकों का भी वध कर डाला तो कामधेनु ने मारक शस्त्रास्त्रों से युक्त अत्यंत पराक्रमी योद्धाओं को उत्पन्न किया जिन्होंने शीघ्र ही राजा विश्वामित्र की सेना को गाजर मूली की भाँति काटना आरम्भ कर दिया। अपनी सेना का नाश होते देख विश्वामित्र के सौ पुत्र अत्यन्त कुपित हो वशिष्ठ जी को मारने दौड़े। परिणाम यह हुआ कि वशिष्ठ जी ने उनमें से एक पुत्र को छोड़ कर शेष सभी को भस्म कर दिया।

“सेना तथा पुत्रों के के नष्ट हो जाने से विश्वामित्र बड़े दुःखी हुये। अपने बचे हुये पुत्र का राजतिलक कर वे तपस्या करने के लिये हिमालय की कन्दराओं में चले गये। वहाँ पर उन्होंने कठोर तपस्या की और महादेव जी को प्रसन्न कर लिया। महादेव जी को प्रसन्न पाकर विश्वामित्र ने उनसे समस्त दिव्य शक्तियों के साथ सम्पूर्ण धनुर्विद्या के ज्ञान का वरदान प्राप्त कर लिया।

“इस प्रकार सम्पूर्ण धनुर्विद्या का ज्ञान प्राप्त करके विश्वामित्र बदला लेने के लिये वशिष्ठ जी के आश्रम में पहुँचे वशिष्ठ जी को ललकार कर उन पर अग्निबाण चला दिया। अग्निबाण से समस्त आश्रम में आग लग गई और आश्रमवासी भयभीत होकर इधर उधर भागने लगे। वशिष्ठ जी ने भी अपना धनुष संभाल लिया और बोले कि मैं तेरे सामने खड़ा हूँ, तू मुझ पर वार कर। आज मैं तेरे अभिमान को चूर-चूर करके बता दूँगा कि क्षात्र बल से ब्रह्म बल श्रेष्ठ है। क्रुद्ध होकर विश्वामित्र ने एक के बाद एक आग्नेयास्त्र, वरुणास्त्र, रुद्रास्त्र, ऐन्द्रास्त्र तथा पाशुपतास्त्र एक साथ छोड़ा जिन्हें वशिष्ठ जी ने अपने मारक अस्त्रों से मार्ग में ही नष्ट कर दिया। इस पर विश्वामित्र ने और भी अधिक क्रोधित होकर मानव, मोहन, गान्धर्व, जूंभण, दारण, वज्र, ब्रह्मपाश, कालपाश, वरुणपाश, पिनाक, दण्ड, पैशाच, क्रौंच, धर्मचक्र, कालचक्र, विष्णुचक्र, वायव्य, मंथन, कंकाल, मूसल, विद्याधर, कालास्त्र आदि सभी अस्त्रों का प्रयोग कर डाला। वशिष्ठ जी ने उन सबको नष्ट करके ब्रह्मास्त्र छोड़ने के लिये जब अपना धनुष उठाया तो सब देव किन्नर आदि भयभीत हो गये। किन्तु वशिष्ठ जी तो उस समय अत्यन्त क्रुद्ध हो रहे थे। उन्होंने ब्रह्मास्त्र छोड़ ही दिया। ब्रह्मास्त्र के भयंकर ज्योति और गगनभेदी नाद से सारा संसार पीड़ा से तड़पने लगा। सब ऋषि-मुनि उनसे प्रार्थना करने लगे कि आपने विश्वामित्र को परास्त कर दिया है। अब आप ब्रह्मास्त्र से उत्पन्न हुई ज्वाला को शान्त करें। इस प्रार्थना से द्रवित होकर उन्होंने ब्रह्मास्त्र को वापस बुलाया और मन्त्रों से उसे शान्त किया।

“पराजित होकर विश्वामित्र मणिहीन सर्प की भाँति पृथ्वी पर बैठ गये और सोचने लगे कि निःसन्देह क्षात्र बल से ब्रह्म बल ही श्रेष्ठ है। अब मैं तपस्या करके ब्राह्मण की पदवी और उसका तेज प्राप्त करूँगा। इस प्रकार विचार करके वे अपनी पत्नीसहित दक्षिण दिशा की ओर चल दिये। उन्होंने तपस्या करते हुये अन्न का त्याग कर केवल फलों पर जीवन-यापन करना आरम्भ कर दिया। उनकी तपस्या से प्रन्न होकर ब्रह्मा जी ने उन्हें राजर्षि का पद प्रदान किया। इस पद को प्राप्त करके भी, यह सोचकर कि ब्रह्मा जी

ने मुझे केवल राजर्षि का ही पद दिया महर्षि-देवर्षि आदि का नहीं, वे दुःखी ही हुये। वे विचार करने लगे कि मेरी तपस्या अब भी अपूर्ण है। मुझे एक बार फिर से घोर तपस्या करना चाहिये।"

त्रिशंकु की स्वर्गयात्रा

•

त्रिशंकु की स्वर्गयात्रा

अपनी वार्ता जारी रखते हुये मिथिला के राजपुरोहित शतानन्द जी ने कहा, "इस बीच इक्ष्वाकु वंश में त्रिशंकु नाम के एक राजा हुये। त्रिशंकु की इच्छा सशरीर स्वर्ग जाने की थी अतः इसके लिए उन्होंने वशिष्ठ जी से यज्ञ करने के लिए कहा। वशिष्ठ जी ने बताया कि कि मुझमें इतनी सामर्थ्य नहीं है कि मैं किसी व्यक्ति को शरीर सहित स्वर्ग भेज सकूँ। वशिष्ठ जी के असमर्थता प्रकट करने पर त्रिशंकु ने यही प्रार्थना वशिष्ठ जी के पुत्रों से भी की जो दक्षिण प्रान्त में घोर तपस्या कर रहे थे। इस पर वशिष्ठ जी के पुत्रों ने कहा कि 'अरे मूर्ख! जिस काम को हमारे पिता नहीं कर सके तू उसे हम से कराना चाहता है। ऐसा प्रतीत होता है कि तू हमारे पिता का अपमान करने के लिये यहाँ आया है।' उनके इस प्रकार कहने से त्रिशंकु ने क्रोधित होकर वशिष्ठ जी के पुत्रों को अपशब्द कहे। वशिष्ठ जी के पुत्रों ने रुष्ट होकर त्रिशंकु को चाण्डाल हो जाने का शाप दे दिया।

"शाप के कारण त्रिशंकु का सुन्दर शरीर काला पड़ गया। सिर के बाल चाण्डालों जैसे छोटे छोटे हो गये। गले में हड्डियों की माला पड़ गई। हाथ पैरों में लोहे की कड़े पड़ गये। त्रिशंकु का ऐसा वेश देखकर उनके मन्त्री तथा दरबारी उनका साथ छोड़कर चले गये। फिर भी उन्होंने सशरीर स्वर्ग जाने की इच्छा का परित्याग नहीं किया। वे विश्वामित्र के पास जाकर बोले कि ऋषिराज! आप महान तपस्वी हैं। मेरी सशरीर स्वर्ग जाने की इच्छा को पूर्ण करके मुझे कृतार्थ कीजिये। विश्वामित्र ने कहा कि राजन्! तुम मेरी शरण में आये हो। मैं तुम्हारी इच्छा अवश्य पूर्ण करूँगा। इतना कहकर विश्वामित्र ने अपने उन चारों पुत्रों को बुलाया जो दक्षिण प्रान्त में अपनी पत्नी के साथ तपस्या करते हुये उन्हें प्राप्त हुये थे और उनसे यज्ञ की सामग्री एकत्रित करने के लिये कहा। उन्होंने अपने शिष्यों के द्वारा वशिष्ठ के पुत्रों सहित वन में रहने वाले सब ऋषि-मुनियों को यज्ञ में सम्मिलित होने के लिये निमन्त्रण भी भिजवा दिया।

"शिष्यों ने लौटकर बताया कि सब ऋषि-मुनियों ने निमन्त्रण स्वीकार कर लिया है किन्तु वशिष्ठ जी के पुत्रों ने यह कहकर निमन्त्रण अस्वीकार कर दिया कि जिस यज्ञ में यजमान चाण्डाल और पुरोहित क्षत्रिय हो उस यज्ञ का भाग हम स्वीकार नहीं कर सकते। यह सुनकर विश्वामित्र जी ने क्रुद्ध होकर कहा कि उन्होंने अकारण ही मेरा अपमान किया है। मैं उन्हें शाप देता हूँ कि उन सबका नाश हो। आज ही वे सब कालपाश में बँध कर यमलोक को जायें और सात सौ वर्षों तक चाण्डाल योनि में विचरण करें। उन्हें खाने के लिये केवल कुत्ते का माँस मिले और सदैव कुरूप बने रहें। इस प्रकार शाप देकर वे यज्ञ की तैयारी में लग गये।"

शतानन्द जी ने आगे कहा, "हे राघव! विश्वामित्र के शाप से वशिष्ठ जी के पुत्र यमलोक सिधार गये। वशिष्ठ जी के पुत्रों के परिणाम से भयभीत सभी ऋषि मुनियों ने यज्ञ में विश्वामित्र का साथ दिया। यज्ञ की समाप्ति पर विश्वामित्र ने सब देवताओं को नाम ले लेकर अपने यज्ञ भाग ग्रहण करने के लिये आहवान किया किन्तु कोई भी देवता अपना भाग लेने नहीं आया। इस पर क्रुद्ध होकर विश्वामित्र ने अर्ध्य हाथ में लेकर कहा कि 'हे त्रिशंकु! मैं तुझे अपनी तपस्या के बल से स्वर्ग भेजता हूँ' इतना कह कर विश्वामित्र ने मन्त्र पढ़ते हुये आकाश में जल छिड़का और राजा त्रिशंकु शरीर सहित आकाश में चढ़ते हुये स्वर्ग जा पहुँचे। त्रिशंकु को स्वर्ग में आया देख इन्द्र ने क्रोध से कहा कि 'रे मूर्ख! तुझे तेरे गुरु ने शाप दिया है इसलिये तू स्वर्ग में रहने योग्य नहीं है'। इन्द्र के ऐसा कहते ही त्रिशंकु सिर के बल पृथ्वी पर गिरने लगे और विश्वामित्र से अपनी रक्षा की प्रार्थना करने लगे। विश्वामित्र ने उन्हें वहीं ठहरने का आदेश दिया और वे अधर में ही सिर के बल लटक गये। त्रिशंकु की पीड़ा की कल्पना करके विश्वामित्र ने उसी स्थान पर अपनी तपस्या के बल से स्वर्ग की सृष्टि कर दी और नये तारे तथा दक्षिण दिशा में सप्तर्षि मण्डल बना दिया। इसके बाद उन्होंने नये इन्द्र की सृष्टि करने का विचार किया जिससे इन्द्र सहित सभी देवता भयभीत होकर विश्वामित्र से अनुनय विनय करने लगे। वे बोले कि हमने त्रिशंकु को केवल इसलिये लौटा दिया था कि वे गुरु के शाप के कारण स्वर्ग में नहीं रह सकते थे।

इन्द्र की बात सुन कर विश्वामित्र जी बोले कि मैंने इसे स्वर्ग भेजने का वचन दिया है इसलिये मेरे द्वारा बनाया गया यह स्वर्ग मण्डल हमेशा रहेगा और त्रिशंकु सदा इस नक्षत्र मण्डल में अमर होकर राज्य करेगा। इससे सन्तुष्ट होकर इन्द्रादि देवता अपने अपने स्थानों को वापस चले गये।"

विश्वामित्र को ब्राह्मणत्व की प्राप्ति

वार्ता जारी रखते हुए शतानन्दजी ने कहा, "हे रामचन्द्र! देवताओं के चले जाने के बाद विश्वामित्र ब्राह्मणत्व प्राप्त करने के लिये पूर्व दिशा में जाकर पुनः कठोर तपस्या करने लगे। बिना अन्न जल ग्रहण किये वर्षों तक तपस्या करते करते उनकी देह सूख कर काँटा बन गई। इस तपस्या को भ़ंग करने के लिए नाना प्रकार के विघ्न उपस्थित हुए किन्तु उन्होंने उन सबका निवारण किया और वह भी बिना क्रोध किये। तपस्या की अवधि समाप्त होने पर जब वे अन्न ग्रहण करने के लिए बैठे। ज्योंही प्रथम ग्रास उठाया भी न था कि ब्राह्मण भिक्षुक के रुप में आकर इन्द्र ने भोजन की याचना की। विश्वामित्र ने अपना भोजन उस याचक को दे दिया और स्वयं निराहार रह गये।

"इन्द्र को भोजन दे देने के पश्चात विश्वामित्र के मन में विचार आया कि सम्भवत: अभी मेरे भोजन ग्रहण करने का अवसर नहीं आया है, इसीलिये याचक के रूप में यह विप्र उपस्थित हो गया। मुझे अभी और तपस्या करना चाहिये। अतएव वे मौनव्रत धारण कर फिर से दीर्घकालीन तपस्या में लीन हो गये। इस बार उन्होंने प्राणायाम से श्वाँस रोक कर महादारुण तप किया। उनके तप से प्रभावित देवताओं ने ब्रह्माजी से निवेदन किया कि भगवन्! विश्वामित्र की तपस्या अब पराकाष्ठा को पहुँच गई है। अब वे क्रोध और मोह की सीमाओं को पार कर गये हैं। अब इनके तेज से सारा संसार प्रकाशित हो उठा है। सूर्य और चन्द्रमा का तेज भी इनके तेज के सामने फीका पड़ गया है। अतएव आप प्रसन्न होकर इनकी अभिलाषा पूर्ण कीजिये।

"देवताओं के इन वचनों को सुनकर ब्रहमा जी उन से देवताओं को साथ लेकर विश्वामित्र जी के पास पहुँचे और बोले कि हे विश्वामित्र! निःसन्देह तुम्हारी तपस्या प्रशंसनीय है। हम तुमसे अत्यन्त प्रसन्न हैं और तुम्हें ब्राहमणश्रेष्ठ की उपाधि प्रदान करते हैं। तुम संसार में महान यश के भागी बनोगे। ब्रहमा जी से यह वरदान पाकर विश्वामित्र ने कहा कि हे भगवन्! जब आपने मुझे यह वरदान दिया है तो मुझे ओंकार, षट्कार तथा चारों वेदों का ज्ञान भी प्रदान करें। प्रभो! अपनी तपस्या को मैं तभी सफल समझूँगा जब वशिष्ठ जी मुझे ब्राहमण और ब्रहमर्षि स्वीकार करेंगे।

"विश्वामित्र की बात सुन कर समस्त देवताओं ने वशिष्ठ जी के पास जाकर उन्हें सारा वृत्तान्त सुनाया। उनकी तपस्या की कथा सुनकर वशिष्ठ जी स्वयं विश्वामित्र के पास पहुँचे और उन्हें अपने हृदय से लगा कर बोले कि विश्वामित्र जी! आप वास्तव में ब्रहमर्षि हैं। मैं आज से आपको ब्राहमण स्वीकार करता हूँ।

"हे रघुनन्दन! इतनी कठोर तपस्याओं एवं भारी संघर्ष के पश्चात् विशवामित्र जी ने यह महान पद प्राप्त किया है। ये बड़े विद्वान, धर्मात्मा, तेजस्वी एवं तपस्वी हैं।"

राजा जनक भी शतानन्द द्वारा वर्णित विश्वामित्र जी की कथा सुन रहे थे। वे बोले, "हे कौशिक! मैं आपको और इन राजकुमारों को मिथिला में पाकर कृतार्थ हो गया हूँ। अब अधिक समय व्यतीत हो चला है। भगवान भास्कर अस्ताचल की ओर जा रहे हैं। सन्ध्या-उपासना का समय हो गया है। इसलिये मुझे आज्ञा दीजिये। प्रातःकाल पुनः आपके दर्शन के लिये आउँगा।" इस प्रकार मुनि से आज्ञा ले राजा जनक अपने मन्त्रियों सहित विदा हये। विश्वामित्र जी भी दोनों राजकुमारों के साथ अपने निश्चित स्थान के लिये चल पड़े।

धनुष यज्ञ

धनुष यज्ञ

मिथिला नरेश के वहाँ से विदा हो जाने पर ऋषि विश्वामित्र राम और लक्ष्मण को लेकर यज्ञ मण्डप में गये। यज्ञ मण्डप को अत्यंत सुरुचि के साथ सजाया गया था। उस भव्य मण्डप को देखकर लगता था मानों वह देवराज इन्द्र का दरबार हो। देश देशान्तर के राजा-महाराजाओं के बैठने की अति सुन्दर व्यवस्था की गई थी। मण्डप के ऊपर बहुमूल्य रत्नों से बने झालरयुक्त आकर्षक वस्त्रों का वितान तना हुआ था। वितान के चारों ओर फहरते हुये पताके मिथिलापति की कीर्ति को प्रदर्शित कर रहे थे। बीच-बीच में रत्नजटित स्तम्भ बनाए गए थे। वेदपाठी ब्रह्मण एवं तपस्वी शान्ति पाठ कर रहे थे। देदीप्यमान वस्त्राभूषणों को धारण किये राजकुमार अपने अपने आसनों पर विराजमान थे। ऐसा लग रहा था मानों सैकड़ों इन्द्र अपने वैभव और सौन्दर्य का प्रदर्शन करने के लिये महाराज जनक की यज्ञ भूमि में एकत्रित हुये हों। इस सौन्दर्य का अवलोकन करने के लिये जनकपुर की लावण्यमयी रमणियाँ अपने घरों के झरोखों से झाँक रही थीं।

गर्जन-तर्जन करते हये पिनाक को इस मनोमुग्धकारी वातावरण में यज्ञ भूमि में लाया गया। सभी की उत्सुक दृष्टि उसी ओर घूम गई। सहस्त्रों व्यक्ति उस धनुष को एक विशाल गाड़ी में धीरे-धीरे खींच रहे थे। उस विशालकाय बज्र के समान धनुष को देखकर बड़े-बड़े बलवानों का धैर्य छूटने लगा और पसीना आने लगा। पिनाक को यथास्थान पर स्थापित कर दिया गया। राजा जनक के ज्येष्ठ पुत्र सीता एवं उनकी सहेलियों को साथ लेकर धनुष के पास आये और बोले, “हे सम्पूर्ण संसार के राजाओं और राजकुमारों! महाराज जनक ने प्रतिज्ञा की है कि जो कोई भी महादेव जी के इस पिनाक नामक धनुष की प्रत्यंचा को चढ़ायेगा उसके साथ मिथिलापति महाराज जनक अपनी राजकुमारी सीता का विवाह कर देंगे।”

राजा जनक की इस प्रतिज्ञा को सुनकर राजा और राजकुमार बारी बारी से उस धनुष पर प्रत्यंचा चढ़ाने के लिये आये किन्तु भरपूर प्रयास करके भी उस पर प्रत्यंचा चढ़ाना तो दूर उसे हिला भी न सके। अन्त में वे लज्जित हो सिर झुका कर तथा श्रीहीन होकर इस प्रकार अपने-अपने आसनों पर लौट गये जैसे कि नागराज अपनी मणि गवाँकर लौट आते हैं। इस प्रकार एक-एक करके सब राजाओं और राजकुमारों को विफल मनोरथ होकर लौटता देख महाराज जनक को बहुत दुःख हुआ। उन्होंने बड़ी निराशा के साथ मर्मभेदी स्वर में कहा, “सम्पूर्ण संसार के विख्यात शक्तिशाली योद्धा यहाँ विद्यमान हैं, किन्तु बड़े दुःख की बात है कि उनमें से कोई भी पिनाक पर प्रत्यंचा नहीं चढ़ा सका। उनकी इस असफलता को देखकर ऐसा प्रतीत होता है कि पृथ्वी शूरवीर क्षत्रियों से खाली हो गई है। यदि मुझे पहले से ज्ञात होता कि अब इस संसार में वास्तव में कोई क्षत्रिय योद्धा नहीं रहा है तो मैं न तो धनुष यज्ञ का अनुष्ठान करता और न ऐसी प्रतिज्ञा करता। लगता है कि मेरी पुत्री सीता आयुपर्यन्त कुँवारी रहेगी। परमात्मा ने उसके भाग्य में विवाह लिखा ही नहीं है।”

महाराज जनक की यह बात सुनकर उन सभी राजाओं और राजकुमारों ने, जो अपनी असफलता से पहले ही लज्जित हो रहे थे, क्षुब्ध मन से दृष्टि नीचे झुका लिया। राजा जनक के द्वारा की गई इस भर्त्सना का उनके पास कोई उत्तर न था। परन्तु अयोध्या के छोटे राजकुमार लक्ष्मण को मिथिलापति द्वारा समस्त क्षत्रियों पर लगाया गया लांछन सहन नहीं हुआ। कुपित होकर उन्होंने अपनी भृकुटि चढ़ा ली और तीखे शब्दों में बोले, “हे मिथिला के स्वामी राजा जनक! आपके ये शब्द सर्वथा अनुचित और सूर्यकुल तथा रघुवंश का अपमान करने वाले हैं। आश्चर्य है कि आपने ऐसे अपमानजनक शब्द कहने का साहस कैसे किया? जहाँ प्रतापी सूर्यकुल का साधारण व्यक्ति विद्यमान हो वहाँ भी कोई इस प्रकार तिरस्कार भरे शब्द कहने से पूर्व अनेक बार उस पर विचार करता है, फिर यहाँ तो सूर्यकुल के मणि श्री रामचन्द्र साक्षात् विराजमान हैं। आप शिव के इस पुराने पिनाक की इतनी गरिमा सिद्ध करना चाहते हैं। मैं बिना किसी अभिमान के कह सकता हूँ कि इस पुराने धनुष की तो बात ही क्या है, यदि मैं चाहूँ तो अपनी भुजाओं के बल से इस धनुष के स्वामी महादेव सहित सम्पूर्ण सुमेरु पर्वत को हिला कर रख दूँ। इस विशाल पृथ्वी को अभी इसी समय रसातल में पहुँचा दूँ।” ऐसा कहते हुये लक्ष्मण के नेत्र क्रोध से लाल हो गये, उनकी भुजाएँ फड़कने लगीं और उनका सम्पूर्ण शरीर क्रोध की ज्वाला के कारण थर थर काँपने लगा।

•

राम द्वारा धनुष भंग

लक्ष्मण को अत्यन्त क्रुद्ध एवं आवेश में देख कर राम ने संकेत से उन्हें अपने स्थान पर बैठ जाने का निर्देश दिया और गुरु विश्वामित्र की ओर देखने लगे मानो पूछ रहे हों के वर्तमान परिस्थिति में मुझे क्या करना चाहिये। विश्वामित्र ने कहा, "वत्स! लक्ष्मण ने सूर्यकुल की जिस मर्यादा एवं गौरव वर्णन किया है वह सत्य है। अब तुम धनुष पर प्रत्यंचा चढ़ाकर लक्ष्मण के वचन को सिद्ध कर के दिखाओ।"

गुरु की आज्ञा पाकर रामचन्द्र मन्द गति से पग बढ़ाते हुये शिव जी के धनुष के पास पहुँचे। राम को धनुष की ओर जाते देख सीता और उनकी सखियाँ तथा जनकपुरी के समस्त दर्शकगण अत्यंन्त प्रसन्न हुये। किन्तु उनकी प्रसन्नता को संशय ने घेर लिया। वे सोचने लगे कि जब विश्वविख्यात शक्तिशाली राजा और राजकुमार इस शिव जी के धनुष को हिला नहीं सके तो राम जैसे सुकुमार किशोर पिनाक की प्रत्यंचा चढ़ाने में कैसे सफल हो सकेंगे? सीता भी मन ही मन परमात्मा से प्रार्थना करने लगीं कि हे सर्वशक्तिमान! इन्हें इनके उद्देश्य में सफलता प्रदान करने की दया कीजिये। मेरा हृदय भी इनकी ओर आकर्षित हो गया है। अतः इसकी लाज भी आपको ही रखनी है। हे प्रभो! आप अपनी अद्भुत शक्ति से इस धनुष को इतना हल्का कर दीजिये कि यह सरलता से उनके द्वारा उठाया जा सके।

धनुष के पास पहुँचकर राम ने धनुष को बीच से पकड़कर सरलता के साथ उठा लिया और खेल ही खेल में उस पर प्रत्यंचा चढ़ा दी। प्रत्यंचा चढ़ाकर ज्योंही उन्होंने धनुष की डोर पकड़कर कान तक खींची त्योंही वह धनुष भयंकर शोर मचाता हुआ तड़तड़ा कर टूट गया। उस नाद से अधिकांश दर्शक मूर्छित होकर भूमि पर गिर पड़े। सिर्फ विश्वामित्र, राजा जनक, राम, लक्ष्मण आदि कुछ ही ऐसे लोग थे जिन पर इस भयंकर स्थिति का कोई प्रभाव नहीं पड़ा। कुछ काल पश्चात् जब सबकी मूर्छा दूर हुई तो वे राम की सराहना करने लगे।

धनुष भंग हो जाने पर राजा जनक ने विश्वामित्र से कहा, "मुनिवर! मेरी प्रतिज्ञा पूर्ण हुई इसलिये अब मैं सीता का विवाह रामचन्द्र के साथ करना चाहता हूँ। मुझे अपने मंत्रयों और पुरोहित को विवाह का संदेश लेकर महाराजा दशरथ के पास अयोध्या भेजने की आज्ञा दें।"

विश्वामित्र प्रसन्न होकर बोले, "राजन्! आपका ऐसा ही करना ही उचित है। अपने मंत्रियों को यह भी आदेश दे दें कि वे राजा दशरथ को सन्देश दे दें कि दोनों राजकुमार कुशलपूर्वक यहाँ पहुँच गये हैं।"

विश्वामित्र के वचनों से सन्तुष्ट होकर मिथिलापति जनक ने सीता को बुलवाया। वे अपनी सखियों के साथ हाथ में वरमाला लिये मन्थर गति से लजाती हुई वहाँ आईं जहाँ धनुष को तोड़ने के पश्चात श्री रामचन्द्र खड़े थे। सखियों ने मंगल गान प्रारम्भ किया और लज्जा, संकोच एवं हर्ष के भावों से परिपूर्ण सीता जी ने धीरे से श्री राम के गले में वरमाला डाल दी।

•

अयोध्या में तैयारियाँ

मिथिलापुरी से अयोध्या तक का मार्ग तीन दिनों में तय करके महाराज जनक के मन्त्री राजा दशरथ के दरबार में पहुँचे। रत्नजटित सिंहासन पर विराजमान महाराज दशरथ का सादर अभिवादन करने के पश्चात् मिथिला के मन्त्री ने कहा, "हे राजन्! मिथिला नरेश ने आपका कुशल समाचार पूछा है और महर्षि विश्वामित्र की आज्ञा से उन्होंने आपके पास यह संदेश भेजा है कि समस्त संसार को ज्ञात है कि मिथिला के राजा जनक की पुत्री सीता अत्यन्त रूपवती, लावण्यमयी एवं समस्त सद्गुणों से सम्पन्न है। राजा जनक ने अपने यहाँ एक यज्ञ किया था। उसमें उन्होंने यह प्रतिज्ञा की थी कि जो कोई भी भगवान शंकर के विख्यात धनुष पिनाक पर प्रत्यंचा चढ़ा देगा उसके साथ वे राजकुमारी सीता का विवाह कर देंगे। उस यज्ञ में महामुनि विश्वामित्र राम और लक्ष्मण दोनों राजकुमारों के

साथ जनक पुरी पधारे। राम ने धनुष पर प्रत्यंचा ही नहीं चढ़ा दी, बल्कि उस धनुष के दो टुकड़े भी कर दिये। इस प्रकार उन्होंने अपने अद्वितीय पराक्रम से सीता को प्राप्त कर लिया है। अतः राजा जनक ने आपसे सादर अनुरोध करते हुये यह संदेश भेजा है कि आप अपने समस्त परिजनों, बन्धु-बांधवों, मन्त्रियों एवं पुरोहितों तथा गुरु वशिष्ठ के साथ शीघ्र बारात लेकर मिथिला पधारने की कृपा करें ताकि राजकुमार श्री रामचन्द्र के साथ सौभाग्यकांक्षिणी सीता का विवाह वैदिक रीति से सम्पन्न हो सके और मिथिलेश कन्या के ऋण से उऋण हो सकें।

इस शुभ संदेश को सुनकर महाराज दशरथ अत्यन्त प्रसन्न हुये। राम लक्ष्मण की कुशलता एवं अद्भुत पराक्रम का समाचार सुनकर उनका हृदय विभोर हो गया। वे मन्त्रियों से बोले, "मन्त्रिवर! हमारा हृदय राम और लक्ष्मण से मिलने के लिये बहुत व्याकुल हो रहा है इसलिये आप शीघ्र ही परिजनों एवं दरबार के सभासदों के साथ जनक पुरी चलने की व्यवस्था कीजिये। समस्त बन्धु-बांधवों, राज्य के प्रतिष्ठित सेठ-साहूकारों, विद्वानों आदि सब को बारात में चलने के लिये निमन्त्रण पत्र भिजावाइये। सेनापति जी से कहिये कि वे शीघ्र चतुरंगिणी सेना को तैयार होने का आदेश दें। यदि सम्भव हो तो ऐसी व्यवस्था कीजिये कि हम सब लोग कल ही प्रस्थान कर सकें क्योंकि हमारे समधी मिथिला नरेश ने हमसे बहुत शीघ्र मिथिला पुरी पहुँचने का आग्रह किया है। साथ ही परम पूज्य राजगुरु वशिष्ठ जी, वामदेव, जाबालि, कश्यप, मार्कण्डेय, महर्षि कात्यायन आदि ऋषि-मुनियों से भी यह प्रार्थना करें कि वे कल प्रातःकाल ही हम लोगों के चलने से पहले ही जनक पुरी के लिये प्रस्थान कर जायें। इस बीच में हम तीनों महारानियों को यह शुभ समाचार देने के लिये जाते हैं।" इतना कह कर राजा दशरथ ने मन्त्रियों को आदेश दिया कि वे मिथिला से आये हुये अतिथियों का उचित सत्कार करें और उनके खान पान, ठहरने आदि का समुचित प्रबन्ध करें। इसके पश्चात् वे स्वयं राजप्रासाद के अन्तःपुर में पहुँचे और तीनों रानियों को बुलाकर यह शुभ संवाद सुनाया। शीघ्र ही यह समाचार सम्पूर्ण अयोध्या नगरी में फैल गया। घर-घर में मंगलगान होने लगे। नृत्य-संगीत का आयोजन होने लगा।

महाराज की आज्ञा पाकर मन्त्रीगण तथा भृत्यगण विवाह की तैयारियों में जुट गये। जन-जन के मन में अद्भुत उत्साह था। ऐसा प्रतीत होता था जैसे प्रत्येक व्यक्ति के भीतर विद्युत का संचार हो गया है। सभी लोग अभूतपूर्व द्रुतगति से समस्त कार्यों को सम्पन्न कर रहे थे। अर्द्धरात्रि होते होते चलने की सारी तैयारियाँ पूर्ण हो गईं और दूसरे दिन दल-बल के साथ राजा दशरथ रवाना हो गये। चार दिनों तक चलने के पश्चात् बारात मिथिला पुरी पहुँची। यह ज्ञात होते ही कि अयोध्या नरेश ऋषि-मुनियों, मन्त्रियों, परिजनों एवं अपनी सम्पूर्ण मण्डली के साथ नगर के निकट आ पहुँचे हैं मिथिला नरेश जनक अपने मन्त्रियों, पुरोहित, मुनियों, विद्वानों आदि को साथ लेकर उनकी अगवानी के लिये नगर के मुख्य द्वार पर जा पहुँचे। उन्होने बड़े आदर के साथ राजा दशरथ की अभ्यर्थना करते हुये कहा, "हे नृपश्रेष्ठ! आपके दर्शन करके मैं कृतज्ञ हुआ और आपके पदार्पण करने से जनक पुरी की भूमि धन्य हुई। आपने सीता को अपनी कुलवधू के रूप में स्वीकार करके मेरे वंश को सम्मानित किया है। यह मेरा अहोभाग्य है कि आज मिथिला पुरी में महर्षि वशिष्ठ, वामदेव, मार्कण्डेय एवं कात्यायन जैसे परम तपस्वी महात्माओं के चरण पड़े हैं। मैं नहीं समझ पा रहा हूँ कि इस असाधारण सम्मान को पाकर किस प्रकार अपने भाग्य की सराहना करूँ।"

इस प्रकार समस्त आगत महानुभावों का सत्कार करके महाराज दशरथ को उनके साथ आये हुये ऋषि-मुनियों, बन्धु-बांधवों, मन्त्रियों एवं सैनिकों को जनवासे में ठहराने की उचित व्यवस्था की। जनवासे में राजा दशरथ बहुत देर तक मुनि विश्वामित्र और अपने दोनों पुत्रों के साथ बैठे हुये उनके कृत्यों और पराक्रम का विवरण सुनते रहे। इस विवरण को सुनकर कभी वे आनन्द से रोमांचित हो जाते, कभी आश्चर्य से दाँतो तले उँगली दबाने लगते और कभी प्रशंसा से अपने राजकुमारों की पीठ थपथपाने लगते। बातचीत करने के पश्चात् भोजनादि से निवृत होकर वे विश्राम करने चले गये।

•

विवाह पूर्व की औपचारिकताएँ

महाराज जनक के कनिष्ठ भ्राता कुशध्वज सांकाश्यपुरी में रहकर राज्य का प्रबन्ध किया करते थे। सीता के विवाह का समाचार पाकर महाराज वे भी सांकाश्यपुरी से मिथिला आ गये। अपने अग्रज महाराज जनक तथा गुरु शतानन्द जी को प्रणाम करने के पश्चात् वे बोले, "हे भ्राता! अयोध्यापति पधार चुके हैं इसलिये अब विवाह सम्बंधी कार्यों का शुभारम्भ कर देना चाहिये।"

इस पर जनक जी ने शतानन्द जी से कहा, "हे गुरुवर! भाई कुशध्वज के कहने के अनुसार हमें शुभ रीतियों और विधि-विधानों के अनुसार कार्य प्रारम्भ करना चाहिये। अतः आप शीघ्र जाकर अयोध्यापति महाराज दशरथ को राजकुमारों सहित आदरपूर्वक यहाँ लिवा लाइये।" शतानन्द जी जनवासे में महाराज दशरथ के पास पहुँचे और उनसे आदरपूर्वक बोले, "महाराजाधिराज! मिथिला नरेश महाराज जनक अपने कनिष्ठ भ्राता कुशध्वज, परिजनों एवं समस्त मन्त्रियों के साथ आपके दर्शनों के लिये उत्सुक हैं और अपने दरबार में आपकी प्रतीक्षा कर रहे हैं। इसलिये आप अपने मन्त्रियों सहित पधार कर उन्हें कृतार्थ कीजिये।"

राजा जनक का संदेश पाकर राजा दशरथ गुरु वशिष्ठ, मन्त्रियों एवं राजकुमारों के साथ वहाँ पहुँचे जहाँ राजा जनक उनकी प्रतीक्षा कर रहे थे। मिथिलापति ने खड़े होकर उन सबका स्वागत किया और उन्हें बैठने के लिये यथोचित स्थान प्रदान किया। जब सब अपने-अपने स्थानों पर विराजमान हो गये तो इक्ष्वाकु वंश के गुरु वशिष्ठ जी ने राजकुमारों का गोत्र पढ़ना प्रारम्भ किया जो इस प्रकार था -

"आदि रूप स्वयंभू ब्रह्मा जी से मरीचि का जन्म हुआ। मरीचि के पुत्र कश्यप हुये। कश्यप के विवस्वान् और विवस्वान् के वैवस्वत मनु हुये। वैवस्वत मनु के पुत्र इक्ष्वाकु हुये। इक्ष्वाकु ने अयोध्या को अपनी राजधानी बनाया और इस प्रकार इक्ष्वाकु कुल की स्थापना की। इक्ष्वाकु के पुत्र कुक्षि हुये। कुक्षि के पुत्र का नाम विकुक्षि था। विकुक्षि के पुत्र बाण और बाण के पुत्र अनरण्य हुये। अनरण्य से पृथु और पृथु से त्रिशंकु का जन्म हुआ। त्रिशंकु के पुत्र धुन्धुमार हुये। धुन्धुमार के पुत्र का नाम युवनाश्व था। युवनाश्व के पुत्र मान्धाता हुये और मान्धाता से सुसन्धि का जन्म हुआ। सुसन्धि के दो पुत्र हुये – ध्रुवसन्धि एवं प्रसेनजित। ध्रुवसन्धि के पुत्र भरत हुये। भरत के पुत्र असित हुये और असित के पुत्र सगर हुये। सगर के पुत्र का नाम असमञ्ज था। असमञ्ज के पुत्र अंशुमान तथा अंशुमान के पुत्र दिलीप हुये। दिलीप के पुत्र भगीरथ हुये, इन्हीं भगीरथ ने अपनी तपोबल से गंगा को पृथ्वी पर लाया। भगीरथ के पुत्र ककुत्स्थ और ककुत्स्थ के पुत्र रघु हुये। रघु के अत्यंत तेजस्वी और पराक्रमी नरेश होने के कारण उनके बाद इस वंश का नाम रघुवंश हो गया। रघु के पुत्र प्रवृद्ध हुये जो एक शाप के कारण राक्षस हो गये थे, इनका दूसरा नाम कल्माषपाद था। प्रवृद्ध के पुत्र शंखण और शंखण के पुत्र सुदर्शन हुये। सुदर्शन के पुत्र का नाम अग्निवर्ण था। अग्निवर्ण के पुत्र शीघ्रग और शीघ्रग के पुत्र मरु हुये। मरु के पुत्र प्रशुश्रुक और प्रशुश्रुक के पुत्र अम्बरीष हुये। अम्बरीष के पुत्र का नाम नहुष था। नहुष के पुत्र ययाति और ययाति के पुत्र नाभाग हुये। नाभाग के पुत्र का नाम अज था। अज के पुत्र दशरथ हुये और दशरथ के ये चार पुत्र रामचन्द्र, भरत, लक्ष्मण तथा शत्रुघ्न हैं।"

इक्ष्वाकु कुल का वर्णन करने के पश्चात् वशिष्ठ जी ने कहा, "हे राजन्! अब आप भी अपनी वंश परम्परा का परिचय दीजिये क्योंकि विवाह जैसे मांगलिक अवसरों पर दोनों ही कुल अपने-अपने वंश का परिचय देते हैं।"

महाराज जनक बोले, "महर्षि! आपने सर्वथा उचित बात कही है। अब मैं भी अपने कुल का परिचय देता हूँ। प्राचीन काल में निमि नामक एक धर्मात्मा राजा थे। उनके मिथि नामक पुत्र हुआ जिन्होंने मिथिला बसाई। मिथि के पुत्र का नाम जनक था, उन्हीं के नाम पर मिथिला के राजा लोग जनक कहलाते हैं। जनक के पुत्र उदावसु और उदावसु के पुत्र नन्दिवर्धन हुये। नन्दिवर्धन के पुत्र का नाम शूरवीर था। शूरवीर के पुत्र सुकेतु और सुकेतु के पुत्र देवरात हुये। देवरात के पुत्र का नाम बृहद्रथ था। बृहद्रथ के पुत्र महावीर और महावीर के पुत्र सुधृति हुये। सुधृति के पुत्र का नाम धृष्टकेतु था। धृष्टकेतु के पुत्र हर्यश्व और हर्यश्व के पुत्र मरु हुये। मरु के यहाँ प्रतीन्धक की उत्पत्ति हुई। प्रतीन्धक के पुत्र कीर्तिरथ, कीर्तिरथ के पुत्र देवमीढ़, देवमीढ़ के पुत्र विबुध और विबुध के पुत्र महीन्ध्रक हुये। महीन्ध्रक के पुत्र का नाम कीर्तिरथ था। कीर्तिरथ के पुत्र महारोमा, महारोमा के पुत्र स्वर्णरोमा और स्वर्णरोमा के पुत्र ह्रस्वरोमा हुये। ह्रस्वरोमा के दो पुत्र हुये। उनमें से बड़ा मैं हूँ और मुझसे छोटा कुशध्वज है। हम दोनों भाई इसी प्रदेश में रहकर राजकाज सम्भालते थे। कुछ काल पहले सांकाश्य के पराक्रमी राजा सुधन्वा ने मिथिला पर आक्रमण कर दिया। वह चाहता था कि मैं सीता का विवाह उसके साथ कर दूँ। मैंने उसकी माँग पूरी नहीं की इसलिये उसके साथ मेरा युद्ध हुआ जिसमें सुधन्वा मेरे हाथ से मारा गया। तब से मेरा कनिष्ठ भ्राता कुशध्वज सांकाश्य पर शासन करता है और मैं मिथिला पर। मैं अपनी बड़ी पुत्री सीता का विवाह राजकुमार रामचन्द्र के साथ और छोटी पुत्री उर्मिला का विवाह उनके कनिष्ठ भ्राता लक्ष्मण के साथ करना चाहता हूँ। मैं तीन बार इस बात को दुहराकर अपनी दोनों कन्याएँ आपको वधुओं के रूप में समर्पित करता हूँ।" फिर वे राजा दशरथ से कहने लगे, "हे नृपश्रेष्ठ! अब आप इनसे गौ दान कराकर नान्दीमुख श्राद्ध का कार्य सम्पन्न कीजिये। इसके पश्चात् लोक प्रचलित पद्धति के अनुसार विवाह का कार्य आरम्भ कीजिये। यह अवसर सर्वथा उपयुक्त एवं कल्याणकारी है। आज मघा नक्षत्र है, आज से तीसरे दिन

फाल्गुनी नक्षत्र होगा। इससे अधिक उपयुक्त समय विवाह के लिये दूसरा नहीं हो सकता। आप इन दोनों भाइयों के अभ्युदय के लिये गौ, भूमि, स्वर्ण, तिल आदि का दान कराइये।"

राजा जनक के कथन समाप्त होने पर महामुनि विश्वामित्र बोले, "हे राजन्! आप और राजा दशरथ दोनों के ही कुल पूर्णतया धर्मपरायण, कीर्तियुक्त एवं समान हैं। अतः इन दोनों कुलों में विवाह सम्बंध सर्वथा उपयुक्त है। सीता और उर्मिला भी राम और लक्ष्मण के सर्वथा उपयुक्त हैं। आपके कनिष्ठ भ्राता कुशध्वज भी आपकी ही भाँति धर्मपरायण एवं प्रतिभासम्पन्न हैं। इनकी भी दो रूपवती, सुन्दर एवं विवाह योग्य कन्याएँ हैं। हे नरश्रेष्ठ! मैं चाहता हूँ उनका भी विवाह महारज दशरथ के दो योग्य और पराक्रमी पुत्रों, भरत और शत्रुघ्न, के साथ हो जाये।"

विश्वामित्र की बात सुनकर जनक बोले, "हे मुनिवर! आपके इस आदेश को स्वीकारते हुये मैं अपने कुल को धन्य समझता हूँ। आप भरत और शत्रुघ्न को आज्ञा दीजिये कि वे कुशध्वज की दोनों कन्याओं, माण्डवी एवं श्रुतकीर्ति, को अपनी-अपनी पत्नी के रूप में स्वीकार करें।

इसके बाद मिथिला नरेश से अनुमति लेकर राजा दशरथ वशिष्ठ जी और विश्वामित्र जी के सा जनवासे में लौट गये। दूसरे दिन चारों राजकुमारों ने याचकों को एक एक लाख स्वर्ण मण्डित सींगों वाली गौएँ दान दीं और भी बहुत सारा धन, आभूषण, रत्न आदि ब्रह्मणों को दान दिये।

विवाह

•

विवाह

दान आदि से निवृत होकर महाराज दशरथ मिथिलेश के राजभवन में जाने की तैयारी करने लगे। तभी भरत के मामा अर्थात् राजा कैकेय के पुत्र युधाजित वहाँ आ पहुँचे। अभिवादन तथा कुशल समाचार जानने की औपचारिकता के पश्चात् उन्होंने कैकेय नरेश का सन्देश देते हुये कहा, “महाराज! हमारे पिताजी को भरत को देखने की उत्कट इच्छा हो रही है। अतः कृपा करके आप कुछ दिन के लिये भरत को मेरे साथ उनके ननिहाल भेज दें। इस संदेश को लेकर मैं अयोध्या गया था किन्तु वहाँ पर ज्ञात हुआ कि आप जनक पुरी गये हुये हैं इसलिए मैं भी यहाँ आ गया। महारज दशरथ ने युधाजित का समुचित सत्कार किया और उन्हें सारा वृत्तान्त सुनाया फिर उन्हें लेकर ऋषियों, मन्त्रियों एवं बन्धु-बान्धवों सहित यज्ञशाला के द्वार पर पहुँचे। थोड़ी देर बाद नाना प्रकार के आभूषणों को धारण किये हुये रामचन्द्र अपने भाइयों भरत, लक्ष्मण और शत्रुघ्न के साथ उनके पास आकर खड़े हो गये। गुरु वशिष्ठ ने जनक के पास जाकर कहा, “हे विदेहराज! महाराज दशरथ अपने पुत्रों के साथ अन्दर आने की अनुमति चाहते हैं।”

इस पर महाराज जनक बोले, “हे महर्षि! इस प्रकार अनुमति माँग कर वे मुझे क्यों लज्जित कर रहे हैं। वे अयोध्या के ही नहीं मिथिला पुरी के भी स्वामी हैं और मैं तो उनका अकिंचन दास हूँ। क्या कभी स्वामी अपने सेवक से आज्ञा माँगता है? उनसे कहिये चारों कन्याएँ विवाह वेदी पर प्रतीक्षारत हैं। वे निःसंकोच अन्दर पधारने का कष्ट करें। शुभ लग्न का समय भी हो रहा है। मैं स्वयं चलकर उन्हें सादर ले आता हूँ। इतना कहकर वे महाराज दशरथ के पास पहुँचे और उन सबको यज्ञ स्थल मे ले आये। सबको यथोचित आसन देकर जनक ने उनकी पूजा की। फिर वशिष्ठ जी से बोले, “हे ब्रह्मर्षि! आप इन ऋषि-मुनियों के साथ विवाह कार्य सम्पन्न कराइये। आपसे अधिक योग्य पुरोहित और कौन हो सकता है?”

गुरु वशिष्ठ, महर्षि विश्वामित्र और मिथिला के राजपुरोहित शतानन्द विवाह कार्य सम्पन्न कराने लगे। सबसे पहले वैदिक विधि के अनुसार विवाह के लिये वेदी का निर्माण कराया गया। फिर अनेक प्रकार के सुगन्धयुक्त फूलों से उसे सजाया गया। कुछ दूरी पर चारों ओर गमले सजाये गये जिनमें चित्त को प्रसन्न करने वाली सुगन्धित रंग बिरंगे फूल लगे हुये थे। वेदी के निकट कई स्थानों पर स्वर्ण पात्रों में धूप, केशर, नैवेद्य, अक्षत, घी, दही, शहद आदि सामग्री रखी हुई थी। यज्ञ सम्पन्न कराने वाले महानुभावों के लिये कुश के आसन बिछा दिया गये। गुरु वशिष्ठ एवं अन्य महर्षियों ने वेद मन्त्रों का उच्चारण करते हुये हवन कुण्ड में अग्नि प्रज्जवलित की। फिर वशिष्ठ जी के आदेश पर राजप्रासाद की महिलाओं ने जनककुमारी सीता को लाकर यज्ञ वेदी के निकट खड़ा कर दिया। उस समय सीता जी का मुखमण्डल प्रातःकालीन बाल रवि की भाँति अनुपम सौन्दर्य से देदीप्यमान हो रहा था। नख से शिख तक वे बहुमूल्य रत्नजटित आभूषणों से सजी हुई थीं। संक्षेप में कहा जाय तो उस समय सीता की छवि को देखकर करोड़ रतियों का संयुक्त रूप भी नगण्य प्रतीत होता था। सीता इन सब बातों से अनजान दृष्टि झुकाये एकटक पृथ्वी को निहार रही थीं।

महाराज जनक अपनी लाडली पुत्री सीता को श्री रामचन्द्र के निकट खड़ा करके विनीत स्वर में बोले, “हे रघुकुलतिलक रामचन्द्र! मैं अपनी पुत्री सीता का हाथ आपके सशक्त हाथों में सौंपते हुये यह कामना करता हूँ कि मेरी पुत्री आपकी अर्द्धांगिनी होकर सदैव छाया की भाँति आपका अनुसरण करती रहे। अतः हे कौशल्याकुमार! इसे आप अपनी पत्नी के रूप में स्वीकार कीजिये। आज से यह आपके सुख-दुःख की संगिनी हुई। यह कहकर राजा जनक ने अंजलि में संकल्प के लिये लिया हुआ जल वेद मन्त्रों से पवित्र करके हृदय की सम्पूर्ण भावनाओं के साथ छोड़ दिया। महिलायें मंगलगान करने लगीं। मृदंग दुंदुभी तथा नाना प्रकार के वाद्य यन्त्रों का सुमधुर स्वर चारों ओर गूंजकर इस हर्ष पूर्ण घटना की सूचना देने लगा।

राम और सीता के विवाह के सम्पन्न हो जाने के पश्चात् लक्ष्मण, भरत और शत्रुघ्न का विवाह उर्मिला, माण्डवी और श्रुतकीर्ति के साथ वैदिक विधि विधान से सम्पन्न कराया गया। राजा जनक अपने नेत्रों मे स्नेहपूर्ण अश्रु भर कर बोले, “हे अयोध्या के राजकुमारों! आप चारों भाई सूर्यकुल के गौरव, पराक्रमी, धर्मपरायण, तेजस्वी, सौम्य, विद्वान एवं सदाचार के गुणों से मण्डित हैं। जनक पुरी के इस राजकुल की हार्दिक कामना है कि उसकी ये चारों कन्याएँ गुण, कर्म, स्वभाव से आपके अनुकूल बनकर सब प्रकार

से आपकी सुयोग्य अद्र्धांगिनियाँ सिद्ध हों। इसके पश्चात् वशिष्ठ जी की आज्ञा से चारों राजकुमारों ने अपने अपनी नवविवाहित पत्नियों के साथ अग्नि की प्रदक्षिणा की।

विवाह सम्पन्न होने के पश्चात् महाराज दशरथ समस्त मन्त्रियों, ऋषि-मुनियों और सपत्नीक राजकुमारों के साथ अपने ठहरने के स्थान पर चले गये। जनक पुरी में रात्रि विश्राम करके प्रातःकाल मुनि विश्वामित्र विदा लेकर उत्तराखण्ड की ओर चले गये। महाराज जनक ने दहेज के रूप में असंख्य दास दासियाँ, हाथी, घोड़े, गौएँ, रत्नजटित आभूषण, वस्त्र, बर्तन आदि नाना प्रकार की वस्तुयें देकर अयोध्यापति दशरथ को विदा किया और उन्हें पहुँचाने के लिये नगर के द्वार तक आये। वे हाथ जोड़ कर बड़ी नम्रता के साथ बोले, "हे राजन्! मुझे सब प्रकार से अपना दास समझकर मुझ पर कृपा बनाये रखिये। मैं एक बार फिर आभारपूर्वक कहना चाहता हूँ कि आपने मेरे कुल के साथ सम्बंध स्थापित करके मुझे गौरवान्वित किया है। मेरी कन्याएँ आपकी आज्ञाकारिणी एवं दोनों कुलों का गौरव बढ़ाने वाली हों। यही मेरी मनोकामना है।" फिर उन्होंने तथा कुशध्वज ने अश्रुपूर्ण नेत्रों से चारों कन्याओं को आशीर्वाद देते हुये विदा किया।

•

परशुराम जी का आगमन

राजा दशरथ ने राजकुमारों, उनकी पत्नियों, ऋषि-महर्षियों, मन्त्रियों एवं परिजनों के साथ अयोध्या के लिये प्रस्थान किया। प्रस्थान करते ही सभी ओर भयंकर शब्द करने वाले पक्षियों आवाजें सुनाई देने लगीं। पृथ्वी पर विचरण करने वाले वन्य पशु उनकी बाँईं ओर दौड़ने लगे। इस पर दशरथ ने वशिष्ठ जी से कहा, "गुरुदेव! यह कैसी माया है। जहाँ पक्षियों का भयंकर स्वर अपशकुन का सूचक है वहीं मृगों का बाँयें होकर जाना शुभ शकुन की सूचना देता है। दोनों प्रकार के शकुन एक साथ क्यों हो रहे हैं?"

महाराज दशरथ के इस प्रश्न के उत्तर में वशिष्ठ जी बोले, "पक्षियों के भयंकर ध्वनि से ज्ञात होता है कि कोई भय उत्पन्न करने वाली घटना घटने वाली है और मृग आदि पशुओं के इस प्रकार जाने से पता चलता है कि वह भयानक घटना सरलता से शान्त हो जायेगी। इसलिये आप किसी प्रकार की चिन्ता न करें।"

यह वार्तालाप अभी चल ही रहा था कि बड़े जोरों की आँधी आई परिणामस्वरू वृक्ष पृथ्वी पर गिरने लगे। तभी राजा दशरथ को भृगुकुल के ऋषि परशुराम दृष्टिगत हुए। उनकी वेशभूषा बड़ी भयंकर थी। बड़ी बड़ी जटायें उनके तेजस्वी मुख पर बिखरी हुई थीं नेत्रों में क्रोध की लालिमा थी। कन्धे पर कठोर फरसा और हाथों में धनुष बाण थे। ऋषियों ने आगे बढ़ कर उनका स्वागत किया और इस स्वागत को स्वीकार करने के उपरान्त वे श्री रामचन्द्र से बोले "दशरथनन्दन राम! हमें ज्ञात हुआ है कि तुम बड़े पराक्रमी हो और तुमने शिव जी के धनुष को भंग कर दिया है और इस प्रकार तुमने अपूर्व ख्याति प्राप्त की है। मैं तुम्हारे लिये एक और अच्छा धनुष लाया हूँ। यह धनुष साधारण नहीं है बल्कि जमदग्निकुमार परशुराम का है। इस पर बाण चढ़ाकर तुम अपने शौर्य का परिचय दो। तुम्हारे बल और शौर्य को देखने के पश्चात् मैं तुमसे द्वन्द्व युद्ध करूँगा।

परशुराम की बात सुनकर राजा दशरथ विनीत स्वर मे बोले, "भगवन्! आप वेदविद् स्वाध्यायी ब्राह्मण हैं। क्षत्रियों का विनाश करके आप बहुत पहले ही अपने क्रोध को शान्त कर चुके हैं। आपने इन्द्र के समक्ष प्रतिज्ञा करके अस्त्र-शस्त्र का परित्याग भी कर दिया है। इसलिये हे ऋषिराज! आप इन बालकों को अभय दान दीजिये। यदि आपके हाथों राम मारा गया तो हममें से कोई भी उसके वियोग में जीवित नहीं रह सकेगा।"

परशुराम जी ने दशरथ की बात पर कुछ भी ध्यान नहीं दिया। वे राम से बोले, "राम! संसार में केवल दो ही धनुष सर्वश्रेष्ठ माने जाते हैं। सारा संसार उनका सम्मान करता हैं। विश्वकर्मा ने उन दोनों को स्वयं अपने हाथों से बनाया था। उनमें से एक भगवान शिव के पास था और उसी से भगवान शिव ने त्रिपुरासुर का वध किया था। तुमने उसी धनुष को तोड़ डाला है। दूसरा दिव्य धनुष मेरे हाथ में है। यह भगवान विष्णु का धनुष है। यह भी पिनाक की भाँति ही शक्तिशाली है। एक बार शिव और विष्णु में भयंकर युद्ध हुआ। विष्णु को देवताओं ने श्रेष्ठ मानकर शान्त किया। शान्त होने पर विष्णु ने भृगुवंशी ऋचीक मुनि को धरोहर के रूप में वह धनुष दे दिया। अपने पूर्वपुरुषों से यह धनुष मुझे प्राप्त हुआ है। अब तुम एक क्षत्रिय के नाते इस धनुष को लेकर इस पर बाण चढ़ाओ और

सफल होने पर मेरे साथ द्वन्द्व युद्ध करो।"

इस प्रकार से परशुराम के द्वारा बार-बार ललकारे जाने पर रामचन्द्र बोले, "हे भार्गव! मैं ब्राह्मण समझकर आपका सम्मान कर रहा हूँ और आपके समक्ष कुछ विशेष बोल नहीं रहा हूँ। किन्तु आप मेरी इस विनयशीलता को पराक्रमहीनता एवं कायरता समझ रहे हैं और मेरा तिरस्कार कर रहे हैं। लाइये, धनुष बाण मुझे दीजिये।"

यह कह कर उन्होंने झपटकर परशुराम के हाथ से धनुष बाण ले लिये और धनुष पर बाण चढ़ाकर बोले, "हे भृगुनन्दन! ब्राह्मण होने के कारण आप मेरे पूज्य हैं। इसीलिये इस बाण को मैं आप पर नहीं छोड़ सकता। परन्तु धनुष पर चढ़ने के बाद यह बाण कभी निष्फल नहीं जाता। इसका कहीं न कहीं उपयोग करना अनिवार्य हो जाता है। इसलिये मैं इस बाण को छोड़ कर आपकी शीघ्रतापूर्वक सर्वत्र आने-जाने की शक्ति को नष्ट किये देता हूँ।"

श्री राम की बात सुनकर शक्तिहीन हो गए परशुराम जी विनयपूर्वक कहने लगे, "बाण छोड़ने से पूर्व मेरी एक बात सुन लीजिये। क्षत्रियों को नष्ट करके मैंने यह भूमि कश्यप जी को दान में दी थी। उस समय उन्होंने मुझसे कहा था कि अब तुम्हें पृथ्वी पर नहीं रहना चाहिये क्योंकि तुमने पृथ्वी का दान कर दिया है। तभी से मैं गुरुवर कश्यप जी की आज्ञा का पालन करता हुआ कभी भी रात्रि में पृथ्वी पर वास नहीं करता। अतः हे राम! कृपा करके मेरी गमन शक्ति को नष्ट मत करो। मैं मन के समान गति से महेन्द्र पर्वत पर चला जाऊँगा। मुझे ज्ञात है कि इस बाण का प्रयोग निष्फल नहीं जाता, इसलिये आप इस बाण के द्वारा उन अनुपम लोकों को नष्ट कर दें जिन पर मैंने अपनी तपस्या से विजय प्राप्त की है। आपने जिस सरलता से इस धनुष पर बाण चढ़ा दिया है, उससे मुझे विश्वास हो गया है कि आप मधु राक्षस का संहार करने वाले साक्षत विष्णु हैं।"

राम ने परशुराम की प्रार्थना को स्वीकार किया और उनके द्वारा तपस्या के बल पर अर्जित समस्त पुण्यलोकों को नष्ट कर दिया। इसके पश्चात् परशुराम जी तपस्या करने के लिये महेन्द्र पर्वत पर चले गये और वहाँ उपस्थित सभी ऋषि-मुनियों सहित राजा दशरथ ने रामचन्द्र की भूरि भूरि प्रशंसा की।

•

अयोध्या में आगमन

परशुराम के जाने के पश्चात् पत्नियोंसहित राजकुमारों, गुरु वशिष्ठ, अन्य ऋषि मुनियों, मन्त्रियों तथा परिजनों के साथ महाराज दशरथ अयोध्या की ओर अग्रसर हुए। मन्त्रियों ने शीघ्र ही दो शीघ्रगामी दूतों को सभी के वापस आने की सूचना देने के लिये अयोध्या भेज दिये। दूतों के अयोध्या पहुँचने तथा सूचना देने पर नगर के सभी चौराहों, अट्टालिकाओं, मन्दिरों एवं महत्वपूर्ण मार्गों को नाना भाँति की रंग-बिरंगी ध्वजा-पताकाओं से सजाया गया। राजमार्ग पर बड़े बड़े सुरम्य द्वार बनाये गये और उन्हें तोरणों से सजाया गया। मार्गों में केवड़े और गुलाब आदि का जल छिड़का गया। सुन्दर चित्रों, मांगलिक प्रतीकों वन्दनवारों आदि से हाट बाजारों को भी बड़ी सुरुचि के साथ सजाया गया। एक अभूतपूर्व उल्लास छा गया सारी अयोध्या में। अनेक प्रकार के वाद्य बजने लगे। घर-घर में मंगलगान होने लगे।

यह ज्ञात होने पर कि बारात लौटकर अयोध्या के निकट पहुँच गई है तथा नगर के मुख्य द्वार में प्रवेश करने ही वाली है, सुन्दर, सुकुमार, रूपवती, लावण्मयी कुमारियाँ अनेक रत्नजटित वस्त्राभूषणों से सुसज्जित होकर आगन्तुकों का स्वागत करने के लिये आरतियाँ लेकर पहुँच गईं। महाराज दशरथ और राजकुमारों के, स्वर्णिम फूलों से सुसज्जित सोने के हौदे वाले हाथियों पर बैठकर, नगर में प्रविष्ट होने पर चारों ओर उनकी जयजयकार होने लगी। ऊँची ऊँची अट्टालिकाओं पर बैठी हुई सुन्दर सौभाग्वती रमणियाँ उन पर पुष्पवर्षा करने लगीं। अयोध्या की नववधुओं – सीता, उर्मिला, माण्डवी और श्रुतकीर्ति – को देखने के लिये अट्टालिकाओं की खिड़कियाँ और छज्जे दर्शनोत्सुक युवतियों, कुमारियों से ही नहीं वरन प्रौढ़ाओं एवं वृद्धाओं से भी खचाखच भर गये।

सवारी के राजप्रसाद में पहुँचने पर राजा दशरथ की समस्त रानियों ने द्वार पर आकर अपनी वधुओं की अगवानी की। महारानी कौशल्या, कैकेयी एवं सुमित्रा ने आगे बढ़कर बारी-बारी से चारों वधुओं को अपने हृदय से लगाया और असंख्य हीरे मोती उन पर

न्यौछावर करके उपस्थित याचकों में बाँट दिये। फिर मंगलाचार के गीत गाती हुईं चारों राजकुमारों और उनकी अद्र्धांगिनियों को राजप्रासाद के अन्दर ले आईं। इस अपूर्व आनन्द के अवसर पर महाराज दशरथ ने दानादि के लिये कोष के द्वार खोल दिये और मुक्त हस्त से नगरवासी ब्राह्मणों को भूमि, स्वर्ण, रजत, हीरे, मोती, रत्न, गौएँ, वस्त्रादि दान में दिये।

राजकुमारों को राजप्रासाद में रहते कुछ दिन आनन्दपूर्वक व्यतीत हो जाने पर महाराज दशरथ ने भरत को बुलाकर कहा, "वत्स! तुम्हारे मामा युधाजित को आये हुये पर्याप्त समय हो गया है। तुम्हारे नाना-नानी तुम्हें देखने के लिये आकुल हो रहे हैं। अतः तुम कुछ दिनों के लिये अपने ननिहाल चले जाओ।" पिता के आदेशानुसार भरत और शत्रुघ्न ने अपनी माताओं तथा राम और लक्ष्मण से विदा लेकर अपने मामा युधाजित के साथ कैकेय देश के लिये प्रस्थान किया।

राम ने अपने सौम्य स्वभाव, दयालुता और सदाचरण से न केवल अपने प्रासाद के निवासियों का बल्कि समस्त पुर के स्त्री-पुरुषों का हृदय जीत लिया था। वे सबकी आँखों के तारे थे और अत्यंत लोकप्रिय हो गये थे। परिवार के सदस्य उनकी विनयशीलता, मन्त्रीगण उनकी नीतिनिपुणता, नगरनिवासी उनके शील-सौजन्य और सेवकगण उनकी उदारता का बखान करते नहीं थकते थे। इधर सीता के मधुभाषी स्वभाव, सास-ससुर की सेवा, पातिव्रत्य धर्म आदि सद्गुणों ने भी सभी लोगों के मन को मोह लिया। नगर निवासी राम और सीता की युगल जोड़ी को देखकर अत्यन्त प्रसन्न होते थे। उनके प्रेम और सद्व्यवहार की चर्चा घर-घर में की जाती थी।

॥बालकाण्ड समाप्त॥

2

अरण्यकाण्ड : दण्डक वन में विराध वध

- अरण्यकाण्ड

दण्डक वन में विराध वध

सीता और लक्ष्मण के साथ राम ने दण्डक वन में प्रवेश किया। वहाँ पर उन्हें ऋषि-मुनियों के अनेक आश्रम दृष्टिगत हुये। वह क्षेत्र अत्यन्त मनोरम था। वहाँ पर बड़ी बड़ी यज्ञशालाएँ थीं तथा हवन-सामग्री भी प्रचुर मात्रा में उपलब्ध था। उन आश्रमों में तेजस्वी ऋषि-मुनि अपनी आध्यात्मिक साधना में लिप्त रहा करते थे। वीर तपस्वियों के वेश में राम-लक्ष्मण को देखकर वे समस्त ऋषि-मुनि अत्यन्त प्रसन्न हुये।

राम, सीता और सीता का समुचित सत्कार करने के पश्चात् वे बोले, "हे राघव! यद्यपि आप वन में हैं किन्तु हमारे लिये आप ही राजा हैं। हम वनवासियों की रक्षा करना आपका परम कर्तव्य है। आत्मचिन्तन में व्यस्त रहने वाले यहाँ के निवासी तपस्वियों को दुष्ट राक्षस निर्विघ्न रूप से ईश्वर आराधना नहीं करने देते। वे उनकी तपस्यामें विघ्न तो डालते ही हैं साथ ही साथ निरपराध तपस्वियों की हत्या भी कर डालते हैं। इसलिये हम आपसे आग्रह करते हैं कि हे रघुनन्दन! आप उनसे हमारी रक्षा करें।

रामचन्द्र ने उन्हें आश्वस्त किया कि वे शीघ्र ही इन राक्षसों का विनाश कर इस क्षेत्र को निरापद कर देंगे। वहाँ से उन्होंने महावन में प्रवेश किया जहाँ नाना प्रकार के हिंसक पशु और नरभक्षक राक्षस निवास करते थे। ये नरभक्षक राक्षस ही तपस्वियों को कष्ट दिया करते थे। कुछ ही दूर जाने के बाद बाघम्बर धारण किये हुये एक पर्वताकार राक्षस दृष्टिगत हुआ। वह राक्षस हाथी के समान चिंघाड़ता हुआ सीता पर झपटा। उसने सीता को उठा उठा लिया और कुछ दूर जाकर खड़ा हो गया।

उसने राम और लक्ष्मण को सम्बोधित करते हुए कहा, "तुम धनुष बाण लेकर दण्डक वन में घुस आये हो। ऐसा प्रतीत होता है कि तुम्हारी मृत्यु निकट आ गई है। तुम दोनों कौन हो? क्या तुमने मेरा नाम नहीं सुना? मैं प्रतिदिन ऋषियों का माँस खाकर अपनी क्षुधा शान्त करने वाला विराध हूँ। तुम्हारी मृत्यु ही तुम्हें यहाँ ले आई है। मैं तुम दोनों का अभी रक्तपान करके इस सुन्दर स्त्री को अपनी पत्नी बनाउँगा।"

उसके दम्भयुक्त वचनों को सुनकर राम लक्ष्मण से बोले, "भैया! विराध के चंगुल में फँसकर सीता अत्यन्त भयभीत एवं दुःखी हो रही है। मेरे लिये यह बड़ी लज्जाजनक बात है कि कोई अन्य व्यक्ति उसका स्पर्श करे। पिताजी की मृत्यु तथा अपने राज्य के अपहरण से मुझे इतना दुःख नहीं हुआ जितना आज भयभीत सीता को देखकर हो रहा है। मुझे यह भी नहीं सूझ रहा है कि इस दुष्ट से सीता की कैसे रक्षा करूँ।"

राम को इस प्रकार दीन वचन कहते सुनकर लक्ष्मण ने क्रुद्ध होकर कहा, "भैया! आप तो महापराक्रमी हैं। आप इस प्रकार अनाथों की भाँति क्यों बात कर रहे हैं? मैं अभी इस दुष्ट राक्षस का संहार करता हूँ।"

फिर विराध से बोले, "रे दुष्ट! अपनी मृत्यु के पूर्व तू हमें अपना परिचय दे और अपने कुल का नाम बता।"

विराध ने हँसते हुये कहा, "यदि तुम मेरा परिचय जानना ही चाहते हो तो सुनो! मैं जय राक्षस का पुत्र हूँ। मेरी माता का नाम शतह्रदा है। मुझे ब्रह्मा जी से यह वर प्राप्त है कि किसी भी प्रकार का अस्त्र-शस्त्र न तो मेरी हत्या ही कर सकती है और न ही उनसे मेरे अंगों छिन्न-भिन्न हो सकते हैं। यदि तुम इस स्त्री को मेरे पास छोड़ कर चले जाओगे तो मैं तुम्हें वचन देता हूँ कि मैं तुम्हें नहीं मारूँगा।"

विराध के वचनों से क्रोधित राम ने उसे तत्काल तीक्ष्ण बाणों से बेधना आरम्भ कर दिया। राम के बाण विराध के शरीर को छेदकर रक्तरंजित हो पृथ्वी पर गिरने लगे। इस प्रकार जब घायल होकर विराध त्रिशूल ले राम और लक्ष्मण पर झपटा तो दोनों भाइयों ने उस पर

अग्निबाणों की वर्षा आरम्भ कर दी, किन्तु विराध पर उनका कुछ भी प्रभाव नहीं पड़ा। वे केवल उसके त्रिशूल को ही काट सके। फिर जब भयंकर तलवारों से दोनों भाइयों ने उस पर आक्रमण किया तो वह सीता को छोड़ राम और लक्ष्मण को दोनों भुजाओं में पकड़कर आकाशमार्ग से उड़ चला।

राम ने लक्ष्मण से कहा, "भाई! हमें जिस ओर यह राक्ष्स ले जा रहा है, बिना विरोध के हमें उधर ही चले जाना चाहिये, यही हमारे लिये उचित है।"

विराध द्वारा राम-लक्ष्मण को ले जाते देख सीता विलाप करके कहने लगी, "हे राक्षसराज! इन दोनों भाइयों को छोड़ दो। मैं तुमसे प्रार्थना करती हूँ मैं तुम्हारे साथ चलने को तैयार हूँ।"

सीता के आर्तनाद करने पर क्रोधित हो कर दोनों भाइयों ने विराध की एक-एक बाँह मरोड़कर तोड़ डाली। वह मूर्छित होकर पृथ्वी पर गिर पड़ा। लक्ष्मण उसे सचेत कर कर के बार-बार उठा-उठा कर पटकने लगे। वह घायल होकर चीत्कार करने लगा।

तभी राम बोले, "लक्ष्मण! वरदान के कारण यह दुष्ट मर नहीं सकता। इसलिये यही उचित है कि हमें भूमि में गड्ढा खोदकर इसे बहुत गहराई में गाड़ देना चाहिये।"

लक्ष्मण गड्ढा खोदने लगे और राम विराध की गर्दन पर पैर रखकर खड़े हो गये।

तब विराध बोला, "प्रभो! वास्तव में मैं तुम्बुरू नाम गन्धर्व हूँ। कुबेर ने मुझे राक्षस होने का शाप दिया था। मैं शाप के कारण राक्षस हो गया था। आज आपकी कृपा से मुझे उस शाप से मुक्ति मिल रही है।"

राम और लक्ष्मण ने उसे उठाकर गड्ढे में डाल दिया और गड्ढे को पत्थर आदि से पाट किया। सारा वन प्रान्त उसके आर्तनाद से गूँज उठा।

•

महर्षि शरभंग

भयंकर बलशाली विराध राक्षस का वध करने के पश्चात् राम, सीता और लक्ष्मण महर्षि शरभंग के आश्रम में पहुँचे। महर्षि शरभंग अत्यन्त वृद्ध थे। उनका शरीर जर्जर हो चुका था। ऐसा प्रतीत होता था कि उनका अन्त-काल निकट है। सीता और लक्ष्मण सहित राम ने महर्षि के चरणस्पर्श किया और उन्हें अपना परिचय दिया। महर्षि शरभंग ने उनका सत्कार करते हुए कहा, "हे राम! इस वन-प्रान्त में कभी-कभी ही तुम जैसे अतिथि आते हैं। अपना शरीर त्याग करने के पहले मैं तुम्हारा दर्शन करना चाहता था। इसलिये तुम्हारी ही प्रतीक्षा में मैंने अब तक अपना शरीर नहीं त्यागा था। अब तुम्हारे दर्शन हो गये, इसलिये मैं इस नश्वर एवं जर्जर शरीर का परित्याग कर ब्रह्मलोक में जाऊँगा। मेरे शरीर त्याग करने के बाद तुम इस वन में निवास करने वाले महामुनि सुतीक्ष्ण के पास चले जाना, वे ही तुम्हारा कल्याण करेंगे।"

इतना कह कर महर्षि ने विधिवत अग्नि की स्थापना करके उसे प्रज्वलित किया और घी की आहुति देकर मंत्रोच्चार करते हुये स्वयं अपने शरीर को अग्नि को समर्पित करके ब्रह्मलोक को गमन किया।

महामुनि शरभंग के ब्रह्मलोक गमन के पश्चात् आश्रम की निकटवर्ती कुटियाओं में निवास करने वाले ऋषि-मुनियों ने वहाँ आकर रामचन्द्र से प्रार्थना की, "हे राघव! क्षत्रिय नरेश होने के नाते हम लोगों की रक्षा करना आपका कर्तव्य है। जो हमारी रक्षा करता है उसे भी हमारी तपस्या के चौथाई भाग का फल प्राप्त होता है। किन्तु दुःख की बात यह है कि आप जैसे धर्मात्मा राजाओं के होते हुये भी राक्षसजन हमें अनाथों की तरह सताते हैं और हमारी हत्या तक कर देते हैं। इन राक्षसों ने पम्पा नदी और मन्दाकिनी नदियों के क्षेत्रों तथा चित्रकूट पर्वत में भयानक उपद्रव मचा रखा है। उनके उपद्रव के कारण तपस्वियों के लिये तपस्या करना ही नहीं जीना भी दूभर हो गया है। ये समाधिस्थ तपस्वियों को मृत्यु के मुख में पहुँचा देते हैं। इसीलिये हम आपकी शरण में आये हैं। आप इस असह्य कष्ट और अपमान से हमारी रक्षा करें और हमें निर्भय होकर तप करने का अवसर दें।"

राम बोले, "हे ऋषि-मुनियों! आपके कष्टों के विषय में सुनकर मैं अत्यन्त व्यथित हुआ हूँ। पिता की आज्ञा से अभी मुझे चौदह वर्ष पर्यन्त इन वनों में निवास करना है। आप लोगों के रक्षार्थ मैं इस अवधि में राक्षसों का चुन-चुन कर नाश करना चाहता हूँ। आप सबके समक्ष मैं प्रतिज्ञा करता हूँ कि अपने भुजबल से मैं पृथ्वी के समस्त ऋषि-द्रोही राक्षसों को समाप्त कर दूँगा। आप लोग मुझे आशीर्वाद दें ताकि मैं इस उद्देश्य में सफल हो सकूँ।

इस प्रकार से उन्हें धैर्य बँधा और राक्षसों के विनाश की प्रतिज्ञा कर, रामचन्द्र सीता और लक्ष्मण के साथ मुनि सुतीक्ष्ण के आश्रम में आये। उन्होंने अत्यन्त वृद्ध महात्मा सुतीक्ष्ण के चरण स्पर्श किये और उन्हें अपना परिचय दिया। राम का परिचय पाकर महर्षि अत्यन्त प्रसन्न हुये। उन्होंने तीनों को समुचित आसन दिया, उनका कुशलक्षेम पूछा तथा फल आदि से उनका सत्कार किया। वार्तालाप करते करते सूर्यास्त की बेला आ पहुँची तब उन सबने एक साथ बैठकर सन्ध्या-उपासना की और रात्रि विश्राम भी उनके आश्रम में ही किया।

प्रातःकाल राम बोले, "हे मुनिवर! हमारे हृदय में दण्डक वन में निवास करने वाले ऋषि-मुनियों के दर्शन करने की उत्कृष्ट अभिलाषा है। हमने सुना है कि यहाँ ऐसे अनेक ऋषि-मुनि हैं जो सहस्त्रों वर्षों से केवल फलाहार करके तपस्या करते हुये सिद्धि को प्राप्त कर चुके हैं। ऐसे महात्माओं के दर्शनों से जन्म-जन्मान्तर के पाप नष्ट हो जाते हैं। इसलिये आप हमें जाने की आज्ञा दीजिये।"

महर्षि सुतीक्ष्ण ने आशीर्वाद देकर प्रेमपूर्वक उन्हें विदा करते हुए कहा, "हे राम! तुम्हारा मार्ग मंगलमय हो। वास्तव में यहाँ के तपस्वी असीम ज्ञान और भक्ति के भण्डार हैं। तुम अवश्य उनके दर्शन करो। इस वन का वातावरण भी तुम्हारे सर्वथा अनुकूल है। इसमें तुम लोग भ्रमण करके अपने वनवासकाल को सार्थक करो।"

•

सीता की शंका

मार्ग में सीता ने रामचन्द्र से कहा, "आर्यपुत्र! यद्यपि आप महान पुरुष हैं किन्तु सूक्ष्मरूप से विचार करने पर मुझे प्रतीत होता है कि अधर्म में प्रवृत हो हैं। हे नाथ! इस संसार में कामजनित तीन दोष ऐसे हैं जिनका उन्हें परित्याग करना चाहिये। पहला कामजनित दोष है मिथ्या भाषण, जो आपने न तो कभी किया है और न ही कभी करेंगे। दूसरा कामजनित दोष है पर-स्त्रीगमन। आप एकपत्नीव्रतधारी और महान सदाचारी हैं अतः यह कार्य भी आपके लिये असम्भव है। तीसरा कामजनित दोष है बिना वैरभाव के ही दूसरों के प्रति क्रूरतापूर्ण व्यवहार। यह तीसरा दोष अर्थात् क्रूरतापूर्ण व्यवहार ही आपके समक्ष उपस्थित है और आप इसे करने जा रहे हैं। आपने इन तपस्वियों के समक्ष राक्षसों को समूल नष्ट कर डालने की जो प्रतिज्ञा की है, उसी में मुझे दोष दृष्टिगत हो रहा है। आपके लक्ष्मण के साथ धनुष धारण कर इस वन में प्रवेश करने के कार्य को मैं कल्याणकारी नहीं नहीं समझती। मुझे यह उचित नहीं लगता कि जिन राक्षसों ने आपको किसी प्रकार की क्षति नहीं पहुँचाई है उनकी हत्या करके आप व्यर्थ ही अपने हाथों को रक्त-रंजित करें। मेरे दृष्टि में यह अनुचित और दोषपूर्ण कृत्य है।

"महाबाहो! पूर्व काल में किसी पवित्र वन में ईश्वर की आराधना में तल्लीन रहने वाले एक सत्यवादी एवं पवित्र ऋषि निवास करते थे। उनकी कठोर तपस्या से इन्द्र भयभीत हो गये और उनकी तपस्या को भंग करना चाहा। एक दिन योद्धा का रूप धारण कर इन्द्र ऋषि के आश्रम में पहुँचे और विनयपूर्वक अपना खड्ग उस ऋषि के पास धरोहर के रूप में रख दिया। ऋषि ने उस खड्ग को लेकर अपनी कमर में बाँध लिया जिससे वह खो न जाय। कमर में बँधे खड्ग के प्रभाव से उनकी प्रवृति में रौद्रता आने लगी। परिणामस्वरूप वे तपस्या कम और रौद्र कर्म अधिक करने लगे। हे स्वामी। शस्त्र और अग्नि की संगति एक सा प्रभाव दिखाने वाली होती है। आपकी यह भीषण प्रतिज्ञा और आप दोनों भाइयों का निरन्तर धनुष उठाये फिरना आप लोगों के लिये कल्याणकारी नहीं है। आपको उन निर्दोष राक्षसों की हत्या नहीं करनी चाहिये जिनका आपके प्रति कोई बैर-भाव नहीं है। बिना शत्रुता के किसी की हत्या करना लोक में निन्दा का कारण भी बनती है। हे नाथ! आप ही सोचिये, कहाँ वन का शान्त तपस्वी अहिंसामय जीवन और कहाँ शस्त्र-संचालन। कहाँ तपस्या और कहाँ निरीह प्राणियों की हत्या। ये परस्पर विरोधी बातें हैं। आपने वन में आकर तपस्वी का जीवन अपनाया है इसलिये उसी का पालन कीजिये। सनातन नियम यही है कि बुद्धिमान लोग कष्ट सहकर भी अपने धर्म की साधना करते हैं।

"मै नारीसुलभ चपलता के कारण ही मैं आपको धर्म का यह उपदेश दे रही हूँ अन्यथा किसमें सामर्थ्य है जो आपको धर्म का उपदेश दे?"

सीता के वचनों को सुनकर राम बोले, "सीते! जो कुछ तुमने कहा है वह सर्वथा उचित है। मेरे कल्याण की दृष्टि से ही तुमने यह बात कही है। किन्तु हम लोगों के धनुष धारण करने का एकमात्र प्रयोजन आर्यों की रक्षा करना है। यहाँ निवास करने वाले ऋषि-मुनि और तपस्वी राक्षसों के कारण अत्यन्त दुःखी हैं। वे उनसे अपनी रक्षा चाहते हैं और इसके लिये उन्होंने शरणागत होकर मुझसे प्रार्थना की है। उनकी रक्षा के लिये ही मैंने प्रतिज्ञा भी की है। क्षत्रिय का धर्म ही असहाय और दुखियों की रक्षा करना है। ऋषि-मुनि और ब्राह्मणों की सेवा तो मेरा कर्तव्य है। फिर मैं तो उन्हें वचन भी दे चुका हूँ। क्या तुम्हारे विचार से यह उचित है कि मैं उस प्रतिज्ञा को भंग कर दूँ? तुम यह कदापि नहीं चाहोगी कि मैं प्रतिज्ञा भंग करके झूठा कहलाऊँ क्योंकि तुम जानती हो कि सत्य मुझे प्राणों से भी प्रिय है और अपनी प्रतिज्ञा का पालन करने के लिये तुम्हारा और लक्ष्मण का परित्याग भी कर सकता हूँ। मैं अपने प्राण का त्याग कर सकता हूँ किन्तु अपनी प्रतिज्ञा को मिथ्या सिद्ध नहीं होने दे सकता। फिर भी जो कुछ तुमने कहा उससे मैं बहुत प्रसन्न हूँ।"

इसके पश्चात् उन लोगों ने अगस्त्य मुनि के दर्शन के लिये प्रस्थान किया किन्तु उन्हें उनके आश्रम का पता नहीं चल पाया। अनेक ऋषि-मुनियों के दर्शन करते तथा वनों में भ्रमण करते हुये दस वर्ष व्यतीत हो गये। इस अवधि में उन्होंने अलग-अलग स्थानों में एक-एक दो-दो वर्ष तक कुटिया बनाकर निवास किया। साथ ही साथ अगस्त्य मुनि के आश्रम की भी खोज करते रहे परन्तु अनेक प्रयत्न करने पर भी उनका आश्रम न पा सके।

अन्ततः वे पुनः सुतीक्ष्ण मुनि के आश्रम में आये और बोले, "हे महर्षि! मैं विगत दस वर्ष से वन में भटककर महर्षि अगस्त्य के आश्रम की खोज कर रहा हूँ किन्तु अभी तक उनके दर्शनों का लाभ प्राप्त नहीं कर सका हूँ। उनके दर्शनों की मुझे तीव्र लालसा है। इसलिये कृपा करके

आप उनके आश्रम में पहुँचने के लिये मार्ग बताइये।"

मुनिराज सुतीक्ष्ण ने कहा, "हे राम! तुम दक्षिण दिशा में सोलह कोस जाओ। वहाँ तुम्हें एक विशाल पिप्पली वन दृष्टिगत होगा। उस पिप्पली वन के वृक्ष प्रत्येक ऋतु में खिलने वाले सुगन्धियुक्त रंग-बिरंगे फूलों से लदे वृक्ष मिलेंगे। उन पर नाना प्रकार की बोलियों में कलरव करते हुये असंख्य पक्षी होंगे। अनेक प्रकार के हंसों, बकों, कारण्डवों आदि से युक्त सरोवर भी दिखाई देंगे। उसी वन में महात्मा अगस्त्य के भाई का आश्रम है जो वहाँ ईश्वर साधना में तल्लीन रहते हैं। कुछ दिन उनके आश्रम में रहकर विश्राम करें। जब तुम्हारी मार्ग की क्लान्ति मिट जाय तो वहाँ से दक्षिण दिशा की ओर वन के किनारे चलना। वहाँ से चार कोस की दूरी पर महर्षि अगस्तय का शान्त मनोरम आश्रम है जिसके दर्शन मात्र से अद्वितीय शान्ति मिलती है।

•

अगस्त्य का आश्रम

सुतीक्ष्ण मुनि से विदा ले कर राम, सीता और लक्ष्मण ने वहाँ से प्रस्थान किया। मार्ग में उन्होंने नीवार (जलकदम्ब), कटहल, साखू, अशोक, तिनिश, चिरिविल्व, महुआ, बेल, तेंदू तथा अन्य अनेक जंगली वृक्ष देखे। विचित्र वनों, मेघमाला सदृश पर्वमालाओं, सरिताओं तथा सरवरों के नयनाभिराम दृश्यों को निरखते हुये तथा दो दिन महर्षि अगस्त्य के भाई के आश्रम में विश्राम करने के पश्चात् वे अगस्त्य मुनि के आश्रम के निकट जा पहुँचे। उस वन का वातावरण अत्यन्त मनोहर था। सुन्दर विशाल वृक्ष खिली हुई लताओं से शोभायमान हो रहे थे। हाथियों द्वारा तोड़े जाकर अनेक वृक्ष पृथ्वी पर पड़े थे। वानरवृन्द वृक्षों की ऊँची-ऊँची शाखाओं पर अठखेलियाँ कर रहे थे। पक्षियों का मधुर कलरव चहुँ ओर सुनाई दे रहा था। हिंसक पशु भी हिरण आदि के साथ, बैरभाव को छोड़कर, कल्लोल कर रहे थे।

उन्हें देखकर राम लक्ष्मण से बोले, "हे लक्ष्मण! महर्षि अगस्त्य के आश्रम के अद्भुत प्रभाव से जन्मजात शत्रु भी, एक दूसरे की हत्या करना भूलकर, परस्पर स्नेह का बर्ताव कर रहे हैं। यह महर्षि के तपोबल का ही प्रभाव है। यहाँ आकर राक्षस भी उपद्रव करना भूल जाते हैं। मैंने सुना है कि महर्षि अगस्त्य से प्रभावित होकर अनेक राक्षसों ने अपनी तामसी वृति को त्याग दिया है और महर्षि के अनन्य भक्त बन गये हैं। इस युग के ऋषि-मुनियों में महामुनि अगस्त्य का स्थान सर्वोपरि है। उनकी कृपा से यहाँ के देवता, राक्षस, यक्ष, गन्धर्व, नाग, किन्नर आदि सब मानवीय धर्मों का पालन करते हुये अत्यंत प्रेमपूर्वक अपना जीवन यापन करते हैं। इस शान्तिप्रद वन में चोर, डाकू, लम्पट, दुराचारी व्यक्ति आने का साहस नहीं करते। ऐसे महात्मा महर्षि के दर्शन का सौभाग्य आज हमें प्राप्त होगा। तुम आश्रम में जाकर मेरे आने की सूचना दो।"

राम की आज्ञा पाकर लक्ष्मण आश्रम के भीतर गये और महर्षि के एक शिष्य से बोले, "हे सौम्य! कृपा करके तुम महर्षि अगस्त्य को सादर सूचित करो कि अयोध्या के तेजस्वी सम्राट दशरथ के ज्येष्ठ पुत्र श्री रामचन्द्र जी अपनी पत्नी जनकनन्दिनी सीता के साथ उनके दर्शन के लिये पधारे हैं। वे आश्रम में प्रवेश की अनुमति की प्रतीक्षा कर रहे हैं।"

शिष्य से लक्ष्मण का संदेश सुनकर अगस्त्य मुनि बोले, "तुमने यह अत्यन्त आनन्ददायक समाचार सुनाया है। राम की प्रतीक्षा करते हुये मेरे नेत्र थक गये थे। तू जल्दी से जाकर राम को सीता और लक्ष्मण के साथ मेरे पास ले आ।"

शिष्य राम, सीता और लक्ष्मण को लेकर मुनि के पास पहुँचा जो पहले से ही उनके स्वागत के लिये कुटिया के बाहर आ चुके थे। तेजस्वी मुनि को स्वयं स्वागत के लिये बाहर आया देख राम ने श्रद्धा से सिर झुका कर उन्हें प्रणाम किया। सीता और लक्ष्मण ने भी उनका अनुसरण किया। अगस्त्य मुनि ने प्रेमपूर्वक उन सबको बैठने के लिये आसन दिये। कुशलक्षेम पूछने तथा फल-फूलों से उनका सत्कार करने के पश्चात् वे बोले, "हे राम! मैंने दस वर्ष पूर्व तुम्हारे दण्डक वन में प्रवेश करने का समाचार सुना था। उसी समय से मैं तुम्हारी प्रतीक्षा कर रहा हूँ। यह मेरा सौभाग्य है कि आज मेरी इस कुटिया में तुम जैसा धर्मात्मा, सत्यपरायण, प्रतिज्ञापालक, पितृभक्त अतिथि आया है। मेरी कुटिया तुम्हारे आगमन से धन्य हो गई है।"

इसके पश्चात् महर्षि ने राम को कुछ दैवी अस्त्र-शस्त्र देते हुये कहा, "हे राघव! देवासुर संग्राम के समय से ये कुछ दिव्य अस्त्र मेरे पास रखे थे। आज इन्हें मैं तुम्हें देता हूँ। इनका जितना उचित उपयोग तुम कर सकते हो अन्य कोई धर्मपरायण योद्धा नहीं कर सकता। इस धनुष का निर्माण विश्वकर्मा ने स्वर्ण और वज्र के सम्मिश्रण से किया है। ये बाण स्वयं ब्रह्मा जी ने दिये थे। सूर्य के समान देदीप्यमान ये बाण कभी व्यर्थ नहीं जाते। इन्द्र के द्वारा प्रदत यह तरकस भी मैं तुम्हें दे रहा हूँ। इनमें अग्नि की भाँति दाहक बाण भरे हुये हैं। यह खड्ग कभी न टूटने वाला है चाहे इस पर कैसा ही वार किया जाय। इन अस्त्र-शस्त्रों को धारण कर के तुम इन्द्र की भाँति अजेय हो जाओगे। इनकी सहायता से इस दण्डक वन में जो राक्षस हैं, उनका नाश करो।"

राम ने महर्षि के इस उपहार के लिये उन्हें अनेक धन्यवाद दिये और बोले, "मुनिराज! आपने मुझे इन अस्त्र-शस्त्रों के योग्य समझा, यह आपकी मुझ पर अत्यन्त अनुकम्पा है जो। मैं अवश्य ही इनका उचित उपयोग करने का प्रयास करूँगा।"

मुनि ने कहा, "नहीं राम! इसमें अनुकम्पा की कोई बात नहीं है। तुम मेरे आश्रम में आने वाले असाधारण अतिथि हो। तुम्हें देख कर मैं कृत-कृत्य हो गया हूँ। लक्ष्मण भी कम महत्वपूर्ण अतिथि नहीं है। ऐसा प्रतीत होता है कि इनकी विशाल बलिष्ठ भुजाएँ विश्व पर विजय पताका फहराने के लिये ही बनाई गई है। और जानकी का तो पति-प्रेम तथा पति-निष्ठा संसार की स्त्रियों के लिये अनुकरणीय आदर्श हैं। इन्होंने कभी कष्टों की छाया भी नहीं देखी, तो भी केवल पति-भक्ति के कारण तुम्हारे साथ इस कठोर वन में चली आई हैं। इनका अनुकरण करके सन्नारियाँ स्वर्ग की अधिकारिणी हो जायेंगीं। तुम तीनों को अपने बीच में पाकर मेरा हृदय प्रफुल्लित हो उठा है। तुम लोग लम्बी यात्रा करके आये हो, थक गये होगे। अतएव अब विश्राम करो। मेरी तो इच्छा यह है कि तुम लोग वनवास की शेष अवधि यहीं व्यतीत करो। यहाँ तुम्हें किसी प्रकार का कष्ट न होगा।"

ऋषि के स्नेहयुक्त वचन सुन कर राम ने हाथ जोड़ कर उत्तर दिया, "हे मुनिराज! जिनके दर्शन बड़े-बड़े राजा-महाराजाओं तथा दीर्घकाल तक तपस्या करने वाले ऋषि-मुनियों को भी दुर्लभ हैं, उनके दर्शन का सौभाग्य मुझे आज प्राप्त हुआ है। भला इस संसार में मुझसे बढ़ कर भाग्यशाली कौन होगा? आपकी इस महान कृपा और अतिथि सत्कार के लिये मैं सीता और लक्ष्मण सहित आपका अत्यन्त कृतज्ञ हूँ। आपकी आज्ञा का पालन करते हुये हम लोग आज की रात्रि अवश्य यहीं विश्राम करेंगे किन्तु वनवास की शेष अवधि आपके मनोरम आश्रम में हृदय से चाहते हुये भी बिताना सम्भव नहीं होगा। मैं आपकी तपस्या में किसी भी प्रकार की बाधा उपस्थित नहीं करना चाहता, परन्तु आपकी सत्संगति के लाभ से भी वंचित नहीं होना चाहता। इसलिये कृपा करके आपके इस आश्रम के निकट ही कोई ऐसा स्थान बताइये जो फलयुक्त वृक्षों, निर्मल जल तथा शान्त वातावरण से युक्त सघन वन हो। वहाँ मैं आश्रम बना कर निवास करूँगा।"

अगस्त्य मुनि ने कुछ क्षण विचार करके उत्तर दिया, "हे राम! तुम्हारे यहाँ रहने से मुझे कोई असुविधा नहीं होगी। यदि फिर भी तुम किसी एकान्त स्थान में अपना आश्रम बनाना चाहते हो तो यहाँ से आठ कोस दूर पंचवटी नामक महावन है। वह स्थान वैसा ही है जैसा तुम चाहते हो। वहाँ पर गोदावरी नदी बहती है। वह स्थान अत्यन्त रमणीक, शान्त, स्वच्छ एवं पवित्र है। सामने जो मधुक वन दिखाई देता है, उत्तर दिशा से पार करने के पश्चात् तुम्हें एक पर्वत दृष्टिगोचर होगा। उसके निकट ही पंचवटी है। वह स्थान इतना आकर्षक है कि उसे खोजने में तुम्हें कोई कठिनाई नहीं होगी।"

मुनि का आदेश पाकर सन्ध्यावन्दन आदि करके राम ने सीता और लक्ष्मण के साथ रात्रि अगस्त्य मुनि के आश्रम में ही विश्राम किया। प्रातःकालीन कृत्यों से निवृत होकर महामुनि से विदा हो राम ने अपनी पत्नी तथा अनुज के साथ पंचवटी की ओर प्रस्थान किया।

•

पंचवटी में आश्रम

पंचवटी की ओर जाते समय मार्ग में राम, सीता और लक्ष्मण की दृष्टि एक विशालकाय गृद्ध पर पड़ी। लक्ष्मण ने उसे कोई राक्षस समझा और उसका परिचय पाने के उद्देश्य से उससे पूछा, "तुम कौन हो?"

इस प्रश्न के उत्तर में उसने मधुर वाणी में कहा, "तात्! मैं आपके पिता का मित्र हूँ। मैं गृद्ध जाति के यशस्वी व्यक्ति अरुण का पुत्र हूँ और मेरा नाम जटायु है। कृपा करके आप मुझे अपने साथ रहने की अनुमति दें ताकि आपके साथ रहकर मैं सेवक की भाँति आपकी सेवा कर सकूँ।"

इस प्रकार से अनुमति प्राप्त कर वह राम और लक्ष्मण के साथ चलने लगा।

पंचवटी पहुँचने पर राम ने लक्ष्मण से कहा, "सौम्य! महर्षि अगस्त्य ने हमें जिस स्थान का परिचय दिया था वहाँ हम पहुँच चुके हैं। यही पंचवटी प्रदेश है। सामने गोदावरी नदी भी प्रवाहित हो रही है। अतः तुम किसी जलाशय के निकट रमणीय दृश्य वाले योग्य स्थान का चयन करके उस पर आश्रम बनाने की तैयारी करो।"

लक्ष्मण ने आश्रम बनाने के लिये गोदावरी के तट पर एक स्थान का चयन किया जहाँ पर पुष्पों से लदे वृक्ष अत्यन्त मनोहर प्रतीत हो रहे हैं। वह स्थान चारों तरफ से पुष्पों, गुल्मों तथा लता-वल्लरियों से युक्त साल, ताल, तमाल, खजूर, कटहल, जलकदम्ब, तिनिश, पुंनाग, आम, अशोक, तिलक, केवड़ा, चम्पा, स्यन्दन, चन्दन, कदम्ब, पर्णास, लकुच धव, अश्वकर्ण, खैर शमी, पलाश आदि वृक्षों से घिरा हुआ था। निकट ही गोदावरी नदी प्रवाहित हो रही थी जिसमें हंस और कारण्डव आदि पक्षी विचर रहे थे। चकवे उसकी शोभा बढ़ाते थे और पानी पीने के लिये आये हुए मृगों के झुंड उसके तट पर छाये रहते थे।

लक्ष्मण ने वहाँ पर लकड़ियों तथा घास-फूसों की सहायता से शीघ्रतापूर्वक एक कुटिया का निर्माण कर लिया। फिर उसी कुटिया के निकट उन्होंने सुन्दर लता-पल्लवों की सहायता से एक और कुटिया का निर्माण किया और उस में सुन्दर स्तम्भों से युक्त यज्ञ वेदी बनाई। उसके बाद उन्होंने दोनों कुटियाओं को घेरते हुये चारों ओर काँटों की बाड़ लगा दी।

इस प्रकार आश्रम का निर्माण कर लेने के पश्चात् लक्ष्मण ने राम और सीता को बुला कर आश्रम का निरीक्षण कराया। वे इस सुन्दर आश्रम को देख कर अत्यंत प्रसन्न हुये। लक्ष्मण की सराहना करते हुये राम बोले, "लक्ष्मण! तुमने तो इस दुर्गम वन में भी राजप्रासाद जैसा सुविधाजनक निवास स्थान बना दिया। तुम्हारे कारण तो मुझे वन में भी घर से अधिक सुख-सुविधा प्राप्त हो रही है।"

फिर उन दोनों के साथ बैठ कर राम ने यज्ञ-कुटीर में हवन किया। वे वहाँ सुखपूर्वक रहने लगे और लक्ष्मण दत्तचित्त होकर उन दोनों की सेवा करने लगे। इस प्रकार वहाँ पर शरद ऋतु के दो मास सुखपूर्वक व्यतीत हो गये।

अब हेमन्त ऋतु का आगमन हो चुका था। एक दिन प्रातः बेला में राम सीता के साथ गोदावरी में स्नान करने के लिये जा रहे थे। लक्ष्मण उनके पीछे-पीछे घड़ा उठाये चल रहे थे। सरिता के तट पर पहुँचने पर लक्ष्मण को ध्यान आया कि हेमन्त ऋतु रामचन्द्र जी की सबसे प्रिय ऋतु रही है। वे तट पर घड़े को रख कर बोले, "भैया! यह वही हेमन्त काल है जो आपको सर्वाधिक प्रिय रही है। आप इस ऋतु को वर्ष का आभूषण कहा करते थे। अब शीत अपने चरमावस्था में पहुँच चुकी है। सूर्य की किरणों का स्पर्श प्रिय लगने लगा है। पृथ्वी अन्नपूर्णा बन गई है। गोरस की नदियाँ बहने लगी हैं। राजा-महाराजा अपनी-अपनी चतुरंगिणी सेनाएँ लेकर शत्रुओं को पराजित करने के लिये निकल पड़े हैं। सूर्य के दक्षिणायन हो जाने के कारण उत्तर दिशा की शोभा समाप्त हो गई है। अग्नि की उष्मा प्रिय लगने लगा है। रात्रियाँ हिम जैसी शीतल हो गई हैं। जौ और गेहूँ से भरे खेतों में ओस के बिन्दु मोतियों की भाँति चमक रहे हैं। ओस के जल से भीगी हुई रेत पैरों को घायल कर रही है। उधर भैया भरत अयोध्या में रहते हुये भी वनवासी का जीवन व्यतीत करते हुये शीतल भूमि पर शयन करते होंगे। वे भी सब प्रकार के ऐश्वर्यों को त्याग कर आपकी भाँति त्याग एवं कष्ट का जीवन व्यतीत कर रहे होंगे। हे तात! विद्वजन कहते हैं कि मनुष्य का स्वभाव उसकी माता के अनुकूल होता है, पिता के नहीं, किन्तु भरत ने इस कथन को मिथ्या सिद्ध कर दिया है। उनका स्वभाव अपनी माता के क्रूर स्वभाव जैसा कदापि नहीं है। हमारे और सम्पूर्ण देश के दुःख का कारण वास्तव में उनकी माता का क्रूर स्वभाव ही है।"

लक्ष्मण के कैकेयी के लिये निन्दा भरे अंतिम वाक्यों को सुन कर राम बोले, "लक्ष्मण! इस प्रकार तुम्हें माता कैकेयी की निन्दा नहीं करना चाहिये। वनवास में हमने तापस धर्म ग्रहण किया है और तपस्वी के लिये किसी की निन्दा करना या सुनना दोनों ही पाप है। कैकेयी जैसी भरत की माता हैं, वैसी ही हमारी भी माता हैं। हमें भरत के द्वारा चित्रकूट में आकर कहे हुये विनम्र, मधुर एवं स्नेहयुक्त वचनों को ही स्मरण रखना चाहिये। मैं तो हम चारों भाइयों के पुनः प्रेमपूर्वक मिलन वाले दिन की व्यग्रता से प्रतीक्षा कर रहा हूँ।"

इस प्रकार भरत के वियोग में व्याकुल राम सीता और लक्ष्मण के साथ गोदावरी के शीतल जल में स्नान कर के अपने आश्रम वापस आये।

•

शूर्पणखा

पंचवटी के अपने आश्रम में रामचन्द्र सीता के साथ सुखपूर्वक रहने लगे। एक दिन जब राम और लक्ष्मण वार्तालाप कर रहे थे तो वहाँ पर अकस्मात् रावण की बहन शूर्पणखा नामक राक्षसी आ पहुँची। वह राम के तेजस्वी मुखमण्डल, कमल-नयन तथा नीलाम्बुज सदृश शरीर की कान्ति को चकित होकर देख रही थी। राम का मुख सुन्दर था किन्तु शूर्पणखा का मुख अत्यन्त कुरूप था। राम का कटिप्रदेश एवं उदर क्षीण था किन्तु शूर्पणखा बेडौल लंबे पेट वाली थी। राम के नेत्र विशाल एवं मनोहर थे किन्तु शूर्पणखा की आँखें कुरूप तथा डरावनी थीं। राम की वाणी मधुर थी किन्तु शूर्पणखा भैरवनाद करने वाली थी। राम का रुप मनोहर था किन्तु शूर्पणखा का रूप वीभत्स एवं विकराल था।

उन्हें देख कर उसके हृदय में वासना का भाव जागृत हो उठा। इच्छानुसार रूप धारण करने वाली वह राक्षसी मनोहर रूप बनाकर राम के पास पहुँची और बोली, "तुम कौन हो? राक्षसों के इस देश में तुम कैसे आ गये? तुम्हारा वेश तो तपस्वियों जैसा है, किन्तु हाथों में धनुष बाण भी है। साथ में स्त्री भी है। ये बातें परस्पर विरोधी हैं। तुम मुझे अपना परिचय दो"

राम ने सरल भाव से कहा, "हे देवि! मैं अयोध्या के चक्रवर्ती नरेश महाराजा दशरथ का ज्येष्ठ पुत्र राम हूँ। मेरे साथ मेरा छोटा भाई लक्ष्मण और जनकपुरी के महाराज जनक की राजकुमारी तथा मेरी पत्नी सीता हैं। पिताजी की आज्ञा से हम चौदह वर्ष के लिये वनों में निवास करने के लिये आये हैं। यही हमारा परिचय है। अब तुम अपना परिचय देकर मेरी इस जिज्ञासा को शान्त करो क्योंकि मुझे प्रतीत होता है कि तुम कोई इच्छानुसार रूप धारण करने वाली राक्षसी हो?"

राम के प्रश्न का उत्तर देते हुए वह राक्षसी बोली, "मेरा नाम शूर्पणखा है। मैं लंका के नरेश परम प्रतापी महाराज रावण की बहन हूँ। समस्त संसार में विख्यात विशालकाय कुम्भकरण और परम नीतिवान विभीषण भी मेरे भाई हैं। वे सब लंका में निवास करते हैं। पंचवटी के स्वामी अत्यन्त पराक्रमी खर और दूषण भी मेरे भाई हैं। संसार में शायद ही कोई वीर ऐसा होगा जो इन दोनों भाइयों के साथ समरभूमि में युद्ध करके उन्हें पराजित कर सके। मैं सर्व प्रकार से सम्पन्न हूँ और अपनी इच्छा तथा शक्ति से समस्त लोकों में विचरण कर सकती हूँ। यह तुम्हारी पत्नी सीता मेरी दृष्टि में कुरूप, ओछी, विकृत मानवी है और तुम्हारे योग्य नहीं है। अतः तुम मेरे पति बन जाओ, मैं ही तुम्हारे अनुरूप हूँ। इस अबला सीता को लेकर तुम क्या करोगे। तुम्हारी भार्या बनने के पश्चात् मैं तुम्हारे भाई और सीता को खा जाऊँगी और तुम्हारे साथ विचरण

करूँगी।"

उसके प्रस्ताव के उत्तर में राम मुसकाते हुए बोले, "भद्रे! तुम देख रही हो कि मैं विवाहित हूँ और मेरी पत्नी मेरे साथ है। हाँ, मेरा भाई लक्ष्मण यहाँ अकेला है। वह सुन्दर, शीलवान एवं बल-पराक्रम से सम्पन्न है। यदि तुम चाहो तो उसे सहमत करके उससे विवाह कर सकती हो।"

राम का उत्तर सुन शूर्पणखा ने लक्ष्मण के पास जाकर कहा, "हे राजकुमार! तुम सुन्दर हो और मैं युवा हूँ। तुम्हारे इस सुन्दर रूप के योग्य मैं ही हूँ, अतः मैं ही तुम्हारी परम सुन्दरी भार्य हो सकती हूँ। मुझे अंगीकार कर लेने पर तुम मेरे साथ इस दण्डकारण्य में सुखपूर्वक विचरण कर सकोगे।"

शूर्पणखा के इस विवाह प्रस्ताव को सुन कर वाक्-पटु लक्ष्मण ने कहा, "सुन्दरी! मैं राम का एक तुच्छ सा दास हूँ। मुझसे विवाह करके तुम केवल दासी कहलाओगी। अच्छा यही है कि तुम राम से ही विवाह कर के उनकी छोटी भार्या बन जाओ। तुम्हारा रूप-सौन्दर्य उन्हीं के योग्य है।"

लक्ष्मण के परिहास को न समझ कर शूर्पणखा ने उसे अपनी प्रशंसा समझा। वह पुनः राम के पास जा कर क्रोध से बोली, "हे राम! इस कुरूपा सीता के लिये तुम मेरा विवाह प्रस्ताव अस्वीकार कर के मेरा अपमान कर रहे हो। इसलिये पहले मैं इसे ही मार कर समाप्त किये देती हूँ। फिर तुम्हारे साथ विवाह कर के मैं अपना जीवन आनन्दपूर्वक व्यतीत करूँगी।"

इतना कह कर प्रचंड क्रोध करती हुई शूर्पणखा विद्युत वेग से सीता पर झपटी। राम ने उसके इस आकस्मिक आक्रमण को तत्परतापूर्वक रोका और लक्ष्मण से बोले, "हे वीर! इस दुष्टा राक्षसी से अधिक वाद-विवाद करना या इसके साथ हास्य विनोद करना उचित नहीं है। इसने तो जानकी की हत्या ही कर डाली होती। तुम्हें इस कुरूपा और कुलटा राक्षसी को उसके किसी अंग से विहीन कर देना चाहिये।"

राम की आज्ञा पाते ही लक्ष्मण ने तत्काल खड्ग निकाला और दुष्टा शूर्पणखा के नाक-कान काट डाले। पीड़ा और घोर अपमान के कारण रोती हुई शूर्पणखा अपने भाइयों, खर-दूषण, के पास पहुँची और घोर चीत्कार कर के उनके सामने गिर पड़ी।

खर-दूषण से युद्ध

शूर्पणखा का रक्त-रंजित मुखमण्डल देखकर वह क्रोध से काँपते हुये बोला, "बहन! मूर्छा और घबराहट छोड़ मुझे बताओ कि किसने तुम्हें रूपहीन बनाया है? किसने आज इस निद्रानिमग्न नागराज को छेड़ने की मूर्खता की है? किसके सिर पर काल नाच रहा है? मुझे शीघ्र उसका नाम बताओ, उस अपराधी को मेरे क्रोध से देवता, गन्धर्व, पिशाच और राक्षस कोई भी नहीं बचा सकता।"

खर के मुख से निकले इन वचनों सुन कर शूर्पणखा का कुछ धैर्य बँधा। उसने रोते-रोते खर से कहा, " राम और लक्ष्मण नामक दो राजकुमार, जो अयोध्या के राजा दशरथ के पुत्र हैं, इस वन में आये हुये हैं। उनके साथ राम की भार्या सीता भी है। वे दोनों ही बड़े सुन्दर, पराक्रमी और तपस्वी प्रतीत होते हैं। जब मैंने उनसे राम की पत्नी के विषय में पूछा तो वे चिढ़ गये और उनमें से एक ने मेरे नाक-कान काट लिये। भैया! तुम शीघ्र उन्हें परलोक भेज कर उनसे मेरे अपमान का प्रतिशोध लो। मेरे हृदय को शान्ति तभी मिलेगी जब मैं उन तीनों का गरम-गरम रुधिर पी लूँगी।"

तत्काल ही खर ने अपनी सेना के चौदह यमराज के समान भयंकर योद्धा एवं पराक्रमी राक्षसों को आज्ञा दी कि शूर्पणखा के साथ जा कर उन तीनों का वध करो। मेरी बहन को वहीं उनके शरीर का गरम-गरम रक्त पिला कर इसके अपमान की ज्वाला को शान्त करो। खर की आज्ञा पाते ही वे राक्षस भयंकर अस्त्र-शस्त्रों से सुसज्जित होकर राम, लक्ष्मण तथा सीता का वध करने के लिये शूर्पणखा के साथ चल पड़े।

शूर्पणखा के साथ इस राक्षस दल को देखकर राम लक्ष्मण से बोले, "लक्ष्मण! तुम सीता के पास खड़े होकर उसकी रक्षा करो। मैं अभी इन राक्षसों को मार कर यमलोक भेजता हूँ।"

इसके पश्चात् राम धनुष पर प्रत्यंचा चढ़ा कर बाण सँभालकर उन राक्षसों से बोले, "दुष्टों! हम लोग तपस्वी धर्म का पालन कर रहे हैं और किसी निर्दोष पर कभी वार नहीं करते। तुम सब पापात्मा तथा ऋषियों का अपराध करने वाले हो। उन ऋषि-मुनियों की आज्ञा से ही मैं धनुष-बाण लेकर तुम लोगों का वध करने आया हूँ। तुम्हें यदि युद्ध से संतोष प्राप्त होता हो तो यहाँ ही खड़े रहो अन्यथा लौट जाओ।"

उन राक्षसों ने एक साथ राम पर अपने शस्त्रों से आक्रमण कर दिया। प्रत्युत्तर में राम ने एक साथ चौदह बाण छोड़े जिन्होंने उनकी छातियों में घुस कर उनके प्राणों का हरण कर लिया। वे भूमि पर गिर कर तड़पने लगे और मृत्यु को प्राप्त हुये।

सभी राक्षसों के इस प्रकार मर जाने पर शूर्पणखा रोती-बिलखती खर के पास जाकर बोली, "उन सब राक्षसों को अकेले राम ने ही वध कर डाला। वे सब मिल कर भी उसका कुछ न कर सके। मुझे तो प्रतीत होता है कि तुम महासमर में सबल होने के बाद भी राम के सामने युद्ध में नहीं ठहर सकोगे। यदि तुम स्वयं को शूरवीर समझते हो तो तुम अपनी सम्पूर्ण शक्ति लगा कर उससे युद्ध करो। यदि तुमने शत्रुघाती राम का वध नहीं किया तो मैं तुम्हारे समक्ष ही आत्महत्या करके अपना प्राण त्याग दूँगी।"

शूर्पणखा के द्वारा इस प्रकार तिरस्कृत होने पर खर ने क्रोधित होकर कहा, "शूर्पणखे! तू व्यर्थ ही भयभीत हो कर आत्महत्या करने का प्रलाप कर रही है। मैं तत्काल जाकर उन दोनों भाइयों का वध कर डालूँगा। मेरे समक्ष उनका तेज वैसे ही है जैसे कि सूर्य के सामने जुगनू। तू अकारण चिंता करना त्याग दे।"

शूर्पणखा को सान्त्वना देकर खर अपनी विशाल सेना, जिसमें चौदह सहस्त्र विकट योद्धा थे, को साथ लेकर राम से संग्राम करने के लिये तीव्र गति से चला। विशाल सेना के साथ खर को आते देख कर राम ने लक्ष्मण से कहा, "महाबाहो! ऐसा प्रतीत होता है कि राक्षसराज अपने पूरे दल-बल के साथ चला आ रहा है। आज आर्य और अनार्य के मध्य संघर्ष होगा और निःसन्देह आर्य की विजय होगी। तुम सीता की रक्षा के लिये उसे साथ ले कर शीघ्र ही किसी गुफा में चले जाओ ताकि मैं निश्चिंत होकर युद्ध कर सकूँ।"

लक्ष्मण ने तत्काल अपने अग्रज की आज्ञा पालन किया। वे सीता को ले कर पर्वत की एक अँधेरी कन्दरा में चले गये। अभेद्य कवच धारण कर के राम युद्ध के लिये तैयार हो गये। देवता, यक्ष, किन्नर, गन्धर्व आदि सभी राम के विजय के लिये परमात्मा से इस प्रकार प्रार्थना करने लगे कि हे त्रिलोकीनाथ! वीर पराक्रमी रामचन्द्र को इतनी शक्ति प्रदान करो कि उनके हाथों गौ, ब्राह्मणों तथा ऋषि-मुनियों को अनेक प्रकार से कष्ट देने वाले राक्षसों का नाश हो सके। राक्षसों की सेना ने राम को चारों ओर से घेर लिया तथा आक्रमण की तैयारी करने लगे। राम ने भीषण विनाश करने वाली अग्नि बाण छोड़ दिया जिससे राक्षस हाहाकार करने लगे। राम तत्परता के साथ राक्षसों के द्वारा छोड़े गये बाणों को अपने बाणों से आकाश में ही काटने लगे। इस पर राक्षसों ने अत्यन्त क्रोधित होकर एक साथ बाणों की वर्षा करना आरम्भ कर दिया और राम चारों ओर से उनके बाणों से आच्छादित हो गये। राम ने अपने धनुष को मण्डलाकार करके अद्भुत हस्त-लाघव का प्रदर्शन करते हुये बाणों को छोड़ना आरम्भ कर दिया जिससे राक्षसों के बाण कट-कट कर भूमि पर गिरने लगे। यह ज्ञात ही नहीं हो पाता था कि कब उन्होंने तरकस से बाण निकाला, कब प्रत्यंचा चढ़ाई और कब बाण छूटा। राम के बाणों के लगने से राक्षसगण निष्प्राण होकर भूमि में लेटने लगे। अल्पकाल में ही राक्षसों की सेना उसी भाँति छिन्न-भिन्न हो गई जैसे आँधी आने पर बादल छिन्न-भिन्न हो जाते हैं। पूरा युद्धस्थल राक्षसों के कटे हुये अंगों से पट गया।

- *खर-दूषण वध*

खर की सेना की दुर्दशा देख कर दूषण अपनी विशाल सेना को साथ ले कर राम के समक्ष आ डटा। कुछ ही काल में राम के बाणों से उसकी सेना की भी वैसी ही दशा हो गई जैसा कि खर की सेना की हुई थी। अपनी सेना की दुर्दशा देख कर क्रुद्ध दूषण ने मेघ के समान घोर गर्जना की और तीक्ष्ण बाणों की वर्षा आरम्भ कर दी। उसके इस आक्रमण से कुपित होकर राम ने चमकते खुर से दूषण के धनुष को काट डाला तथा एक साथ चार बाण छोड़ कर उसके रथ के चारों घोड़ों को बींध दिया जिससे चारों घोड़े निष्प्राण होकर भूमि पर गिर पड़े। पुनः राम ने एक अर्द्ध चन्द्राकार बाण छोड़कर दूषण के सारथी के सिर को धड़ से अलग कर दिया। इस पर क्रोधित दूषण एक परिध उठा कर राम को मारने झपटा। राम ने भी पलक झपकते ही अपना खड्ग निकाल लिया और दूषण के दोनों हाथ काट डाले। पीड़ा से छटपटाता हुआ वह मूर्छित होकर धराशायी हो गया। दूषण की ऐसी दशा देख कर सैकड़ों राक्षसों ने एक साथ राम पर आक्रमण कर दिया। प्रत्युत्तर में रामचन्द्र ने स्वर्ण तथा वज्र से निर्मित तीक्ष्ण बाण छोड़ कर उन सभी राक्षसों का नाश कर दिया। इस प्रकार से दूषण सहित उसकी अपार सेना यमलोक पहुँच गई।

अब केवल दो लोग ही शेष रह गये थे – खर और उसका सेनापति त्रिशिरा। खर का मनोबल टूट चुका था। अतः उसे धैर्य बँधाते हुये त्रिशिरा ने कहा, "हे राक्षसराज! धैर्य धारण कीजिये। मैं अभी राम का वध करके अपने सैनिकों के वध का प्रतिशोध लेता हूँ। मैं प्रतिज्ञा करता हूँ कि मैं उस तपस्वी को अवश्य मारूँगा अन्यथा मैं युद्धभूमि में अपने प्राण त्याग दूँगा।"

खर को सान्त्वना दे कर वह राम की ओर द्रुत गति से झपटा। उसे अपनी ओर आते देख राम ने तत्परतापूर्वक बाण चलना आरम्भ कर दिया। राम के बाणों से त्रिशिरा के सारथी, घोड़े तथा ध्वजा कट गये। रथ तथा सारथी विहीन सेनापति हाथ में गदा ले कर राम की ओर दौड़ा, किन्तु पराक्रमी राम ने उसे अपने निकट पहुँचने के पहले ही तीक्ष्ण बाण छोड़ा जो उसके कवच को चीर कर हृदय तक पहुँच गया। हृदय में बाण लगते ही त्रिशिरा हतप्राण होकर भूमि पर गिर गया। उस स्थान की सारी भूमि रक्त-रंजित हो गई।

सेनापति के वध हुआ देख कर क्रुद्ध खर राम पर अंधाधुंध बाणों की वर्षा करने लगा। उसके बाण वायुमण्डल में सभी दिशाओं में फैल गये। इस पर राम ने अग्निबाणों की बौछार करना आरम्भ कर दिया। और भी क्रुद्ध होकर खर ने एक बाण से रामचन्द्र के धनुष को काट दिया। खर के इस अद्भुत पराक्रम को देख कर यक्ष, गन्धर्व आदि भी आश्चर्यचकित रह गये, किन्तु अदम्य योद्धा राम तनिक भी विचलित नहीं हुये। उन्होंने अगस्त्य ऋषि के द्वारा दिया हुआ धनुष उठा कर क्षणमात्र में खर के घोड़ों को मार गिराया। रथहीन हो जाने पर अत्यन्त क्रोधित हो कर पराक्रमी खर हाथ में गदा ले राम को मारने के लिये दौड़ा। उसे अपनी ओर आता देख राघव बोले, "हे राक्षसराज! यदि सम्पूर्ण ब्रह्माण्ड का स्वामी भी निर्दोषों तथा सज्जनों को दुःख देता है तो उसे अन्त में अपने पापों का फल भोगना ही पड़ता है। तुझे भी निर्दोष ऋषि-मुनियों को भयंकर यातनाएँ देने का परिणाम भुगतना पड़ेगा। मैं तुझ जैसे अधर्मी, दुष्ट- दानवों का विनाश करने के लिये ही वन में आया हूँ। अब तेरा भी अन्तिम समय आ पहुँचा है। अब किसी भाँति तू बच नहीं सकता।"

राम के वचनों को सुन कर खर ने कहा, "हे अयोध्या के राजकुमार! तुमने स्वयं के मुख से स्वयं की प्रशंसा करके अपनी तुच्छता का ही परिचय दिया है। तुममें इतना सामर्थ्य नहीं है कि तुम मेरा वध कर सको। मेरी यह गदा आज यह तुम्हें चिरनिद्रा में सुला देगी।"

इतना कह कर खर ने अपनी शक्तिशाली गदा को राम के हृदय का लक्ष्य करके फेंका। राम ने एक ही बाण से उस गदा को काट दिया और एक साथ अनेक बाण छोड़ कर खर के शरीर को क्षत-विक्षत कर दिया। क्षत-विक्षत होने परे भी खर क्रुद्ध सर्प की भाँति राम की ओर झपटा। उसे अपनी ओर लपकते देख कर राम ने अगस्त्य मुनि द्वारा दिये गये एक ही बाण से खर का हृदय चीर डाला। भयानक चीत्कार करता हुआ खर विशाल पर्वत की भाँति धराशायी हो गया और उसकी इहलीला समाप्त हो गई।

राम के विजय पर ऋषि-मुनि, तपस्वी आदि उनकी जय-जयकार करते हुये उन पर पुष्प वर्षा करने लगे। उन्होंने राम की भूरि-भूरि प्रशंसा करते हुये कहा, "हे राघव! आपके इस महान उपकार को दण्डक वन के निवासी तपस्वी कभी न भुला सकेंगे। इन राक्षसों ने अपने विप्लव से हमारा जीवन, हमारी तपस्या, हमारी शान्ति सब कुछ नष्टप्राय कर दिये थे। आज से हम लोग आपकी कृपा से निर्भय और निश्चिन्त हो गये हैं। परमपिता परमात्मा आपका कल्याण करें। आशीर्वाद देकर वे अपने-अपने निवास स्थानों को लौट गये। लक्ष्मण भी सीता को गिरिकन्दरा से ले कर लौट आये। अपने महापराक्रमी पति की शौर्य गाथा सुन कर सीता का हृदय गद्-गद् हो गया।

- *रावण को सूचना*

खर-दूषण का वध हो जाने पर खर के एक अकम्पन नामक सैनिक ने, जिसने किसी प्रकार से भागकर अपने प्राण बचा लिये थे, लंका में जाकर रावण को खर की सेना के नष्ट हो जाने की सूचना दी। रावण के समक्ष जाकर वह हाथ जोड़ कर बोला, "हे लंकेश! दण्डकारण्य स्थित आपके जनस्थान में रहने वाले आपके भाई खर और दूषण तथा उनके चौदह सहस्त्र सैनिकों का वध हो चुका है। किसी प्रकार से अपने प्राण बचाकर मैं आपको सूचना देने के लिये आया हूँ।"

यह सुन कर रावण को भारी क्रोध आया। उन्होंने कहा, "कौन है जिसने मेरे भाइयों का सेना सहित वध किया है? मैं अभी उसे नष्ट कर दूँगा। तुम मुझे पूरा वृत्तान्त बताओ।"

अकम्पन ने कहा, "हे लंकापति! अयोध्या के राजकुमार राम ने अपने पराक्रम से अकेले ही सभी राक्षस वीरों को मृत्यु के घाट उतार दिया।"

इस समाचार को सुनकर रावण को आश्चर्य हुआ और उसने पूछा, "खर को मारने के लिये क्या देवताओं ने राम की सहायता की है?"

अकम्पन ने उत्तर दिया, "नहीं प्रभो! देवताओं से राम को किसी प्रकार की सहायता नहीं मिली है, ऐसा उसने अकेले ही किया है। वास्तव में राम तेजस्वी, शक्तिवान और युद्धविद्या में पारंगत योद्धा है। खर जैसे रणबाँकुरे, जिसकी एक गर्जना से सारे देवता काँप जाते थे, को उनकी शक्तिशाली सेना सहित उसने खेल ही खेल में समाप्त कर दिया। उसका रणकौशल देख कर मुझे प्रतीत होता है कि आप अपनी सम्पूर्ण सेना के साथ युद्ध करके भी उसे परास्त नहीं कर सकेंगे। मेरे विचार से उस पर विजय पाने का एक ही उपाय है। उसके साथ उसकी अत्यन्त रूपवती, लावण्यमयी और सुकुमारी पत्नी भी है। राम उससे बहुत प्रेम करता है। वह अपनी पत्नी के बिना एक पल भी नहीं रह सकता। मेरा विश्वास है, यदि आप किसी प्रकार उसका अपहरण कर के ले आयें तो राम उसके वियोग में स्वयं ही मर जायेगा।"

लंकेश रावण को अकम्पन का यह प्रस्ताव सर्वथा उचित प्रतीत हुआ। तत्काल ही वह अपने दिव्य रथ पर सवार हो आकाश मार्ग से उड़ता हुआ अपने परम मित्र मारीच के पास पहुँचा। बिना किसी पूर्व सूचना के रावण को अपने सम्मुख पाकर मारीच बोले, "हे लंकापति! आज अचानक ही आपके यहाँ आने का क्या कारण है? आपकी इतनी हड़बड़ी देखकर मेरे मन में नाना प्रकार की शंकाएँ उठ रही हैं। लंका में सब कुशल तो है?"

रावण ने कहा, "मैं एक विशेष कारण से ही यहाँ आया हूँ। अयोध्या के राजकुमार राम ने मेरे भाई खर और दूषण को उनकी सेना सहित मार डाला है। अब मैं चाहता हूँ कि राम की पत्नी का अपहरण कर लूँ और इसके लिये मुझे तुम्हारी सहायता की आवश्यकता है। सीता के वियोग में राम बिना युद्ध किये ही तड़प-तड़प कर मर जायेगा और मेरा प्रतिशोध पूरा हो जायेगा।"

रावण के वचनों को सुन कर मारीच बोला, "हे लंकापति! तुम्हारा यह विचार सर्वथा अनुचित है। जिस किसी ने भी तुम्हें सीता को हरने का सुझाव दिया है वह वास्तव में तुम्हारा मित्र नहीं शत्रु है। राम अत्यन्त बलशाली और पराक्रमी है और तुम उससे किसी प्रकार भी जीत सकते। राम के होते हुये तुम उससे सीता को नहीं छीन सकते। उसके अद्भुत पराक्रम के सम्मुख तुम एक क्षण भी नहीं टिक सकोगे। तुम्हारा हित इसी में है कि तुम इस विचार को भूलकर कर चुपचाप लंका में जा कर बैठ जाओ।"

- रावण को शूर्पणखा का धिक्कार

रावण के मारीच के पास से लंका लौट आने के कुछ काल पश्चात् ही शूर्पणखा उसके पास आ पहुँची। उस समय रावण अपने मन्त्रियों से घिरा हुआ था। स्वर्ण-सिंहासन पर आरूढ़ रावण वैसे ही शोभा पा रहा था जैसे सोने के ईंटों से निर्मित यज्ञवेदी में घी के द्वारा प्रज्वलित अग्नि।

समरभूमि में साक्षात् यमराज की भाँति दिखाई पड़ने वाले रावण ने देवता, गन्धर्व आदि सभी को जीत लिया था। राजोचित लक्षणों से सम्पन्न रावण ने वैदूर्यमणि (नीलम) तथा तपाये हुए सोने से निर्मित आभूषणों से अलंकृत हो रहा था। उसके अंगों पर विष्णु के चक्र तथा देवताओं के विविध आयुधों के अनेक प्रहार हुए थे किन्तु इन प्रहारों के बाद भी उसका कोई भी अंग खण्डित नहीं हुआ था। वह रावण पर्वतशिखरों को तोड़कर फेंक देने वाला, देवताओं को रौंद डालने वाला, धर्म को जड़ से काट देने वाला, दूसरों की भार्याओं के सतीत्व का नाश करने वाला, यज्ञों में विघ्न डालने वाला तथा दिव्यास्त्रों का प्रयोग करने वाला था। उसने समुद्रों तथा पर्वतों पर विजय प्राप्त किया था, नागराज वासुकि को परास्त किया था, तक्षक की प्रिय पत्नी का हरण किया था, कुबेर पर विजय प्राप्त कर उससे पुष्पक विमान छीना था। इन्द्रादि समस्त देवता उससे भयभीत रहते थे, वायु देवता उस पर पंखा डुलाते थे, वरुण उसके यहाँ पानी भरता था और वह मृत्यु को भी परास्त करने की सामर्थ्य रखता था। उसने दस हजार वर्षों त घोर तपस्या करके तथा ब्रह्मा जी को अपने मस्तकों की बलि दे कर देवता, दानव, गन्धर्व, पिशाच, पक्षी और सर्पों से संग्राम में अभय प्राप्त कर लिया था। मनुष्य के सिवा अन्य किसी से भी उसे मृत्यु का भय नहीं रह गया था।

शूर्पणखा राम के द्वारा तिरस्कृत होकर अत्यन्त दुःखी हो रही थी। उसने रावण के पास आ कर क्रोध से फुँफकारते हुए कहा, "धिक्कार है तुम्हारे पराक्रम पर और तुम्हारे इन मन्त्रियों पर। तुम अपनी विलासिता में डूबे हुये हो। तुम सब तो सुरा और सुन्दरियों में व्यस्त रहते हो। हे नीतिवान रावण! क्या अब मुझे तुमको यह भी बताना पड़ेगा कि समय पर उचित कार्य न करने वाले और अपने देश की रक्षा के प्रति असावधान रहने वाले राजा के राज्य के नष्ट हो जाने में क्षणमात्र भी देर नहीं लगती। तुम्हें ज्ञात होना चाहिये कि वृक्ष से गिरे हुये पत्ते और राज्य से च्युत राजा का कोई मूल्य नहीं होता। प्रजा उसी राजा की पूजा करती है जो स्थूल आँखों से सोता है किन्तु नीति की आँखों से जागता है, जिसका क्रोध प्रलयंकर और प्रसन्नता सुखदायिनी है। जिस राजा के गुप्तचर सक्रिय और सतर्क नहीं रहते वह राज्य करने योग्य नहीं होता। तुम्हारे गुप्तचर तो मूर्ख, अयोग्य और आलसी हैं। तुम्हारी बुद्धि दूषित है और मन्त्री भी सर्वथा अयोग्य हैं। उन्हें अभी तक यह पता नहीं कि उनके राज्य दण्डकारण्य में कितनी भयंकर घटना घट चुकी है। मेरे वीर भ्राताओं खर-दूषण का चौदह सहस्त्र राक्षसों सहित संहार हो चुका है। जो ऋषि-मुनि कल तुम्हारे नाम से थर-थर काँपते थे वे आज सिर उठा कर निर्भय हो घूम रहे हैं। तुम तो राम द्वारा किये गये भीषण हत्याकाण्ड से अभी तक अपरिचित हो।"

शूर्पणखा के कटु वचनों से कुपित होकर रावण बोला, "शूर्पणखे! मुझे बताओ कि राम कौन है? उसका बल और पराक्रम कितना है? दुष्कर दण्डकवन में में उसने किसलिये प्रवेश किया है? उसके पास ऐसा कौन सा अस्त्र है जिससे उसने खर, दूषण और त्रिशिरा का सेना सहित संहार कर दिया? उसने तुझ जैसी सुन्दर अंगों वाली को क्यों कुरूप बना दिया?"

रावण के प्रश्नों का उत्तर देते हुए शूर्पणखा ने कहा, "हे भाई! महाबली राम अयोध्या नरेश दशरथ के पुत्र हैं। वे अत्यन्त निपुण धनुर्धारी हैं। वे अकेले और पैदल थे तो भी उन्होंने मात्र डेढ़ मुहूर्त (तीन घड़ी) में समस्त राक्षसों का संहार कर डाला। मैंने राम के बाणों की वर्षा से राक्षसों को मरते हुए तो देखा किन्तु यह नहीं देख पाई कि कब राम ने धनुष खींचा और कब बाण छोड़ा। स्त्री होने के कारण राम ने मेरा वध नहीं किया और केवल अपमानित करके छोड़ दिया। राम के समान ही पराक्रमी उसका भाई लक्ष्मण और अत्यन्त सुन्दरी उसकी पत्नी सीता भी उसके साथ है। इस भूतल पर मैंने आज तक सीता के समान रूपवती अन्य कोई स्त्री नहीं देखा है। जब मैं सीता को तुम्हारी भार्या बनाने के लिये लाने के लिये उद्यत हुई तो लक्ष्मण ने मुझे कुरूप बना दिया। सीता तुम्हारी ही भार्या बनने योग्य है अतः तुम उसे शीघ्रातिशीघ्र हर लाओ।"

शूर्पणखा का कथन सुनने तथा अपने मन्त्रियों से विचार विमर्ष करने के पश्चात् रावण ने सीता को हर लाने का निश्चय कर लिया। तत्काल उसने अपना रथ तैयार करवाया और उस पर सवार हो अपने मित्र मारीच के पास पहुँच गया।

मारीच ने रावण का समुचित सत्कार करके पूछा, "राजन्! लंका में सब कुशल तो है ना? आप इतनी जल्दी पुनः कैसे लौट आये?"

रावण बोला, "हे मारीच! क्रूर और मूर्ख राम ने अपने बल का आश्रय लेकर मेरे भाई खर और दूषण सेनासहित त्रिशिरा का वध कर दिया है। उसने मेरी बहन शूर्पणखा को भी कुरूप बना दिया है। तुम मेरे मित्र हो। मित्र ही संकट के समय मित्र की सहायता करता है। मैं जानता हूँ कि मेरे मित्रों और शुभचिन्तकों में तुमसे बढ़ कर बलवान, नीतिवान और मुझसे सच्चा स्नेह करने वाला और कोई नहीं है। अतः हे मारीच! मैं चाहता हूँ कि तुम रजत बिन्दुओं वाला स्वर्णमृग बन कर राम के आश्रम के सामने जाओ। तुम्हें देख कर सीता अवश्य राम-लक्ष्मण को तुम्हें पकड़ने के लिये भेजेगी। उन दोनों के चले जाने पर मैं अकेली सीता का अपहरण कर के ले जाऊँगा। राम को सीता का वियोग असहय होगा और विरह की उस अवस्था में राम को मार डालना मेरे लिये कठिन नहीं होगा।"

रावण के वचन सुनकर मारीच बोला, "हे लंकापति! जैसे कि मैं मैं पहले भी कह चुका हूँ कि ऐसा करना तुम्हारे लिये उचित नहीं होगा। यह कार्य तुम्हारे जीवन के लिये काल बन जायेगा। आश्चर्य की बात है कि वेद-शास्त्रों के ज्ञाता होते हुये भी तुम परस्त्री हरण जैसा भयंकर पाप करने जा रहे हो। तुम्हें ज्ञात होना चाहिये कि राम के क्रोध से तुम बच नहीं सकोगे।"

मारीच के इस उत्तर से क्रुद्ध हो हाथ में खड्ग ले कर रावण बोला, "मारीच! मैं तुझे अपना मित्र समझ कर तेरे पास आया था। तेरा अनर्गल प्रलाप सुनने के लिये नहीं। तेरी कायरतापूर्ण युक्तियों को सुन कर मैं अपना विचार नहीं बदल सकता। सीता का हरण मैं अवश्य ही करूँगा और तू मेरे आज्ञा का पालन भी करेगा। यदि तू मेरी आज्ञा मान कर मेरे इस कार्य में सहायता नहीं करेगा तो राम-लक्ष्मण से पहले मैं तेरा वध करूँगा।"

रावण के क्रोध से भयभीत होकर मारीच ने अपनी सहमति दे दी। उसकी सहमति से प्रसन्न हो कर रावण बोला, “अब सिद्ध हो गया कि तू मेरा परम मित्र है।”

रावण उसे ले कर दण्डक वन में पहुँच राम के आश्रम की खोज करने लगा। जब आश्रम मिल गया तो मारीच ने रावण के निर्देशानुसार मृग का रूप धारण किया और आश्रम के निकट विचरण करने लगा। इस अद्भुत स्वर्णिम मृग की शोभा देख कर सीता आश्चर्यचकित रह गई और विस्मित हो कर उसके पास पहुँची। मायावी मारीच ने अपनी मृग-सुलभ क्रीड़ाओं से सीता का मन मुग्ध कर लिया।

- *स्वर्णमृग*

सीता की इच्छा इस अद्भुत मृग को पकड़ कर आश्रम में रखने की हुई। अतः वे राम को पुकारते हुए बोलीं, “हे आर्यपुत्र! आप और लक्ष्मण शीघ्र आइये। देखिये, कितना सुन्दर और अद्भुत स्वर्णमृग यहाँ विचरण कर रहा है।”

उस माया मृग को देख कर लक्ष्मण को सन्देह हुआ और उन्होंने राम से कहा, “तात! मुझे ऐसा प्रतीत होता है कि हमें छलने के लिये इस मृग के रूप में स्वेच्छारूपधारी मारीच ही आया है। हे जगत्पति! इस भूतल पर कहीं भी ऐसा विचित्र रत्नमय मृग नहीं है, अतः निःसन्देह यह माया ही है।”

लक्ष्मण को बीच में ही रोकते हुए सीता राम से बोली, “हे नाथ! यह मृग अत्यन्त सुन्दर है, इसने मेरे मन को मोह लिया है। आप अवश्य ही इसे पकड़ कर लाइये। जब हम वनवास समाप्त कर के अयोध्या लौटेंगे तो यह हमारे प्रासाद की शोभा बढ़ायेगा। यदि यह जीवित न पकड़ा जा सके तो इसे मार कर मृगछाला ही ले आइये। मैं उस पर आपके साथ बैठना चाहती हूँ।”

सीता के आग्रह को देख कर राम लक्ष्मण से बोले, “हे लक्ष्मण! निःसन्देह इस मृग का रूप अत्यंत मनोहर एवं आकर्षक है। यदि यह पकड़ा नहीं भी गया तो मारा तो अवश्य ही जायेगा। इसमें भी सन्देह नहीं है कि इसकी मृगछाला मनोहारी होगी। सीता का आग्रह पूर्ण करने के लिये इसे अवश्य ही पकड़ना चाहिये। तुम्हारी शंका के अनुसार यदि यह राक्षसी माया है तो भी इस राक्षस को मारना उचित ही होगा। तुम सीता की रक्षा करो। मैं इसे जीवित पकड़ने या मारने के लिये जाता हूँ।”

इतना कह कर राम अपने शस्त्रास्त्र धारण कर मायावी मृग के पीछे चल पड़े। राम को अपनी ओर आता देख मृग भी उछलता कूदता गहन वन के भीतर चला गया। वह विविध वृक्षों, झाड़ियों के बीच कभी छिपता और कभी प्रकट होता कभी धीमी तो कभी द्रुत गति से भागने लगा। उसका पीछा करते-करते रामचन्द्र आश्रम से बहुत दूर निकल गये। अन्ततः मृग के दृष्टिगत होते ही क्रुद्ध हो कर राम ने एक तीक्ष्ण बाण छोड़ा जो मारीच के हृदय तक पहुँच गया। बाण लगते ही मारीच अपने असली वेश में धराशायी हो गया और राम के स्वर में ‘हा सीते! हा लक्ष्मण! चीत्कार करते हुए मर गया।

उस राक्षस के मृत शरीर को तथा उसका अपने स्वर में चीत्कार करना देख कर राम को लक्ष्मण का कथन स्मरण हो आया। वास्तव में यह मारीच की माया ही निकली। उन्हें चिन्ता होने लगी कि मेरे स्वर में किये गये चीत्कार को सुन कर सीता की क्या दशा होगी। उन्हे किसी अनिष्ट की आशंका होने लगी और वे द्रुत गति से आश्रम की ओर लौट पड़े।

इधर जब सीता ने अपने पति के स्वर में ‘हा सीते! हा लक्ष्मण!’ सुना तो उन्होंने व्याकुल हो कर लक्ष्मण से कहा, “हे लक्ष्मण! प्रतीत होता है कि तुम्हारे भैया अवश्य ही किसी संकट में पड़ गये हैं। तुम शीघ्र जा कर उनकी सहायता करो। उनके दुःख भरे शब्द सुनकर मेरा हृदय चिन्ता से बहुत घबरा रहा है।”

आशंका से आतुर सीता के वचन सुन कर लक्ष्मण बोले, “हे आर्ये! इस प्रकार मैं आप को अकेला छोड़ कर नहीं जा सकता। भैया ने आपकी रक्षा का भार मुझे सौंपा है। आप धैर्य धारण करें, भैया अभी आते ही होंगे।”

दुःखी हो कर सीता बोलीं, “लक्ष्मण! ऐसा प्रतीत होता है कि तुम भाई के रूप में उनके शत्रु हो। इसीलिये उनके ऐसे आर्त स्वर सुन कर भी उनकी सहायता के लिये नहीं जाना चाहते। जब उनको ही कुछ हो गया तो मेरी रक्षा से क्या लाभ?”

इस प्रकार कहते हुये उनके नेत्रों से अश्रुधारा बहने लगी। सीता की यह दशा देख कर लक्ष्मण हाथ जोड़ कर बोले, “देवि! आप व्यर्थ दुःखी न हों। संसार में ऐसा कोई भी देवता, दानव, मनुष्य, गन्धर्व नहीं है जो भैया के पराक्रम का सामना कर सके। मायावी राक्षस नाना प्रकार के रूप धारण करते हैं और विविध प्रकार की बोलियाँ बोलते हैं, अतः आपको चिन्ता करने की आवश्यकता नहीं है। आप तनिक प्रतीक्षा करें, वे आते ही होंगे।”

लक्ष्मण के तर्कयुक्त वचनों ने सीता के क्रोध को और बढ़ा दिया। वे बोलीं, “लक्ष्मण! मैं तुम्हारे मनोभावों को भली-भाँति समझ रही हूँ। तुम राम के न रहने पर मुझे पा लेने की लालसा लेकर ही वन में चले आये हो। मैं तुम्हारी दुष्ट इच्छा को कभी पूरा नहीं होने दूँगी। राम के वियोग में मैं अपने प्राण त्याग दूँगी।”

सीता के ये वचन सुन कर लक्ष्मण का हृदय विदीर्ण हो उठा। वे बोले, "देवि! मैं आपकी बातों का कोई उत्तर नहीं दे सकता। स्त्रियों के द्वारा ऐसी अनुचित और प्रतिकूल बातें मुँह से निकालना कोई आश्चर्य की बात नहीं है क्योंकि संसार में नारियों का ऐसा स्वभाव प्रायः देखा जाता है। आज आप की बुद्धि भ्रष्ट हो गई है जो अपने अग्रज की आज्ञा पालन करने वाले अनुज पर ऐसा दुष्टतापूर्ण लांछन लगा रही हैं। मुझे संशय हो रहा है कि आज आप पर अवश्य कोई संकट आने वाला है। वन के समस्त देवता आपकी रक्षा करें। वन के देवता इसके साक्षी हैं कि मैं आपके द्वारा बलात् भेजा जा रहा हूँ।"

लक्ष्मण के वचन सुनकर सीता के नेत्रों से अश्रुधारा बहने लगे और लक्ष्मण उस ओर चल दिये जिधर राम गये थे।

- *सीता हरण*

लक्ष्मण के जाने के पश्चात् रावण को अवसर मिल गया। वह ब्राह्मण भिक्षुक का वेष धारण कर रावण सीता के पास आया और बोला, "हे सुन्दरी! तुम कोई वन देवी हो या लक्ष्मी अथवा कामदेव की प्रिया स्वयं रति हो? इस पृथ्वी पर तो मैंने तुम्हारे जैसी रूपवती, लावण्यमयी युवती मैंने आज तक इस संसार में नहीं देखा है। तुम कौन हो? किसकी कन्या हो? और इस वन में किस लिये निवास कर रही हो? कहाँ यह तुम्हारा तीनों लोकों में सबसे सुन्दर रूप, तुम्हारी सुकुमारता और कहाँ इस दुर्गम वन में निवास? यह स्थान तो इच्छानुसार रूप धारण करनेवाले भयंकर राक्षसों का निवासस्थान है। तुम यहाँ से चली जाओ, तुम यहाँ रहने योग्य नहीं हो।"

सीता ने कहा, "हे ब्राह्मण! मेरा नाम सीता है। मैं मिथिलानरेश जनक की पुत्री और अयोध्यापति दशरथ के ज्येष्ठ पुत्र श्री रामचन्द्र की पत्नी हूँ। पिता की आज्ञा से मेरे पति अपने भाई भरत को अयोध्या का राज्य दे कर चौदह वर्ष के लिये वनवास कर रहे हैं। उन पराक्रमी सत्यपरायण वीर के साथ मेरे तेजस्वी देवर लक्ष्मण भी हैं। आप अतिथि हैं अतः इस आसन पर बैठ कर यह जल और फल ग्रहण कीजिये। मेरे पति अभी आते ही होंगे। अब आप बताइये महात्मन्! आप कौन हैं और यहाँ किस उद्देश्य से पधारे हैं?"

सीता का प्रश्न सुन कर रावण गरज कर बोला, "हे सीते! मैं तीनों लोकों, चौदह भुवनों का विजेता महाप्रतापी लंकापति रावण हूँ जिसके नाम से देवता, दानव, यक्ष, किन्नर, गन्धर्व, मुनि सभी भयभीत रहते हैं। इन्द्र, वरुण, कुबेर जैसे देवता जिसकी सेवा कर के अपने आप को धन्य समझते हैं। मैं तुम्हारे लावण्यमय सौन्दर्य को देख कर अपनी सुन्दर रानियों को भी भूल गया हूँ और मैं तुम्हें ले जा कर अपनी भार्या बनाना चाहता हूँ। हे मृगलोचने! तुम मेरे साथ चल कर नाना देशों से आई हुई मेरी अत्यन्त सुन्दर रानियों पर पटरानी बन कर शासन करो। मेरी नगरी लंका की सुन्दरता को देख कर तुम इस वन के कष्टों को भूल जाओगी। इसलिये मेरे साथ चलने को तैयार हो जाओ।"

रावण का नीचतापूर्ण प्रस्ताव सुन कर सीता क्रुद्ध स्वर में बोली, "हे अधम राक्षस! तुम परम तेजस्वी, अद्भुत पराक्रमी और महान योद्धा रामचन्द्र के पराक्रम को नहीं जानते इसीलिये तुम मेरे सम्मुख यह कुत्सित प्रस्ताव रखने का दुःसाहस कर रहे हो। अरे मूर्ख! क्या तू वनराज सिंह के मुख में से उसके दाँत उखाड़ना चाहता है? तेरे सिर पर काल नाच रहा है इसीलिये तू यह घृणित प्रस्ताव ले कर यहाँ आया है। तेरी मृत्यु ही तुझे यहाँ ले कर आई है।"

सीता के ये अपमानजनक वाक्य सुन कर रावण के अत्यन्त कुपति हो गया। आँखें लाल करते हुये उसने कहा, "सीते! तू मेरे बल और प्रताप को नहीं जानती। मैं आकाश में खड़ा हो कर पृथ्वी को गेंद की भाँति उठा सकता हूँ। अथाह समुद्र को एक चुल्लू में भर कर पी सकता हूँ। मैं तुझे लेने के लिये आया हूँ और ले कर ही जाऊँगा।"

यह कह कर रावण ने अपने ब्राह्मण वेश को त्याग कर विकराल रूप धारण कर लिया और दोनों हाथों से सीता को उठा कर अपने कंधे पर बिठा निकटवर्ती खड़े विमान पर जा सवार हुआ। इस प्रकार अप्रत्यशित रूप से पकड़े जाने पर सीता ने 'हा राम! हा राम!!' कहते हुये स्वयं को रावण के हाथों से छुड़ाने का प्रयास किया। परन्तु बलवान रावण के सामने उनकी एक न चली। उसने उन्हें बाँध कर विमान में एक ओर डाल दिया और तीव्र गति से लंका की ओर चल पड़ा। सीता निरन्तर विलाप किये जा रही थी, "हा राम! पापी रावण मुझे लिये जा रहा है। हे लक्ष्मण! तुम कहाँ हो? तुम्हारी बलवान भुजाएँ इस समय इस दुष्ट से मेरी रक्षा क्यों नहीं करतीं? हाय! आज कैकेयी की मनोकामना पूरी हुई।"

इस प्रकार विलाप करती हुई सीता ने मार्ग में खड़े जटायु को देखा। जटायु को देखते ही सीता चिल्लाई, "हे आर्य जटायु! देखो, लंका का यह दुष्ट राजा रावण मेरा अपहरण कर के लिये जा रहा है। इस नराधम से आप मेरी रक्षा करने में आप असमर्थ हैं क्योंकि यह बलवान है और अनेक युद्धों में विजय पाने के कारण इसका दुस्साहस बढ़ा हुआ है। आप रावण द्वारा मेरे हर लिये जाने का यह वृत्तान्त मेरे पति से तो अवश्य ही कह देना।"

- *जटायु वध*

सीता की करुण पुकार सुन कर जटायु ने उस ओर देखा तथा रावण को सीता सहित विमान में जाते देख बोले, "अरे रावण! तू एक पर-स्त्री का अपहरण कर के ले जा रहा है। अरे लंकेश! यह महाप्रतापी श्री रामचन्द्र जी की भार्या है। एक राजा होकर तू ऐसा निन्दनीय कर्म कैसे कर रहा है? राजा का धर्म तो पर-स्त्री की रक्षा करना है। तू काम के वशीभूत हो कर अपना विवेक खो बैठा है। छोड़ दे राम की पत्नी को। हे रावण! मेरे समक्ष तू सीता को नहीं ले जा सकता। प्राण रहते तक मैं सीता की रक्षा करूँगा। ठहर! मैं अभी आता हूँ तुझसे युद्ध करने।"

जटायु के इन कठोर अपमानजनक शब्दों को सुन कर रावण उसकी ओर झपटा जो सीता को मुक्त कराने के लिये विमान की ओर तेजी से बढ़ रहा था। विशालाकार दो पर्वतों की भाँति वे एक दूसरे से टकराये। क्रुद्ध जटायु ने अपने पराक्रम से दो बार रावण के धनुष को तोड़ डाला, उसके रथ को तहस-नहस कर डाला और रावण के सारथि का वध कर डाला। उन्होंने मार-मार कर रावण को घायल कर दिया। घायल होने के बाद भी, रावण वृद्ध और दुर्बल जटायु से अधिक शक्तिशाली था। अवसर पा कर उसने जटायु की दोनों भुजायें काट दीं। पीड़ा से व्याकुल हो कर मूर्छित हो वह पृथ्वी पर गिर पड़ा।

जटायु को भूमि पर गिरते देख जानकी "हा राम! हा लक्ष्मण!!" कह कर विलाप करने लगीं। रावण ने सीता को उसके केश पकड़ कर उठा लिया और आकाशमार्ग से लंका की ओर उड़ने लगा। उस समय उन्नत भाल वाली, सुन्दर कृष्ण केशों वाली, गौरवर्णा, मृगनयनी जानकी का सुन्दर मुख रावण की गोद में पड़ा ऐसा प्रतीत हो रहा था जैसे पूर्णमासी का चन्द्रमा नीले बादलों को चीर कर चमक रहा हो। सीता का क्रन्दन सुन कर वन के सिंह, बाघ, मृग आदि रावण से कुपित हो कर उसके विमान के नीचे उसके पीछे पीछे दौड़ने लगे। पर्वतों से गिरते हुये जल-प्रपात ऐसे प्रतीत हो रहे थे मानों वे भी सीता के दुःख से दुःखी हो कर करुण क्रन्दन करते हुये अश्रु बहा रहे हों। श्वेत बादल से आच्छादित सूर्य भी ऐसा प्रतीत हो रहा था जैसे अपनी कुलवधू की दुर्दशा देख कर उसका मुख श्रीहीन हो गया हो। सब सीता के दुःख से दुःखी हो रहे थे।

दुष्ट रावण से मुक्ति का कोई उपाय न देखकर सीता दीनतापूर्वक परमात्मा से प्रार्थना करने लगी, "हे परमपिता परमात्मा! हे प्रभो! मेरी रक्षा करो, रक्षा करो! हे सर्वशक्तिमान! इस समय मेरी रक्षा करने वाला तुम्हारे अतिरिक्त और कोई नहीं है। हे दयामय! मेरे सतीत्व की रक्षा करने वाले केवल तुम ही हो।"

मार्ग में सीता ने नीचे एक पर्वत पर पाँच वानरों को बैठे देखा। उनको देख कर सीता ने, यह सोचकर कि शायद ये राम को मेरा समाचार बता सकें, अपने सुनहरे रंग की रेशमी चादर में वस्त्र-आभूषण बाँधकर उसे उन वानरों के बीच गिरा दिया। तीव्र गति से उड़ने में व्यस्त रावण को सीता के इस कार्य का बोध नहीं हो पाया।

वनों, पर्वतों और सागर को पार करता हुआ रावण सीता सहित लंकापुरी में पहुँचा। वहाँ उसने सीता को मय दानव द्वारा निर्मित सुन्दर महल में रखा और क्रूर राक्षसियों को बुला कर आज्ञा दी, "मेरी आज्ञा के बिना कोई भी इस स्त्री से मिलने न पावे। यह जो भी वस्त्र, आभूषण, खाद्यपदार्थ माँगे, वह तत्काल इसे दिया जाय। इसे किसी भी प्रकार का कष्ट नहीं होना चाहिये और न कोई इसका तिरस्कार करे। अवज्ञा करने वालों को दण्ड मिलेगा।"

इस प्रकार राक्षसनियों को आदेश दे कर अपने महल में पहुँचा। वहाँ उसने अपने आठ शूरवीर सेनापतियों को बुला कर आज्ञा दी, "तुम लोग जा कर दण्डक वन में रहो। हमारे जनस्थान को राम लक्ष्मण नामक दो तपस्वियों ने उजाड़ दिया है। तुम वहाँ रह कर उनकी गतिविधियों पर दृष्टि रखो और उनकी सूचना मुझे यथाशीघ्र देते रहो। अवसर पा कर उन दोनों की हत्या कर डालो। मैं तुम्हारे पराक्रम से भली-भाँति परिचित हूँ इसीलिये उन्हें मारने का दायित्व तुम्हें सौंप रहा हूँ।"

उन्हें इस प्रकार आदेश दे कर वह कामी राक्षस वासना से पीड़ित हो कर सीता से मिलने के लिये चल पड़ा।

- *रावण-सीता संवाद*

दुःख से कातर और राम के वियोग में अश्रु बहाती हुई सीता के पास जा कर रावण बोला, "शोभने! अब उस राज्य से च्युत, दीन, तपस्वी राम के लिये अश्रु बहाना व्यर्थ है। राम में इतनी शक्ति कहाँ है कि यहाँ तक आने का मनोरथ भी कर सके। तू उसे विस्मृत कर दे। विशाललोचने! तू मुझे पति के रूप में अंगीकार ले। समुद्र से घिरे सौ योजन विस्तार वाले अपने इस राज्य को मैं तुझे अर्पित कर दूँगा। मैं, जो तीनों लोकों का स्वामी हूँ, तेरे चरणों का दास बन कर रहूँगा। मेरी समस्त सुन्दर रानियाँ तेरी दासी बन कर रहेंगीं। समस्त देव, दानव, नर, किन्नर जो मेरे दास हैं, तेरे दास बन कर रहेंगे। तेरे पहले के दुष्कर्म तुझे वनवास का कष्ट देकर समाप्त हो चुके हैं और अब तेरा पुण्यकर्म ही शेष रह गया है। अब मेरे साथ यहाँ रह कर समस्त प्रकार के पुष्पहार, दिव्य गंध और श्रेष्ठ आभूषण आदि का सेवन कर। सुमुखि! तेरा यह कमल के समान सुन्दर, निर्मल और मनोहर मुख शोक से पीड़ित होकर शोभाहीन हो गया है, मुझे स्वीकार करके उसे पुनः शोभायमान कर। धर्म और लोकलाज का भय निर्मूल है, यह सब मात्र तेरे मिथ्या विचार हैं। किसी सुन्दरी का युद्ध में हरण कर के उसके साथ विवाह करना भी तो वैदिक

रीति का ही एक अंग है। इसलिये तू निःशंक हो कर मेरी बन जा। मैं तेरे इन कोमल चरणों पर अपने ये दसों मस्तक रख रहा हूँ, मुझ पर शीघ्र कृपा कर।"

रावण के इन वचनों को सुन कर शोक से कष्ट पाती हुई वैदेही, अपने और रावण के बीच में तिनके का ओट करके, बोली, "हे नराधम! परम पराक्रमी, धर्मपरायण एवं सत्यप्रतिज्ञ दशरथनन्दन श्री रामचन्द्र जी ही मेरे पति हैं। मैं उनके अतिरिक्त किसी अन्य की ओर दृष्टि तक भी नहीं कर सकती। यदि तूने मुझे बलपूर्वक मेरा अपहरण किया होता तो अपने भाई खर की तरह जनस्थान के युद्धस्थल पर ही मारा गया होता किन्तु तू कायरों की तरह मुझे चुरा लाया है। तेरे इस अनर्गल प्रलाप से ऐसा प्रतीत होता है कि अब लंका सहित तेरे विनाश का समय आ गया है। तू इस भ्रम में मत रह कि यदि देवता और राक्षस तेरा कुछ नहीं बिगाड़ सके तो राम भी तुझे नहीं मार सकेंगे। उनके हाथों से ही तेरी मृत्यु निश्चित है। अब तेरा जीवनकाल समाप्तप्राय हो चुका है। तेरे तेज, बल और बुद्धि तो पहले ही नष्ट हो चुके हैं। और जिसकी बुद्धि नष्ट हो चुकी होती है, उसका विनाश-काल दूर नहीं होता। अरे राक्षसाधम! तू महापापी है इसलिये मेरा स्पर्श नहीं कर सकता। तूने कभी सोचा भी है कि कमलों में विहार करने वाली हंसिनी क्या कभी कुक्कुट के साथ रह सकती है? तू मेरे इस संज्ञाशून्य जड़ शरीर को बाँध कर रख ले या काट डाल पर मैं कलंक देने वाला कोई भी निन्दनीय कार्य नहीं कर सकती।"

सीता के कठोर एवं अपमानजनक वाक्य सुन कर रावण कुपित हो कर बोला, "हे मनोहर हास्य वाली भामिनी! मैं तुझे बारह माह का समय देता हूँ। यदि एक वर्ष के अन्दर तू स्वेच्छापूर्वक मेरे पास नहीं आई तो मैं तेरे टुकड़े-टुकड़े कर दूँगा।"

फिर वह राक्षसनियों से बोला, "तुम इसे यहाँ से अशोक वाटिका में ले जा कर रखो और जितना भय और कष्ट दे सकती हो, दो।"

लंकापति रावण की आज्ञा पाकर राक्षसनियाँ सीता को अशोक वाटिका में ले गईं। अशोक वाटिका एक रमणीय स्थल था किन्तु पति वियोग और निशाचरी दुर्व्यवहार के कारण सीता वहाँ अत्यन्त दुःखी थीं।

सीता का अशोकवाटिका में प्रवेश जानकर पितामह ब्रह्मा देवराज इन्द्र के पास आये और बोले, "सदा सुख में पली हुईं पतिव्रता महाभागा सीता पति के चरणों के दर्शन से वंचित होने के कारण दुःख और चिन्ताओं से सन्तप्त हो गई हैं और प्राणयात्रा (भोजन) नहीं कर रही हैं। ऐसी दशा में निःसन्देह वे अपना प्राणत्याग कर देंगी। अतः तुम शीघ्र लंकापुरी में प्रवेश करके उन्हें उत्तम हविष्य प्रदान करो।"

ब्रह्मा जी के आज्ञानुसार इन्द्र तत्काल लंकापुरी पहुँचे। उन्होंने निद्रादेवी की सहायता से समस्त राक्षसों को मोहित कर दिया। फिर वे सीता के पास जाकर बोले, "हे देवि! आप शोक न करें। मैं, शचीपति इन्द्र, राम की सहायता करूँगा। मेरे प्रसाद से वे विशाल सेना लेकर समुद्र पार करके यहाँ आयेंगे। अतः तुम इस हविष्य को स्वीकार करो। इसे खा लेने पर तुम्हें हजारों वर्षों तक भूख और प्यास सन्तप्त नहीं कर पायेंगे।"

शंकित सीता ने उनसे कहा, "मुझे कैसे विश्वास हो कि आप देवराज इन्द्र ही हैं?"

इस पर देवराज इन्द्र ने समस्त देवोचित लक्षणों का प्रदर्शन करके सीता की शंका का निवारण कर दिया।

विश्वास हो जाने पर सीता बोलीं, "यह मेरा सौभाग्य है कि आज आपके मुख से मुझे अपने पति का नाम सुनने को मिला। आप मेरे लिये मेरे श्वसुर दशरथ और पिता जनक के तुल्य हैं। मैं आपके हाथों से इस पायसरूप हविष्य (दूध से बनी हुई खीर) को स्वीकार करती हूँ। यह रघुकुल की वृद्धि करने वाला हो।"

इस प्रकार से इन्द्र द्वारा प्रदत्त हविष्य को खाकर जानकी भूख-प्यास के कष्ट से मुक्त हो गईं और देवराज इन्द्र, राक्षसों को मोहित करने वाली निद्रा के साथ, देवलोक को चले गये।

- *राम की वापसी और विलाप*

मारीच का वध कर के राम आश्रम की ओर लौट रहे थे तो पीछे से एक मादा सियार ने बड़े कठोर स्वर में चीत्कार किया। वन के मृग एवं पक्षी उनके बायीं ओर चलने और उड़ने लगे। इन अपशकुनों को देखकर राम का हृदय आशंकित हो उठा। उन्हें सीता के अशुभ की चिन्ता सन्तप्त करने लगी। इतने में ही उन्होंने मार्ग में लक्ष्मण को आते देखा। लक्ष्मण को देख कर उन्हें ऐसा प्रतीत हुआ कि किसी राक्षसी षड़यंत्र के फलस्वरूप सीता किसी कठिनाई में फँस गई है।

चिन्तित हो कर उन्होंने लक्ष्मण से पूछा, "लक्ष्मण! सीता कहाँ है? मैंने तुम्हें आदेश दिया था कि तुम सीता की रक्षा करना तो तुम उसे अकेली कैसे छोड़ आये? वह किसी विपत्ति में तो नहीं फँस गई? वह जीवित होगी कि नहीं? शीघ्र बताओ उसे क्या हुआ है? यदि वह जीवित नहीं होगी तो मैं भी अपने प्राण त्याग दूँगा। कहीं ऐसा तो नहीं है कि उस मायावी राक्षस ने हा 'लक्ष्मण!' कह कर तुम्हें भी भ्रम में डाल दिया है और तुम सीता को अकेली छोड़ कर यहा दौड़ आये हो? अथवा सीता ने ही भ्रमित हो कर तुम्हें यहाँ आने को विवश किया हो। ऐसा प्रतीत होता है कि राक्षसों ने अपने प्रतिशोध लेने के लिये यह चाल चली है और तुम इसमें फँस गये हो। खर और दूषण की मृत्यु का बदला लेने के लिये उन्होंने सीता का वध कर डाला होगा।"

राम के इन वचनों से व्यथित लक्ष्मण बोले, "भैया! मैं उन्हें स्वयं अपनी इच्छा से छोड़ कर नहीं आया हूँ। मैंने उन्हें अनेक प्रकार से समझाया किन्तु वे चेतना मोह से ग्रसित होकर मुझसे कहने लगीं कि तुम्हारे मन में पापपूर्ण भाव भरा हुआ है, तुम अपने भाई के दुश्मन हो और उनकी मृत्यु के पश्चात् मुझे प्राप्त करना चाहते हो। उनके इस प्रकार से कहने पर मैं रोष से भर उठा और आश्रम से निकल आया। इस प्रकार से उन्होंने ही कठोर वचन कह कह कर मुझे यहाँ आने के लिये विवश कर दिया।"

लक्ष्मण के वचनों को सुनकर राम ने कहा, "सौम्य! तुम सीता को छोड़ कर चले आये यह तुमने अच्छा नहीं किया। सीता तो क्रोध में विक्षिप्त हो रही थी और क्रोध में भरी हुई नारी के मुख से कठोर वचन निकलना आश्चर्य की बात नहीं है। किन्तु तुम तो समझदार हो। मेरे आदेश की अवहेलना कर तुम्हारा इस प्रकार से चले आना अनुचित है।"

चिन्तित राम और लक्ष्मण जब अपने आश्रम पहुँचे तो। उन्हें सीता कहीं दिखाई नहीं दी। उन्होंने समस्त पर्णशालाओं को देख डाला किन्तु वे सभी सभी सूनी मिलीं। जैसे हेमन्त ऋतु के हिम से ध्वस्त होकर कमलिनी श्रीहीन हो जाती है उसी प्रकार से पर्णशालाएँ शोभाशून्य थीं। आश्रम के वृक्ष और पत्ते भी वायु में सन-सना कर दुःख से रो रहे प्रतीत होते थे। मृगछाला और कुश इधर-उधर बिखरे पड़े थे, आसन औंधे पड़े थे, वृक्षों के फूल-पत्ते तथा कहीं-कहीं टहनियाँ टूटी या अधटूटी पड़ी थीं।

आश्रम का अस्त-व्यस्त दृष्य देख कर राम विचार करने लगे। सीता का किसी ने हरण कर लिया, अथवा किसी दुष्ट राक्षस ने उसे अपना आहार बना लिया। कहीं वह फूल चुनने तो नहीं गई या जल लाने नदी पर तो नहीं चली गई। जब सब ओर खोजने पर भी उन्हें सीता कहीं दिखाई न दी तो शोक के कारण उनकी आँखें लाल हो गईं। नदी-नालों, पर्वत-कन्दराओं में जा-जा कर वे उन्मत्त की भाँति आवाज दे-दे कर सीता की खोज करने लगे। अन्त में उनकी उन्मत्तता इतनी बढ़ गई कि वे कभी कदम्ब के वृक्ष के पास जाकर कहते, "हे कदम्ब! मेरी सीता को तेरे पुष्पों से बहुत स्नेह था। तू ही बता वह कहाँ है?" कभी विल्व के पास जा कर उससे पूछते, "हे विल्व विटप! क्या तुमने पीतवस्त्रधारिणी सीता को कहीं देखा है?" इस प्रकार वे कभी किसी वृक्ष से, कभी किसी लता से और कभी पुष्प समूहों से सीता का पता पूछते। कभी अशोक वृक्ष के पास जा कर कहते, "अरे अशोक विटप! तेरा तो नाम ही अशोक है, फिर तू सीता से मेरी भेंट करा कर मेरे शोक का हरण क्यों नहीं करता?" फिर ताड़ के वृक्ष से कहते, "तू तो सब वृक्षों से ऊँचा है। तू दूर-दूर की वस्तुएँ देख सकता है। देख कर बता क्या तुझे सीता कहीं दिखाई दे रही है। चुपचाप खड़ा न रह। यदि तू देखना चाहेगा तो तुझे वह अवश्य दिखाई देगी।"

इस प्रकार नाना प्रकार के वृक्षों से पूछ-पूछ कर रामचन्द्र विलाप करने लगे, "हे प्राणवल्लभे जानकी! तू कहाँ छिप गई? यदि तू वृक्षों की ओट में छिप कर हँसी कर रही है तो मैं तुझसे प्रार्थना करता हूँ, तू प्रकट हो जा। देख, मैं तेरे बिना कितना व्याकुल हो रहा हूँ। अब बहुत हँसी हो चुकी। मैं हार मानता हूँ। मैं तुझे नहीं ढूँढ पा रहा हूँ। या तू सचमुच मुझसे रूठ गई है। हा सीते! बोल, जल्दी बोल, तू कहाँ है? इधर देख, तेरे साथ खेलने वाले मृग शावक भी तेरे वियोग में अश्रु बहा रहे हैं। सीते! तेरे बिना मैं जीवित नहीं रह सकता। मैं चाहता हूँ, अभी तेरे वियोग में अपने प्राण त्याग दूँ किन्तु पिता की आज्ञा से विवश हूँ। मुझे स्वर्ग में पा कर वे धिक्करेंगे और कहेंगे 'तू मेरी आज्ञा की अवहेलना कर के – चौदह वर्ष की वनवास की अवधि पूरी किये बिना ही – स्वर्ग में कैसे चला आया।' हा! मैं कितना अभागा हूँ, जो तुम्हारे विरह में मर भी नहीं सकता। हाय जानकी! तुम ही बताओ, तुम्हारे बिना मैं क्या करूं?"

बड़े भाई को विलाप करते देख लक्ष्मण ने उन्हें धैर्य बँधाते हुये कहा, "हे नरोत्तम! रोने और धैर्य खोने से कोई लाभ नहीं होगा। आइये, आश्रम से बाहर चल कर वनों और गिरि-कन्दराओं में भाभी की खोज करें। उन्हें वनों तथा पर्वतों में भ्रमण करने का चाव था। सम्भव है, वहीं कहीं भ्रमण कर रही हों। यह भी सम्भव है कि गोदावरी के तट पर बैठी मछलियों की जलक्रीड़ा देख रहीं हों या किसी भय की आशंका से भयभीत हो कर किसी लता कुँज में बैठी हों। इसलिये हमारे लिये यही उचित है कि हम विषाद और चिन्ता को छोड़ कर उनकी खोज करें।"

लक्ष्मण के युक्तियुक्त वचन सुन कर राम उसके साथ वनों, लताओं, गिरि-कन्दराओं आदि में खोज करने के लिये चले। उन दोनों ने समस्त वन, पर्वत-कन्दरा आदि में खोज डाला, किन्तु सीता उन्हें कहीं नहीं मिली।

अन्त में राम निराश हो कर बोले, "सौमित्र! यहाँ तो कोई ऐसा स्थान शेष नहीं बचा जहाँ हमने जानकी की खोज न की हो, परन्तु हमें सर्वत्र निराशा ही हाथ लगी। अब ऐसा प्रतीत होता है कि मेरी सीता मुझे कभी नहीं मिलेगी। मैं वनवास की अवधि बिता कर जब अयोध्या लौटूँगा और माता कौसल्या पूछेंगी कि सीता कहाँ है तो मैं उन्हें क्या उत्तर दूँगा? मिथिलापति जनक को क्या मुँह दिखाउँगा।"

वे जोर-जोर से विलाप करने लगे, "हे सीते! मैं तुम्हें कहाँ ढूँढू? हे वनों के मृगों! क्या तुमने कहीं मृगनयनी सीता को देखा है? हे वनों की कोकिलों! क्या तुमने कहीं कोकिलाकण्ठी जानकी को देखा है? कोई तो कुछ बताओ। क्या सभी मेरे लिये निर्मोही हो गये हो? कोई नहीं बोलता, कोई नहीं बताता। कोई भी मुझसे बात करना नहीं चाहता। मैं नपुंसक हूँ, कायर हूँ जो अपनी भार्या की रक्षा न कर सका।"

थोड़ी देर मौन रहने के पश्चात् वे फिर लक्ष्मण से बोले, "हे सौमित्र! अब सीता के बिना मैं किसी को मुख दिखाने के लायक नहीं रहा। मैं अवधि पूर्ण होने पर भी अयोध्या नहीं जाउँगा। तुम अब अयोध्या लौट जाओ। भरत से कह देना अब तुम ही अयोध्या का राज्य सँभालो। मैं कभी नहीं लौटूँगा। माता कौसल्या से कहना कि किस प्रकार सीता का अपहरण हो गया और उसकी विरह-व्यथा को न सह सकने के कारण राम ने आत्महत्या कर ली। अब तुम्हारे जाते ही मैं गोदावरी नदी में डूब कर अपने प्राण त्याग दूँगा। मैं इस संसार में सबसे बड़ा पापी हूँ। इसीलिये तो मुझे एक के पश्चात् एक अनेक दुःख मिलते चले जा रहे हैं। पहले पिताजी का स्वर्गवास हुआ और अब सीता भी मुझे छोड़ कर

जाने कहाँ चली गई। घर बार और सम्बंधी तो पहले ही छूट गये थे। मुझे रह-रह कर यह ध्यान आता है कि सीता राक्षसों के चंगुल में फँस गई है। वह भी रो-रो कर अपने प्राण विसर्जित कर रही होगी। तुम कहते हो कि वन में या गोदावरी के तट पर गई होगी। ये सब मुझे बहलाने की बातें हैं। जो वनवास की इतनी लम्बी अवधि में एक बार भी आश्रम से अकेली बाहर नहीं निकली, वह आज ही कैसे जा सकती है? अवश्य ही राक्षसों ने उसका अपहरण कर लिया है अथवा उसे अपना आहार बना लिया है। इन वृक्षों, पशुओं आदि से इतना सामीप्य होते हुये भी कोई मुझे सीता का पता नहीं बताता। हा सीते। हा प्राणवल्लभे! तू ही बता मैं तुझे कहाँ ढूँढू? कहाँ जा कर खोजूँ?"

- *जटायु की मृत्यु*

राम को इस प्रकार दुःख से कातर और शोक सन्तप्त देख लक्ष्मण ने उन्हें धैर्य बँधाते हुये कहा, "भैया! आप तो सदैव मृदु स्वभाव वाले और जितेन्द्रिय रहे हैं। शोक के वशीभूत होकरआप अपने स्वभाव का परित्याग मत कीजिये। हे रघुकुलभूषण! कितने ही महान कर्म, अनुष्ठान और तपस्या करके हमारे पिता महाराज दशरथ ने आपको प्राप्त किया है। आपसे वियोग हो जाने के कारण ही उन्होंने अपने प्राण त्याग दिये। आप धैर्य धारण करें। संसार में प्रत्येक प्राणी पर विपत्तियाँ आतीं हैं किन्तु विपत्तियाँ हमेशा नहीं रहतीं, कुछ काल पश्चात् उनका अन्त हो जाता है। हमारे गुरु वसिष्ठ जी के सौ पुत्रों का एक ही दिन में गुरु विश्वामित्र ने वध कर दिया था। देवता तक भी प्रारब्ध की मार से नहीं बच पाते फिर देहधारी प्राणी कैसे बच सकते हैं? आप तो स्वयं महान विद्वान हैं मै भला आपको क्या शिक्षा दे सकता हूँ। आप परिस्थितियों पर विचार कर के धैर्य धारण करें। इस जनस्थान में खोजने से कहीं न कहीं हमें जानकी जी अवश्य मिल जायेंगी।"

लक्ष्मण के सारगर्भित उत्तम वचनों को सुन कर राम ने प्रयासपूर्वक धैर्य धारण किया और लक्ष्मण के साथ सीता की खोज करने के लिये खर-दूषण के जनस्थान की ओर चले। मार्ग में उन्होंने विशाल पर्वताकार शरीर वाले जटायु को देखा। उसे देख कर उन्होंने लक्ष्मण से कहा, "भैया! मुझे ऐसा प्रतीत होता है कि इसी जटायु ने सीता को खा डाला है। मैं अभी इसे यमलोक भेजता हूँ।"

ऐसा कह कर अत्यन्त क्रोधित राम ने अपने धनुष पर प्रत्यंचा चढ़ाई और जटायु को मारने के लिये आगे बढ़े। राम को अपनी ओर आते देख जटायु बोला, "आयुष्मान्! अच्छा हुआ कि तुम आ गये। सीता को लंका का राजा हर कर दक्षिण दिशा की ओर ले गया है और उसी ने मेरे पंखों को काट कर मुझे बुरी तरह से घायल कर दिया है। सीता की पुकार सुन कर मैंनें उसकी सहायता के लिये रावण से युद्ध भी किया। ये मेरे द्वारा तोड़े हुए रावण के धनुष उसके बाण हैं। इधर उसके विमान का टूटा हुआ भाग भी पड़ा है। यह रावण का सारथि भी मरा हुआ पड़ा है। परन्तु उस महाबली राक्षस ने मुझे मार-मार कर मेरी यह दशा कर दी। वह रावण विश्रवा का पुत्र और कुबेर का भाई है।"

इतना कह कर जटायु का गला रुँध गया, आँखें पथरा गईं और उसके प्राण पखेरू उड़ गये।

जटायु के प्राणहीन रक्तरंजित शरीर को देख कर राम अत्यन्त दुःखी हुए और लक्ष्मण से बोले, "भैया! मैं कितना अभागा हूँ। राज्य छिन गया, घर से निर्वासित हुआ, पिता का स्वर्गवास हो गया, सीता का अपहरण हुआ और आज पिता के मित्र जटायु का भी मेरे कारण निधन हुआ। मेरे ही कारण इन्होंने अपने शरीर की बलि चढ़ा दी। इनकी मृत्यु का मुझे बड़ा दुःख है। तुम जा कर लकड़ियाँ एकत्रित करो। ये मेरे पिता तुल्य थे इसलिये मैं अपने हाथों से इनका दाह-संस्कार करूँगा।"

राम की आज्ञा पाकर लक्ष्मण ने लकड़ियाँ एकत्रित कीं। दोनों ने मिल कर चिता का निर्माण किया। राम ने पत्थरों को रगड़ कर अग्नि निकाली। फिर द्विज जटायु के शरीर को चिता पर रख कर बोले, "हे पूज्य गृद्धराज! जिस लोक में यज्ञ एवं अग्निहोत्र करने वाले, समरांगण में लड़ कर प्राण देने वाले और धर्मात्मा व्यक्ति जाते हैं, उसी लोक को आप प्रस्थान करें। आपकी कीर्ति इस संसार में सदैव बनी रहेगी।"

यह कह कर उन्होंने चिता में अग्नि प्रज्वलित कर दी। थोड़ी ही देर में जटायु का नश्वर शरीर पंचभूतों में मिल गया। इसके पश्चात् दोनों भाइयों ने गोदावरी के तट पर जा कर दिवंगत जटायु को जलांजलि दी।

- *कबन्ध का वध*

इस प्रकार पक्षिराज जटायु के लिये जलांजलि दान कर के वे दोनों रघुवंशी बन्धु सीता की खोज में दक्षिण दिशा की ओर चले। कुछ दूर आगे चल कर वे एक ऐसे वन में पहुँचे जो बहुत से वृक्षों, झाड़ियों एवं लता बेलों द्वारा सभी ओर से घिरा हुआ था तथा अत्यन्त दुर्गम, गहन और दुर्गम था। उसे पार कर वे क्रौंचारण्य नामक वन, जो कि जनस्थान से तीन कोस दूरी पर स्थित था, के भीतर पहुँचे। वह वन भी सघन अनेक मेघों के समूह के सदृश श्याम प्रतीत होता था किन्तु विविध रंग के सुन्दर फूलों से सुशोभित होने का कारण हर्षोत्फुल्ल सा भी जान पड़ता था। उसके भीतर अनेक पशु-पक्षी निवास करते थे। वहाँ पर उन्होंने सीता को खोजना आरम्भ किया किन्तु बहुत खोजने पर भी जब कोई परिणाम नहीं निकला तो वे और आगे चले। इस वन को पार कर के मतंग मुनि के आश्रम ले पास जा पहुँचे। वय वन भी भयानक और हिंसक पशुओं से परिपूर्ण था। घूमते-घूमते वे ऐसी पर्वत कन्दरा पर पहुँचे तो पाताल की भाँति गहरी तथा सदा अन्धकार से आवर्त रहती थी।

उस विशाल कन्दरा के मुख पर एक अत्यन्त मलिन, लम्बे पेट वाली, बड़े-बड़े दाँतों और बिखरे केश वाली, मलिनमुखी विकराल राक्षसी बैठी हुई हड्डी चबा रही थी। राम लक्ष्मण को देख कर वह अट्टहास करती हुई दौड़ी और लक्ष्मण से लिपट कर बोली, "आओ हम दोनों रमण करें। मेरा नाम अयोमुखी है। तुम मुझे पतिरूप में मिले हो और मैं अब तुम्हारी भार्या हूँ।"

उसकी इस कुचेष्टा से क्रुद्ध हो कर लक्ष्मण ने अपनी म्यान से तलवार निकाली और उसके नाक, कान तथा स्तन काट डाले। उसके सारे शरीर पर रक्त की धाराएँ बहने लगीं और वह चीत्कार करती हुई वहाँ से भाग गई।

अयोमुखी के भाग जाने के पश्चात् दोनों भाई थोड़ी दूर गये थे कि वन में भयंकर आँधी चलने लगी। उन्हें एक भयंकर स्वर सुनाई दिया जिसकी गर्जना से सम्पूर्ण वनप्रान्त गूँज उठा। सावधान हो कर दोनों भाइयों ने तलवार निकाल कर उस दिशा में पग बढ़ाये जिधर से वह भयंकर गर्जना आ रही थी। कुछ ही दूर जाने पर उन्होंने गज के आकार वाले बिना गर्दन के कबन्ध (धड़मात्र) राक्षस को देखा। उसका न तो गर्दन था और न ही मस्तक। उसके पेट में ही उसका मुँह बना हुआ था और छाती में ललाट था जिसमें अंगारे के समान दहकती हुई एक ही आँख थी। वह दोनों मुट्ठियों में वन के जन्तुओं को पकड़े इनका मार्ग रोके खड़ा था। राम-लक्ष्मण को देखते ही उसने लपक कर दोनों को एक साथ ही बलपूर्वक तथा पीड़ा देते हुए पकड़ लिया और बोला, "बड़े भाग्य से आज ऐसा सुन्दर भोजन मिला है। तुम दोनों को खा कर मैं अपनी क्षुधा शान्त करूँगा।"

इस आकस्मिक आक्रमण से लक्ष्मण किंकर्तव्यविमूढ़ हो गये, परन्तु रामचन्द्र ने बड़ी फुर्ती से उस राक्षस की दाहिनी भुजा काट डाली। लक्ष्मण ने भी क्रोधित होकर उसकी बाँयी भुजा को काट दिया। वह चीत्कार करता हुआ पृथ्वी पर गिर पड़ा।

पृथ्वी पर गिर कर उसने पूछा, "वीरों! आप दोनों कौन हैं?"

उसके इस प्रकार पूछने पर लक्ष्मण ने उसे दोनों भाइयों का परिचय दिया।

उनका परिचय सुनकर कबन्ध ने राम से कहा, "महाबाहु राम! पूर्वकाल में मैं अत्यन्त पराक्रमी था किन्तु पराक्रमी होते हुए भी राक्षस रूप धारण कर ऋषियों को डराया करता था। एक बार क्रोधित होकर स्थूलशिरा नामक महर्षि ने मुझे राक्षस हो जाने का शाप दे दिया। शापमुक्ति के लिये मेरे द्वारा प्रार्थना करने पर उन्होंने बताया कि जब राम तुम्हारी भुजाओं को काट देगा तो तुम्हारी मुक्ति हो जायेगी। हे पुरुष श्रेष्ठ! आपने राक्षस योनि से मुझे मुक्ति दिला कर मेरा बड़ा उपकार किया है। अब आप मुझ पर इतनी कृपा और करना कि अपने हाथों से मेरा दाह-संस्कार कर देना।"

कबन्ध की प्रार्थना सुन कर राम बोले, "हे राक्षसराज! मैं तुम्हारी इच्छा अवश्य पूरी करूँगा। मैं तुमसे कुछ सूचना प्राप्त करना चाहता हूँ। आशा है अवश्य दोगे। दण्डक वन से मेरी अनुपस्थिति में लंकापति रावण मेरी पत्नी का अपहरण कर के ले गया है। मैं उसके बल, पराक्रम, स्थान आदि के विषय में तुमसे पूरी जानकारी चाहता हूँ। यदि जानते हो तो बताओ।"

राम का प्रश्न सुन कर कबन्ध बोला, "हे रघुनन्दन! रावण बड़ा बलवान और शक्तिशाली नरेश है। उससे देव-दानव सभी भयभीत रहते हैं। उस पर विजय प्राप्त करने के लिये आपको नीति का सहारा लेना होगा। आप यहाँ से पम्पा सरोवर चले जाइये। वहाँ ऋष्यमूक पर्वत पर वानरों का राजा सुग्रीव अपने चार वीर वानरों के साथ निवास करता है। वह अत्यन्त वीर, पराक्रमी, तेजस्वी, बुद्धिमान, धीर और नीतिनिपुण है। उसके पास एक विशाल पराक्रमी सेना भी है जिसकी सहायता से आप रावण पर विजय प्राप्त कर सकते हैं। उसके ज्येष्ठ भ्राता बालि ने उसके राज्य और उसकी पत्नी का अपहरण कर लिया है। यदि आप उसे मित्र बना सकें तो आपका कार्य सिद्ध हो जायेगा। वह राक्षसों के सब स्थानों को जानता और उनकी मायावी चालों को भी समझता है। उसे भी इस समय एक सच्चे पराक्रमी मित्र की आवश्यकता है। आपका मित्र बन जाने पर वह अपने वानरों को भेज कर सीता की खोज करा देगा। साथ ही सीता को वापस दिलाने में भी आपकी सहायता करेगा।"

इतना कह कर कबन्ध ने अपने प्राण त्याग दिये। रामचन्द्र उसका अन्तिम संस्कार कर के लक्ष्मण सहित पम्पासर की ओर चले। पम्पासर के निकट उन्होंने एक सुन्दर सरोवर देखा जिसमें दोनों भाइयों ने स्नान किया।

- *शबरी का आश्रम*

तदन्तर दोनों भाई कबन्ध के बताये अनुसार सुग्रीव से मिलने के उद्देश्य से पम्पा नामक पुष्करिणी के पश्चिम तट पर पहुँचे। उन्होंने वहाँ शबरी के रमणीय आश्रम को देखा। शबरी सिद्ध तपस्विनी थी। उसने राम-लक्ष्मण का अपने आश्रम में पाद्य, अर्ध्य आदि से यथोचित सत्कार और पूजन किया।

रामचन्द्र ने शबरी से पूछा, "हे तपस्विनी! तुम्हारी तपस्या में किसी प्रकार की कोई विघ्न-बाधा तो नहीं पड़ती? कोई राक्षस आदि तुम्हें कष्ट तो नहीं देते?"

राम के स्नेहयुक्त शब्द सुन कर वृद्धा शबरी हाथ जोड़ कर बोली, "हे प्रभो! मेरे इस आश्रम में आपके पधारने से मेरी सम्पूर्ण तपस्या सफल हो गई। मेरे गुरुदेव तो उसी दिन बैकुण्ठवासी हो गये थे जिस दिन आप चित्रकूट में पधारे थे। अपने अन्तिम समय में उन्होंने ही आपके

विषय में मुझे बताया था। उन्होंने कहा था कि मेरे आश्रम में आपके अतिथिरूप में आने के पश्चात आपके दर्शन करके मैं श्रेष्ठ एवं अक्षय लोकों में जा पाउँगी। हे पुरुषसिंह! मैंने आपके लिये पम्पातट पर उत्पन्न होने वाले नाना प्रकार के मीठे और स्वादिष्ट फलों का संचय किया है। कृपया इन्हें ग्रहण कर के मुझे कृतार्थ करें।"

राम के द्वारा शबरी से उनके गुरुजनों के विषय में पूछने पर शबरी ने बताया, "हे राम! यह सामने जो सघन वन दिखाई देता है, वह मतंग वन है। मेरे गुरुजनों ने एक बार यहाँ विशाल यज्ञ किया था। यद्यपि इस यज्ञ को हुये अनेक वर्ष हो गये हैं तथापि अभी तक उस यज्ञ के सुगन्धित धुएँ से सम्पूर्ण वातावरण सुगन्धित हो रहा है। यज्ञ के पात्र अभी भी यथास्थान रखे हुये हैं। हे प्रभो! मैंने अपने जीवन की सभी धार्मिक मनोकामनाएँ पूरी कर ली हैं। केवल आपके दर्शनों की अभिलाषा शेष थी, वह आज पूरी हो गई। अतः आप मुझे अनुमति दें कि मैं इस नश्वर शरीर का परित्याग कर के उसी लोक में चली जाऊँ जिस लोक में मेरे गुरुजन गये हैं।"

शबरी की अदम्य आध्यात्मिक शक्ति को देख कर राम ने कहा, "हे परम तपस्विनी! तुम्हारी इच्छा अवश्य पूरी होगी। मैं प्रार्थना करता हूँ कि परमात्मा तुम्हारी मनोकामना पूरी करें।"

रामचन्द्र जी का आशीर्वाद पा कर शबरी ने समाधि लगाई और अपने प्राण विसर्जित कर दिये। इसके पश्चात् शबरी का अन्तिम संस्कार कर के दोनों भाई पम्पा सरोवर पहुँचे। निकट ही पम्पा नदी बह रही थी जिसके तट पर नाना प्रकार के वृक्ष पुष्पों एवं पल्लवों से शोभायमान हो रहे थे। उस स्थान की शोभा को देख कर राम अपना सारा शोक भूल गये। वे सुग्रीव से मिलने की इच्छा से पम्पा के किनारे-किनारे पुरी की ओर चलने लगे।

॥अरण्यकाण्ड समाप्त॥

3

किष्किन्धाकाण्ड : पम्पासर में राम हनुमान भेंट

- **किष्किन्धाकाण्ड**

पम्पासर में राम हनुमान भेंट

कमल, उत्पल तथा मत्स्यों से परिपूर्ण पम्पा सरोवर के पास पहुँचने पर वहाँ के रमणीय दृश्यों को देख कर राम को फिर सीता का स्मरण हो आया और वे पुनः विलाप करने लगे।

उन्होंने लक्ष्मण से कहा, "हे सौमित्र! इस पम्पा सरोवर का जल वैदूर्यमणि के समान स्वच्छ एव श्याम है। इसमें खिले हुये कमल पुष्प और क्रीड़ा करते हुये जल पक्षी कैसे सुशोभित हो रहे हैं! चैत्र माह ने वृक्षों को पल्लवित कर फूलों और फलों से समृद्ध कर दिया है। चारों ओर मनोहर सुगन्ध बिखर रही है। यदि आज सीता भी अपने साथ होती तो इस दृश्य को देख कर उसका हृदय कितना प्रफुल्लित होता। ऐसा प्रतीत होता है कि वसन्तरूपी अग्नि मुझे जलाकर भस्म कर देगी। हा सीते! तुम न जाने किस दशा में रो-रो कर अपना समय बिता रही होगी। मैं कितना अभागा हूँ कि तुम्हें अपने साथ वन में ले आया, परन्तु तुम्हारी रक्षा न कर सका। हा! पर्वत-शिखरों पर नृत्य करते हुये मोरों के साथ कामातुर हुई मोरनियाँ कैसा नृत्य कर रहीं हैं। हे लक्ष्मण! जिस स्थान पर सीता होगी, यदि वहाँ भी इसी प्रकार वसन्त खिला होगा तो वह उसके विरह-विदग्ध हृदय को कितनी पीड़ा पहुँचा रहा होगा। वह अवश्य ही मेरे वियोग में रो-रो कर अपने प्राण दे रही होगी। मैं जानता हूँ, वह मेरे बिना पानी से बाहर निकली हुई मछली की भाँति तड़प रही होगी। उसकी वही दशा हो रही होगी जो आज मेरी हो रही है, अपितु मुझसे अधिक ही होगी क्योंकि स्त्रियाँ पुरुषों से अधिक भावुक और कोमल होती हैं। यह सम्पूर्ण दृश्य इतना मनोरम है कि यदि सीता मेरे साथ होती तो इस स्थान को छोड़ कर मैं कभी अयोध्या न जाता। सदैव उसके साथ यहीं रमण करता। किन्तु यह तो मेरा स्वप्नमात्र है। आज तो यह अभागा प्यारी सीता के वियोग में वनों में मारा-मारा फिर रहा है। जिस सीता ने मेरे लिये महलों के सुखों का परित्याग किया, मैं उसीकी वन में रक्षा नहीं कर सका। मैं कैसे यह जीवन धारण करूँ? मैं अयोध्या जा कर किसी को क्या बताऊँगा? माता कौसल्या को क्या उत्तर दूँगा? मुझे कुछ सुझाई नहीं देता। मैं इस विपत्ति के पहाड़ के नीचे दबा जा रहा हूँ। मुझे इस विपत्ति से छुटकारे का कोई उपाय नहीं सूझ रहा है। मैं यहीं पम्पासर में डूब कर अपने प्राण दे दूँगा। भाई लक्ष्मण! तुम अभी अयोध्या लौट जाओ। मैं अब जनकनन्दिनी सीता के बिना जीवित नहीं रह सकता।"

बड़े भाई की यह दशा देख कर लक्ष्मण बोले, "हे पुरुषोत्तम राम! आप शोक न करें। हे तात रघुनन्दन! आप यदि रावण पाताल में या उससे भी अधिक दूर चला जाये तो भी वह अब किसी भी तरह से जीवित नहीं रह सकता। आप पहले उस पापी राक्षस का पता लगाइये। फिर वह सीता को वापस करेगा या अपने प्राणों से हाथ धो बैठेगा। आप तो अत्यन्त धैर्यवान पुरुष हैं। आपको ऐसी विपत्ति में सदैव धैर्य रखना चाहिये। हम लोग अपने धैर्य, उत्साह और पुरुषार्थ के बल पर ही रावण को परास्त कर के सीता को मुक्त करा सकेंगे। आप धैर्य धारण करें।"

लक्ष्मण के इस प्रकार से समझाने पर अत्यन्त सन्तप्त राम ने शोक और मोह का परित्याग कर के धैर्य धारण किया। वे पम्पा सरोवर को लाँघ कर आगे बढ़े।

चलते-चलते जब वे ऋष्यमूक पर्वत के निकट पहुँचे तो अपने साथियों के साथ उस पर्वत पर विचरण करने वाले बलवान वानरराज सुग्रीव ने इन दोनों तेजस्वी युवकों को देखा।

इन्हें देख कर सुग्रीव के मन में शंका हुई और उन्होंने अपने मन्त्रियों से कहा, "निश्चय ही वालि ने इन दोनों धनुर्धारी वीरों को छद्मवेश में भेजा है।"

भयभीत होकर सुग्रीव अपने मन्त्रियों के साथ ऋष्यमूक पर्वत के शिखर चले गये।

सुग्रीव को इस प्रकार चिन्तित देख कर वाक्पटु हनुमान बोले, "हे वानराधिपते! वालि तो शापवश यहाँ आ ही नहीं सकता, आप सहसा ऐसे चिन्तित क्यों हो रहे हैं?"

हनुमान के प्रश्न को सुन कर सुग्रीव बोले, "मुझे ऐसा प्रतीत होता है कि ये दोनों पुरुष वालि के भेजे हये गुप्तचर हैं और तपस्वियों का भेष धारण कर के हमारी खोज में आये हैं। हमें इनकी ओर से निश्चिन्त नहीं होना चाहिये। हनुमान! तुम वेष बदल कर इनके पास जाओ और इनका सम्पूर्ण भेद ज्ञात करो। यदि मेरा सन्देह ठीक हो तो शीघ्र इस विषय में कुछ करना।"

सुग्रीव का निर्देश पा कर हनुमान भिक्षु का भेष धारण कर राम-लक्ष्मण के पास पहुँचे। उन दोनों को प्रणाम करके वे अत्यन्त विनीत एवं मृदु वाणी में बोले, "हे वीरों! आप दोनों सत्यपराक्रमी एवं देवताओं के समान प्रभावशाली जान पड़ते हैं। आप लोग इस वन्य प्रदेश में किसलिये आये हैं? आपके अंगों की कान्ति सुवर्ण के समान प्रकाशित हो रही है। आपकी विशाल भुजाओं और वीर वेश को देख कर ऐसा प्रतीत होता है कि आप इन्द्र को भी परास्त करने की क्षमता रखते हैं, परन्तु फिर भी आपका मुखमण्डल कुम्हलाया हुआ है और आप ठण्डी साँसे भर रहे हैं। इसका क्या कारण है? कृपया आप अपना परिचय दीजिये। आप इस प्रकार मौन क्यों हैं? यहाँ पर्वत पर वानरश्रेष्ठ सुग्रीव रहते हैं। उनके भाई वालि ने उन्हें घर से निकाल दिया है। वानरशिरोमणि सुग्रीव आप दोनों से मित्रता करना चाहते हैं। उन्हीं की आज्ञा से मैं आपका परिचय प्राप्त करने के लिये यहाँ आया हूँ। मैं वायुदेवता का पुत्र हूँ और मेरा नाम हनुमान है। मैं भी वानर जाति का हूँ। अब आप कृपया अपना परिचय दीजिये। मैं सुग्रीव का मन्त्री हूँ और इच्छानुकूल वेष बदलने की क्षमता रखता हूँ। मैंने आपको सब कुछ बता दिया है। आशा है आप भी अपना परिचय दे कर मुझे कृतार्थ करेंगे और वन में पधारने का कारण बतायेंगे।"

हनुमान की चतुराई भरी स्पष्ट बातों को सुन कर राम ने लक्ष्मण से कहा, "हे सौमित्र! इनकी बातों से मुझे पूर्ण विश्वास हो गया है कि ये महामनस्वी वानरराज सुग्रीव के सचिव हैं और उन्हीं के हित के लिये यहाँ आये हैं। इसलिये तुम निर्भय हो कर इन्हें सब कुछ बता दो।"

राम की आज्ञा पा कर लक्ष्मण हनुमान से बोले, "हे वानरश्रेष्ठ! सुग्रीव के गुणों से हम परिचित हो चुके हैं। हम उन्हें ही खोजते हुये यहाँ तक आये हैं। आप सुग्रीव के कथनानुसार जब मैत्री की बात चला रहे हैं वह हमें स्वीकार है। हम अयोध्यापति महाराज दशरथ के पुत्र हैं। ये श्री रामचन्द्र जी उनके ज्येष्ठ पुत्र और मैं इनका छोटा भाई लक्ष्मण हूँ। चौदह वर्ष का वनवास पाकर ये वन में रहने के लिये अपनी धर्मपत्नी सीता और मेरे साथ आये थे। रावण ने सीता जी का हरण कर लिया है। इसी विचार से कि सम्भवतः वे हमारी सहायता कर सकें, हम लोग महाराज सुग्रीव के पास आये हैं। हे वानरराज! जिस चक्रवर्ती सम्राट दशरथ के चरणों में सम्पूर्ण भूमण्डल के राजा-महाराजा सिर झुकाते थे और उनके शरणागत होते थे, उन्हीं महाराज के ज्येष्ठ पुत्र आज समय के फेर से सुग्रीव की शरण में आये हैं। ताकि महाराज सुग्रीव अपने दलबल सहित इनकी सहायता करें।"

इतना कहते हुये लक्ष्मण का कण्ठ अवरुद्ध हो गया।

लक्ष्मण के वचन सुन कर हनुमान बोले, "हे लक्ष्मण! आप लोगो के आगमन से आज हमारा देश पवित्र हुआ। हम लोग आपके दर्शनों से कृतार्थ हुये। जिस प्रकार आप लोग विपत्ति में हैं, उसी प्रकार सुग्रीव पर भी विपत्ति की घटाएँ छाई हुईं हैं। वालि ने उनकी पत्नी का हरण कर लिया है तथा उन्हें राज्य से निकाल दिया है। इसीलिये वे इस पर्वत पर निर्जन स्थान में निवास करते हैं। फिर भी मैं आपको विश्वास दिलाता हूँ कि वे सब प्रकार से आपकी सहायता करेंगे।" इतना कह कर हनुमान बड़े आदर से रामचन्द्र और लक्ष्मण को सुग्रीव के पास ले गये।

- राम-सुग्रीव मैत्री

हनुमान अपने साथ राम और लक्ष्मण को लेकर किष्किन्धा पर्वत के मलय शिखर पर, जहाँ पर कि सुग्रीव अपने अन्य मन्त्रियों के साथ बैठे थे, ले गये। सुग्रीव से दोनों भाइयों का परिचय कराते हुये हनुमान ने कहा, "हे महाप्राज्ञ! अयोध्या के महाराज दशरथ के ज्येष्ठ पुत्र महापराक्रमी श्री रामचन्द्र जी अपने अनुज लक्ष्मण जी के साथ यहाँ पधारे हैं। इनके पंचवटी में निवासकाल में इनकी पत्नी सीता जी को लंका का राजा रावण चुरा ले गया। उन्हीं की खोज के लिये ये आपकी सहायता चाहते हैं। ये आपसे मित्रता करने की इच्छा रखते हैं। आपको इनकी मित्रता स्वीकार कर इनका यथोचित सत्कार करना चाहिये क्योंकि ये बड़े गुणवान, पराक्रमी और धर्मात्मा हैं। ये दोनों हमारे लिये परम पूजनीय हैं।"

राम और लक्ष्मण का परिचय पाकर प्रसन्नचित्त सुग्रीव बोले, "हे प्रभो! आप धर्मज्ञ, परम तपस्वी और सब पर दया करने वाले हैं। आप नर होकर भी मुझ वानर से मित्रता कर रहे हैं यह मेरा परम सौभाग्य है। आपकी मित्रता से मुझे ही उत्तम लाभ होगा। मेरा हाथ आपकी मैत्री के लिये फैला हुआ है, आप इसे अपने हाथ में लेकर परस्पर मैत्री का अटूट सम्बन्ध बना दें।"

सुग्रीव के वचन सुन कर राम ने अत्यन्त प्रसन्न होकर सुग्रीव के हाथ को अपने हाथ में लिया फिर प्रेमपूर्वक सुग्रीव को छाती से लगा लिया।

हनुमान ने भिक्षुरूप त्याग कर अग्नि प्रज्वलित की। राम और सुग्रीव ने अग्नि की प्रदक्षिणा कर मैत्री की शपथ ली और दोनों एक दूसरे के मित्र बन गये।

इसके पश्चात् राम और सुग्रीव अपने-अपने आसनों पर बैठ कर परस्पर वार्तालाप करने लगे। सुग्रीव ने कहा, "हे राम! मेरे ज्येष्ठ भ्राता वालि ने मुझे घर से निकाल कर मेरी पत्नी का अपहरण कर लिया है और मेरा राज्य भी मुझसे छीन लिया है। वह अत्यधिक शक्तिशाली है। मैं उससे भयभीत हो कर ऋष्यमूक पर्वत के इस मलयगिरि प्रखण्ड में निवास कर रहा हूँ। आप अत्यन्त पराक्रमी और तेजस्वी हैं। आप मुझे अभय दान देकर वालि के भय से मुक्त करें।"

सुग्रीव के दीन वचन सुन कर राम बोले, "हे सुग्रीव! मित्र तो उपकाररूप फल देने वाला होता है, मैं अपने तीक्ष्ण बाणों से तुम्हारी पत्नी के हरण करने वाले वालि का वध कर दूँगा। अब तुम उसे मरा हुआ ही समझो।"

सुग्रीव ने प्रसन्नतापूर्वक कहा, "हे राम! मेरे मन्त्रियों में श्रेष्ठ सचिव हनुमान मुझे आपकी विपत्ति की सम्पूर्ण कथा बता चुके हैं। आपकी पत्नी सीता आकाश या पाताल में कहीं भी हो, मैं अवश्य उनका पता लगवाऊँगा। रावण तो क्या, इन्द्र आदि देवता भी सीता को मेरे वानरों की दृष्टि से छिपा कर नहीं रख सकते। राघव! कुछ ही दिनों पूर्व एक राक्षस एक स्त्री को लिये जा रहा था। उस समय हम इसी पर्वत पर बैठे थे। तब हमने उस स्त्री के मुख से 'हा राम! हा लक्ष्मण!' शब्द सुने थे। मेरा अनुमान है कि वह सीता ही थी। उसे मैं भली-भाँति देख नहीं पाया। हमें बैठे देख कर उसने कुछ वस्त्राभूषण नीचे फेंके थे। वे हमारे पास सुरक्षित रखे हैं। आप उन्हें पहचान कर देखिये, क्या वे सीता जी के ही है।"

यह कह कर सुग्रीव ने एक वानर को वस्त्राभूषणों को लाने की आज्ञा दी। उन वस्त्राभूषणों को देखते ही राम का धीरज जाता रहा। वे नेत्रों से अश्रु बहाते हुये शोकविह्वल हो गये और धैर्य छोड़ कर पृथ्वी पर गिर पड़े।

चेतना लौटने पर वे लक्ष्मण से बोले, "हे लक्ष्मण! सीता के इन आभूषणों को पहचानो। राक्षस के द्‌वारा हरे जाने पर सीता ने इन आभूषणों पृथ्वी पर गिरा दिया होगा।"

लक्ष्मण ने कहा, "भैया! इन आभूषणों में से न तो मैं हाथों के कंकणों को पहचानता हूँ, न गले के हार को और न ही मस्तक के किसी अन्य आभूषणों को पहचानता हूँ। क्योंकि मैंने आज तक सीता जी के हाथों और मुख की ओर कभी दृष्टि नहीं डाली। हाँ, उनके चरणों की नित्य वन्दना करता रहा हूँ इसलिये इन नूपुरों को अवश्य पहचानता हूँ, ये वास्तव में उन्हीं के हैं।"

- राम-सुग्रीव वार्तालाप

राम ने सुग्रीव से कहा, "हे सुग्रीव! मुझे बताओ कि वह भयंकर रूपधारी राक्षस मेरी प्राणेश्वरी सीता को लेकर किस दिशा में गया है? तुम शीघ्र पता लगाओं कि वह राक्षस कहाँ रहता है? वानरराज! धोखे में डालकर और मेरा अपमान करके मेरी प्रियतमा को अपहरण करने वाला वह निशाचर मेरा घोर शत्रु है। मैं आज ही उसका वध कर के सीता को मुक्त कराऊँगा।"

राम के शोक से पीड़ित वचन को सुन कर सुग्रीव ने उन्हें आश्वासन दिया, "हे राम! मैं नीचकुल में उत्पन्न उस पापात्मा राक्षस की शक्ति और गुप्त स्थान से परिचित नहीं हूँ किन्तु मैं आपको विश्वास दिलाता हूँ कि मैं शीघ्र ही ऐसा यत्न करूँगा कि मिथिलेशकुमारी सीता आपको मिल जायें। अतः आप धैर्य धारण करें। इस प्रकार से व्याकुल होना व्यर्थ है। व्याकुल होने पर मनुष्य की बुद्‌धि गम्भीर नहीं रह पाती। आपको इस प्रकार से अधीर होना शोभा नहीं देता। मुझे भी पत्नी के विरह का महान कष्ट प्राप्त हुआ है तथापि मैं पत्नी के लिये निरन्तर शोक नहीं करता। जब मैं वानर होकर धैर्य धारण कर सकता हूँ तो आप तो नर हैं, महात्मा हैं, सुशिक्षित हैं, आप मुझसे भी अधिक धैर्य धारण कर सकते हैं। मैं आपको उपदेश नहीं दे रहा हूँ, सिर्फ मित्रता के नाते आपके हित में सलाह दे रहा हूँ।"

सुग्रीव की बात सुन कर राम नेत्रों से अश्रु पोंछ कर बोले, "हे वानरेश! तुमने वही किया है जो एक स्नेही और हितैषी मित्र को करना चाहिये। तुम्हारा कार्य सर्वथा उचित है। सखे! तुम्हारे इस आश्वासन ने मेरी चिन्ता को दूर करके मुझे स्वस्थ बना दिया है। तुम जैसे स्नेही मित्र बहुत कम मिलते हैं। तुम सीता का पता लगाने में मेरी सहायता करो और मैं तुम्हारे सामने ही दुष्ट वालि का वध करूँगा। उसके विषय में तुम मुझे सारी बातें बताओ। विश्वास करो, वालि मेरे हाथों से नहीं बच सकता।"

राम की प्रतिज्ञा से सन्तुष्ट हो कर सुग्रीव बोले, "हे रघुकुलमणि! वालि ने मेरा राज्य और मेरी प्यारी पत्नी मुझसे छीन ली है। अब वह दिन रात मुझे मारने का उपाय सोचा करता है। उसके भय के कारण ही मैं इस पर्वत पर निवास करता हूँ। उससे ही भयभीत होकर मेरे सब साथी एक एक-करके मेरा साथ छोड़ गये हैं। अब ये केवल चार मित्र मेरे साथ रह गये हैं। वालि अत्यन्त बलवान है। उसके भय से मेरे प्राण सूख रहे हैं। बह इतना बलवान है कि उसने दुंदुभि नामक बलिष्ठ राक्षस को देखते देखते मार डाला। जब वह साल के वृक्ष को अपनी भुजाओं में भर कर झकझोरता है तो उसके सारे पत्ते झड़ जाते हैं। उसके असाधारण बल को देख कर मुझे संशय होता है कि आप उसे मार पायेंगे।"

सुग्रीव की आशंका को सुन कर लक्ष्मण ने मुस्कुराते हुये कहा, "हे सुग्रीव! तुम्हें इस बात का विश्वास कैसे होगा कि श्री रामचन्द्र जी वालि को मार सकेंगे?"

यह सुन कर सुग्रीव बोला, " सामने जो साल के सात वृक्ष खड़े हैं उन सातों को एक-एक करके वालि ने बींधा है, यदि राम इनमें से एक को भी बींध दें तो मुझे आशा बँध जायेगी। ऐसी बात नहीं है कि मुझे राम की शक्ति पर पूर्ण विश्वास नहीं है किन्तु मैं केवल वालि से भयभीत होने के कारण ही ऐसा कह रहा हूँ।"

सुग्रीव के ऐसा कहने पर राम ने धनुष पर प्रत्यंचा चढ़ाई और बाण छोड़ दिया, जिसने भीषण टंकार करते हुये एक साथ सातों साल वृक्षों को और पर्वत शिखर को भी बींध डाला।

राम के इस पराक्रम को देख कर सुग्रीव विस्मित रह गया और उनकी भूरि-भूरि प्रशंसा करते हुए बोला, "प्रभो! वालि को मार कर आप मुझे अवश्य ही निश्चिन्त कर दे।"

- वालि-वध

तदन्तर वे सब लोग वालि की राजधानी किष्किन्धापुरी में गये। वहाँ पहुँच कर राम एक गहन वन में ठहर गये और सुग्रीव से कहा, "तुम वालि को युद्ध के लिये ललकारो और निर्भय हो कर युद्ध करो।"

राम के वचनों से उत्साहित हो कर सुग्रीव ने वालि को युद्ध करने के लिये ललकारा। सुग्रीव के इस सिंहनाद को सुन कर वालि को अत्यन्त क्रोध आया। क्रोधित वालि आँधी के वेग से बाहर आया और सुग्रीव पर टूट पड़ा। वालि और सुग्रीव में भयंकर युद्ध छिड़ गया। उन्मत्त हुये दोनों भाई एक दूसरे पर घूंसों और लातों से प्रहार करने लगे। श्री रामचन्द्र जी ने वालि को मारने कि लिये अपना धनुष सँभाला परन्तु दोनों का आकार एवं आकृति एक समान होने के कारण वे सुग्रीव और वालि में भेद न कर सके। इसलिये उन्होंने बाण छोड़ना स्थगित कर दिया। वालि की मार न सह सकने के कारण सुग्रीव ऋष्यमूक पर्वत की ओर भागा। राम लक्ष्मण तथा अन्य वानरों के साथ सुग्रीव के पास पहुँचे। राम को सम्मुख पा कर उसने उलाहना देते हुये कहा, "मुझे युद्ध के लिये भेज कर आप पिटने का तमाशा देखते रहे। बताइये आपने ऐसा क्यों किया? यदि आपको मेरी सहायता नहीं करनी थी तो मुझसे पहले ही स्पष्ट कह देना चाहिये था कि मैं वालि को नहीं मारूँगा, मैं उसके पास जाता ही नहीं।"

सुग्रीव के क्रुद्ध शब्द सुन कर रामचन्द्र ने बड़ी नम्रता से कहा, "सुग्रीव! क्रोध त्यागो और मेरी बात सुनो। तुम दोनों भाई रंग-रूप, आकार, गति और आकृतियों में एक समान हो अतः मैं तुम दोनों में अन्तर नहीं कर सका और मैंने बाण नहीं छोड़ा। यदि मेरा बाण वालि को लगने के स्थान पर तुम्हें लग जाता तो मैं जीवन भर किसी को मुख दिखाने लायक नहीं रहता। वानरेश्वर! अपनी पहचान के लिये तुम कोई चिह्न धारण कर लो जिससे मैं तुम्हें पहचान लूँ और फिर से युद्ध के लिये जाओ।"

इतना कहकर वे लक्ष्मण से बोले, "हे लक्ष्मण! यह उत्तम लक्षणों से युक्त गजपुष्पी लता फूल रहे है। इसे उखाड़ कर महामना सुग्रीव के गले में पहना दो।"

लक्ष्मण ने वैसा ही किया और सुग्रीव फिर से युद्ध करने चला।

इस बार सुग्रीव ने दूने उत्साह से सिंहनाद करते हुये घोर गर्जना की जिसे सुन कर वालि आँधी के वेग से बाहर की ओर दौड़ने को उद्यत हुआ। किन्तु उसकी पत्नी तारा ने भयभीत होकर वालि को रोकते हुये कहा, "हे वीरश्रेष्ठ! अभी आप का युद्ध के लिये जाना श्रेयस्कर नहीं है। सुग्रीव एक बार मार खा कर भाग जाने के पश्चात् फिर युद्ध करने के लिये लौटा है। इससे मेरे मन में शंका उत्पन्न हो रही है। ऐसा प्रतीत होता है कि उसे कोई प्रबल सहायक मिल गया है और वह ऊसीके बल पर आपको ललकार रहा है। मुझे कुमार अंगद से सूचना मिल चुकी है कि अयोध्या के अजेय राजकुमारों राम और लक्ष्मण के साथ उसकी मैत्री हो गई है। सम्भव है वे ही उसकी सहायता कर रहे हों। राम के पराक्रम के विषय में तो मैंने भी सुना है। वे शत्रुओं को देखते-देखते धराशायी कर देते हैं। यदि वे स्वयं सुग्रीव की सहायता कर रहे हैं तो उनसे लड़ कर आपका जीवित रहना कठिन है। इसलिये उचित यही है कि इस अवसर पर आप बैर छोड़ कर सुग्रीव से मित्रता कर लीजिये। उसे युवराज पद दे दीजिये। वह आपका छोटा भाई है और इस संसार में भाई के समान हितू कोई दूसरा नहीं होता। उससे इस समय मैत्री करने में ही आपका कल्याण है।"

तारा के इस प्रकार समझाने वालि ने कहा, "वरानने! मैं सुग्रीव की ललकार को सुन कर कायरों की भाँति घर में छिप कर नहीं बैठ सकता और न ललकारने वाले से भयभीत हो कर उसके सम्मुख मैत्री का हाथ ही बढ़ा सकता हूँ। श्री रामचन्द्र जी के विषय में मैं भी जानता हूँ। वे धर्मात्मा हैं और कर्तव्याकर्तव्य को समझने वाले हैं। वे पापकर्म नहीं कर सकते। तुमने मेरे प्रति अपने स्नेह एवं भक्ति का प्रदर्शन कर दिया। अब मुझे मत रोको। मैं सुग्रीव का सामना अवश्य करूँगा और उसके घमण्ड को चूर चूर कर डालूँगा। युद्ध में मैं उससे विजय प्राप्त करूँगा मगर उसके प्राण नहीं लूँगा।"

यह कह कर वालि सुग्रीव के पास पहुँच कर उससे युद्ध करने लगा। दोनों एक दूसरे पर घूंसों और लातों से प्रहार करने लगे। जब राम ने देखा कि सुग्रीव की शक्ति क्षीण होते जा रही है तो उन्होंने एक विषधर सर्प की भाँति बाण को धनुष पर चढ़ा कर वालि को लक्ष्य करके छोड़ दिया। टंकारध्वनि के साथ वह बाण वालि के वक्ष में जाकर लगा जिससे वह बेसुध हो कर पृथ्वी पर गिर पड़ा।

- वालि-राम संवाद

वालि को पृथ्वी पर गिरते देख राम और लक्ष्मण उसके पास जा कर खड़े हो गये। जब वालि की चेतना लौटी और उसने दोनों भाइयों को अपने सम्मुख खड़े देखा तो वह कठोर शब्दों में बोला, "हे रघुनन्दन! आपने छिप कर जो मुझ पर आक्रमण किया, उससे आपने कौन सा गुण प्राप्त कर लिया? किस महान यश का उपार्जन कर लिया? यद्यपि तारा ने सुग्रीव की और आपकी मैत्री के विषय में मुझे बताया था, परन्तु मैंने आपकी वीरता, शौर्य, पराक्रम, धर्मपरायणता, न्यायशीलता आदि गुणों को ध्यान में रखते हुये उसकी बात नहीं मानी थी और कहा था कि न्यायशील राम कभी अन्याय नहीं करेंगे। आज मुझे ज्ञात हुआ कि आपकी मति मारी गई है। आप दिखावे के लिये धर्म का चोला पहने हुए हैं, वास्तव में आप अधर्मी हैं। आप साधु पुरुष के वेष में एक पापी हैं। मेरा तो आपके साथ कोई बैर भी नहीं है। फिर आपने यह क्षत्रियों को लजाने वाला कार्य क्यों किया? आप नरेश हैं। राजा के गुण साम, दाम, दण्ड, भेद, दान, क्षमा, सत्य, धैर्य और विक्रम होते हैं। कोई राजा किसी निरपराध को दण्ड नहीं देता। फिर आपने मेरा वध क्यों किया है? हे राजकुमार! यदि आपने मेरे समक्ष आकर मुझसे युद्ध किया होता तो आप अवश्य ही मेरे हाथों मारे गये होते। जिस उद्देश्य के लिये आप सुग्रीव की सहायता कर रहे हैं उसी उद्देश्य को यदि आपने मुझसे कहा होता तो मैं एक ही दिन में मिथिलेश कुमारी को ढूँढ कर आपके पास ला देता। आपकी पत्नी का अपहरण करने वाले दुरात्मा राक्षस रावण के गले में रस्सी बाँध कर आपके समक्ष प्रस्तुत कर देता। आपने अधर्मपूर्वक मेरा वध क्यों किया?"

वालि के कठोर वचनों को सुन कर रामचन्द्र ने कहा, "वानर! धर्म, अर्थ, काम और लौकिक सदाचार के विषय तुम्हें ज्ञान ही नहीं है। तुम अपने वानरोचित चपलतावश तुम व्यर्थ ही मुझ पर क्रोधित हो रहे हो। मैंने तुम्हारा वध अकारण या व्यक्तिगत बैरभाव के कारण से नहीं किया है। सौम्य! पर्वतों, वनों और काननों से युक्त सम्पूर्ण भू-मण्डल इक्ष्वाकु वंश के राजाओं की है। इस समय धर्मात्मा राजा भरत इस पृथ्वी का पालन कर रहे हैं। उनकी आज्ञा से हम समपूर्ण पृथ्वी में विचरण करते हुए धर्म के प्रचार के लिये साधुओं की रक्षा तथा दुष्टों का दमन कर रहे हैं। तुमने अपने जीवन में काम को ही प्रधानता दिया और राजोचित मार्ग पर स्थिर नहीं रहे। छोटा भाई, पुत्र और शिष्य तीनों पुत्र-तुल्य होते हैं। तुमने इस धर्माचरण को त्याग कर अपने छोटे भाई सुग्रीव की पत्नी रुमा का हरण किया जो धर्मानुसार तुम्हारी पुत्रवधू हुई। उत्तम कुल में उत्पन्न क्षत्रिय और राजा का प्रतिनिधि होने के कारण तुम्हारे इस महापाप का दण्ड देना मेरा कर्तव्य था। जो पुरुष अपनी कन्या, बहन अथवा अनुजवधू के पास कामबुद्धि से जाता है, उसका वध करना ही उसके लिये उपयुक्त दण्ड माना गया है। इसीलिये मैंने तुम्हारा वध किया। वानरश्रेष्ठ! अपने इस कार्य के लिये मेरे मन में किसी प्रकार संताप नहीं है। मैंने तुम्हें तुम्हारे पिछले पापों का दण्ड दे कर आगे के लिये तुम्हें निष्पाप कर दिया है। अब तुम निष्पाप हो कर स्वर्ग जाओगे।"

राम का तर्क सुन वालि ने हाथ जोड़कर कहा, "हे राघव! आपका कथन सत्य है। मुझे अपनी मृत्यु पर दुःख नहीं है। मेरा पुत्र अंगद मुझे अत्यन्त प्रिय है और मुझे केवल उसी की चिन्ता है। वह अभी बालक है। उसकी बुद्धि अभी परिपक्व नहीं हुई है। उसे मैं आपकी शरण में सौंपता हूँ। आप इसे सुग्रीव की भाँति ही अभय दें, यही आपसे मेरी प्रार्थना है।"

इतना कह कर वालि चुप हो गया और उसके प्राण पखेरू उड़ गये।

- तारा का विलाप

जब तारा को वालि की मृत्यु का समाचार मिला तो वह अत्यन्त उद्विग्न हो गई और रोती हुई उस स्थान पर आई जहाँ वालि का शव पड़ा था। तारा और अंगद वालि के शव से लिपट कर बिलख-बिलख कर रोने लगे। उन दोनों दोनों को इस प्रकार रोते देख सुग्रीव को अत्यन्त दुःख हुआ। उसके नेत्रों से अश्रु बहने लगे।

तारा वालि से लिपट कर विलाप कर रही थी, "हे आर्यपुत्र! आप जैसे पराक्रमी वीर की राम ने छिप कर हत्या कर के अत्यन्त निंदनीय कर्म किया है। हे नाथ! आप मौन हो कर क्यों पड़े हैं? आप अपने पुत्र अंगद को किसके सहारे छोड़ गये? देखिये वह किस प्रकार से बिलख-बिलख कर रो रहा है। हे आर्यपुत्र! आज आप ऐसे निर्मोही कैसे हो गये? हे स्वामी! आप मुझे और अंगद को किसके भरोसे छोड़े जा रहे हैं? सुग्रीव! आज तुम्हारा मनोरथ सफल हो गया। अब आनन्द से राज्य का सुख भोगो। आज मेरे पास पुत्र, ऐश्वर्य सब कुछ होते हुये भी मैं विधवा के नाम से पुकारी जाकर संसार में तिरस्कृत जीवन व्यतीत करूँगी। पुत्र अंगद! अपने धर्मप्रेमी पिता का अन्तिम दर्शन कर लो। यमलोक को जाते हुये अपने पिता का हाथ जोड़ कर अभिवादन करो। देखो स्वामी! आपका पुत्र हाथ जोड़ कर आपके सामने खड़ा है। उसे आशीर्वाद क्यों नहीं देते? आज आपने इस युद्धरूपी यज्ञ में मेरे बिना कैसे भाग लिया। बिना अर्द्धांगिनी के तो कोई यज्ञ पूरा नहीं होता।"

इस प्रकार तारा नाना प्रकार से से विलाप करने लगी। वालि के वानर सरदारों ने बड़ी कठिनाई से उसे शव से अलग किया।

धनुष धारण किये राम को देख कर तारा उनके पास आकर बोली, "हे अमलकमलदललोचन राम! आप वीर, तेजस्वी, धर्मात्मा और महान दानवीर हैं। मैं आपसे एक दान माँगती हूँ। जिस बाण से आपने मेरे पति के प्राण लिये हैं उसी बाण से मेरे प्राण भी हर लीजिये ताकि मैं मर कर अपने पति के पास पहुँच जाऊँ। मेरे पतिदेव स्वर्ग में मेरी प्रतीक्षा कर रहे होंगे।"

तारा के मर्मस्पर्शी शब्दों को सुन कर रामचन्द्र बोले, "तारा! तेरा इस प्रकार शोक और विलाप करना व्यर्थ है। सारा संसार परमात्मा के द्वारा बनाये गये विधान के अनुसार चलता है। विधाता की ऐसी ही इच्छा थी, यह सोच कर तुम धैर्य धारण करो। अंगद की कोई चिन्ता मत

करो। वह आज से इस राज्य का युवराज होगा। तुम्हारा पति वीर था, वह युद्ध करते हुये वीरगति को प्राप्त हुआ है; यह तुम्हारे लिये गौरव की बात है। शोक तज कर रोना बन्द करो। रोने से दिवंगत आत्मा को कष्ट पहुँचता है।"

इस प्रकार राम ने तारा को अनेक प्रकार से धैर्य बँधाया। फिर वे सुग्रीव से बोले, "हे वीर! तारा और अंगद को साथ ले जा कर अब तुम वालि के अन्तिम संस्कार की तैयारी करो। अंगद! तुम इस संस्कार के लिये घृत, चन्दन आदि ले आओ। और हे तारा! तुम भी शोक को त्याग कर वालि के लिये अर्थी की तैयारी कराओ।"

इस प्रकार रामचन्द्र जी ने सब से कह सुन कर वालि के अन्तिम संस्कार की तैयारी करवाई।

वालि की शवयात्रा में बड़े-बड़े योद्धा और किष्किन्धा निवासी रोते कलपते श्मशान घाट पहुँचे। स्त्रियों के करुणाजनक विलाप से सम्पूर्ण वातावरण शोकाकुल प्रतीत हो रही थी। नदी के तट पर जब चिता बना कर वालि का शव उस पर रखा गया तो सम्पूर्ण वातावरण एक बार फिर करुण चीत्कार से गूँज उठा। तारा पुनः वालि के शव से लिपट गई। वह चिता पर ही उससे लिपट कर विलाप किये जा रही थी। बड़ी कठिनाई से उसे को वालि के शव से पृथक किया गया। अन्त में अंगद ने चिता को अग्नि दी। जब वालि का शरीर पंचतत्व में विलीन हो गया तो श्री रामचन्द्र जी ने लक्ष्मण, सुग्रीव, अंगद एवं अन्य प्रमुख वानरों के साथ मिल कर उसके लिये जलांजलि दी।

• सुग्रीव का अभिषेक

वालि के अन्तिम संस्कार से निवृत हो जाने के पश्चात् हनुमान ने हाथ जोड़कर श्री रामचन्द्र जी से निवेदन किया, "हे ककुत्स्थनन्दन! वानरराज सुग्रीव को आपकी कृपा से उनके पूर्वजों का राज्य पुनः प्राप्त हो गया है। यह अत्यन्त कठिन कार्य था जो कि आपके प्रसाद स्वरूप ही सम्पन्न हो पाया है। अब आप कृपा कर के उनका राजतिलक कर अंगद को युवराज पर प्रदान करें।"

हनुमान की प्रार्थना सुन कर राम बोले, "हनुमन्! सौम्य! मैं पिता की आज्ञा का पालन करते हुये वन में निवास कर रहा हूँ अतः चौदह वर्ष की अवधि पूर्ण होने के पूर्व किसी नगर अथवा ग्राम में जाना मेरे लिये उचित नहीं है। अतएव तुम लोग सुग्रीव के साथ नगर में जा कर राज्याभिषेक की प्रक्रिया पूर्ण करो।"

फिर राम ने सुग्रीव से कहा, "हे मित्र! तुम लौकिक और शास्त्रीय व्यवहार के के ज्ञाता हो, नीतिवान और लोकव्यवहार कुशल हो, इसलिये अपने भतीजे अंगद को युवराज का पद प्रदान करो। वह तुम्हारे ज्येष्ठ भ्राता का पुत्र ही नहीं है, पराक्रमी और वीर भी है। कुछ दिन तुम लोग राज्य में रह कर शासन व्यवस्था को सुव्यवस्थित करो और प्रजा की भलाई में मन लगाओ। श्रावण का महीना आ गया है और वर्षा की ऋतु का आरम्भ हो चुका है। अतः चार मास तक सीता की खोज सम्भव नहीं है। वर्षा की समाप्ति पर जानकी की खोज कराना। मैं इस अवधि में लक्ष्मण सहित इसी पर्वत पर निवास करूँगा।"

राम से विदा हो कर सुग्रीव किष्किन्धा जा कर किष्किन्धापुरी की शासन व्यवस्था में व्यस्त हो गये।

इस अन्तराल में राम लक्ष्मण के साथ प्रस्रवण पर्वत पर निवास करने लगे। एक सुरक्षित कन्दरा को कुटिया का रूप दे कर वे लक्ष्मण से बोले, "हे भाई! हम वर्षा ऋतु यहीं व्यतीत करेंगे। वृक्षादि से सुशोभित यह पर्वत अत्यन्त रमणीक है। इस गुफा के निकट ही सरिता के प्रवाहित होने के कारण यह स्थान हमारे लिये और भी सुविधाजनक रहेगा। यहाँ से किष्किन्धा भी अधिक दूर नहीं है, किन्तु इस शान्तिप्रद वातावरण में भी जानकी का वियोग मुझे दुःखी कर रहा है। उसके बिना मेरे हृदय में भयंकर पीड़ा होती है।"

इतना कह कर वे शोक में डूब गये।

अपने अग्रज को शोकातुर देख कर लक्ष्मण बोले, "हे वीर! इस प्रकार व्यथित होने से कोई लाभ नहीं है। शोक से तो उत्साह नष्ट होता है। और उत्साहहीन हो जाने पर रावण से हम कैसे प्रतिशोध ले सकेंगे? इसलिये आप धैर्य धारण कीजिये। हम रावण को मार कर भाभी को अवश्य मुक्त करायेंगे। केवल कुछ दिनों की बात और है।"

लक्ष्मण के वचनों से राम ने अपने हृदय को स्थिर किया और वे प्रकृति की शोभा निहारने लगे। थोड़ी देर तक वे वर्षाकालीन प्राकृतिक दृश्यों का अवलोकन करते रहे। फिर लक्ष्मण से बोले, "हे लक्ष्मण! देखो इस वर्षा ऋतु में प्रकृति कितनी सुन्दर प्रतीत होती है। ये दीर्घाकार मेघ पर्वतों का रूप धारण किये आकाश में दौड़ रहे हैं। इस वर्षा ऋतु में ये मेघ अमृत की वर्षा करेंगे। उस अमृत से भूतलवासियों का कल्याण करने वाली नाना प्रकार की औषधियाँ, वनस्पति, अन्न आदि उत्पन्न होंगे। इधर इन बादलों को देखो, एक के ऊपर एक खड़े हुये ये ऐसे प्रतीत होते हैं मानो प्रकृति ने सूर्य तक पहुँचने के लिये इन कृष्ण-श्वेत सीढ़ियों का निर्माण किया है। शीतल, मंद, सुगन्धित समीर हृदय को किस प्रकार प्रफुल्लित करने का प्रयत्न कर रही हैं, किन्तु विरहीजनों के लिये यह अत्यधिक दुःखदायी भी है। उधर पर्वत पर से जो जलधारा बह रही है, उसे देख कर मुझे ऐसा आभास होता है कि सीता भी मेरे वियोग में इसी प्रकार अश्रुधारा बहा रही होगी। इन पर्वतों को देखो, इन्हें देखकर लगता है जैसे ब्रह्मचारी बैठे हों। ये काले-काले बादल इनकी मृगछालाएँ हों। नद-नाले इनके यज्ञोपवीत हों और बादलों की गम्भीर गर्जना वेदमंत्रों का पाठ हो। कभी कभी ऐसा प्रतीत होता है कि ये बादल गरज नहीं रहे हैं अपितु बिजली के कोड़ों से प्रताड़ित हो कर पीड़ा से कराहते हुये आर्तनाद कर रहे हैं। काले बादलों में चमकती हुई बिजली ऐसी प्रतीत हो रही है मानो राक्षसराज रावण की गोद में मूर्छित पड़ी जानकी हो।

हे लक्ष्मण! जब भी मैं वर्षा के दृश्यों को देख कर अपने मन को बहलाने की चेष्टा करता हूँ तभी मुझे सीता का स्मरण हो आता है। यह देखो, काले मेघों ने दसों दिशाओं को अपनी काली चादर से इस प्रकार आवृत कर लिया है जैसे मेरे हृदय की समस्त भावनाओं को जानकी के वियोग ने आच्छादित कर लिया है।

"इस वर्षा ऋतु में राजा लोग अपने शत्रु पर आक्रमण नहीं करते, गृहस्थ लोग घर से परदेस नहीं जाते। घर उनके लिये अत्यन्त प्रिय हो जाता है। राजहंस भीमानसरोवर की ओर चल पड़ते हैं। चकवे अपनी प्रिय चकवियों के साथ मिलने को आतुर हो जाते हैं और उनसे मिल कर अपूर्व प्राप्त करते हैं। किन्तु मैं एक ऐसा अभागा हूँ जिसकी चकवी रूपी सीता अपने चकवे से दूर है। मोर अपनी प्रियाओं के साथ नृत्य कर रहे हैं। ऐसा प्रतीत होता है कि बगुलों की पंक्तियों से शोभायमान, जल से भरे, श्यामवर्ण मेघ मानो किसी लम्बी यात्रा पर जा रहे हैं। वे पर्वतों के शिखरों पर विश्राम करते हुये चल रहे हैं। पृथ्वी पर नई-नई घास उग आई है और उस पर बिखरी हुई लाल-लाल बीरबहूटियाँ ऐसी प्रतीत होती हैं मानो कोई नवयौवना कामिनी हरे परिधान पर लाल बूटे वाली बेल लगाये लेटी हो। सारी पृथ्वी इस वर्षा के कारण हरीतिमामय हो रही हैं। सरिताएँ कलकल नाद करती हुईं बह रही हैं। वानर वृक्षों पर अठखेलियाँ कर रहे हैं। इस सुखद वातावरण में केवल विरहीजन अपनी प्रियाओं के वियोग में तड़प रहे हैं। उन्हें इस वर्षा की सुखद फुहार में भी शान्ति नहीं मिलती। देखो, ये पक्षी कैसे प्रसन्न होकर वर्षा की मंद-मंद फुहारों में स्नान कर रहे हैं। उधर वह पक्षी पत्तों में अटकी हुई वर्षा की बूँद को चाट रहा है। सूखी मिट्टी में सोये हुये मेंढक मेघों की गर्जना से जाग कर ऊपर आ गये हैं और टर्र-टर्र की गर्जना करते हुये बादलों की गर्जना से स्पद्र्धा करने लगे हैं। जल की वेगवती धाराओं से निर्मल पर्वत-शिखरों से पृथ्वी की ओर दौड़ती हुई सरिताओं की पंक्तियाँ इस प्रकार बिखर कर बह रही हैं जैसे किसी के धवल कण्ठ से मोतियों की माला टूट कर बिखर रही हो। लो, अब पक्षी घोंसलों में छिपने लगे हैं, कमल सकुचाने लगे हैं और मालती खिलने लगी है, इससे प्रतीत होता है कि अब शीघ्र ही पृथ्वी पर सन्ध्या की लालिमा बिखर जायेगी।"

फिर राम निःश्वास छोड़ कर बोले, "वालि के मरने से सुग्रीव ने अपना राज्य पा लिया। अब वह अपनी बिछुड़ी हई पत्नी को पुनः पाकर इस वर्षा का आनन्द उठा रहा होगा। पता नहीं, मैं अपनी बिछुड़ी हुई सीता के कब दर्शन करूँगा। अब तो श्रावण मास का अन्त हो चला है। शीघ्र ही शरद ऋतु का प्रारम्भ होगा। दुर्गम मार्ग फिर आवागमन के लिये खुल जायेंगे। मुझे विश्वास है, शरद ऋतु आते ही सुग्रीव अपने गुप्तचरों से अवश्य सीता की खोज करायेगा।"

इतना कह कर राम गम्भीर कल्पना सागर में गोते लगाने लगे।

- हनुमान-सुग्रीव संवाद

पवनकुमार हनुमान शास्त्र-विद्, नीतिज्ञ और सूझबूझ वाले मनीषी थे। कब क्या करना चाहिये और क्या नहीं जैसी बातों का उन्हें यथार्थ ज्ञान था। बातचीत करने की कला में वे निपुण थे। उन्होंने देखा, आकाश निर्मल हो गया है, अब न तो बादल ही दिखाई पड़ते हैं और न ही बिजली चमकती है; वर्षा ऋतु समाप्त हो गई है। वे सुग्रीव के विषय में विचार करने लगे। उन्हें स्पष्ट प्रतीत हुआ कि मनोरथ सिद्ध हो जाने के पश्चात् सुग्रीव अपने कर्तव्य की अवहेलना कर के विलासिता में मग्न रहने लगे हैं। उनकी पत्नी रुमा के साथ ही साथ अब तारा भी उनके विलास लीला का एक महत्वपूर्ण अंग बन गई है। राजकाज का भार केवल मन्त्रियों के भरोसे छोड़ कर वे स्वयं स्वेच्छाचारी होते जा रहे हैं। श्री रामचन्द्र जी को दिये गये अपने वचन का उन्हें स्मरण भी नहीं रह गया है।

इस प्रकार से सभी तरह से विचार करके हनुमान सुग्रीव के पास जा कर बोले, "हे राजन्! आपको राज्य और यश दोनों की ही प्राप्ति हो चुकी है। आपने कुल परम्परा से प्राप्त लक्ष्मी का भी विस्तार कर लिया है। अब आपको मित्रों को अपनाने के को भी पूरा कर डालना चाहिये। आपने मित्र के कार्य को सफल बनाने के लिये जो प्रतिज्ञा की है, उसे पूरा करना चाहिये। आप तो जानते ही हैं कि श्री राम हमारे परम मित्र और हितैषी हैं। उनके कार्य का समय बीता जा रहा है। इसलिये हमें जनकनन्दिनी सीता की खोज आरम्भ कर देनी चाहिये।"

सुग्रीव सत्वगुण से सम्पन्न थे। हनुमान के द्वारा स्मरण दिलाये जाने पर तत्काल उन्होंने श्री राम के कार्य को सिद्ध करने का निश्चय किया। उन्होंने नील नामक कुशल वानर को बुला कर आज्ञा दी, "हे नील! तुम ऐसा प्रयत्न करो जिससे मेरी सम्पूर्ण सेना शीघ्र यहाँ एकत्रित हो जाय। सभी यूथपतियों को सेना एवं सेनापतियों के साथ यहाँ अविलम्ब एकत्रित होने का आदेश दो। राज्य सीमा की रक्षा करने वाले सब उद्यमी एवं शीघ्रगामी वानरों को यहाँ तत्काल उपस्थित होने के लिये आज्ञा प्रसारित करो। सभी को सूचित कर दो कि जो भी वानर पन्द्रह दिन के अन्दर यहाँ बिना किसी अपरिहार्य कारण के उपस्थित नहीं होगा, उसे प्राण-दण्ड दिया जायेगा।"

ऐसा प्रबन्ध कर सुग्रीव अपने महलों में चले गये।

शरद ऋतु का आरम्भ हो गया किन्तु राम को सुग्रीव द्वारा सीता के लिये खोज करने की के विषय में कोई सूचना नहीं मिली। वे सोचने लगे कि सुग्रीव अपना उद्देश्य सिद्ध हो जाने पर मुझे बिल्कुल भूल गया है। ऐसा प्रतीत होता है कि अब सीता को पाने की कोई आशा शेष नहीं रह गई है। न जाने सीता पर कैसी बीत रही होगी। राजहंसों के शब्दों को सुन कर निद्रात्याग करने वाली सीता न जाने अब कैसे रह रही होगी। यह शरद ऋतु उसे और भी अधिक व्याकुल कर रही होगी। यह सोचते हुये राम सीता को स्मरण कर के विलाप करने लगे।

उस समय लक्ष्मण फल एकत्रित करने के लिये गये हुए थे। जब लक्ष्मण फल ले कर समीपवर्ती वाटिका से लौटे तो उन्होंने अपने बड़े भाई की अवस्था पर दृष्टिपात किया। लक्ष्मण को देखते ही उन्होंने निश्वास ले कर कहा, "हे लक्ष्मण! पृथ्वी को जलप्लावित कर देने वाले गरजते बादल अब शान्त हो कर पलायन कर गये हैं। आकाश निर्मल हो गया है। चन्द्रमा, नक्षत्र और सूर्य की प्रभा पर शरद ऋतु का प्रभाव स्पष्ट दृष्टिगोचर होने लगा है। हंस मानसरोवर का परित्याग कर पुनः लौट आये हैं और चक्रवातों के समान सरिता के रेतीले तटों पर क्रीड़ा कर रहे हैं। वर्षाकाल में मदोन्मत्त हो कर नृत्य करने वाले मोर अब उदास हो गये हैं। सरिता की कल-कल करती वेगमयी गति अब मन्द पड़ गई है मानो वे कह रही हैं कि चार दिन के यौवन पर मदोन्मत्त हो कर गर्व करना उचित नहीं है। सूर्य की किरणों ने मार्ग की कीचड़ को सुखा डाला है, इससे वे आवागमन और यातायात के लिये खुल गये हैं। राजाओं की यात्रा के दिन आ गये हैं, परन्तु सुग्रीव ने न तो अब तक मेरी सुधि ली है और न जानकी की खोज कराने की कोई व्यवस्था ही की है। वर्षाकाल के ये चार मास सीता के वियोग में मेरे लिये सौ वर्ष से भी अधिक लम्बे हो गये हैं। परन्तु सुग्रीव को मुझ पर अभी तक दया नहीं आई। पता नहीं मेरे भाग्य में क्या लिखा है। राज्य छिन गया, देश निकाला हो गया, पिता की मृत्यु हो गई, पत्नी का अपहरण हो गया और अन्त में इस वानर के द्वारा भी ठगा गया। हे वीर! तुम्हें याद होगा कि सुग्रीव ने प्रतिज्ञा की थी कि वर्षा ऋतु समाप्त होते ही सीता की खोज कराउँगा, परन्तु अपना स्वर्थ सिद्ध हो जाने के बाद वह इस प्रतिज्ञा को इस प्रकार भूल गया है। इसलिये तुम किष्किन्धा जा कर उस स्वार्थी वानर से कहो कि जो प्रतिज्ञा कर के उसका पालन नहीं करता, वह नीच और पतित होता है। क्या वह भी वालि के जैसे ही यमलोक को जाना चाहता है? तुम उसे मेरी ओर से सचेत कर दो ताकि मुझे कोई कठोर पग उठाने के लिये विवश न होना पड़े।"

- लक्ष्मण-सुग्रीव संवाद

श्री रामचन्द्र जी की आज्ञा पाकर, सदैव बड़े भाई के हित में लगे रहने वाले, लक्ष्मण क्रुद्ध होकर किष्किन्धा की ओर चले। मार्ग के वृक्षों को बलपूर्वक गिराते हुए, पर्वतशिखरों को उठा कर फेंकते हुए, नगर की ऊँची-ऊँची अट्टालिकाओं से सुशोभित बाजारों और चौराहों को पार कर, वे सुग्रीव के राजप्रासाद में जा पहुँचे। लक्ष्मण को अत्यन्त क्रोधित देख कर सुग्रीव के सुभट भयभीत हो कर इधर-उधर भागने लगे। लक्ष्मण सीधे सुग्रीव के रनिवास में पहुँचे। वहाँ से मृदंग की ताल के साथ कोकिलकण्ठी कामिनियों के गायनों के स्वर निकल रहा था। महाबली लक्ष्मण ने सुग्रीव के उस अन्तःपुर में अनेक रूपरंग की बहुत सी रूप-यौवन के गर्व से भरी हुई सुन्दरी स्त्रियों को देखा। नूपुरों की झंकार और करधनी की खनखनाहट करती हुई परस्त्रियों को देख कर शीलवान लक्ष्मण अत्यन्त लज्जित हो गये। श्री रामचन्द्र जी का कार्य सिद्ध होते न देख कर कुपित लक्ष्मण ने धनुष की टंकार की जिससे समस्त दिशाएँ गूँज उठीं।

उस समय सुग्रीव के कक्ष में इन्द्र की अप्सराओं को भी लजाने वाली नृत्यांगनाएँ नूपुरों और मेखलाओं की झंकार के साथ नृत्य कर रही थीं और सुग्रीव मद्यपान से अचेत अर्द्धनिमीलित नेत्रों से यह सब देख रहा था। धनुष के टंकार की ध्वनि को सुनते ही नृत्य करने वाली रमणियाँ भयभीत हो कर एक ओर खड़ी हो गईं। भय से सुग्रीव का मुख पीला पड़ गया। उसने सहम कर तारा से पूछा, "हे प्रिये! रामचन्द्र जी का यह छोटा भाई अकारण ही इतना क्रुद्ध हो कर क्यों आया है? तुम अपनी मृदु वाणी से उसे शान्त करो! जैसे भी हो वाणी कौशल से उसके क्रोध को शान्त कर के यहाँ आने का कारण ज्ञात करो।"

पति की आज्ञा का पालन करती हुई मुस्कुराती तारा लक्ष्मण के पास पहुँची। अपने सम्मुख सुन्दर युवती को पा कर ब्रह्मचारी लक्ष्मण ने अपने क्रोध को नियन्त्रित किया और अपनी दृष्टि झुका ली। लक्ष्मण को दृष्टि झुकाये देख तारा का भय कुछ कम हुआ।

तारा मृदु वाणी में बोली, "हे रघुकुलश्रेष्ठ! आपके इस क्रोध का क्या कारण है? क्या हम से कोई अपराध हुआ है? यदि आपके दास सुग्रीव से कोई अपराध हुआ भी है तो भी आप जैसे उदार एवं क्षमाशील महापुरुष को उसे क्षमा प्रदान करनी चाहिये। वे आपके सेवक हैं, कृतघ्न नहीं हैं, और न ही वे कपटी एवं मिथ्यावादी हैं। आपके उपकार को वे सदा स्मरण करते रहते हैं और आप दोनों भाइयों का ही गुणगान करते रहते हैं। श्री रामचन्द्र की कृपा से ही उन्होंने अपने राज्य को, रुमा को और मुझे प्राप्त किया है। भारी दुःख के बाद सुख मिलने के कारण उनसे कुछ भूल हो गई है और वे आपके दर्शन न कर सके। आप तो जानते ही हैं कि विश्वामित्र जैसे महामुनि भी घृताची नामक अप्सरा पर मुग्ध हो कर दस वर्ष तक उसके साथ रमण करते रहे थे, फिर सुग्रीव तो एक साधारण व्यक्ति है। हे राघव! मैं हाथ जोड़ कर प्रार्थना करती हूँ कि आप उन्हें क्षमा कर दें। मैं आपको विश्वास दिलाती हूँ कि वे श्री रामचन्द्र जी के कार्य के लिये राज्य का सुख, मुझे, रुमा को और अंगद को भी छोड़ देंगे और जब तक जनक दुलारी सीता जी को श्री रामचन्द्र जी से नहीं मिला देंगे तब तक शान्ति से नहीं बैठेंगे। वानरों के सरदारों को बुलाने के लिये दूत भेजे जा चुके हैं। आज ही वे सब लोग आने वाले हैं। उन सब को ले कर वे आज ही सीतापति के पास जायेंगे। आप क्रोध त्याग कर मेरी बात पर विश्वास करें। मैं कभी मिथ्या भाषण नहीं करती।"

तारा के वाक्यों से शान्त हो कर लक्ष्मण सुग्रीव के पास पहुँचे। लक्ष्मण के पहुँचते ही सुग्रीव अपने आसन से उठ कर खड़ा हो गया। उसके एक ओर रुमा और दूसरी ओर तारा थी। लक्ष्मण ने क्रुद्ध हो कर कहा, "हे वानरराज! संसार जितेन्द्रिय, दयालु और कृतज्ञ राजा का ही सम्मान करता है। जो किसी मनुष्य को सहायता देने का वचन दे कर भी उसकी सहायता नहीं करता उसे आत्महत्या जैसा महापाप लगता है। शास्त्रों

में गौघाती, चोर और अपना व्रत भंग करने वाले के लिये तो प्रायश्चित का प्रावधान है, परन्तु कृतघ्नता के पाप का कोई प्रयश्चित नहीं बताया गया है। उसे तो अनन्त काल तक नरक की यातनाएँ भोगनी पड़ती हैं। रामचन्द्र जी ने तुम्हारे साथ जो उपकार किया है, उसे भुला देना तुम्हारे लिये उचित नहीं है। इसलिये सुग्रीव! अब तुम्हें उस वचन का पालन करना चाहिये जो तुमने उन्हें दिया है।"

लक्ष्मण की बात सुन कर सुग्रीव अत्यन्त नम्रता के साथ बोला, "हे रघुकुलतिलक! श्री रामचन्द्र जी की दया से ही मैंने अपना खोया हुआ राज्य फिर से पाया है, इसलिये उनके इस महान उपकार को मैं जीवन भर नहीं भूल सकता। मैं जानता हूँ, वे अपने अपूर्व पराक्रम से सीता को चुराने वाले राक्षस को एक क्षण में नष्ट कर सकते हैं, केवल मेरा मान बढ़ाने के लिये वे मुझसे सहायता माँग रहे हैं। इसके लिये मैं उनका अत्यन्त अनुग्रहीत हूँ। उनके साथ मेरी सेना और मैं भी युद्ध करने के लिये चलेंगे। अब तक हुए विलम्ब के लिये आप मुझे क्षमा करें।"

लक्ष्मण इन वचनों से सन्तुष्ट हो कर बोले, "अब तुम मेरे साथ चल कर भैया के दुःखी मन को सन्तोष दो। वे सीता जी के वियोग में बहुत दुःखी हो रहे हैं।"

- वानरों को सीता की खोज का आदेश

लक्ष्मण से प्रेरणा पाकर सुग्रीव ने अपने यूथपतियों के साथ रामचन्द्र जी से मिलने के लिये प्रस्थान किया। एक पालकी मँगा कर उसमें पहले लक्ष्मण को आरूढ़ किया और फिर स्वयं भी उसमें जा बैठा। शंखों और भेरियों की ध्वनि करते हुए सहस्त्रों वीरों के साथ सुग्रीव वहाँ पहुँचा जहाँ श्री राम निवास कर रहे थे। लक्ष्मण को आगे कर और हाथ जोड़ कर विनीत भाव से सुग्रीव श्री राम के सम्मुख खड़ा हो गया। रामचन्द्र जी ने प्रसन्न हो कर सुग्रीव को गले लगाया और फिर उसकी प्रशंसा करते हुये कहा, "हे वानरेश! समय पर अपने सम्पूर्ण शुभ कार्यों को करने वाला राजा ही वास्तव में शासन करने के योग्य होता है और जो भोग विलास में लिप्त हो कर इन्द्रयों के वशीभूत हो जाता है, वह अन्त में विनाश को प्राप्त होता है। अब तुम्हारे उद्योग करने का समय आ गया है। अतएव तुम अपने मति अनुसार जैसा उचित समझो, वैसा करो ताकि सीता का पता मुझे शीघ्र प्राप्त हो सके।"

श्री राम के नीतियुक्त वचन सुन कर सुग्रीव ने कहा, "हे प्रभो! मैं तो आपका अकिंचन दास हूँ। मैं आपके उपकार को कभी नहीं भूल सकता। जनकनन्दिनी की शीघ्र खोज करवाने के उद्देश्य से मैं इन सहस्त्र वानर यूशपतियों को ले कर यहाँ उपस्थित हुआ हूँ। इन सबके पास अपनी-अपनी सेनाएँ हैं और ये स्वयं भी इन्द्र के समान पराक्रमी हैं। आपकी आज्ञा पाते ही ये लंकापति रावण को मार कर सीता को ले आयेंगे। इन्हें आप इस कार्य के लिये आज्ञा प्रदान करें।"

सुग्रीव की उत्साहवर्द्धक बात सुन कर राम बोले, "राजन्! सबसे पहले तो इस बात का पता लगाना चाहिये कि सीता जीवित भी है या नहीं। यदि जीवित है, तो उसे कहाँ रखा गया है? रावण का निवास स्थान कहाँ है? उसके पास कितनी और कैसी सेना है? वह स्वयं कितना पराक्रमी है? इन समस्त बातों के ज्ञात हो जाने पर ही आगे की योजना पर विचार किया जायेगा। यह कार्य ऐसा है जिसे न मैं कर सकता हूँ और न ही लक्ष्मण। केवल तुम ही अपनी सेना के द्वारा करवा सकते हो।"

राम के वचन सुनकर सुग्रीव ने अपने यूथपतियों को बुला कर आज्ञा दी, "हे वीर महारथियों! अब मेरी लाज और श्री रामचन्द्र जी का जीवन तुम लोगों के हाथ में है। तुम दसों दिशाओं में जा कर जानकी जी की खोज करो। उन सभी पर्वतों की दुर्गम कन्दराओं, वनों, नदी तटों, समुद्री द्वीपों, उपत्यकाओं और उन गुप्त स्थानों को छान मारो जहाँ उनके होने की तनिक भी सम्भावना हों। आकाश, पाताल, भूमण्डल का कोई भी स्थान छिपा नहीं रहना चाहिये। एक मास के अन्दर जानकी जी का पता मिल जाना चाहिये। यदि इस अवधि में उनका पता न लगा सके तो तुम स्वयं का वध हुआ समझो।"

- हनुमान को मुद्रिका देना

वानर यूथपतियों को इस प्रकार की कठोर आज्ञा दे कर सुग्रीव हनुमान से बोला, "हे कपिश्रेष्ठ! पृथ्वी, अन्तरिक्ष, आकाश, पाताल, देवलोक, वन, पर्वत, सागर कोई ऐसा स्थान नहीं है जहाँ तुम्हारी गति न हो। असुर, गन्धर्व, नाग, मनुष्य, देवता, समुद्र तथा पर्वतों सहित सम्पूर्ण लोकों को तुम जानते हो और तुम अतुल, अद्वितीय, पराक्रमी तथा साहसी हो। तुम्हारी सूझबूझ और कार्यकुशलता भी अपूर्व है। यद्यपि मैंने सीता जी की खोज के लिये सब वानरों को आदेश दिया है परन्तु मुझे सच्चा भरोसा तुम्हारे ऊपर ही है और तुम्हें ही उनका पता लगा कर लाना है।"

सुग्रीव का हनुमान पर इतना भरोसा देख कर राम बोले, "हे हनुमान! सुग्रीव की भाँति मुझे भी तुम पर विश्वास है कि तुम सीता का पता अवश्य लगा लोगे। इसलिये मैं तुम्हें अपने नाम से सुशोभित अपनी यह मुद्रिका देता हूँ। जब कभी जानकी मिले, उसे तुम यह मुद्रिका दे देना। इसे पा कर वह तुम्हारे ऊपर सन्देह नहीं करेगी। तुम्हें मेरा दूत समझ कर सारी बातें बता देगी।"

राम की मुद्रिका ले कर हनुमान ने उसे अपने मस्तक से लगाया और सुग्रीव तथा श्री राम के चरणों को स्पर्श कर के वानरों की सेना के साथ सीता को खोजने के लिये निकल पड़े। शेष वानर भी सुग्रीव के निर्देशानुसार भिन्न-भिन्न दिशाओं के लिये चल पड़े। उन्होंने वनों, पर्वतों,

गिरिकन्दराओं, घाटियों, ऋषि-मुनियों के आश्रमों, विभिन्न राजाओं की राजधानियों, शैल-शिखरों, सागर द्वीपों, राक्षसों, यक्षों, किन्नरों के आवासों आदि को छान मारा परन्तु कहीं भी उन्हें जनकनन्दिनी सीता का पता नहीं मिला। अन्त में भूख-प्यास से व्यथित हो थक कर उत्साहहीन हो निराशा के साथ एक स्थान पर बैठ कर अपने कार्यक्रम के विषय में विचार विमर्श करने लगे। एक यूथपति ने उन्हें सम्बोधित करते हुये कहा, "हमने उत्तर पूर्व और पश्चिम दिशा का कोई स्थान नहीं छोड़ा। अत्यन्त अगम्य प्रतीत होने वाले स्थानों को भी हमने छान मारा किन्तु कहीं भी महारानी सीता का पता नहीं चला। मेरे विचार से अब हमें दक्षिण दिशा की ओर प्रस्थान करना चाहिये। इसलिये अब अधिक समय नष्ट न कर के हमें तत्काल चल देना चाहिये।"

यूथपति का प्रस्ताव स्वीकार कर सबसे पहले यह दल विन्ध्याचल पर पहुँचा। वहाँ की गुफाओं, जंगलों, पर्वत-शिखरों आदि सभी स्थानों को उन्होंने छान मारा किन्तु जनकनन्दिनी सीता के उन्हें दर्शन नहीं मिले। विन्ध्यपर्वत के आसपास का महान देश अनेक गुफाओं तथा घने जंगलों से भरा था इसलिये वहाँ जानकी जी को ढूँढने में उन्हें अत्यन्त कठिनाई का सामन करना पड़ा।

इस प्रकार से जानकी जी की खोज के लिये सुग्रीव के द्वारा दिया गया समय व्यतीत हो गया। समस्त वानर पूर्णतः निराश हो गये और सुग्रीव के द्वारा दिये जाने वाले दण्ड के विषय में सोचकर अत्यन्त भयभीत भी हो गये। उनकी निराशा और भय को देख कर महाबुद्धिमान अंगद ने कहा, "निराश और भयभीत होने की आवश्यकता नहीं है। यदि हम सभी वानर अभी भी प्रयत्न करके जानकी जी को खोज लेंगे तो महाराज सुग्रीव प्रसन्न ही होंगे। कर्म का फल अवश्य ही मिलता है अतः खिन्न होकर उद्योग को छोड़ देना कदापि उचित नहीं है।

राजकुमार अंगद की बातों से उत्साहित होकर वानरों ने जानकी जी की खोज के लिये पुनः उद्योग करना आरम्भ कर दिया। वहाँ के अत्यन्त भयंकर तथा सुनसान जंगलों में न तो पानी मिलता था और न ही किसी प्रकार के कंद-मूल-फल ही मिलते थे। मनुष्य का तो नामोनिशान तक दिखाई नहीं देता था। वहाँ अन्वेषण कार्य बहुत ही कठिन था और वानरों को वहाँ अत्यन्त कष्ट सहन करना पड़ा।

समस्त वानर भूख प्यास से व्याकुल होकर वहाँ घूम रहे थे तो उन्हें एक गुफा दिखाई पड़ी। वह गुफा यद्यपि अन्धकारमय थी किन्तु उसमें से हंस, क्रौञ्च, सारस और जल से भीगे हुए चकवे निकलते हुए दृष्टिगत हुए। उन जल से भीगे हुए पक्षियों को देख कर हनुमान जी ने अनुमान लगाया कि अवश्य ही उस गुफा के भीतर जल का स्रोत है। हनुमान जी की सलाह के अनुसार समस्त वानर उस गुफा में प्रवेश कर गये।

- तपस्विनी स्वयंप्रभा

वह गुफा अत्यन्त ही अन्धकारमय थी किन्तु वानरों की दृष्टि उस अन्धकार में भी कार्य कर रही थी। उनका तेज और पराक्रम अवरुद्ध नहीं होता था और उनकी गति वायु के समान थी। तीव्र वेग के साथ वे उस गुफा के भीतर पहुँच गये। भीतर पहुँच कर उन्होंने देखा कि वह स्थान अत्यन्त उत्तम, प्रकाशमान और मनोहर था। चारों ओर साल, ताल, तमाल, नागकेसर, अशोक, धव, चम्पा, कनेर आदि के पुष्पयुक्त वृक्ष दृष्टिगत हो रहे थे। वे सभी वृक्ष सुवर्णमय थे, उनसे अग्नि के समान प्रभा निकल रही थी और उनके फल फूल भी सुनहरे रंग के थे। इन वृक्षों में लगे मूँगे और मणियों के समान चमकीले फूलों और फलों पर सुनहरे रंग के भौंरे मंडरा रहे थे। सूर्य जैसी आभा वाली काञ्चन वृक्षों से घिरे अनेक विशाल सरोवर भी दिखाई पड़े जिनमें स्वर्णकमल और सुनहरे मत्स्य शोभा पा रहे थे।

उन्होंने वहाँ पर सोने और चांदी से बने हुए बहुत सारे भवन भी देखे जिनकी खिड़कियाँ मोतियों की जालियों से ढँकी हुई थीं। स्वर्ण तथा रजत से निर्मित विमान भी दृष्टिगत हो रहे थे। वहाँ रखे हुये अनेक पात्रों में सोने, चांदी और कांसे के ढेर भरे हुए थे। बहुमूल्य सवारियाँ, सरस मधु, महामूल्यवान दिव्य वस्त्रों के ढेर, विचित्र कम्बल एवं कालीनें, मृगचर्मों के समूह आदि भी जहाँ तहाँ रखे हुए थे।

कुछ दूर जाने पर उन्हें वक्कल और काले रंग का मृगचर्म धारण किये हुये एक स्त्री दिखी जिसका मुख तपस्या के तेज से दमक रहा था।

परम बुद्धिमान हनुमान जी ने उस तपस्विनी के पास जाकर हाथ जोड़ कर कहा, "देवि! आप कौन हैं? यह गुफा, ये भवन तथा ये रत्नादि किसके हैं? हे देवि! हम लोग भूख-प्यास और थकावट से व्याकुल होकर जल मिलने की आशा से इस गुफा में चले आये हैं किन्तु यहाँ के अद्भुत पदार्थों को देख कर हमारी विवेकशक्ति लुप्तप्राय हो गई है। यह सब आपकी तपस्या के प्रभाव से हुआ है या यह कोई आसुरी माया है?"

तपस्विनी ने यह कह कर कि तुम सब पहले भोजन ग्रहण कर लो, उन सभी को शुद्ध भोजन, फल-मूल आदि दिया।

फिर भोजन से तृप्त हुए वानरों से तपस्विनी ने कहा, "वानरश्रेष्ठ! इस दिव्य सुवर्णमय उत्तम भवन को दानवशिरोमणियों के विश्वकर्मा मयासुर ने बनाया है। इस भवन में निवास करते हुए मयासुर का सम्पर्क हेमा नाम की अप्सरा से हो गया जिससे क्रुद्ध होकर देवराज इन्द्र ने अपने वज्र से मयासुर का वध कर डाला। अब यह स्थान हेमा के ही आधीन है। मैं मेरसावर्णि की कन्या हूँ और मेरा नाम स्वयंप्रभा है। हेमा मेरी प्रिय सखी है। उसी के द्वारा नियुक्त होकर मैं इस स्थान का संरक्षण करती हूँ। अब तुम लोग बताओ कि तुम लोग किस प्रयोजन से घूम रहे हो?"

पवनकुमार हनुमान जी बोले, "देवि! पिता की आज्ञा से दशरथनन्दन श्री राम अपनी पत्नी सीता और अनुज लक्ष्मण के साथ दण्डकारण्य में निवास कर रहे थे। जनस्थान में आकर रावण ने उनकी स्त्री का बलपूर्वक अपहरण कर लिया। श्री राम वानरराज सुग्रीव के मित्र हैं। हम

लोग अपने राजा सुग्रीव की आज्ञा से जानकी जी की खोज कर रहे हैं। हमें इस गुफा से बाहर निकलने का कोई मार्ग नहीं दिख रहा है अतः आप हमें यहाँ से बाहर निकालने की कृपा करें ताकि हम अपने कर्तव्य को पूर्ण कर सकें।"

तपस्विनी स्वयंप्रभा ने कहा, "श्रेष्ठ वानरों! यद्यपि इस स्थान में आ जाने वाला जीवन भर यहाँ से बाहर नहीं निकल सकता किन्तु मैं अपने तप के प्रभाव से तुम सब को यहाँ से बाहर निकाल दूँगी। तुम सभी अपनी आँखें बंद कर लो।"

वानरों के आँख मूँदते ही स्वयंप्रभा ने निमिषमात्र में उन्हें गुफा से बाहर निकाल कर कहा, "अब तुम अपनी आँखें खोल लो। यह देखो तुम्हारे समक्ष महासागर लहरा रहा है। तुम्हारा कल्याण हो।"

इतना कह कर तपस्विनी स्वयंप्रभा अपने स्थान में वापस चली गईं।

- जाम्बवन्त द्वारा हनुमान को प्रेरणा

वानरों के समक्ष भयंकर महासागर विशाल लहरों से व्याप्त होकर निरन्तर गर्जना कर रहा था। समुद्र तट पर बैठ कर वे विचार विमर्श करने लगे।

युवराज अंगद निराश हो कर बोले, "सीता जी को खोज पाने में हम लोग सर्वथा निष्फल रहे हैं। अब हम लौट कर राजा सुग्रीव और रामचन्द्र जी को कैसे मुख दिखायेंगे। निष्फल हो कर लौटने से तो अच्छा है कि हम यहाँ अपने प्राण त्याग दें।"

इस पर बुद्धिमान हनुमान जी ने कहा, "तारानन्दन! तुम युद्ध में अपने पिता के समान ही अत्यन्त शक्तिशाली हो। अत्यन्त बुद्धिमान होते हुए भी तुम इस तरह से निराशा की बातें कर रहे हो यह तुम्हें शोभा नहीं देता।"

इस प्रकार से उनका विचार विमर्ष चल ही रहा था कि वहाँ पर गृध्रराज सम्पाति आ पहुँचा। वानरों को देख कर वह बोला, "आज दीर्घकाल के पश्चात् मुझे मेरे कर्मों के फल के रूप में यह भोजन प्राप्त हुआ है। मैं एक एक कर के वानरों का भक्षण करता जाऊँगा।"

सम्पाति के वचन सुनकर दुःखी हुए अंगद ने हनुमान जी से कहा, "एक तो हम लोग जानकी जी को खोज नहीं पाये, उस पर यह दूसरी विपत्ति आ गई। हमसे तो अच्छा गृधराज जटायु ही था जिसने श्री रामचन्द्र जी के कार्य को करते हुये अपने प्राण न्यौछावर कर दिया था।"

अंगद के मुख से जटायु का नाम सुनकर सम्पाति ने आश्चर्य से कहा, "जटायु तो मेरा छोटा भाई है। तुम उसके विषय में मुझे पूरा पूरा हाल कहो।"

अंगद से जटायु के विषय में पूरा हाल सुनकर सम्पाति बोला, "बन्धुओं! तुम सीता जी की खोज करने जा रहे हो। मैं इस विषय में जो भी जानता हूँ वह तुम्हें बताता हूँ क्योंकि रावण से मैं अपने छोटे भाई जटायु का प्रतिशोध लेना चाहता हूँ। परन्तु मैं वृद्ध और दुर्बल होने के कारण रावण का वध नहीं कर सकता। इसलिये मैं तुम्हें उसका पता बताता हूँ। सीता जी का हरण करने वाला रावण लंका का राजा है और उसने सीता जी को लंकापुरी में ही रखा है जो यहाँ से सौ योजन (चार सौ कोस) की दूरी पर है और इस समुद्र के उस पार है। लंकापुरी में बड़े भयंकर, सुभट, पराक्रमी राक्षस रहते हैं। लंकापुरी एक पर्वत के ऊपर स्वर्ण निर्मित नगरी है जिसका निर्माण स्वयं विश्वकर्मा ने किया है। उसमें बड़ी सुन्दर ऊँची-ऊँची मनोरम स्वर्ण निर्मित अट्टालिकाएँ हैं। वहीं पर स्वर्णकोट से घिरी अशोकवाटिका है जिसमें रावण ने सीता को राक्षसनियों के पहरे में छिपा कर रखा है। इस समुद्र को पार करने का उपाय करो तभी तुम सीता तक पहुँच सकोगे।"

यह कह कर वह गृद्ध मौन हो गया।

विशाल सागर की अपार विस्तार देख कर सभी वानर चिन्तित होकर एक दूसरे का मुँह ताकने लगे। अंगद, नल, नील आदि किसी भी सेनापति को समुद्र पार कर के जाने का साहस नहीं हुआ।

उन सबको निराश और दुःखी देख कर वृद्ध जाम्बन्त ने कहा, "हे पवनसुत! तुम इस समय चुपचाप क्यों बैठे हो? तुम तो वानरराज सुग्रीव के समान पराक्रमी हो। तेज और बल में तो राम और लक्ष्मण की भी बराबरी कर सकते हो। तुम्हारा वेग और विक्रम पक्षिराज गरुड़ से किसी भी भाँति कम नहीं है जो समुद्र में से बड़े-बड़े सर्पों को निकाल लाता है। इतना अतुल बल और साहस रखते हुये भी तुम समुद्र लाँघ कर जानकी जी तक पहुँचने के लिये तैयार क्यों नहीं होते? तुम्हें तो समुद्र या लंका में मृत्यु का भी भय नहीं है क्योंकि तुम्हें देवराज इन्द्र से इच्छामृत्यु का वर प्राप्त है। जब तुम चाहोगे, तभी तुम्हारी मृत्यु होगी अन्यथा नहीं। तुम केशरी के क्षेत्रज्ञ और वायुदेव के औरस पुत्र हो, इसीलिये उन्हीं के सदृश तेजस्वी और अबाध गति वाले हो। हम लोगों में तुम ही सबसे अधिक साहसी और शक्तिशाली हो। इसलिये उठो और इस महासागर को लाँघ जाओ। तुम्हीं इन निराश वानरों की चिन्ता को दूर कर सकते हो। मैं जानता हूँ, इस कार्य को केवल तुम और अंगद दो ही व्यक्ति कर सकते हो, पर अंगद अभी बालक है। यदि वह चूक गया और उसकी मृत्यु हो गई तो सब लोग सुग्रीव पर कलंक लगायेंगे और कहेंगे कि अपने राज्य को निष्कंटक बनाने के लिये उसने अपने भतीजे को मरवा डाला। यदि मैं वृद्धावस्था के कारण दुर्बल न हो गया होता तो सबसे पहले मैं समुद्र लाँघता। इसलिये हे वीर! अपनी शक्ति को समझो और समुद्र लाँघने को तत्पर हो जाओ।"

जाम्बवन्त के प्रेरक वचनों को सुन कर हनुमान को अपनी क्षमता और बल पर पूरा विश्वास हो गया। अपनी भुजाओं को तान कर हनुमान ने अपने सशक्त रूप का प्रदर्शन किया और गुरुजनों से बोले, "आपके आशीर्वाद से मैं मेघ से उत्पन्न हुई बिजली की भाँति पलक मारते

निराधार आकाश में उड़ जाऊँगा। मुझे विश्वास हो गया है कि मैं लंका में जा कर अवश्य विदेहकुमारी के दर्शन करूँगा।"

यह कह कर उन्होंने घोर गर्जना की जिससे समस्त वानरों के हृदय हर्ष से प्रफुल्लित हो गये। सबसे विदा ले कर हनुमान महेन्द्र पर्वत पर चढ़ गये और मन ही मन समुद्र की गहराई का अनुमान लगाने लगे।

॥किष्किन्धाकाण्ड समाप्त॥

4

युद्धकाण्ड : हनुमान का सागर पार करना

- *युद्धकाण्ड*
- *हनुमान का सागर पार करना*

बड़े-बड़े गजराजों से भरे हुए महेन्द्र पर्वत के समतल प्रदेश में खड़े हुए हनुमान जी वहाँ जलाशय में स्थित हुए विशालकाय हाथी के समान जान पड़ते थे। सूर्य, इन्द्र, पवन, ब्रहमा आदि देवों को प्रणाम कर हनुमान जी ने समुद्र लंघन का दृढ़ निश्चय कर लिया और अपने शरीर को असीमित रूप से बढ़ा लिया। उस समय वे अग्नि के समान जान पड़ते थे।

उन्होंने अपने साथी वानरों से कहा, "हे मित्रों! जैसे श्री रामचन्द्र जी का छोड़ा हुआ बाण वायुवेग से चलता है वैसे ही तीव्र गति से मैं लंका में जाऊँगा और वहाँ पहुँच कर सीता जी की खोज करूँगा। यदि वहाँ भी उनका पता न चला तो रावण को बाँध कर रामचन्द्र जी के चरणों में लाकर पटक दूँगा। आप विश्वास रखें कि मैं सर्वथा कृतकृत्य होकर ही सीता के साथ लौटूँगा अन्यथा रावण सहित लंकापुर को ही उखाड़ कर लाऊँगा।"

इतना कह कर हनुमान आकाश में उछले और अत्यन्त तीव्र गति से लंका की ओर चले। उनके उड़ते ही उनके झटके से साल आदि अनेक वृक्ष पृथ्वी से उखड़ गये और वे भी उनके साथ उड़ने लगे। फिर थोड़ी दूर तक उड़ने के पश्चात् वे वृक्ष एक-एक कर के समुद्र में गिरने लगे। वृक्षों से पृथक हो कर सागर में गिरने वाले नाना प्रकार के पुष्प ऐसे प्रतीत हो रहे थे मानो शरद ऋतु के नक्षत्र जल की लहरों के साथ अठखेलियाँ कर रहे हों। तीव्र गति से उड़ते हुए महाकपि पवनसुत ऐसे प्रतीत हो रहे थे जैसे कि वे महासागर एवं अनन्त आकाश का आचमन करते हुये उड़े जा रहे हैं। तेज से जाज्वल्यमान उनके नेत्र हिमालय पर्वत पर लगे हुये दो दावानलों का भ्रम उत्पन्न करते थे। कुछ दर्शकों को ऐसा लग रहा था कि आकाश में तेजस्वी सूर्य और चन्द्र दोनों एक साथ जलनिधि को प्रकाशित कर रहे हों। उनका लाल कटि प्रदेश पर्वत के वक्षस्थल पर किसी गेरू के खान का भ्रम पैदा कर रहा था। हनुमान के बगल से जो तेज आँधी भारी स्वर करती हुई निकली थी वह घनघोर वर्षाकाल की मेघों की गर्जना सी प्रतीत होती थी। आकाश में उड़ते हये उनके विशाल शरीर का प्रतिबम्ब समुद्र पर पड़ता था तो वह उसकी लहरों के साथ मिल कर ऐसा भ्रम उत्पन्न करता था जैसे सागर के वक्ष पर कोई नौका तैरती चली जा रही हो। इस प्रकार हनुमान निरन्तर आकाश मार्ग से लंका की ओर बढ़े जा रहे थे।

हनुमान के अद्भुत बल और पराक्रम की परीक्षा करने के लिये देवता, गन्धर्व, सिद्ध और महर्षियों ने नागमाता सुरसा के पास जा कर कहा, "हे नागमाता! तुम जा कर वायुपुत्र हनुमान की यात्रा में विघ्न डाल कर उनकी परीक्षा लो कि वे लंका में जा कर रामचन्द्र का कार्य सफलता पूर्वक कर पायेंगे या नहीं।" ऋषियों के मर्म को समझ कर सुरसा विशालकाय राक्षसनी का रूप धारण कर के समुद्र के मध्य में जा कर खड़ी हो गई और उसने अपने रूप को अत्यन्त विकृत बना लिया। हनुमान को अपने सम्मुख पा कर वह बोली, "आज मैं तुम्हें अपना आहार बना कर अपनी क्षुधा को शान्त करूँगी। मैं चाहती हूँ, तुम स्वयं मेरे मुख में प्रवेश करो ताकि मुझे तुम्हें खाने के लिये प्रयत्न न करना पड़े।" सुरसा के शब्दों को सुन कर हनुमान बोले, "तुम्हारी इच्छा पूरी करने में मुझे कोई आपत्ति नहीं है, किन्तु इस समय मैं अयोध्या के राजकुमार रामचन्द्र जी के कार्य से जा रहा हूँ। उनकी पत्नी को रावण चुरा कर लंका ले गया है। मैं उनकी खोज करने के लिये जा रहा हूँ तुम भी राम के राज्य में रहती हो, इसलिये इस कार्य में मेरी सहायता करना तुम्हारा कर्तव्य है। लंका से मैं जब अपना कार्य सिद्ध कर के लौटूँगा, तब अवश्य तुम्हारे मुख में प्रवेश करूँगा। यह मैं तुम्हें वचन देता हूँ।"

हनुमान की प्रतिज्ञा पर ध्यान न देते हुये सुरसा बोली, “जब तक तुम मेरे मुख में प्रवेश न करोगे, मैं तुम्हारे मार्ग से नहीं हटूँगी।” यह सुन कर हनुमान बोले, “अच्छा तुम अपने मुख को अधिक से अधिक खोल कर मुझे निगल लो। मैं तुम्हारे मुख में प्रवेश करने को तैयार हूँ।” यह कह कर महाबली हनुमान ने योगशक्ति से अपने शरीर का आकार बढ़ा कर चालीस कोस का कर लिया। सुरसा भी अपूर्व शक्तियों से सम्पन्न थी। उसने तत्काल अपना मुख अस्सी कोस तक फैला लियाा हनुमान ने अपना शरीर एक अँगूठे के समान छोटा कर लिया और तत्काल उसके मुख में घुस कर बाहर निकल आये। फिर बोले, “अच्छा सुरसा, तुम्हारी इच्छा पूरी हुई अब मैं जाता हूँ। प्रणाम!” इतना कह कर हनुमान आकाश में उड़ गये।

पवनसुत थोड़ी ही दूर गये थे कि सिंहिका नामक राक्षसनी की उन पर दृष्टि पड़ी। वह हनुमान को खाने के लिये लालयित हो उठी। वह छाया ग्रहण विद्या में पारंगत थी। जिस किसी प्राणी की छाया पकड़ लेती थी, वह उसके बन्धन में बँधा चला आता था। जब उसने हनुमान की छाया को पकड़ लिया तो हनुमान की गति अवरुद्ध हो गई। उन्होंने आश्चर्य से सिंहिका की ओर देखा। वे समझ गये, सुग्रीव ने जिस अद्भुत छायाग्राही प्राणी की बात कही थे, सम्भवतः यह वही है। यह सोच कर उन्होंने योगबल से अपने शरीर का विस्तार मेघ के समान अत्यन्त विशाल कर लिया। सिंहिंका ने भी अपना मुख तत्काल आकाश से पाताल तक फैला लिया और गरजती हई उनकी ओर दौड़ी। यह देख कर हनुमान अत्यन्त लघु रूप धारण करके उसके मुख में जा गिरे और अपने तीक्ष्ण नाखूनों से उसके मर्मस्थलों को फाड़ डाला। इसके पश्चात् बड़ी फुर्ती से बाहर निकल कर आकाश की ओर उड़ चले। राक्षसनी क्षत-विक्षत हो कर समुद्र में गिर पड़ी और मर गई।

- *हनुमान जी का लंका में प्रवेश*

चार सौ योजन अलंघनीय समुद्र को लाँघ कर महाबली हनुमान जी त्रिकूट नामक पर्वत के शिखर पर स्वस्थ भाव से खड़े हो गये। कपिश्रेष्ठ ने वहाँ सरल (चीड़), कनेर, खिले हुए खजूर, प्रियाल (चिरौंजी), मुचुलिन्द (जम्बीरी नीबू), कुटज, केतक (केवड़े), सुगन्धपूर्ण प्रियंगु (पिप्पली), नीप (कदम्ब या अशोक), छितवन, असन, कोविदार तथा खिले हुए करवीर भी देखे। फूलों के भार से लदे हुए तथा मुकुलित (अधखिले), बहुत से वृक्ष भी उन्हें दृष्टिगोचर हुए जिनकी डालियाँ झूम रही थीं और जिन पर नाना प्रकार के पक्षी कलरव कर रहे थे।

हनुमान जी धीरे धीरे अद्भुत शोभा से सम्पन्न रावणपालित लंकापुरी के पास पहुँचे। उन्होंने देखा, लंका के चारों ओर कमलों से सुशोभित जलपूरित खाई खुदी हुई है। वह महापुरी सोने की चहारदीवारी से घिरी हुई हैं। श्वेत रंग की ऊँची ऊँची सड़कें उस पुरी को सब ओर से घेरे हुए थीं। सैकड़ों गगनचुम्बी अट्टालिकाएँ ध्वजा-पताका फहराती हुई उस नगरी की शोभा बढ़ा रही हैं।

उस पुरी के उत्तर द्वार पर पहुँच कर वानरवीर हुनमान जी चिन्ता में पड़ गये। लंकापुरी भयानक राक्षसों से उसी प्रकार भरी हुई थी जैसे कि पाताल की भोगवतीपुरी नागों से भरी रहती है। हाथों में शूल और पट्टिश लिये बड़ी बड़ी दाढ़ों वाले बहुत से शूरवीर घोर राक्षस लंकापुरी की रक्षा कर रहे थे। नगर की इस भारी सुरक्षा, उसके चारों ओर समुद्र की खाई और रावण जैसे भयंकर शत्रु को देखकर हनुमान जी विचार करने लगे कि यदि वानर वहाँ तक आ जायें तो भी वे व्यर्थ ही सिद्ध होंगे क्योंकि युद्ध द्वारा देवता भी लंका पर विजय नहीं पा सकते। रावणपालित इस दुर्गम और विषम (संकटपूर्ण) लंका में महाबाहु रामचन्द्र आ भी जायें तो क्या कर पायेंगे? राक्षसों पर साम, दान और भेद की नीति का प्रयोग असम्भव दृष्टिगत हो रहा है। यहाँ तो केवल चार वेगशाली वानरों अर्थात् बालिपुत्र अंगद, नील, मेरी और बुद्धिमान राजा सुग्रीव की ही पहुँच हो सकती है। अच्छा पहले यह तो पता लगाऊँ कि विदेहकुमारी सीता जीवित भी है या नहीं? जनककिशोरी का दर्शन करने के पश्चात् ही मैं इस विषय में कोई विचार करूँगा।

उन्होंने सोचा कि मैं इस रूप से राक्षसों की इस नगरी में प्रवेश नहीं कर सकता क्योंकि बहुत से क्रूर और बलवान राक्षस इसकी रक्षा कर रहे हैं। जानकी की खोज करते समय मुझे स्वयं को इन महातेजस्वी, महापराक्रमी और बलवान राक्षसों से गुप्त रखना होगा। अतः मुझे रात्रि के समय ही नगर में प्रवेश करना चाहिये और सीता का अन्वेषण का यह समयोचित कार्य करने के लिये ऐसे रूप का आश्रय लेना चाहिये जो आँख से देखा न जा सके, मात्र कार्य से ही यह अनुमान हो कि कोई आया था।

देवताओं और असुरों के लिये भी दुर्जय लंकापुरी को देखकर हनुमान जी बारम्बार लम्बी साँस खींचते हुये विचार करने लगे कि किस उपाय से काम लूँ जिसमें दुरात्मा राक्षसराज रावण की दृष्टि से ओझल रहकर मैं मिथिलेशनन्दिनी जनककिशोरी सीता का दर्शन प्राप्त कर सकूँ। अविवेकपूर्ण कार्य करनेवाले दूत के कारण बने बनाये काम भी बिगड़ जाते हैं। यदि राक्षसों ने मुझे देख लिया तो रावण का अनर्थ चाहने वाले श्री राम का यह कार्य सफल न हो सकेगा। अतः अपने कार्य की सिद्धि के लिये रात में अपने इसी रूप में छोटा सा शरीर धारण करके लंका में प्रवेश करूँगा और घरों में घुसकर जानकी जी की खोज करूँगा।

ऐसा निश्चय करके वीर वानर हनुमान सूर्यास्त की प्रतीक्षा करने लगे। सूर्यास्त हो जाने पर रात के समय उन्होंने अपने शरीर को छोटा बना लिया और उछलकर उस रमणीय लंकापुरी में प्रवेश कर गये।

- लंका में सीता की खोज

इस प्रकार से सुग्रीव का हित करने वाले कपिराज हनुमान जी ने लंकापुरी में प्रवेश कर मानो शत्रुओं के सिर पर अपना बायाँ पैर रख दिया। वे राजमार्ग का आश्रय ले उस रमणीय लंकापुरी की ओर चले। वहाँ पर स्वर्ण निर्मित विशाल भवनों में दीपक जगमगा रहे थे। कहीं नृत्य हो रहा था और कहीं सुरा पी कर मस्त हुये राक्षस अनर्गल प्रलाप कर रहे थे। हनुमान जी ने देखा कि बहुत से राक्षस मन्त्रों का जाप करते हुए स्वाध्याय में तत्पर थे। कोई जटा बढ़ाये तो कोई मूड़ मुड़ाये रावण के अनेक गुप्तचर भी उन्हें दृष्टिगत हुए।

हनुमान जी ने नगर के सब भवनों तथा एकान्त स्थानों को छान डाला, परन्तु कहीं सीता दिखाई नहीं दीं। अन्त में उन्होंने सब ओर से निराश हो कर रावण के उस राजप्रासाद में प्रवेश किया जिसमें लंका के मन्त्री, सचिव एवं प्रमुख सभासद निवास करते थे। उन सब का भली-भाँति निरीक्षण करने के पश्चात् वे रावण के अत्यन्त प्रिय बृहत्शाला की ओर चले। वहाँ की सीढ़ियाँ रत्नजटित थीं। स्वर्ण निर्मित वातायन दीपों के प्रकाश से जगमगा रही थीं। स्थान-स्थान पर हाथी दाँत का काम किया हुआ था। छतें और स्तम्भ मणियों तथा रत्नों से जड़े हुये थे। इन्द्र के भवन से भी अधिक सुसज्जित इस भव्य शाला को देख कर हनुमान चकित रह गये। उन्होंने एक ओर स्फटिक के सुन्दर पलंग पर रावण को हुए मदिरा के मद में पड़े देखा जो कि अनिंद्य सुन्दरियों से घिरे हए था। उसके नेत्र अर्द्धनिमीलित हो रहे थे। अनेक रमणियों के वस्त्राभूषण अस्त-व्यस्त हो रहे थे और वे सुरा के प्रभाव से अछूती भी नहीं थीं। वहाँ भी सीता को न पा कर पवनसुत बाहर निकल आये।

फिर हनुमान जी ने रावण के अन्य निकट सम्बंधियों के निवास स्थानों में सीता की खोज की किन्तु वहाँ भी उन्हें असफलता ही मिली। तत्पश्चात् हनुमान ने रावण की पटरानी मन्दोदरी के भवन में प्रवेश किया। अपने शयनागार में मन्दोदरी एक स्फटिक से श्वेत पलंग पर सो रही थी। उसके शय्या के चारों ओर रंग-बिरंगी सुवासित पुष्पमालायें झूल रही थीं। उसके अद्भुत रूप, लावण्य, सौन्दर्य एवं यौवन को देख कर हनुमान के मन में विचार आया, सम्भवतः यही जनकनन्दिनी सीता हैं, परन्तु उसी क्षण उनके मन में एक और विचार उठा कि ये सीता नहीं हो सकतीं क्योंकि रामचन्द्र जी के वियोग में पतिव्रता सीता न तो सो सकती हैं और न इस प्रकार आभूषण आदि पहन कर श्रृंगार ही कर सकती हैं। अतएव यह स्त्री अनुपम लावण्यमयी होते हुये भी सीता कदापि नहीं है। यह सोच कर वे उदास हो गये और मन्दोदरी के कक्ष से बाहर निक आये।

अकस्मात् वे सोचने लगे कि आज मैंने पराई स्त्रियों को अस्त-व्यस्त वेष में सोते हुये देख कर भारी पाप किया है। वे इस पर पश्चाताप करने लगे। फिर यह विचार कर उन्होंने अपने मन को शान्ति दी कि उन्हें देख कर मेरे मन में कोई विकार उत्पन्न नहीं हुआ इसलिये यह पाप नहीं है। फिर जिस उद्देश्य के लिये मुझे भेजा गया है, उसकी पूर्ति के लिये मुझे अनिवार्य रूप से स्त्रियों का अवलोकन करना पड़ेगा। इसके बिना मैं अपना कार्य कैसे पूरा कर सकूँगा। फिर वे सोचने लगे मुझे सीता जी कहीं नहीं मिलीं। रावण ने उन्हें मार तो नहीं डाला? यदि ऐसा है तो मेरा सारा परिश्रम व्यर्थ गया। नहीं, मुझे यह नहीं सोचना चाहिये। जब तक मैं लंका का कोना-कोना न छान मारूँ, तब तक मुझे निराश नहीं होना चाहिये। यह सोच कर अब उन्होंने ऐसे-ऐसे स्थानों की खोज आरम्भ की, जहाँ तनिक भी असावधानी उन्हें यमलोक तक पहुँचा सकती थी। उन स्थानों में उन्होंने रावण द्वारा हरी गई अनुपम सुन्दर नागकन्याओं एवं किन्नरियों को भी देखा, परन्तु सीता कहीं नहीं मिलीं। सब ओर से निराश हो कर उन्होंने सोचा, मैं बिना सीता जी का समाचार लिये लौट कर किसी को मुख नहीं दिखा सकता। इसलिये यहीं रह कर उनकी खोज करता रहूँगा, अथवा अपने प्राण दे दूँगा। यह सोच कर भी उन्होंने सीता को खोजने का कार्य बन्द नहीं किया।

- *हनुमान जी अशोकवाटिका में*

हनुमान जी सीता की खोज के अपने निश्चय पर अडिग हो गये। उन्होंने प्रण कर लिया कि जब तक मैं यशस्विनी श्री रामपत्नी सीता का दर्शन न कर लूँगा तब तक इस लंकापुरी में बारम्बार उनकी खोज करता ही रहूँगा। इधर यह अशोकवाटिका दृष्टिगत हो रही है जिसके भीतर अनेक विशाल वृक्ष हैं। इस वाटिका में मैंने अभी तक अनुसंधान नहीं किया है अतः अब इसी में चलकर जनककुमारी वैदेही को ढूँढना चाहिये।

वह अशोकवाटिका चारों ओर से ऊँचे परकोटों से घिरी हुई थी। अतः वाटिका के भीतर जाने के उद्देश्य से हनुमान जी उसकी चहारदीवारी पर चढ़ गये। चहारदीवारी पर बैठे हुए उन्होंने देखा कि वहाँ साल, अशोक, निम्ब और चम्पा के वृक्ष भली-भाँति खिले हुए थे। बहुवार, नागकेसर और बन्दर के मुँह की भाँति लाल फल देने वाले आम भी पुष्प मञ्जरियों से सुशोभित हो रहे थे। अमराइयों से युक्त वे सभी वृक्ष शत-शत लताओं से आवेष्टित हो रहे थे। हनुमान जी प्रत्यञ्चा से छूटे हुए बाण के समान उछले और उन वृक्षों की वाटिका में जा पहुँचे।

वह विचित्र वाटिका स्वर्ण और रजत के समान वर्ण वाले वृक्षों द्वारा सब ओर से घिरी हुई थी और नाना प्रकार के पक्षियों के कलरव से गुंजायमान हो रही थी। भाँति-भाँति के विहंगमों और मृगसमूहों से उसकी विचित्र शोभा हो रही थी। वह विचित्र काननों से अलंकृत थी और नवोदित सूर्य के समान अरुण रंग की दिखाई देती थी। फूलों और फलों से लदे हुए नाना प्रकार के वृक्षों से व्याप्त हुई उस अशोकवाटिका का मतवाले कोकिल और भ्रमर सेवन करते थे। मृग और द्विज (पक्षी) मदमत्त हो उठते थे। मतवाले मोरों का कलनाद वहाँ निरन्तर गूँजता रहता था। वाटिका में जहाँ-तहाँ विभिन्न आकारों वाली बावड़ियाँ थीं जो उत्तम जल और मणिमय सोपानों से युक्त थीं। जल के नीचे की फर्श स्फटिक मणि की बनी हुई थी और बावड़ियों के तटों पर तरह-तरह के विचित्र सुवर्णमय वृक्ष शोभा दे रहे थे। उनमें खिले हुए कमलों के वन, चक्रवाकों

के जोड़े, पपीहा, हंस और सारस वहाँ की शोभा बढ़ा रहे थे। उस अशोकवाटिका में विश्वकर्मा के बनाये हुए बड़े-बड़े महल और कृत्रम कानन सब ओर से उसकी शोभा बढ़ा रहे थे।

तदन्तर महाकपि हनुमान ने एक सुवर्णमयी शिंशपा (अशोक) वृक्ष देखा जो बहुत से लतावितानों और अगणित पत्तों से व्याप्त था तथा सब ओर से सुवर्णमयी वेदिकाओं से घिरा था। महान वेगशाली हनुमान जी उस अशोक वृक्ष पर यह सोचकर चढ़ गये कि मैं यहीं से श्री रामचन्द्र जी के दर्शन के लिये उत्सुक हुई विदेहनन्दिनी सीता को देखूँगा जो दुःख से आतुर हो इच्छानुसार इधर-उधर आती होंगीं। यह प्रातःकाल की सन्ध्योपासना का समय है और सन्ध्याकालिक उपासना के लिये वैदेही अवश्य ही यहाँ पर पधारेंगी। ऐसा सोचते हुए महात्मा हनुमान जी नरेन्द्रपत्नी सीता के शुभागमन की प्रतीक्षा में तत्पर हो उस अशोकवृक्ष पर छिपे रहकर उस सम्पूर्ण वन पर दृष्टिपात करते रहे।

उस अशोकवाटिका में वानर-शिरोमणि हनुमान ने थोड़ी ही दूर पर एक गोलाकार ऊँचा एक हजार खंभों वाला गोलाकार प्रासाद देखा जो कैलास पर्वत के समान श्वेत वर्ण का था। उसमें मूँगे की सीढ़ियाँ बनीं थीं तथा तपाये हुए सोने की वेदियाँ बनायी गयी थीं। उनकी दृष्टि वहाँ एक सुन्दरी स्त्री पर पड़ी जो मलिन वस्त्र धारण किये राक्षसियों से घिरी हुई बैठी थी। अलंकारशून्य होने के कारण वह कमलों से रहित पुष्करिणी के समान श्रीहीन दिखाई देती थी। वह शोक से पीड़ित, दुःख से संतप्त और सर्वथा क्षीणकाय हो रही थी। उपवास से दुर्बल हुई उस दुखिया नारी के मुँह पर आँसुओं की धारा बह रही थी। वह शोक और चिन्ता में मग्न हो दीन दशा में पड़ी हुई थी एवं निरन्तर दुःख में ही डूबी रहती थी। काली नागिन के समान कटि से नीचे तक लटकी हुई एकमात्र काली वेणी द्वारा उपलक्षित होनेवाली वह नारी बादलों के हट जाने पर नीली वनश्रेणी से घिरी हुई पृथ्वी के समान प्रतीत होती थी।

हनुमान जी ने अनुमान किया कि हो-न-हो यही सीता है। इन्हीं के वियोग में दशरथनन्दन राम व्याकुल हो रहे हैं। यह तपस्विनी ही उनके हृदय में अक्षुण्ण रूप से निवास करती हैं। इन्हीं सीता को पुनः प्राप्त करने के लिये रामचन्द्र जी ने वालि का वध कर के सुग्रीव को उनका खोया हुआ राज्य दिलाया है। इन्हीं को खोज पाने के लिये मैंने विशाल सागर को पार कर के लंका के भवन अट्टालिकाओं की खाक छानी है। इस अद्भुत सुन्दरी को प्राप्त करने के लिये रघुनाथ जी सागर पर्वतों सहित यदि सम्पूर्ण धरातल को भी उलट दें तो भी कम है। ऐसी पतिपरायणा साध्वी देवी के सम्मुख तीनों लोकों का राज्य और चौदह भुवन की सम्पदा भी तुच्छ है। आज यह महा पतिव्रता राक्षसराज रावण के पंजों में फँस कर असह्य कष्ट भोग रही है। मुझे अब इस बात में तनिक भी सन्देह नहीं है कि यह वही सीता है जो अपने देवता तुल्य पति के प्रेम के कारण अयोध्या के सुख-वैभव का परित्याग कर के रामचन्द्र के साथ वन के कष्टों को हँस-हँस कर झेलने के लिये चली आई थीं और जिसे नाना प्रकार के दुःखों को उठा कर भी कभी वन में आने का पश्चाताप नहीं हुआ। वही सीता आज इस राक्षसी घेरे में फँस कर अपने प्राणनाथ के वियोग में सूख-सूख कर काँटा हो गई हैं, किन्तु उन्होंने अपने सतीत्व पर किसी प्रकार की आँच नहीं आने दिया। इसमें सन्देह नहीं, यदि इन्होंने रावण के कुत्सित प्रस्ताव को स्वीकार कर लिया होता तो आज इनकी यह दशा नहीं होती। राम के प्रति इनके मन में कितना अटल स्नेह है, यह इसी बात से सिद्ध होता है कि ये न तो अशोकवाटिका की सुरम्य शोभा को निहार रही हैं और न इन्हें घेर कर बैठी हुई निशाचरियों को। उनकी एकटक दृष्टि पृथ्वी में राम की छवि को निहार रही हों।

सीता की यह दीन दशा देख कर भावुक पवनसुत के नेत्रों से अश्रुधारा प्रवाहित हो चली। वे सुध-बुध भूल कर निरन्तर आँसू बहाने लगे। कभी वे सीता जी की दीन दशा को देखते थे और कभी रामचन्द्र जी के उदास दुःखी मुखण्डल का स्मरण करते थे। इसी विचारधारा में डूबते-उतराते रात्रि का अवसान होने और प्राची का मुखमण्डल उषा की लालिमा से सुशोभित होने लगी। तभी हनुमान को ध्यान आया कि रात्रि समाप्तप्राय हो रही है। वे चैतन्य हो कर ऐसी युक्ति पर विचार करने लगे जिससे वे सीता से मिल कर उनसे वार्तालाप करके उन तक श्री रामचन्द्र जी का सन्देश पहुँच सकें।

- *हनुमान जी अशोकवाटिका में*

हनुमान जी सीता की खोज के अपने निश्चय पर अडिग हो गये। उन्होंने प्रण कर लिया कि जब तक मैं यशस्विनी श्री रामपत्नी सीता का दर्शन न कर लूँगा तब तक इस लंकापुरी में बारम्बार उनकी खोज करता ही रहूँगा। इधर यह अशोकवाटिका दृष्टिगत हो रही है जिसके भीतर अनेक विशाल वृक्ष हैं। इस वाटिका में मैंने अभी तक अनुसंधान नहीं किया है अतः अब इसी में चलकर जनककुमारी वैदेही को ढूँढना चाहिये।

वह अशोकवाटिका चारों ओर से ऊँचे परकोटों से घिरी हुई थी। अतः वाटिका के भीतर जाने के उद्देश्य से हनुमान जी उसकी चहारदीवारी पर चढ़ गये। चहारदीवारी पर बैठे हुए उन्होंने देखा कि वहाँ साल, अशोक, निम्ब और चम्पा के वृक्ष भली-भाँति खिले हुए थे। बहुवार, नागकेसर और बन्दर के मुँह की भाँति लाल फल देने वाले आम भी पुष्प मञ्जरियों से सुशोभित हो रहे थे। अमराइयों से युक्त वे सभी वृक्ष शत-शत लताओं से आवेष्टित हो रहे थे। हनुमान जी प्रत्यञ्चा से छूटे हुए बाण के समान उछले और उन वृक्षों की वाटिका में जा पहुँचे।

वह विचित्र वाटिका स्वर्ण और रजत के समान वर्ण वाले वृक्षों द्वारा सब ओर से घिरी हुई थी और नाना प्रकार के पक्षियों के कलरव से गुंजायमान हो रही थी। भाँति-भाँति के विहंगमों और मृगसमूहों से उसकी विचित्र शोभा हो रही थी। वह विचित्र काननों से अलंकृत थी और नवोदित सूर्य के समान अरुण रंग की दिखाई देती थी। फूलों और फलों से लदे हुए नाना प्रकार के वृक्षों से व्याप्त हुई उस अशोकवाटिका का

मतवाले कोकिल और भ्रमर सेवन करते थे। मृग और द्विज (पक्षी) मदमत्त हो उठते थे। मतवाले मोरों का कलनाद वहाँ निरन्तर गूँजता रहता था। वाटिका में जहाँ-तहाँ विभिन्न आकारों वाली बावड़ियाँ थीं जो उत्तम जल और मणिमय सोपानों से युक्त थीं। जल के नीचे की फर्श स्फटिक मणि की बनी हुई थी और बावड़ियों के तटों पर तरह-तरह के विचित्र सुवर्णमय वृक्ष शोभा दे रहे थे। उनमें खिले हुए कमलों के वन, चक्रवाकों के जोड़े, पपीहा, हंस और सारस वहाँ की शोभा बढ़ा रहे थे। उस अशोकवाटिका में विश्वकर्मा के बनाये हुए बड़े-बड़े महल और कृत्रम कानन सब ओर से उसकी शोभा बढ़ा रहे थे।

तदन्तर महाकपि हनुमान ने एक सुवर्णमयी शिंशपा (अशोक) वृक्ष देखा जो बहुत से लतावितानों और अगणित पत्तों से व्याप्त था तथा सब ओर से सुवर्णमयी वेदिकाओं से घिरा था। महान वेगशाली हनुमान जी उस अशोक वृक्ष पर यह सोचकर चढ़ गये कि मैं यहीं से श्री रामचन्द्र जी के दर्शन के लिये उत्सुक हुई विदेहनन्दिनी सीता को देखूँगा जो दुःख से आतुर हो इच्छानुसार इधर-उधर आती होंगीं। यह प्रातःकाल की सन्ध्योपासना का समय है और सन्ध्याकालिक उपासना के लिये वैदेही अवश्य ही यहाँ पर पधारेंगी। ऐसा सोचते हुए महात्मा हनुमान जी नरेन्द्रपत्नी सीता के शुभागमन की प्रतीक्षा में तत्पर हो उस अशोकवृक्ष पर छिपे रहकर उस सम्पूर्ण वन पर दृष्टिपात करते रहे।

उस अशोकवाटिका में वानर-शिरोमणि हनुमान ने थोड़ी ही दूर पर एक गोलाकार ऊँचा एक हजार खंभों वाला गोलाकार प्रासाद देखा जो कैलास पर्वत के समान श्वेत वर्ण का था। उसमें मूँगे की सीढ़ियाँ बनीं थीं तथा तपाये हुए सोने की वेदियाँ बनायी गयी थीं। उनकी दृष्टि वहाँ एक सुन्दरी स्त्री पर पड़ी जो मलिन वस्त्र धारण किये राक्षसियों से घिरी हुई बैठी थी। अलंकारशून्य होने के कारण वह कमलों से रहित पुष्करिणी के समान श्रीहीन दिखाई देती थी। वह शोक से पीड़ित, दुःख से संतप्त और सर्वथा क्षीणकाय हो रही थी। उपवास से दुर्बल हुई उस दुखिया नारी के मुँह पर आँसुओं की धारा बह रही थी। वह शोक और चिन्ता में मग्न हो दीन दशा में पड़ी हुई थी एवं निरन्तर दुःख में ही डूबी रहती थी। काली नागिन के समान कटि से नीचे तक लटकी हुई एकमात्र काली वेणी द्वारा उपलक्षित होनेवाली वह नारी बादलों के हट जाने पर नीली वनश्रेणी से घिरी हुई पृथ्वी के समान प्रतीत होती थी।

हनुमान जी ने अनुमान किया कि हो-न-हो यही सीता है। इन्हीं के वियोग में दशरथनन्दन राम व्याकुल हो रहे हैं। यह तपस्विनी ही उनके हृदय में अक्षुण्ण रूप से निवास करती हैं। इन्हीं सीता को पुनः प्राप्त करने के लिये रामचन्द्र जी ने वालि का वध कर के सुग्रीव को उनका खोया हुआ राज्य दिलाया है। इन्हीं को खोज पाने के लिये मैंने विशाल सागर को पार कर के लंका के भवन अट्टालिकाओं की खाक छानी है। इस अद्भुत सुन्दरी को प्राप्त करने के लिये रघुनाथ जी सागर पर्वतों सहित यदि सम्पूर्ण धरातल को भी उलट दें तो भी कम है। ऐसी पतिपरायणा साध्वी देवी के सम्मुख तीनों लोकों का राज्य और चौदह भुवन की सम्पदा भी तुच्छ है। आज यह महा पतिव्रता राक्षसराज रावण के पंजों में फँस कर असह्य कष्ट भोग रही है। मुझे अब इस बात में तनिक भी सन्देह नहीं है कि यह वही सीता है जो अपने देवता तुल्य पति के प्रेम के कारण अयोध्या के सुख-वैभव का परित्याग कर के रामचन्द्र के साथ वन के कष्टों को हँस-हँस कर झेलने के लिये चली आई थीं और जिसे नाना प्रकार के दुःखों को उठा कर भी कभी वन में आने का पश्चाताप नहीं हुआ। वही सीता आज इस राक्षसी घेरे में फँस कर अपने प्राणनाथ के वियोग में सूख-सूख कर काँटा हो गई हैं, किन्तु उन्होंने अपने सतीत्व पर किसी प्रकार की आँच नहीं आने दिया। इसमें सन्देह नहीं, यदि इन्होंने रावण के कुत्सित प्रस्ताव को स्वीकार कर लिया होता तो आज इनकी यह दशा नहीं होती। राम के प्रति इनके मन में कितना अटल स्नेह है, यह इसी बात से सिद्ध होता है कि ये न तो अशोकवाटिका की सुरम्य शोभा को निहार रही हैं और न इन्हें घेर कर बैठी हुई निशाचरियों को। उनकी एकटक दृष्टि पृथ्वी में राम की छवि को निहार रही हों।

सीता की यह दीन दशा देख कर भावुक पवनसुत के नेत्रों से अश्रुधारा प्रवाहित हो चली। वे सुध-बुध भूल कर निरन्तर आँसू बहाने लगे। कभी वे सीता जी की दीन दशा को देखते थे और कभी रामचन्द्र जी के उदास दुःखी मुखण्डल का स्मरण करते थे। इसी विचारधारा में डूबते-उतराते रात्रि का अवसान होने और प्राची का मुखमण्डल उषा की लालिमा से सुशोभित होने लगी। तभी हनुमान को ध्यान आया कि रात्रि समाप्तप्राय हो रही है। वे चैतन्य हो कर ऐसी युक्ति पर विचार करने लगे जिससे वे सीता से मिल कर उनसे वार्तालाप करके उन तक श्री रामचन्द्र जी का सन्देश पहुँचा सकें।

- *रावण-सीता संवाद*

इस प्रकार फूले हुए वृक्षों से सुशोभित उस वन की शोभा देखते और विदेहनन्दिनी का अनुसंधान करते हुए हनुमान जी की वह सारी रात प्रायः व्यतीत हो चली। रात्रि जब मात्र एक प्रहर बाकी रही तो रात के उस पिछले प्रहर में छहों अंगोंसहित सम्पूर्ण वेदों के विद्वान तथा श्रेष्ठ यज्ञों द्वारा यजन करने वाले ब्रह्म-राक्षसों के घर में वेदपाठ की ध्वनि होने लगी जिसे हनुमान जी ने सुना।

तदन्तर मंगल वाद्यों तथा श्रवण-सुखद शब्दों द्वारा महाबाहु दशमुख रावण को जगाया गया। जागने पर महाभागी एवं प्रतापी राक्षसराज रावण ने सबसे पहले विदेहनन्दिनी सीता का चिन्तन किया। सीता के प्रति आसक्त एवं काम से प्रेरित रावण ने सब प्रकार के आभूषण धारण कर तथा परम उत्तम शोभा से सम्पन्न हो अशोकवाटिका में प्रवेश किया। पुलस्त्यनन्दन रावण के पीछे-पीछे लगभग एक सौ सुन्दरियाँ भी थीं। काम के आधीन एवं मन में सीता की आस लगाये मन्दगति से आगे बढ़ता रावण अद्भुत शोभा पा रहा था। काम, दर्प और मद से युक्त

अचिन्त्य बल-पौरुष से सम्पन्न रावण के अशोकवाटिका के द्वार तक पहुँचने पर कपिवर हुनमान जी ने उसे देखा। यद्यपि मतिमान् हनुमान जी अत्यन्त उग्रतेजस्वी थे, तथापि रावण के तेज से तिरस्कृत-से होकर सघन पत्तो में घुसकर छिप गये।

अनिंद्य सुन्दरी राजकुमारी सीता ने जब उत्तमोत्तम आभूषणों से विभूषित तथा रूप-यौवन से सम्पन्न राक्षसराज रावण को आते देखा तो वे प्रचण्ड हवा में हिलने वाली कदली के समान भय के मारे थर-थर काँपने लगीं। सुन्दर कान्ति वाली विशाललोचना जानकी ने अपने जंघाओं से पेट और दोनों भुजाओं से स्तन छिपा लिये और रुदन करने लगीं। निशाचरियों से घिरी आसन रहित भूमि पर शोक-विह्वल दीन सीता को रावण ने ध्यानपूर्वक देखा जो दृष्टि नीची किये एकटक पृथ्वी की ओर देख रही थी।

ऐसी दुःखी जानकी के पास आकर लंकापति रावण हँसता हुआ बोले, "हे मृगनयनी! मुझे देख कर तू अपने शरीर को छिपाने का प्रयत्न क्यों कर रही है। स्मरण रख, तेरी इच्छा के बिना मैं कदापि तेरा स्पर्श नहीं करूँगा। तू मुझ पर और मेरे कथन पर विश्वास रख और इस प्रकार दुःखी हो कर अश्रु मत बहा। तेरी यह मलिन, आभूषणरहित वेश-भूषा देख कर मुझे अत्यधिक पीड़ा होती है। तू संसार की सुन्दरियों में शिरोमणि है। अपने इस सौन्दर्य तथा यौवन को व्यर्थ नष्ट मत होने दे। यदि एक बार यह यौवन नष्ट हो गया तो फिर लौट कर नहीं आयेगा। मैं फिर कहता हूँ, तू विश्व की अनुपम सुन्दरी है विधाता की अद्वितीय सृष्टि है। तेरे निर्माण में ब्रह्मा ने अपना सारा कौशल और चतुराई लगा दी। इसीलिये तेरी रचना में उसने किसी प्रकार की कोई कमी नहीं रखी है। तेरे किस-किस अंग की मैं सराहना करूँ। जिस अंग पर दृष्टि पड़ती है, उसी पर अटक कर रह जाती है। मैं तुझे पूरे हृदय से अपनाना चाहता हूँ। मैं तेरे प्रत्येक अंग का रसास्वादन करना चाहता हूँ। इसी लिये तुझसे कहता हूँ, तू राम का मोह छोड़ दे। मैं तुझे अपनी पटरानी बनाऊँगा। मेरी सब रानियाँ तो तेरी चरणों की दासी बनेंगी ही, मैं भी तेरा दास बन कर रहूँगा। अपने भुजबल से अर्जित सम्पूर्ण सम्पत्ति तेरे चरणों में अर्पित कर दूँगा। जीते हुये समस्त राज्य तेरे पिता जनक को दे दूँगा। तू वास्तव में इतनी सुन्दर है कि तुझे देख कर तो तुझे बनाने वाला स्वयं विधाता कामवश हो जायेगा, मेरी तो बात ही क्या है? इसलिये तू मेरी बात स्वीकार कर ले। राम से भयभीत होने की आवश्यकता कोई नहीं है। संसार में कोई भी मुझसे लोहा नहीं ले सकता। चल, उठ कर खड़ी हो जा और सुन्दर वस्त्राभूषण धारण कर के मेरे साथ रमण कर। हे कल्याणी! चल कर तू मेरे ऐश्वर्य को देख और उस कंगाल वनवासी को भूल जा। तू ही सोच, राम के पास न राज्य है, न धन है, न कोई दास है, न सेना है और न कोई साधन है। फिर यह भी क्या पता है कि वह अभी जीता है या मर गया। यदि जीवित भी हो तो भी न तो तू उसके पास पहुँच सकती है और न वह स्वयं ही यहाँ आ सकता है। अतएव चिन्ता का परित्याग कर के निश्चिन्त हो कर मेरे साथ रमण कर।"

रावण के नीच वचनों को सुन कर मध्य में तृण रख कर जानकी बोलीं, "हे लंकेश! तुम्हारे जैसे विद्वान के लिये यह उचित होगा कि तुम अपनी मर्यादाओं का उल्लंघन न करो और मुझसे अपना मन हटा कर अपनी रानियों से प्रेम करो। स्मरण रखो, पापी और नीच भावना रखने वाले पुरुषों को अपने उद्देश्य में कभी सफलता नहीं मिलती। मैं उत्तम कुल में जन्म लेने वाली पतिपरायणा पत्नी हूँ, तुम मुझे मेरे सतीत्व से कदापि विचलित नहीं कर सकते। अपने प्राण रहते मैं तुम्हारे नीचता से परिपूर्ण प्रस्ताव को किसी भी दशा में स्वीकार नहीं कर सकती। यदि तुममें तनिक भी न्याय-बुद्धि होती तो तुम अन्य स्त्रियों के धर्म की उसी प्रकार रक्षा करते जिस प्रकार अपनी रानियों के सतीत्व की करते हो। क्या इस लंका में ऐसा कोई समझदार व्यक्ति नहीं है जो तुम्हें इस साधारण सी बात का बोध कराये? तुम तो नीतिवान बनते हो, फिर नीति का यह वाक्य कैसे भूल गये कि जिस राजा की इन्द्रियाँ उसके वश में नहीं रहतीं, वह चाहे कितना ही ऐश्वर्यवान हो, अन्त में रसातल को जाता है, उसका सर्वस्व नष्ट हो जाता है। हे दुर्बुद्धे! तूने अभी तक मुझे पहचाना नहीं है। मैं तेरे ऐश्वर्य, राज्य, धन-सम्पत्ति के लोभ में नहीं फँस सकती। तेरा यह कहना भी एक व्यर्थ का प्रलाप है कि मैं रघुकुलमणि रामचन्द्र जी से नहीं मिल सकती। अरे मूर्ख! वे तो सदैव मेरे हृदय में निवास करते हैं। मुझे कोई उनसे अलग नहीं कर सकता। मेरा उनका ऐसा अटूट सम्बंध है जैसा कि सूर्य का उसकी प्रभा से। इसलिये मैं उनकी हूँ और सदा ही उनकी रहूँगी। यदि तू सोच-समझ कर यह मान ले कि तूने मेरा अपहरण कर के एक भयंकर अपराध किया है और इसलिये मुझे लौटाते हुये तुझे भय लगता है तो मैं तुझे अभयदान देते हुये वचन देती हूँ कि तू मुझे उनके पास पहुँचा दे, मैं तुझे उनसे क्षमा करा दूँगी। यदि तुम अब भी अपनी हठ पर अड़े रहे तो विश्वास करो कि तुम्हारी मृत्य निश्चित है और तुम्हें उनके बाणों से कोई नहीं बचा सकता। इसलिये मैं फिर कहती हूँ कि सावधान हो जाओ। अपने साथ लंका और लंकावासियों का नाश मत करो। इसी में तुम्हारा और तुम्हारे राक्षसकुल का कल्याण है।"

सीता के ये कठोर वचन सुनकर राक्षसराज रावण ने उन प्रियदर्शना सीता को यह अप्रिय उत्तर दिया, "लोक में पुरुष जैसे-जैसे अनुनय-विनय करता है, वैसे-वैसे ही वह उनका प्रिय होता जाता है किन्तु मैं तुमसे ज्यों-ज्यों मीठे वचन बोलता हूँ त्यों-त्यों तुम मेरा तिरस्कार करती जाती हो। तुम्हारे प्रति जो मेरा प्रेम उत्पन्न हो गया है, वही मेरे क्रोध को रोक रहा है। हे समुखि! यही कारण है कि वध और तिरस्कार के योग्य होने पर भी मैं तुम्हारा वध नहीं कर रहा हूँ। मिथिलेशकुमारी! तुम मुझसे जैसी कठोर बातें कह रही हो, उनके प्रतिकार में तुम्हें कठोर प्राणदण्ड देना ही उचित है। हे सुन्दरि! मैंने तुम्हारे लिये जो अवधि नियुक्त की है उसके अनुसार मुझे दो महीने और प्रतीक्षा करनी है। तत्पश्चात् तुम्हें मेरी शय्या पर आना ही होगा। स्मरण रखो यदि दो महीने बाद तुमने अपना पति स्वीकार नहीं करोगी तो मेरे रसोइये मेरे कलेवे के लिये तुम्हारे टुकड़े-टुकड़े कर डालेंगे।"

राक्षसराज रावण के इन वचनों को सुनकर पातिव्रत्य और पति के शौर्य के अभिमान से परिपूर्ण सीता ने कहा, "निश्चय ही इस नगर में तेरा भला चाहने वाला कोई भी ऐसा पुरुष नहीं है जो तुझे इस निन्दित कर्म से रोके। नीच राक्षस! तूने अमित तेजस्वी श्री राम की भार्या से जो पाप की बात कही है, उसके परिणामस्वरूप दण्ड से तू कहाँ जाकर छुटकारा पायेगा? मैं धर्मात्मा श्री राम की धर्मपत्नी और महाराज दशरथ की पुत्रवधू हूँ। दशमुख रावण! मेरा तेज ही तुझे भस्म कर डालने के लिये पर्याप्त है। केवल श्रीराम की आज्ञा न होने से और अपनी तपस्या को सुरक्षि रखने के विचार से मैं तुझे भस्म नहीं कर रही हूँ। निःसन्देह तेरे वध के लिये ही विधाता ने यह विधा रच दिया है। तू कितना वीर और पराक्रमी है इसका पता तो मुझे उसी दिन चल गया था, जब तेरे पास इतनी विशाल सेना, बल और तेज होते हुये भी तू मुझे चोरों की भाँति मेरे पति की अनुपस्थिति में चुरा लाया था। क्या इससे तेरी कायरता का पता नहीं चलता।"

सीता के मुख से ऐसे अप्रत्याशित एवं अपमानजनक वचन सुनकर रावण का सम्पूर्ण शरीर क्रोध से थर-थर काँपने लगा। उसके नेत्रों से अंगारे बरसाने लगे। वह दहाड़ता हुआ बोला, "अन्यायी और निर्धन मनुष्य का अनुसरण करने वाली नारी! जैसे सूर्यदेव अपने तेज से प्रातःकालिक संध्या के अन्धकार को नष्ट कर देते हैं उसी प्रकार मैं तेरा तत्काल विनाश किये देता हूँ।"

तत्पश्चात् रावण ने एकाक्षी (एक आँख वाली), एककर्णा (एक कान वाली), अश्वपदी (घोड़े के समान पैर वाली), सिंहमुखी (सिंह के समान मुख वाली) आदि विकराल दिखायी देनेवाली राक्षसियों को सम्बोधित करते हुए कहा, "जिस प्रकार भी हो, सीता को मेरे वश में होने के लिये विवश करो। यदि वह प्रेम से न माने तो इसे मनचाहा दण्ड दो ताकि यह हाथ जोड़ कर गिड़गिड़ाती तुई मुझसे प्रार्थना करे और मुझे अपना पति स्वीकार करे।"

राक्षसियों को इस प्रकार आज्ञा देकर काम और क्रोध से व्याकुल हुआ राक्षसराज रावण सीता की ओर देखकर गर्जना करने लगा। रावण को अत्यन्त क्रोधित देखकर मन्दोदरी और धान्यमालिनी नाम की एक अन्य राक्षस-कन्या शीघ्र रावण के पास आयीं और उसका आलिंगन कर बोलीं, "हे प्राणनाथ! आप इस कुरूप सीता के लिये क्यों इतने व्याकुल होते हैं? भला इसके फीके पतले अधरों, अनाकर्षक कान्ति और छोटे भद्दे आकार में क्या आकर्षण है? आप चल कर मेरे साथ विहार कीजिये। इस अभागी को मरने दीजिये। इसके ऐसे भाग्य कहाँ जो आप जैसे अपूर्व बलिष्ठ, अद्भुत पराक्रमी, तीनों लोकों के विजेता के साथ रमण-सुख प्राप्त कर सके। नाथ! जो स्त्री आपको नहीं चाहती, उसके पीछे उन्मत्त की भाँति दौड़ने से क्या लाभ? इससे तो व्यर्थ ही मन को दुःख होता है।"

जब उन राक्षसियों ने ऐसा कहा और उसे दूसरी ओर हटा ले गयीं तो मेघ के समान काला और बलवान राक्षस रावण जोर-जोर से हँसता हुआ अपने भव्य प्रासाद की ओर चल पड़ा।

- *जानकी राक्षसी घेरे में*

राक्षसराज रावण के चले जाने के बार भयानक रूप वाली राक्षसियों ने सीता को घेर लिया और उन्हें अनेक प्रकार से डराने धमकाने लगीं। वे सीता की भर्त्सना करते हुए कहने लगीं, "हे मूर्ख अभागिन! हे नीच नारी! तीनों लोकों और चौदह भुवनों को अपने पराक्रम से पराजित करने वाले परम तेजस्वी राक्षसराज की शैया प्रत्येक को नहीं मिलती। यह तो तुम्हारा परम सौभाग्य है कि स्वयं लंकापति तुम्हें अपनी अंकशायिनी बनाना चाहते हैं। तनिक विचार कर देखो, कहाँ अगाध ऐश्वर्य, स्वर्णपुरी तथा अतुल सम्पत्ति का एकछत्र स्वामी और कहाँ वह राज्य से निकाला हुआ, कंगालों की भाँति वन-वन में भटकने वाला, हतभाग्य साधारण सा मनुष्य! सोच-समझ कर निर्णय करो और महाप्रतापी लंकाधिपति रावण को पति के रूप में स्वीकार करो। उसकी अर्द्धांगिनी बनने में ही तुम्हारा कल्याण है। अन्यथा राम के वियोग में तड़प-तड़प कर मरोगी या राक्षसराज के हाथों मारी जाओगी। तुम्हारा यह कोमल शरीर इस प्रकार नष्ट होने के लिये नहीं है। महाराज रावण के साथ विलास भवन में जा कर रमण करो। महाराज तुम्हें इतना विलासमय सुख देंगे जिसकी तुमने उस कंगाल वनवासी के साथ रहते कल्पना भी नहीं की होगी।"

राक्षसियों की ये बातें सुनकर कमलनयनी सीता ने अश्रुपूर्ण नेत्रों से उनकी ओर देख कर कहा, "तुम सब का यह लोक-विरुद्ध एवं पापपूर्ण प्रस्ताव मेरे हृदय में क्षणमात्र को भी ठहर नहीं पाता। एक मानवकन्या किसी राक्षस की भार्या नहीं हो सकती। तुम सब लोग भले ही मुझे खा जाओ किन्तु मैं तुम्हारी बात नहीं मान सकती। मेरे पति दीन हों अथवा राज्यहीन, वे ही मेरे स्वामी हैं और मैं सदा उन्हीं में अनुरक्त हूँ तथा आगे भी रहूँगी। जैसे सुवर्चला सूर्य में, महाभागा शची इन्द्र में, अरुन्धती महर्षि वसिष्ठ में, रोहिणि चन्द्र में, सुकन्या च्यवन में, सावित्री सत्यवान में, श्रीमती कपिल में, मदयन्ती सौदास में, केशिनी सगर में और दमयन्ती नल में अनुराग रखती हैं वैसे ही मैं भी अपने पति इक्ष्वाकुवंशशिरोमणि श्री राम में अनुरक्त हूँ।

सीता के वचन सुन कर राक्षसियों के क्रोध की सीमा न रही। वे रावण की आज्ञानुसार कठोर वचनों द्वारा उन्हें धमकाने लगीं। अशोकवृक्ष में चुपचाप छिपे बैठे हुए हनुमान जी सीता को फटकारती हुई राक्षसियों की बाते सुनते रहे। वे सब राक्षसियाँ कुपित होकर काँपती हुई सीता पर चारों ओर से टूट पड़ीं। उनका क्रोध बहुत बढ़ा हुआ था। राक्षसियों के बारम्बार धमकाने पर सर्वांगसुन्दरी कल्याणी सीता अपने आँसू पोंछती हुई उसी अशोकवृक्ष के नीचे चली आईं जिस पर हनुमान जी छिपे बैठे थे। शोकसागर में डूबी हुईं विशाललोचना वैदेही वहाँ चुपचाप बैठ गईं। वे अत्यन्त दीन व दुर्बल हो गई थीं तथा उनके वस्त्र मलिन हो चुके थे। विकराल राक्षसियाँ फिर उन्हें घेरकर तरह-तरह से धमकाने लगीं।

विकराल रूप वाली राक्षसियों के द्वारा इस प्रकार से धमकाये जाने पर देवकन्या के समान सुन्दरी सीता धैर्य छोड़ कर रोने लगीं। विलाप करते हुए वे कहने लगीं, "हे भगवान! अब यह विपत्ति नहीं सही जाती। प्रभो! मुझे इस विपत्ति से छुटकारा दिलाओ, या मुझे इस पृथ्वी से उठा लो। बड़े लोगों ने सच कहा है कि समय से पहले मृत्यु भी नहीं आती। आज मेरी कैसी दयनीय दशा हो गई है। कहाँ अयोध्या का वह राजप्रासाद जहाँ मैं अपने परिजनों तथा पति के साथ अलौकिक सुख भोगती थे और कहाँ यह दुर्दिन जब मैं पति से विमुख छल द्वारा हरी गई इन राक्षसों के फंदों में फँस कर निरीह हिरणी की भाँति दुःखी हो रही हूँ। आज अपने प्राणेश्वर के बिना मैं जल से निकाली गई मछली की भाँति तड़प रही हूँ। इतनी भायंकर वेदना सह कर भी मेरे प्राण नहीं निकल रहे हैं। आश्चर्य यह है कि मर्मान्तक पीड़ा सह कर भी मेरा हृदय टुकड़े-टुकड़े नहीं हो गया। मुझ जैसी अभागिनी कौन होगी जो अपने प्राणाधिक प्रियतम से बिछुड़ कर भी अपने प्राणों को सँजोये बैठी है। अभी न जाने कौन-कौन से दुःख मेरे भाग्य में लिखे हैं। न जाने वह दुष्ट रावण मेरी कैसी दुर्गति करेगा। चाहे कुछ भी हो, मैं उस महापातकी को अपने बायें पैर से भी स्पर्श न करूँगी, उसके इंगित पर आत्म समर्पण करना तो दूर की बात है। यह मेरा दुर्भाग्य ही है किस एक परमप्रतापी वीर की भार्या हो कर भी दुष्ट रावण के हाथों सताई जा रही हूँ और वे मेरी रक्षा करने के लिये अभी तक यहाँ नहीं पहुँचे। मेरा तो भाग्य ही उल्टा चल रहा है। यदि परोपकारी जटायुराज इस नीच के हाथों न मारे जाते तो वे अवश्य राघव को मेरा पता बता देते और वे आ कर रावण का विनाश करके मुझे इस भयानक यातना से मुक्ति दिलाते। परन्तु मेरा मन कह रहा है दि दुश्चरित्र रावण के पापों का घड़ा भरने वाला है। अब उसका अन्त अधिक दूर नहीं है। वह अवश्य ही मेरे पति के हाथों मारा जायेगा। उनके तीक्ष्ण बाण लंका को लम्पट राक्षसों के आधिपत्य से मुक्त करके अवश्य मेरा उद्धार करेंगे। किन्तु उनकी प्रतीक्षा करते-करते मुझे इतने दिन हो गये और वे अभी तक नहीं आये। कहीं ऐसा तो नहीं है कि उन्होंने मुझे मरा हुआ समझ लिया हो और इसलिये अब वे मेरी खोज खबर ही न ले रहे हों। यह भी तो हो सकता है कि दुष्ट मायावी रावण ने जिस प्रकार छल से मेरा हरण किया, उसी प्रकार उसने छल से उन दोनों भाइयों का वध कर डाला हो। उस दुष्ट के लिये कोई भी नीच कार्य अकरणीय नहीं है। दोनों दशाओं में मेरे जीवित रहने का प्रयोजन नहीं है। यदि उन्होंने मुझे मरा हुआ समझ लिया है या इस दुष्ट ने उन दोनों का वध कर दिया है तो भी मेरा और उनका मिलन जअब असम्भव हो गया है। जब मैं अपने प्राणेश्वर से नहीं मिल सकती तो मेरा जीवित रहना व्यर्थ है। मैं अभी इसी समय अपने प्राणों का उत्सर्ग करूँगी।"

सीता के इन निराशा भरे वचनों को सुन कर पवनपुत्र हनुमान अपने मन में विचार करने लगे कि अब इस बात में कोई सन्देह नहीं है कि यह ही जनकनन्दिनी जानकी हैं जो अपने पति के वियोग में व्यकुल हो रही हैं। यही वह समय है, जब इन्हें धैर्य की सबसे अधिक आवश्यकता है।

- **हनुमान सीता भेट*

पराक्रमी हनुमान जी विचार करने लगे कि सीता का अनुसंधान करते करते मैंने गुप्तरूप से शत्रु की शक्ति का पता लगा लिया है तथा राक्षसराज रावण के प्रभाव का भी निरीक्षण भी कर लिया है। जिन सीता जी को हजारों-लाखों वानर समस्त दिशाओं में ढूँढ रहे हैं, आज उन्हें मैंने पा लिया है। ये शोक के कारण व्याकुल हो रही हैं अतः इन्हें सान्त्वना देना उचित है। परन्तु राक्षसियों की उपस्थिति में इनसे बात करना मेरे लिये ठीक नहीं होगा। अब मेरे समक्ष समस्या यह है कि मैं अपने इस कार्य को कैसे सम्पन्न करूँ। यदि रात्रि के व्यतीत होते होते मैंने सीता जी को सान्त्वना नहीं दिया तो निःसन्देह ये सर्वथा अपने जीवन का परित्याग कर देंगी। यदि किसी कारणवश मैं सीता से न मिल सका तो मेरा सारा प्रयत्न निष्फल हो जायेगा। रामचन्द्र और सुग्रीव को सीता के यहाँ उपस्थित होने का समाचार देने से भी कोई लाभ नहीं होगा, क्योंकि इनकी दुःखद दशा को देखते हुये यह नहीं कहा जा सकता कि ये किस समय निराश हो कर अपने प्राण त्याग दें। इसलिये उचित यही होगा कि मैं सीता जी, जिनका चित्त अपने स्वामी में ही लगा हुआ है, को श्री राम के गुण गा-गाकर सुनाऊँ जिससे उन्हें मुझ पर विश्वास हो जाये। इस प्रकार भली-भाँति विचार कर के हनुमान मन्द-मन्द मृदु स्वर में बोलने लगे, "इक्ष्वाकुओं के कुल में परमप्रतापी, तेजस्वी, यशस्वी एवं धन-धान्य समृद्ध विशाल पृथ्वी के स्वामी चक्रवर्ती महाराज दशरथ हुये हैं। उनके ज्येष्ठ पुत्र उनसे भी अधिक तेजस्वी, परमपराक्रमी, धर्मपरायण, सर्वगुणसम्पन्न, अतीव दयानिधि श्री रामचन्द्र जी अपने पिता द्वारा की गई प्रतिज्ञा का पालन करने के लिये अपने छोटे भाई लक्ष्मण के साथ जो उतने ही वीर, पराक्रमी और भ्रातृभक्त हैं, चौदह वर्ष की वनवास की अवधि समाप्त करने के लिये अनेक वनों में भ्रमण करते हुये चित्रकूट में आकर निवास करने लगे। उनके साथ उनकी परमप्रिय पत्नी महाराज जनक की लाड़ली सीता जी भी थीं। वनों में ऋषि-मुनियों को सताने वाले राक्षसों का उन्होंने सँहार किया। लक्ष्मण ने जब दुराचारिणी शूर्पणखा के नाक-कान काट लिये तो उसका प्रतिशोध लेने के लिये उसके भाई खर-दूषण उनसे युद्ध करने के लिये आये जिनको रामचन्द्र जी ने मार गिराया और उस जनस्थान को राक्षसविहीन कर दिया। जब लंकापति रावण को खर-दूषण की मृत्यु का समाचार मिला तो वह अपने मित्र मारीच को ले कर छल से जानकी का हरण करने के लिये पहुँचा। मायावी मारीच ने एक स्वर्ण मृग का रूप धारण किया, जिसे देख कर जानकी जी मुग्ध हो गईं। उन्होंने राघवेन्द्र को प्रेरित कर के उस माया मृग को पकड़ कर या मार कर लाने के लिये भेजा। दुष्ट मारीच ने मरते-मरते राम के स्वर में 'हा सीते! हा लक्ष्मण!' कहा था। जानकी जी भ्रम में पड़ गईं और लक्ष्मण को राम की सुधि लेने के लिये भेजा। लक्ष्मण के जाते ही रावण ने छल से सीता का अपहरण कर

लिया। लौट कर राम ने जब सीता को न पाया तो वे वन-वन घूम कर सीता की खोज करने लगे। मार्ग में वानरराज सुग्रीव से उनकी मित्रता हुई। मुग्रीव ने अपने लाखों वानरों को दसों दिशाओं में जानकी जी को खोजने के लिये भेजा. मुझे भी आपको खोजने का काम सौंपा गया। मैं चार सौ कोस चौड़े सागर को पार कर के यहाँ पहुँचा हूँ। श्री रामचन्द्र जी ने जानकी जी के रूप-रंग, आकृति, गुणों आदि का जैसे वर्णन किया था, उस शुभ गुणों वाली देवी को आज मैंने देख लिया है।" इतना कह कर हनुमान चुप हो गये। उनकी बातें सुनकर जनकनन्दिनी सीता को विस्मययुक्त प्रसन्नता हुई। जब उन्होंने ऊपर-नीचे तथा इधर-उधर दृष्टिपात किया तो शाखा के भीतर छिपे हुए, विद्युतपुञ्ज के सामन अत्यन्त पिंगल वर्ण वाले श्वेत वस्त्रधारी हनुमान जी पर उनकी दृष्टि पड़ी। स्वयं पर सीता जी की दृष्टि पड़ते देख कर मूँगे के समान लाल मुख वाले महातेजस्वी पवनकुमार उस अशोक वृक्ष से नीचे उतर आये। माथे पर अञ्जलि बाँध सीता जी निकट आकर उन्होंने विनीतभाव से दीनतापूर्वक प्रणाम किया और मधुर वाणी में कहा, "हे देवि! आप कौन हैं? आपका कोमल शरीर सुन्दर वस्त्राभूषणों से सुसज्जित होने योग्य होते हुये भी आप इस प्रकार का नीरस जीवन व्यतीत कर रही हैं। आपके अश्रु भरे नेत्रों से ज्ञात होता है कि आप अत्यन्त दुःखी हैं। आपको देख कर ऐसा प्रतीत होता है किस आप आकाशमण्डल से गिरी हुई रोहिणी हैं। आपके शोक का क्या कारण है? कहीं आपका कोई प्रियजन स्वर्ग तो नहीं सिधार गया? कहीं आप जनकनन्दिनी सीता तो नहीं हैं जिन्हें लंकापति रावण जनस्थान से चुरा लाया है? जिस प्रकार आप बार-बार ठण्डी साँसें लेकर 'हा राम! हा राम!' पुकारती हैं, उससे ऐसा अनुमान लगता है कि आप विदेहकुमारी जानकी ही हैं। यदि आप सीता जी ही हैं तो आपका कल्याण हो। आप मुझे सही-सही बताइये, क्या मेरा यह अनुमान सही है?" हनुमान का प्रश्न सुन कर सीता बोली, "हे वानरराज! तुम्हारा अनुमान अक्षरशः सही है। मैं जनकपुरी के महाराज जनक की पुत्री, अयोध्या के चक्रवर्ती महाराज दशरथ की पुत्रवधू तथा परमतेजस्वी धर्मात्मा श्री रामचन्द्र जी की पत्नी हूँ। जब श्री रामचन्द्र जी अपने पिता की आज्ञा से वन में निवास करने के लिये आये तो मैं भी उनके साथ वन में आ गई थी। वन से ही यह दुष्ट पापी रावण छलपूर्वक मेरा अपहरण करके मुझे यहाँ ले आया। वह मुझे निरन्तर यातनाएँ दे रहा है। आज भी वह मुझे दो मास की अवधि देकर गया है। यदि दो मास के अन्दर मेरे स्वामी ने मेरा उद्धार नहीं किया तो मैं अवश्य प्राण त्याग दूँगी। यही मेरे शोक का कारण है। अब तुम मुझे कुछ अपने विषय में बताओ।"

- *हनुमान का सीता को मुद्रिका देना*

सीता के वचन सुनकर वानरशिरोमणि हनुमान जी ने उन्हें सान्त्वना देते हुए कहा, "देवि! मैं श्री रामचन्द्र का दूत हनुमान हूँ और आपके लिये सन्देश लेकर आया हूँ। विदेहनन्दिनी! श्री रामचन्द्र और लक्ष्मण सकुशल हैं और उन्होंने आपका कुशल-समाचार पूछा है। रामचन्द्र जी केवल आपके वियोग में दुःखी और शोकाकुल रहते हैं। उन्होंने मेरे द्वारा आपके पास अपना कुशल समाचार भेजा है और तेजस्वी लक्ष्मण जी ने आपके चरणों में अपना अभिवादन कहलाया है।"

पुरुषसिंह श्री राम और लक्ष्मण का समाचार सुनकर देवी सीता के सम्पूर्ण अंगों में हर्षजनित रोमाञ्च हो आया और उनका मुर्झाया हुआ हृदयकमल खिल उठा। विषादग्रस्त मुखमण्डल पर आशा की किरणें प्रदीप्त होने लगीं। इस अप्रत्याशित सुखद समाचार ने उनके मृतप्राय शरीर में नवजीवन का संचार किया। तभी अकस्मात् सीता को ध्यान आया कि राम दूत कहने वाला यह वानर कहीं स्वयं मायावी रावण ही न हो। यह सोच कर वह वृक्ष की शाखा छोड़ कर पृथ्वी पर चुपचाप बैठ गईं और बोली, "हे मायावी! तुम स्वयं रावण हो और मुझे छलने के लिये आये हो। इस प्रकार के छल प्रपंच तुम्हें शोभा नहीं देते और न उस रावण के लिये ही ऐसा करना उचित है। और यदि तुम स्वयं रावण हो तो तुम्हारे जैसे विद्वान, शास्त्रज्ञ पण्डित के लिये तो यह कदापि शोभा नहीं देता। एक बार सन्यासी के भेष में मेरा अपहरण किया, अब एक वानर के भेष में मेरे मन का भेद जानने के लिये आये हो। धिक्कार है तुम पर और तुम्हारे पाण्डित्य पर!" यह कहते हुये सीता शोकमग्न होकर जोर-जोर से विलाप करने लगी।

सीता को अपने ऊपर सन्देह करते देख हनुमान को बहुत दुःख हुआ। वे बोले, "देवि! आपको भ्रम हुआ है। मैं रावण या उसका गुप्तचर नहीं हूँ। मैं वास्तव में आपके प्राणेश्वर राघवेन्द्र का भेजा हुआ दूत हूँ। अपने मन से सब प्रकार के संशयों का निवारण करें और विश्वास करें कि मुझसे आपके विषय में सूचना पाकर श्री रामचन्द्र जी अवश्य दुरात्मा रावण का विनाश करके आपको इस कष्ट से मुक्ति दिलायेंगे। वह दिन दूर नहीं है जब रावण को अपने कुकर्मों का दण्ड मिलेगा और लक्ष्मण के तीक्ष्ण बाणों से लंकापुरी जल कर भस्मीभूत हो जायेगी। मैं वास्तव में श्री राम का दूत हूँ। वे वन-वन में आपके वियोग में दुःखी होकर आपको खोजते फिर रहे हैं। मैं फिर कहता हूँ कि भरत के भ्राता श्री रामचन्द्र जी ने आपके पास अपना कुशल समाचार भेजा है और शत्रुघ्न के सहोदर भ्राता लक्ष्मण ने आपको अभिवादन कहलवाया है। हम सबके लिये यह बड़े आनन्द और सन्तोष की बात है कि राक्षसराज के फंदे में फँस कर भी आप जीवित हैं। अब वह दिन दूर नहीं है जब आप पराक्रमी राम और लक्ष्मण को सुग्रीव की असंख्य वानर सेना के साथ लंकापुरी में देखेंगीं। वानरों के स्वामी सुग्रीव रामचन्द्र जी के परम मित्र हैं। मैं उन्हीं सुग्रीव का मन्त्री हनुमान हूँ, न कि रावण या उसका गुप्तचर, जैसा कि आप मुझे समझ रही हैं। जब रावण आपका हरण करके ला रहा था, उस समय जो वस्त्राभूषण आपने हमें देख कर फेंके थे, वे मैंने ही सँभाल कर रखे थे और मैंने ही उन्हें राघव को दिये थे। उन्हें देख कर रामचन्द्र जी

वेदना से व्याकुल होकर विलाप करने लगे थे। अब भी वे आपके बिना वन में उदास और उन्मत्त होकर घूमते रहते हैं। मैं उनके दुःख का वर्णन नहीं कर सकता।"

हनुमान के इस विस्तृत कथन को सुन कर जानकी का सन्देह कुछ दूर हुआ, परन्तु अब भी वह उन पर पूर्णतया विश्वास नहीं कर पा रही थीं। वे बोलीं, "हनुमान! तुम्हारी बात सुनकर एक मन कहता है कि तुम सच कह रहे हो, मुझे तुम्हारी बात पर विश्वास कर लेना चाहिये। परन्तु मायावी रावण के छल-प्रपंच को देख कर मैं पूर्णतया आश्वस्त नहीं हो पा रही हूँ। क्या किसी प्रकार तुम मेरे इस सन्देह को दूर कर सकते हो?" सीता जी के तर्कपूर्ण वचनों को सुन कर हनुमान ने कहा, "हे महाभागे! इस मायावी कपटपूर्ण वातावरण में रहते हुये आपका गृदय शंकालु हो गया है, इसके लिये मैं आपको दोष नहीं दे सकता; परन्तु आपको यह विश्वास दिलाने के लिये कि मैं वास्तव में श्री रामचन्द्र जी का दूत हूँ आपको एक अकाट्य प्रमाण देता हूँ। रघुनाथ जी भी यह समझते थे कि सम्भव है कि आप मुझ पर विश्वास न करें, उन्होंने अपनी यह मुद्रिका दी है। इसे आप अवश्य पहचान लेंगी।" यह कह कर हनुमान ने रामचन्द्र जी की वह मुद्रिका सीता को दे दी जिस पर राम का नाम अंकित था।

- *हनुमान का सीता को धैर्य बँधाना*

पति के हाथ को सुशोभित करने वाली उस मुद्रिका को लेकर सीता जी उसे ध्यानपूर्वक देखने लगीं। उसे देखकर जानकी जी को इतनी प्रसन्नता हुई मानो स्वयं उनके पतिदेव ही उन्हें मिल गये हों। उनका लाल, सफेद और विशाल नेत्रों से युक्त मनोहर मुख हर्ष से खिल उठा, मानो चन्द्रमा राहु के ग्रण से मुक्त हो गया हो। पूर्णरूप से सन्तुष्ट हो कर वे हनुमान के साहसपूर्ण कार्य की सराहना करती हुई बोलीं, "हे वानरश्रेष्ठ! तुम वास्तव में अत्यन्त चतुर, साहसी तथा पराक्रमी हो। जो कार्य सहस्त्रों मेधावी व्यक्ति मिल कर नहीं कर सकते, उसे तुमने अकेले कर दिखाया। तुमने दोनों रघुवंशी भ्राताओं का कुशल समाचार सुना कर मुझ मृतप्राय को नवजीवन प्रदान किया है। हे पवनसुत! मैं समझती हूँ कि अभी मेरे दुःखों का अन्त होने में समय लगेगा। अन्यथा ऐसा क्या कारण है कि विश्वविजय का सामर्थ्य रखने वाले वे दोनों भ्राता अभी तक रावण को मारने में सफल नहीं हुये। कहीं ऐसा तो नहीं है कि दूर रहने के कारण राघवेन्द्र का मेरे प्रति प्रेम कम हो गया हो? अच्छा, यह बताओ क्या कभी अयोध्या से तीनों माताओं और मेरे दोनों देवरों का कुशल समाचार उन्हें प्राप्त होता है? क्या तेजस्वी भरत रावण का नाश करके मुझे छुड़ाने के लिये अयोध्या से सेना भेजेंगे? क्या मैं कभी अपनी आँखों से दुरात्मा रावण को राघव के बाणों से मरता देख सकूँगी? हे वीर! अयोध्या से वन के लिये चलते समय रामचन्द्र जी के मुख पर जो अटल आत्मविश्वास तथा धैर्य था, क्या अब भी वह वैसा ही है?"

सीता के इन प्रश्नों को सुन कर हनुमान बोले, "हे देवि! जब रघुनाथ जी को आपकी दशा की सूचना मुझसे प्राप्त होगी, तब वे बिना समय नष्ट किये वानरों और रिक्षों की विशाल सेना को लेकर लंकापति रावण पर आक्रमण करके उसकी इस स्वर्णपुरी को धूल में मिला देंगे और आपको इस बंधन से मुक्त करा के ले जायेंगे। आर्ये! आजकल वे आपके ध्यान में इतने निमग्न रहते हैं कि उन्हें अपने तन-बदन की भी सुधि नहीं रहती, खाना पीना तक भूल जाते हैं। उनके मुख से दिन रात 'हा सीते!' शब्द ही सुनाई देते हैं। आपके वियोग में वे रात को भी नहीं सो पाते। यदि कभी नींद आ भी जाय तो 'हा सीते!' कहकर नींद में चौंक पड़ते हैं और इधर-उधर आपकी खोज करने लगते हैं। उनकी यह दशा हम लोगों से देखी नहीं जाती। हम उन्हें धैर्य बँधाने का प्रयास करते हैं, किन्तु हमें सफलता नहीं मिलती। उनकी पीड़ा बढ़ती जाती है।"

अपने प्राणनाथ की दशा का यह करुण वर्णन सुनकर जानकी के नेत्रों से अविरल अश्रुधारा बह चली। वे बोलीं, "हनुमान! तुमने जो यह कहा है कि वे मेरे अतिरिक्त किसी अन्य का ध्यान नहीं करते इससे तो मेरे स्त्री-हृदय को अपार शान्ति प्राप्त हुई है, किन्तु मेरे वियोग में तुमने उनकी जिस करुण दशा का चित्रण किया है, वह मुझे विषमिश्रित अमृत के समान लगा है और उससे मेरे हृदय को प्राणान्तक पीड़ा पहुँची है। वानरशिरोमणे! दैव के विधान को रोकना प्राणियों के वश की बात नहीं है। यह सब विधाता का विधान है जिसने हम दोनों को एक दूसरे के विरह में तड़पने के लिये छोड़ दिया है। न जाने वह दिन कब आयेगा जब वे रावण का वध करके मुझ दुखिया को दर्शन देंगे? उनके वियोग में तड़पते हुये मुझे दस मास व्यतीत हो चुके हैं। यदि दो मास के अन्दर उन्होंने मेरा उद्धार नहीं किया तो दुष्ट रावण मुझे मृत्यु के घाट उतार देगा। वह बड़ा कामी तथा अत्याचारी है। वह वासना में इतना अंधा हो रहा है कि वह किसी की अच्छी सलाह मानने को तैयार नही होता। उसी के भाई विभीषण की पुत्री कला मुझे बता रही थी किस उसके पिता विभषण ने रावण से अनेक बार अनुग्रह किया कि वह मुझे वापस मेरे पति के पास पहुँचा दे, परन्तु उसने उसकी एक न मानी। वह अब भी अपनी हठ पर अड़ा हुआ है। मुझे अब केवल राघव के पराक्रम पर ही विश्वास है, जिन्होंने अकेले ही खर-दूषण को उनके चौदह सहस्त्र युद्धकुशल सेनानियों सहित मार डाला था। देखें, अब वह घड़ी कब आती है जिसकी मैं व्याकुलता से प्रतीक्षा कर रही हूँ।" यह कहते युये सीता अपने नेत्रों से आँसू बहाने लगी।

सीता को विलापयुक्त वचन को सुनकर हनुमान ने उन्हें धैर्य बँधाते हुये कहा, "देवि! आप दुःखी न हों। मैं आपको विश्वास दिलाता हूँ कि मेरे पहुँचते ही प्रभु वानर सेना सहित लंका पर आक्रमण करके दुष्ट रावण का वध कर आपको मुक्त करा देंगे। मुझे तो यह लंकापति कोई असाधारण बलवान दिखाई नहीं देता। यदि आप आज्ञा दें तो मैं अभी इसी समय आपको अपनी पीठ पर बिठा कर लंका के परकोटे को फाँद

कर विशाल सागर को लाँघता हुआ श्री रामचन्द्र जी के पास पहुँचा दूँ। मैं चाहूँ तो इस सम्पूर्ण लंकापुरी को रावण तथा राक्षसों सहित उठा कर राघव के चरणों में ले जाकर पटक दूँ। इनमें से किसी भी राक्षस में इतनी सामर्थ्य नहीं है कि वह मेरे मार्ग में बाधा बन कर खड़ा हो सके।

- *हनुमान का सीता को अपना विशाल रूप दिखाना*

वानरश्रेष्ठ हनुमान के मुख से यह अद्‌भुत वचन सुनकर सीता जी ने विस्मयपूर्वक कहा, "वानरयूथपति हनुमान! तुम्हारा शरीर तो छोटा है तुम इतनी दूरी वाले मार्ग पर मुझे कैसे ले जा सकोगे? तुम्हारे इस दुःसाहस को मैं वानरोचित चपलता ही समझती हूँ।"

सीता का अपने प्रति अविश्वास हनुमान को अपना तिरस्कार सा लगा। फिर उन्होंने सोचा कि मेरी शक्ति और सामर्थ्य से अपरिचित होने के कारण ही ये ऐसा कह रही हैं अतः इन्हें यह दिखा देना ही उचित होगा कि मैं अपनी इच्छानुरूप रूप धारण कर सकता हूँ। ऐसा सोचकर वे बुद्‌धिमान कपिवर उस वृक्ष से नीचे कूद पड़े और सीता जी को विश्वास दिलाने के लिये बढ़ने लगे। क्षणमात्र में उनका शरीर मेरु पर्वत के समान ऊँचा हो गया। वे प्रज्वलित अग्नि के समान तेजस्वी प्रतीत होने लगे। तत्पश्चात् पर्वत के समान विशालकाय, तामे के समान लाल मुख तथा वज्र के समान दाढ़ और नख वाले भयानक महाबली वानरवीर हनुमान विदेहनन्दिनी से बोले, "देवि! मुझमें पर्वत, वन, अट्‌टालिका, चहारदीवारी और नगरद्‌वार सहित इस लंकापुरी को रावण के साथ ही उठा ले जाने की शक्ति है। अतः हे विदेहनन्दिनी! आपकी आशंका व्यर्थ है। देवि! आप मेरे साथ चलकर लक्ष्मण सहित श्री रघुनाथ जी का शोक दूर कीजिये।"

हनुमान के आश्चर्यजनक रूप को विस्मय से देखती हुई सीता जी बोलीं, "हे पवनसुत! तुम्हारी शक्ति और सामर्थ्य में अब मुझे किसी प्रकार की शंका नहीं रही है। तुम्हारी गति वायु के समान और तेज अग्नि के समान है। किन्तु मैं तुम्हारे प्रस्ताव को स्वीकार करने में असमर्थ हूँ। मैं अपनी इच्छा से अपने पति के अतिरिक्त किसी अन्य पुरुष के शरीर का स्पर्श नहीं कर सकती। मेरे जीवन में मेरे शरीर का स्पर्श केवल एक परपुरुष ने किया है और वह दुष्ट रावण है जिसने मेरा हरण करते समय मुझे बलात् अपनी गोद में उठा लिया था। उसकी वेदना से मेरा शरीर आज तक जल रहा है। इसका प्रायश्चित तभी होगा जब राघव उस दुष्ट का वध करेंगे। इसी में मेरा प्रतिशोध और उनकी प्रतिष्ठा है।"

जानकी के मुख से ऐसे युक्तियुक्त वचन सुन कर हनुमान का हृदय गद्‌-गद्‌ हो गया। वे प्रसन्न होकर बोले, "हे देवि! महान सती साध्वियों को शोभा देने वाले ऐसे शब्द आप जैसी परम पतिव्रता विदुषी ही कह सकती हैं। आपकी दशा का वर्णन मैं श्री रामचन्द्र जी से विस्तारपूर्वक करूँगा और उन्हें शीघ्र ही लंकापुरी पर आक्रमण करने के लिये प्रेरित करूँगा। अब आप मुझे कोई ऐसी निशानी दे दें जिसे मैं श्री रामचन्द्र जी को देकर आपके जीवित होने का विश्वास दिला सकूँ और उनके अधीर हृदय को धैर्य बँधा सकूँ।"

हनुमान के कहने पर सीता जी ने अपना चूड़ामणि खोलकर उन्हें देते हुये कहा, "यह चूड़ामणि तुम उन्हें दे देना। इसे देखते ही उन्हें मेरे साथ साथ मेरी माताजी और अयोध्यापति महाराज दशरथ का भी स्मरण हो आयेगा। वे इसे भली-भाँति पहचानते हैं। उन्हें मेरा कुशल समाचार देकर लक्ष्मण और वानरराज सुग्रीव को भी मेरी ओर से शुभकामनाएँ व्यक्त करना। यहाँ मेरी जो दशा है और मेरे प्रति रावण तथा उसकी क्रूर दासियों का जो व्यवहार है, वह सब तुम अपनी आँखों से देख चुके हो, तुम समस्त विवरण रघुनाथ जी से कह देना। लक्ष्मण से कहना, मैंने तुम्हारे ऊपर अविश्वास करके जो तुम्हें अपने ज्येष्ठ भ्राता के पीछे कटुवचन कह कर भेजा था, उसका मुझे बहुत पश्चाताप है और आज मैं उसी मूर्खता का परिणाम भुगत रही हूँ। पवनसुत! और अधिक मैं क्या कहूँ, तुम स्वयं बुद्‌धिमान और चतुर हो। जैसा उचित प्रतीत हो वैसा कहना और करना।"

जानकी के ऐसा कहने पर दोनों हाथ जोड़ कर हनुमान उनसे विदा लेकर चल दिये।

5

उत्तरकाण्ड : समुद्र पार करने की चिन्ता

- *उत्तरकाण्ड*

समुद्र पार करने की चिन्ता

हनुमान के मुख से सीता का समाचार पाकर रामचन्द्र जी अत्यन्त प्रसन्न हुये और कहने लगे, "हनुमान ने बहुत भारी कार्य किया है भूतल पर ऐसा कार्य होना कठिन है। इस महासागर को लाँघ सकने की क्षमता गरुड़, वायु और हनुमान को छोड़कर किसी दूसरे में नहीं है। देवताओं, राक्षसों, यक्षों, गन्धर्वों तथा दैत्यों द्वारा रक्षित लंका में प्रवेश करके उसमें से सुरक्षित निकल आना केवल हनुमान के लिये ही सम्भव है। इन्होंने समुद्र-लंघन आदि कार्यों के द्वारा अपने पराक्रम के अनुरूप बल प्रकट कर के एक सच्चे सेवक के योग्य सुग्रीव का बहुत बड़ा कार्य सम्पन्न किया है। स्वामी द्वारा दिये गये कार्य को सेवक उत्साह तथा लगन से पूरा करे तो वह श्रेष्ठ होता है। जो सेवक कार्य तो पूर्ण कर दे, किन्तु बिना किसी उत्साह के पूरा करे, वह मध्यम होता है और आज्ञा पाकर भी कार्य न करने वाला सेवक अधम कहलाता है। हनुमान ने स्वामी के एक कार्य में नियुक्त होकर उसके साथ ही दूसरे महत्वपूर्ण कार्यों को भी पूरा किया है और सुग्रीव को पूर्णतः सन्तुष्ट कर दिया है। आज मेरे पास पुरस्कार देने योग्य वस्तु का अभाव है। यह बात मेरे मन कसक उत्पन्न कर रही है कि यहाँ जिसने मुझे ऐसा प्रिय संवाद सुनाया, उसका मैं कोई वैसा ही प्रिय कार्य नहीं कर पा रहा हूँ। अतः इस समय मैं इन महात्मा हनुमान को केवल अपना प्रगाढ़ आलिंगन प्रदान अपना सर्वस्व इसे समर्पित करता हूँ।"

ऐसा कहते-कहते श्री रामचन्द्र जी के अंग-प्रत्यंग प्रेम से पुलकित हो गये और उन्होंने अपनी आज्ञा के पालन में सफलता पाकर लौटे हुए पवित्रात्मा हनुमान जी को हृदय से लगा लिया।

फिर थोड़ी देर तक विचार करके रामचन्द्र जी ने सुग्रीव से कहा, "हे वानरराज! जानकी की खोज का कार्य तो सुचारुरूप से सम्पन्न हो गया किन्तु समुद्र की दुस्तरता का विचार करके मेरे मन का उत्साह पुनः नष्ट हो रहा है। महान जलराधि से परिपूर्ण समुद्र को पार करना अत्यन्त कठिन है। यह कार्य कैसे हो पायेगा?"

राम को इस प्रकार चिन्तित देख सुग्रीव ने कहा, "वीरवर! आप दूसरे साधारण मनुष्यों की भाँति क्यों सन्ताप कर रहे हैं? जैसे कृतघ्न पुरुष सौहार्द्र को त्याग देता है उसी प्रकार से आप भी इस सन्ताप को त्याग दें। जब सीता जी का पता लग गया है तो मुझे आपके इस दुःख और चिन्ता का कोई कारण नहीं दिखाई देता। मेरी वानर सेना की वीरता और पराक्रम के सामने यह समुद्र बाधा बन कर खड़ा नहीं हो सकता। हम समुद्र पर पुल बना कर उसे पार करेंगे। परिश्रम और उद्योग से कौन सा कार्य सिद्ध नहीं हो सकता? हमें कायरों की भाँति समुद्र को बाधा मान निराश होकर नहीं बैठना चाहिये।"

सुग्रीव के उत्साहपूर्ण शब्दों से सन्तुष्ट होकर राघव हनुमान से बोले, "हे वीर हनुमान! कपिराज सुग्रीव की पुल बनाने की योजना से मैं सहमत हूँ। यह कार्य शीघ्र आरम्भ हो जाये, ऐसी व्यवस्था तो सुग्रीव कर ही देंगे। इस बीच तुम मुझे रावण की सेना, उसकी शक्ति, युद्ध कौशल, दुर्गों आदि के विषय में विस्तृत जानकारी दो। मुझे विश्वास है कि तुमने इन सारी बातों का अवश्य ही विस्तारपूर्वक अध्ययन किया होगा। तुम्हारी विश्लेषण क्षमता पर मुझे पूर्ण विश्वास है।"

रघुनाथ जी का आदेश पाकर पवनपुत्र हनुमान ने कहा, "हे सीतापते! लंका जितनी ऐश्वर्य तथा समृद्धि से युक्त है, उतनी ही वह विलासिता में डूबी हुई भी है। सैनिक शक्ति उसकी महत्वपूर्ण है। उसमें असंख्य उन्मत्त हाथी, रथ और घोड़े हैं। बड़े-बड़े पराक्रमी योद्धा सावधानी से

लंकापुरी की रक्षा करते हैं। उस विशाल नगरी के चार बड़े-बड़े द्वार हैं। प्रत्येक द्वार पर ऐसे शक्तिशाली यन्त्र लगे हुये हैं जो लाखों की संख्या में आक्रमण करने वाले शत्रु सैनिकों को भी द्वार से दूर रखने की क्षमता रखते हैं। इसके अतिरिक्त प्रत्येक द्वार पर अनेक बड़ी-बड़ी शतघनी (तोप) रखी हुई हैं जो विशाल गोले छोड़ कर अपनी अग्नि से समुद्र जैसी विशाल सेना को नष्ट करने की सामर्थ्य रखती है। लंका को और भी अधिक सुरक्षित रखने के लिये उसके चारों ओर अभेद्य स्वर्ण का परकोटा खींचा गया है। परकोटे के साथ-साथ गहरी खाइयाँ खुदी हुई हैं जो अगाध जल से भरी हुई हैं। उस जल में नक्र, मकर जैसे भयानक हिंसक जल-जीव निवास करते हैं। परकोटे पर थोड़े-थोड़े अन्तर से बुर्ज बने हुये हैं। उन पर विभिन्न प्रकार के विचित्र किन्तु शक्तिशाली यन्त्र रखे हुये हैं। यदि किसी प्रकार से शत्रु के सैनिक परकोटे पर चढ़ने में सफल हो भी जायें तो ये यन्त्र अपनी चमत्कारिक शक्ति से उन्हें खाई में धकेल देते हैं। लंका के पूर्वी द्वार पर दस सहस्त्र पराक्रमी योद्धा शूल तथा खड्ग लिये सतर्कतापूर्वक पहरा देते हैं। दक्षिण द्वार पर एक लाख योद्धा अस्त्र-शस्त्रों से सुसज्जित होकर सदैव सावधानी की मुद्रा में खड़े रहते हैं। उत्तर और पश्चिम के द्वारों पर भी सुरक्षा की ऐसी ही व्यवस्था है। इतना सब कुछ होते हुये भी आपकी कृपा से मैंने उनकी शक्ति काफी क्षीण कर दी है क्योंकि जब रावण ने मेरी पूँछ में कपड़ा लपेट कर आग लगवा दी थी तो मैंने उसी जलती हुई पूँछ से लंका के दुर्गों को या तो समूल नष्ट कर दिया या उन्हें अपार क्षति पहुँचाई है। अनेक यन्त्रों की दुर्दशा कर दी है और कई बड़े-बड़े सेनापतियों को यमलोक भेज दिया है। अब तो केवल सागर पर सेतु बाँधने की देर है, फिर तो राक्षसों का विनाश होते अधिक देर नहीं लगेगी।"

- वानर सेना का प्रस्थान

हनुमान के मुख से लंका का यह विशद वर्णन सुन कर रामचन्द्र बोले, "हनुमान! तुमने भयानक राक्षस रावण की जिस लंकापुरी का वर्णन किया है, उसे मैं शीघ्र ही नष्ट कर डालूँगा। सुग्रीव! अभी विजय नामक मुहूर्त है और इस मुहूर्त में प्रस्थान करना अत्यन्त उपयुक्त है। अतः तुम तत्काल प्रस्थान की तैयारी करो। आज उत्तराफाल्गुनी नामक नक्षत्र है। कल चन्द्रमा का हस्त नक्षत्र से योग होगा। इसलिये हे सुग्रीव! हम लोगों का आज ही सारी सेनाओं के साथ यात्रा आरम्भ कर देना ही उचित है। इस समय जो शकुन प्रकट हो रहे हैं उन्हें देखकर यह विश्वास होता है कि मैं अवश्य ही रावण का वध कर के जनकनन्दिनी सीता को ले आऊँगा।"

रघुनाथ जी के वचन सुनकर महापराक्रमी वानरशिरोमणि सुग्रीव ने वानर सेनापतियों को यथोचित आज्ञा दी और समस्त महाबली वानरगण अपनी गुफाओं और शिखरों से शीघ्र ही निकल कर उछलते-कूदते हुए चलने लगे। उनमें से कुछ वानर उस सेना की रक्षा के लिये उछलते-कूदते चारों ओर चक्कर लगाते थे, कुछ मार्गशोधन के लिये कूदते-फाँदते आगे बढ़ते जाते थे, कुछ वानर मेघों के समान गर्जते, कुछ सिंहों के समान दहाड़ते और कुछ किलकारियाँ भरते हुए दक्षिण दिशा की ओर अग्रसर हो रहे थे। इस प्रकार से लाखों और करोड़ों वानर आगे-आगे श्री रामचन्द्र, लक्ष्मण और सुग्रीव को ले कर जयजयकार करते हुये सागर तट की ओर चल पड़े। 'श्री रामचन्द्र की जय' और 'रावण की क्षय' की घोषणाओं से दसों दिशाएँ गूँजने लगीं। कुछ वानर बारी-बारी से दोनों भाइयों को अपनी पीठ पर चढ़ाये लिये जा रहे थे। उनको अपनी-अपनी पीठ पर चढ़ाने के लिये वे एक दूसरे से प्रतिस्पर्धा करने लगे। उनकी तीव्र गति के कारण समस्त वातावरण धूलि-धूसरित हो रहा था। अम्बर धूमिल हो गया था और आकाश में चमकता हुआ सूर्य भी फीका पड़ गया था। जब वह सेना नदी नालों को पार करती तो उनके प्रवाह भी उसके कारण परिवर्तित हो जाते थे। चारों ओर वानर ही वानर दिखाई देते थे। वे मार्ग में कहीं विश्राम लेने के लिये भी एक क्षण को नहीं ठहरते थे। उनके मन मस्तिष्क पर केवल रावण छाया हुआ था। वे सोचते थे कि कब लंका पहुँचें और कब राक्षसों का संहार करें। इस प्रकार राक्षसों के संहार की कल्पना में लीन यह विशाल वानर सेना समुद्र तट पर जा पहुँची। अब वे उस क्षण की कल्पना करने लगे जब वे समुद्र पार करके दुष्ट रावण की लंका में प्रवेश करके अपने अद्भुत पराक्रम का प्रदर्शन करेंगे।

सागर के तट पर एक स्वच्छ शिला पर बैठ राम सुग्रीव से बोले, "हे सुग्रीव! हम सागर के तट तक तो पहुँच गये। अब यहाँ मन में फिर वही चिन्ता उत्पन्न हो गई कि इस विशाल सागर को कैसे पार किया जाय। अपनी सेना की छावनी यहीं डाल कर हमें इस समुद्र को पार करने का उपाय सोचना चाहिये। इधर जब तक हम इसका उपाय ढूँढें, तुम अपने गुप्तचरों को सावधान कर दो कि वे शत्रु की गतिविधियों के प्रति सचेष्ट रहें। कोई वानर अपने छावनी से अकारण बाहर भी न जाये क्योंकि इस क्षेत्रमें लंकेश के गुप्तचर अवश्य सक्रिय होंगे।

रामचन्द्र जी के निर्देशानुसार समुद्र तट पर छावनी डाल दी गई। समुद्र की उत्तुंग तरंगें आकाश का चुम्बन कर अपने विराट रूप का प्रदर्शन कर रहा था। सम्पूर्ण वातावरण जलमय प्रतीत होता था। आकाश में चमकने वाला नक्षत्र समुदाय सागर में प्रतिबिंबित होकर समुद्र को ही आकाश का प्रतिरूप बना रहा था। वानर समुदाय समुद्र की छवि को आश्चर्य, कौतुक और आशंका से देख रहा था।

- लंका में राक्षसी मन्त्रणा

इन्द्रतुल्य पराक्रमी हनुमान जी ने लंका में जो अत्यन्त भयावह घोर कर्म किया था, उसे देखकर राक्षसराज रावण को बड़ी लज्जा और ग्लानि हुई। उसने समस्त प्रमुख राक्षसों को बुला कर कहा, "निशाचरों! एकमात्र वानर हनुमान अकेला इस दुधुर्ष पुरी में घुस आया। उसने इसे

तहस-नहस कर डाला और जनककुमारी सीता से भेंट भी कर लिया। सूचना मिली है कि राम सहस्त्रों धीरवीर वानरों के साथ हमारी लंकापुरी पर आक्रमण करने के लिये आ रहे हैं। यह बात भी भलीभाँति स्पष्ट हो चुकी है कि वे रघुवंशी राम अपने समुचित बल के द्वारा भाई, सेना और सेवकों सहित सुखपूर्वक समुद्र को पार कर लेंगे। ऐसी स्थिति में वानरों से विरोध आ पड़ने पर नगर और सेना के लिये जो भी हितकर हो, वैसे सलाह आप लोग दीजिये।"

राक्षस बलवान तो बहुत थे किन्तु न तो उन्हें नीति का ज्ञान था और न ही वे शत्रुपक्ष के बलाबल को समझते थे। इसलिये वे कहने लगे, "राजन्! आप व्यर्थ ही भयभीत हो रहे हैं। आपने नागों और गन्धर्वों को भी युद्ध में परास्त कर दिया है, दानवराज मय ने आपसे भयभीत होकर अपनी कन्या आपको समर्पित कर दी थी, मधु नामक दैत्य को आपने जीता है। आपके पुत्र मेघनाद ने देवताओं के अधिपति इन्द्र पर विजय प्राप्त करके इन्द्रजित की उपाधि प्राप्त की है। साधारण नर और वानरों से प्राप्त हुई इस आपत्ति के विषय में चिन्ता करना आपके लिये उचित नहीं है। आप सहज ही राम का वध कर डालेंगे।"

रावण के समक्ष प्रहस्त, दुर्मुख, वज्रदंष्ट्र, निकुम्भ, वज्रहनु आदि प्रमुख राक्षसों शत्रुसेना को मार गिराने के लिये अत्यन्त उत्साह दिखाया। उनके उत्साहवर्धक वचन सुनकर रावण अत्यन्त प्रसन्न हुआ और उनकी हाँ में हाँ मिलाने लगा।

मन्त्रियों को रावण की हाँ में हाँ मिलाते देख विभीषण ने हाथ जोड़कर कहा, "हे तात! जो मनोरथ साम (मेल मिलाप), दान (प्रलोभन) और भेद (शत्रु पक्ष में फूट डालना) से सिद्ध न हो सके, उसकी प्राप्ति के लिये नीतिशास्त्र का आश्रय लेना चाहिये। हे रावण! अस्थिर बुद्धि, व्याधिग्रस्त आदि लोगों पर बल का प्रयोग करके कार्य सिद्ध करना चाहिये, परन्तु राम न तो अस्थिर बुद्धि है और न व्याधिग्रस्त। वह तो दृढ़ निश्चय के साथ आपसे युद्ध करने के लिये आया है, इसलिये उस पर विजय प्राप्त करना सरल नहीं है। क्या हम जानते थे कि एक छोटा सा वानर हनुमान इतना विशाल सागर पार करके लंका में घुस आयेगा? परन्तु वह केवल आया ही नहीं, लंका को भी विध्वंस कर गया। इस एक घटना से हमें राम की शक्ति का अनुमान लगा लेना चाहिये। उस सेना में हनुमान जैसे लाखों वानर हैं जो राम के लिये अपने प्राणों की भी बलि चढ़ा सकते हैं। इसलिये मेरी सम्मति है कि आप राम को सीता लौटा दें और लंका को भारी संकट से बचा लें। यदि ऐसा न किया गया तो मुझे भय है कि लंका का सर्वनाथ हो जायेगा। राम-लक्ष्मण के तीक्ष्ण बाणों से लंका का एक भी नागरिक जीवित नहीं बचेगा। आप मेरे प्रस्ताव पर गम्भीरता से विचार करें। यह मेरा निवेदन है।"

- विभीषण का निष्कासन

दूसरे दिन महान मेघों की गर्जना के समान घरघराहट पैदा करने वाले मणियों से अलंकृत चार घोड़ों से युक्त स्वर्ण-रथ पर आरूढ़ हो रावण अपने सभा भवन की ओर चला। भाँति-भाँति के अस्त्र-शस्त्रों से सुसज्जित राक्षस सैनिक उसके आगे-पीछे उसकी जयजयकार करते हुये चले। मार्ग में लोग शंखों और नगाड़ों के तुमुलनाद से सम्पूर्ण वातावरण को गुँजायमान कर रहे थे। सड़कों पर सहस्त्रों नागरिक खड़े होकर उसका अभिवादन कर रहे थे जिससे उसका मस्तक गर्व से उन्नत हो रहा था। इस समय वह अपनी वैभव की तुलना देवराज इन्द्र से कर रहा था। सभा भवन में पहुँच कर वह अपने मणिमय स्वर्ण-सिंहासन पर जाकर बैठ गया। उसके सिंहासनासीन होने पर अन्य दरबारियों अवं मन्त्रियों ने भी अपने-अपने आसन ग्रहण किये।

शत्रुविजयी रावण ने उस समपूर्ण सभा की ओर दृष्टिपात करके कहा, "सभासदों! मैं दण्डकारण्य से राम की प्रिय रानी जनकदुलारी सीता को हर लाया हूँ। किन्तु वह मेरी शय्या पर आरूढ़ होना नहीं चाहती है। मेरी दृष्टि में तीनों लोकों के भीतर सीता के समान सुन्दरी अन्य कोई स्त्री नहीं है। उसे देखने के बाद मेरा मन मेरे वश में नहीं रह गया है। काम ने मुझे आधीन कर लिया है।"

कामातुर रावण का यह प्रलाप सुनकर कुम्भकर्ण ने क्रोधित होकर कहा, "महाराज! तुमने जो यह छलपूर्वक छिपकर परस्त्री-हरण का कार्य किया है, यह तुम्हारे लिये बहुत अनुचित है। इस पापकर्म को करने से पहले आपको हमसे परामर्श कर लेना चाहिये था। यद्यपि तुमने अनुचित कर्म किया है तथापि तुम्हारे शत्रुओं का संहार करूँगा।"

कुम्भकर्ण के वचन सुनकर रावण को क्रोधित होते देख महापार्श्व ने हाथ जोड़कर कहा, "शत्रुसूदन महाराज! आप तो स्वयं ही ईश्वर हैं! आप विदेहकुमारी सीता के साथ उसकी इच्छा की परवाह न कर रमण कीजिये। आपके जो भी शत्रु आयेंगे, उन्हें हम लोग अपने शस्त्रों के प्रताप से जीत लेंगे।"

महापार्श्व के ऐसा कहने पर लंकाधिपति रावण ने उसकी प्रशंसा करते हुए कहा, "महापार्श्व! पूर्वकाल में मैंने एक बार आकाश में अग्नि-पुञ्ज के समान प्रकाशित होती हुई पुञ्जिकस्थला नाम की अप्सरा से बलात् सम्भोग किया था। मेरे इस कृत्य से अप्रसन्न होकर मुझे शाप दे दिया था कि आज के बाद यदि किसी दूसरी नारी के साथ बलपूर्वक समागम करेगा तो तेरे मस्तक के सौ टुकड़े हो जायेंगे। उस शाप से भयभीत होने के कारण मैं विदेहकुमारी से बलात् समागम नहीं कर सकता।"

फिर अपने शूरवीर सेनानायकों एवं मन्त्रियों को सम्बोधित करते हुये वह बोला, "हे बुद्धमान और वीर सभासदों! आज हम लोगों को अपने भावी कार्यक्रम पर विचार करना है। राम सुग्रीव की वानर सेना लेकर समुद्र के उस पार आ पहुँचा है। हमें उसके साथ किस नीति का अनुसरण

करना है, इसके विषय में तुम लोग सोच-विचार कर अपनी सम्मति दो क्योंकि तुम सभी बुद्धिमान, नीतिनिपुण और अनुभवी हो।"

रावण की बात सुन कर लगभग सभी राक्षसों ने उत्साहित होकर उसे वानर सेना से युद्ध करने का परामर्श दिया। उनका मत था कि हमारे अपार बल के आगे ये छोटे-छोटे वानर ठहर नहीं सकेंगे। प्रत्येक दशा में विजय हमारी होगी।

अन्य सभी राक्षसों के सम्मति दे चुकने पर विभीषण ने खड़े होकर कहा, "हे तात! सीता का जो अपहरण आपने किया है, वह अत्यन्त अनुचित है। सीता वास्तव में एक विषैली नागिन है जो आपके गले में आकर लिपट गई है। उसके उन्नत उरोज भयंकर फन हैं, उसका चिन्तन मारक विष है और उसकी मुस्कान तीक्ष्ण दाढ़ें हैं। उसकी पाँचों अँगुलियाँ उसके पाँच सिर हैं। यह आपके प्राणों को अपना निशाना बना कर बैठी है। इसलिये मैं आपसे कहता हूँ कि यदि आपने इस नागिन से छुटकारा नहीं पाया तो राम के बाण राक्षसों के सिर काटने में तनिक भी संकोच न करेंगे। इसलिये सबका कल्याण इसी में है कि सीता को तत्काल लौटा कर राम से संधि कर ली जाय।"

विभीषण के वचन सुन कर प्रहस्त ने कहा, "विभीषण! हमने युद्ध में देवताओं, राक्षसों तथा दानवों को पराजित किया है, फिर एक साधारण मानव से भयभीत होने की क्या आवश्याकता है?"

प्रहस्त का प्रश्न सुनकर विभीषण ने उत्तर दिया, "हे मन्त्रिवर! राम कोई साधारण मानव नहीं हैं। उनका वध करना वैसा ही असम्भव है जैसा बिना नौका के सागर को पार करना। मैं उनकी शक्ति को जानता हूँ, हमारी सम्पूर्ण दानवीय शक्ति भी उनके सम्मुख नहीं ठहर सकतीं। राक्षस ही क्या देव, गन्धर्व और किन्नर भी उनसे जीत नहीं सकते।"

फिर विभीषण ने रावण को सम्बोधित करते हुए कहा, "हे राक्षसराज! आप काम के वशीभूत होकर अनुचित कार्य करने जा रहे हैं और ये मन्त्रिगण केवल चाटुकारिता में आपकी हाँ में हाँ मिला रहे हैं। ये आपके हित की सच्ची बात नहीं कह रहे हैं। मैं फिर आपसे कहता हूँ कि सीता को लौटाकर राम से संधि कर लेने में ही आपका, लंका का और सम्पूर्ण राक्षस समुदाय का कल्याण है।"

विभीषण की बातों से चिढ़ कर मेघनाद बोला, "चाचा जी! आप सदा कायरों की भाँति निरुत्साहित करने वाली बातें किया करते हैं। आपने अपनी कायरता से पुलस्त्य वंश को कलंकित किया है। क्षमा करें, इस कुल में आज तक कोई ऐसा भीरु और निर्वीर्य व्यक्ति ने जन्म नहीं लिया।"

मेघनाद के मुख से ये अपमानजनक शब्द सुनकर भी विभीषण ने अपने ऊपर संयम रखते हुये कहा, "मेघनाद! तुम अभी बालक हो। तुम में दूरदर्शिता का अभाव है। इसीलिये तुम ऐसी बात कर रहे हो। मैं फिर कहता हूँ कि राघव से क्षमा माँग कर सीता को लौटाने में ही हमारा कल्याण है।"

विभीषण को बार-बार सीता को लौटाने की बात करते देख रावण ने क्रुद्ध होकर कहा, "बुद्धिमान लोगों ने ठीक ही कहा है कि चाहे शत्रु के साथ निवास करें, सर्प के साथ रहें, परन्तु शत्रु का हित चाहने वाले मित्र के साथ कदापि न रहें। ऐसे लोग मित्र के वेश में घोर शत्रु होते हैं। विभीषण! तुम हमारे सबसे बड़े शत्रु हो जो राम की सराहना करके हमारा मनोबल गिराने का प्रयत्न करते हो। मैं जानता हूँ कि तुम मुख से मेरे हित की बात करते हो परन्तु हृदय से मेरे ऐश्वर्य, वैभव तथा लोकप्रियता से ईर्ष्या करते हो। यदि तुम मेरे भाई न होते तो सबसे पहले मैं तुम्हारा वध करता। यदि वध न करता तो भी कम से कम तुम्हारी जीभ अवश्य खिंचवा लेता। मेरे सामने से दूर हो जा देशद्रोही! और फिर अपना मुख मुझे कभी मत दिखाना।"

रावण से अपमानित होकर विभीषण उठ खड़ा हुआ और बोला, "मैं समझ गया हूँ, तुम्हारे सिर पर काल मँडरा रहा है। इसलिये तुम मित्र और शत्रु में भेद नहीं कर सकते। मैं जाता हूँ। फिर तुम्हें मुख नहीं दिखाऊँगा।"

इतना कह कर विभीषण वहाँ से चल दिया।

- विभीषण का श्री राम की शरण में आना

रावण से अपमानित होकर विभीषण अपने चार भयंकर तथा पराक्रमी अनुचरों के साथ आकाशमार्ग से दो ही घड़ी में उस स्थान पर आ गये जहाँ लक्ष्मण सहित श्री राम विराजमान थे। बुद्धिमान महापुरुष विभीषण ने आकाश में ही स्थित रहकर सुग्रीव तथा अन्य वानरों की ओर देखते हुए उच्च स्वर से कहा, "हे वानरराज! मैं लंका के राजा रावण का छोटा भाई विभीषण हूँ। मैं रावण के उस कुकृत्य से सहमत नहीं हूँ जो उसने सीता जी का हरण करके किया है। मैंने उसे सीता जी को लौटाने के लिये अनेक प्रकार से समझाया परन्तु उसने मेरी बात न मान कर मेरा अपमान किया और मुझे लंका से निष्कासित कर दिया। इसलिये अब मैं यहाँ श्री रामचन्द्र जी की शरण में आया हूँ। आप उन्हें मेरे आगमन की सूचना भिजवा दें।"

विभीषण की बात सुनकर सुग्रीव ने रामचन्द्र के पास जाकर कहा, "हे राघव! रावण का छोटा भाई विभीषण अपने चार मन्त्रियों सहित आपके दर्शन करना चाहता है। यदि आपकी अनुमति हो तो उसे यहाँ उपस्थित करूँ। किन्तु मेरा विचार है कि हमें शत्रु पर सोच-समझ कर ही विश्वास करना चाहिये। एक तो राक्षस वैसे ही क्रूर, कपटी और मायावी होते हैं फिर यह तो रावण का सहोदर भाई ही है। ऐसी दशा में तो वह बिल्कुल भी विश्वसनीय नहीं है। किन्तु आप हमसे अधिक बुद्धिमान हैं। जैसी आपकी आज्ञा हो, वैसा करूँ।"

सुग्रीव के तर्क सुनकर रामचन्द्र जी बोले, "हे वानरराज! आपकी बात सर्वथा युक्तिसंगत और हमारे हित में है, परन्तु नीतिज्ञ लोगों ने राजाओं के दो शत्रु बताये हैं। एक तो उनके कुल के मनुष्य और दूसरे उनके राज्य के सीमावर्ती क्षेत्रों पर शासन करने वाले अर्थात् पड़ोसी शासक। ये दोनों उस समय किसी राज्य पर आक्रमण करते हैं, जब राजा किसी व्यसन अथवा विपत्ति में फँसा हुआ होता है। विभीषण अपने भाई को विपत्ति में पड़ा देखकर हमारे पास आया है। वह हमारे कुल का नहीं है। हमारे विनाश से उसे कोई लाभ नहीं होगा। इसके विपरीत यदि हमारे हाथों से रावण मारा जायेगा तो वह लंका का राजा बन सकता है। इसलिये यदि वह हमारी शरण में आता है तो हमें उसे स्वीकार कर लेना चाहिये। कण्व ऋषि के पुत्र परम ऋषि कण्डु ने कहा है कि यदि दीन होकर शत्रु भी शरण में आये तो उसे शरण देनी चाहिये। ऐसे शरणागत की रक्षा न करने से महान पाप लगता है। इसलिये शरण आये विभीषण को अभय प्रदान करना ही उचित है। अतः तुम उसे मेरे पास ले आओ।"

जब सुग्रीव विभीषण को लेकर राम के पास आया तो उसने दोनों हाथ जोड़कर कहा, "हे धर्मात्मन्! मैं लंकापति रावण का छोटा भाई विभीषण हूँ। यह जानकर मैं आपकी शरण में आया हुँ कि आप शरणागतवत्सल हैं। इसलिये आप मुझ शरणागत का उद्धार कीजिये।"

विभीषण के दीन वचन सुनकर श्री रामचन्द्र जी ने उसे गले से लगाते हुये कहा, "हे विभीषण! मैंने तुम्हें स्वीकार किया। अब तुम मुझे राक्षसों का बलाबल बताओ।"

श्री राम का प्रश्न सुनकर विभीषण बोला, "हे दशरथनन्दन! ब्रह्मा से वर पाकर दशमुख रावण देव, दानव, नाग, किन्नर आदि सभी से अवध्य हो गया है। उसका छोटा भाई कुम्भकर्ण, जो मुझसे बड़ा है, भी अद्भुत पराक्रमी, शूरवीर तथा तेजस्वी है। उसके सेनापति का नाम प्रहस्त है जिसने अपने शौर्य का प्रदर्शन करते हुये कैलाश पर्वत पर दुर्दमनीय मणिभद्र को पराजित किया था। रावण के पुत्र मेघनाद ने तो इन्द्र को परास्त करके इन्द्रजित की उपाधि अर्जित की है। मेघनाद का भाई महापार्श्व भी अकम्पन नामक पराक्रमी राक्षस को मारकर संसार भर में विख्यात हो चुका है। रावण के सेनापति तथा सेनानायक युद्ध कौशल में एक दूसरे से बढ़ कर हैं।"

विभीषण के मुख से लंका के वीरों की शौर्यगाथा सुनकर श्री रामचन्द्र बोले, "हे विभीषण! इन समस्त बातों को मैं जानता हूँ। इतना सब होते हुये भी मैं आज तुम्हारे सम्मुख प्रतिज्ञा करता हुँ कि मैं रावण का उसके पुत्रों, मन्त्रियों एवं योद्धाओं सहित वध करके तुम्हें लंका का राजा बनाउँगा। अब वह कहीं जाकर, किसी की भी शरण लेकर मेरे हाथों से नहीं बचेगा। यह मेरी अटल प्रतिज्ञा है।"

श्री रामचन्द्र जी की प्रतिज्ञा सुनकर विभीषण ने उनके चरण स्पर्श करके कहा, "हे राघव! मैं भी आपके चरणों की शपथ लेकर प्रतिज्ञा करता हूँ कि मैं रावण को उसके वीर योद्धाओं सहित मारने में आकी पूरी-पूरी सहायता करूँगा।"

विभीषण की प्रतिज्ञा सुनकर रामचन्द्र जी ने लक्ष्मण से समुद्र का जल मँगवाया और उससे विभीषण का अभिषेक करके सम्पूर्ण सेना में घोषणा करा दी कि आज से महात्मा विभीषण लंका के राजा हुये।

- सेतु बन्धन

वानरसेना के समक्ष विशाल समुद्र लहरें मार रहा था और उसे पार करना एक बहुत बड़ी समस्या थी। राम के क्रोध से भयभीत होकर समुद्र ने स्वयं वहाँ आकर बताया कि सुग्रीव की सेना में नल और नील कुशल शिल्पी हैं। उनके नेतृत्व में समुद्र पर सेतु बाँधना सम्भव हो सकेगा। इतना बताकर समुद्र वापस चले गये।

समुद्र की बात सुनकर वानर नल ने श्री राम से कहा, "प्रभो, मैं विश्वकर्मा का औरस पुत्र हूँ और गुण में उन्हीं के समान हूँ। मैं महासागर पर पुल बाँधने में सर्वथा समर्थ हूँ इसलिये मैं समुद्र पर सेतु का निर्माण करूँगा।

नल-नील असंख्य वानरों को लेकर सेतु निर्माण के कार्य में जुट गये। उनके आदेश के अनुसार वानर सेना बड़े-बड़े वृक्षों को उखाड़ कर समुद्र तट पर एकत्रित करने लगे। देखते-देखते वहाँ साल, अश्वकर्ण, धब, बाँस, कुटज, अर्जुन, कर्णिकार, जामुन, अशोक आदि वृक्षों का एक विशाल गगनचुम्बी ढेर लग गया। इस प्रकार सागर के किनारे वृक्षों तथा शिलाओं के दो विशाल पर्वत बन गये। इसके पश्चात् उन्होंने बड़े-बड़े शिलाखण्डों को समुद्र में नल-नील के निर्देशानुसार डालना आरम्भ किया। उन शिलाखण्डों एवं वृक्षों को शिल्पकला में चतुर नल-नील सेतु का रूप देते जा रहे थे। इस प्रकार उन्होंने अधिक परिश्रम करके पहले ही दिन छप्पन कोस लम्बा पुल बना दिया। दूसरे दिन उन्होंने और भी अधिक फुर्ती दिखाई और चौरासी कोस लम्बा पुल बनाया। फिर अतुल परिश्रम से तीसरे दिन बानबे कोस लम्बा सेतु बनाया। इस प्रकार निरन्तर परिश्रम करके उन्होंने चार सौ कोस लम्बा पुल बना डाला। अब नल-नील के प्रयत्नों से चालीस कोस चौड़ा और चार सौ कोस लम्बा मजबूत पुल बन कर तैयार हो गया।

समुद्र पर सेतु बन जाने के पश्चात् श्री रामचन्द्र जी ने हनुमान की पीठ पर और लक्ष्मण ने अंगद की पीठ पर बैठ कर सेतु पर होते हुये विशाल सागर पार किया। उनके पीछे-पीछे सम्पूर्ण वानर सेना भी सुग्रीव के नेतृत्व में समुद्र को पार कर लंका में पहुँच गई। इस सेना के लंका में पहुँचते ही राक्षसों में भयानक हलचल मच गई। वे लंका दहन की घटना को स्मरण कर भयभीत होने लगे।

उधर रावण ने शुक और सारण नामक मन्त्रियों को बुला कर उनसे कहा, "हे चतुर मन्त्रियों! अब राम ने वानरों की सहायता से अगाध समुद्र पर सेतु बाँध कर उसे पार कर लिया है और वह लंका के द्वार पर आ पहुँचा है। तुम दोनों वानरों का वेश बना कर राम की सेना में प्रवेश

करो और यह पता लगाओ कि शत्रु सेना में कुल कितने वानर हैं, उनके पास अस्त्र-शस्त्र कितने और किस प्रकार के हैं तथा मुख्य-मुख्य वानर नायकों के नाम क्या हैं।"

रावण की आज्ञा पाकर दोनों कूटनीतिज्ञ मायावी राक्षस वानरों का वेश बना कर वानरोंसेना में घुस गये, परन्तु वे विभीषण की तीक्ष्ण दृष्टि से बच न सके। विभीषण ने उन दोनों को पकड़ कर राम के सम्मुख करते हुये कहा, "हे राघव! ये दोनों गुप्तचर रावण के मन्त्री शुक और सारण हैं जो हमारे कटक में गुप्तचरी करते पकड़े गये हैं।"

राम के सामने जाकर दोनों राक्षस थर-थर काँपते हुये बोले, "हे राजन्! हम राक्षसराज रावण के सेवक हैं। उन्हीं की आज्ञा से आपके बल का पता लगाने के लिये आये थे। हम उनकी आज्ञा के दास हैं, इसलिये उनका आदेश पालन करने के लिये विवश हैं। राजभक्ति के कारण हमें ऐसा करना पड़ा है। इसमें हमारा कोई दोष नहीं है।"

उनके ये निश्चल वचन सुन कर रामचन्द्र बोले, "हे मन्त्रियों! हम तुम्हारे सत्य भाषण से बहुत प्रसन्न हैं। तुमने यदि हमारी शक्ति देख ली है, तो जाओ। यदि अभी कुछ और देखना शेष हो तो भली-भाँति देख लो। हम तुम्हें कोई दण्ड नहीं देंगे। आर्य लोग शस्त्रहीन व्यक्ति पर वार नहीं करते। अतएव तुम अपना कार्य पूरा करके निर्भय हो लंका को लौट जाओ। तुम साधारण गुप्तचर नहीं, रावण के मन्त्री हो। इसलिये उससे कहना, जिस बल के भरोसे पर तुमने मेरी सीता का हरण किया है, उस बल का परिचय अपने भाइयों, पुत्रों तथा सेना के साथ हमें रणभूमि में देना। कल सूर्योदय होते ही अन्धकार की भाँति तुम्हारी सेना का विनाश भी आरम्भ हो जायेगा।"

श्री रामचन्द्र जी के वचनों से भयरहित हो उनका जयजयकार करते हुये शुक तथा सारण लंका में पहुँचे और रावण के सम्मुख उपस्थित होकर बोले, "हे स्वामिन्! हमारे वानर सेना में प्रवेश करते ही विभीषण ने हमें पहचान कर राम के सम्मुख उपस्थित कर दिया, परन्तु राम ने हमें निःशस्त्र दूत समझ कर छोड़ दिया। अब रही वानरों के बल की बात, उसका पता लगाना सम्भव नहीं है, क्योंकि उनमें प्रत्येक के मन में आपके विरुद्ध क्रोध तथा घृणा की ज्वाला धधक रही है। उनसे बात करना ही सम्भव नहीं है, किसी बात का पता लगाना तो बहुत कठिन है। राम ने कहलवाया है कि सूर्योदय होते ही वह राक्षस सेना का विनाश आरम्भ कर देगा। अब आप जैसा उचित समझें वैसा करें।"

दोनों मन्त्रियों के ये वचन सुनकर रावण क्रोध से उबलते हुये बोला, "चाहे कुछ भी हो जाय, मैं किसी भी दशा में सीता को वापिस नहीं करूँगा। मुझे विश्वास है, राम अपनी सेना सहित युद्ध भूमि में मेरे हाथों से अवश्य मारा जायेगा।"

मन्त्रियों के उत्तर से सन्तुष्ट न होकर रावण ने कुछ अन्य गुप्तचरों को छद्म वेश में वानर सेना में भेजा। उन्होंने बड़ी चतुराई से सम्पूर्ण जानकारी प्राप्त करके रावण को बतलाया कि राम ने अपना सैनिक शिविर सुवेल पर्वत पर लगाया है। उनमें जाम्बवन्त नामक ऋक्ष सबसे दुर्धुर्ष एवं तेजस्वी है। उसके अतिरिक्त तीन वानर सबसे अधिक बलवान और पराक्रमी हैं। उनके नाम सुमुख, दुर्मुख तथा वेगदर्शी हैं। नल-नील उस सैनिक टुकड़ी के अध्यक्ष हैं जिसने समुद्र पर सेतु बाँधा है। अंगद अपने पिता वालि से भी अधिक तेजस्वी एवं बलवान है। उसके अतिरिक्त सहस्त्रों अद्भुत शक्तिसम्पन्न पराक्रमी वानर हैं। राम और लक्ष्मण तो जनस्थान को नष्ट करके अपने बल का परिचय आपको दे ही चुके हैं।

- सीता के साथ छल

जब रावण के गुप्तचरों ने बताया कि श्री रामचन्द्र जी की सेना सुवेल पर्वत पर आकर ठहरी है और उस पर विजय पाना असम्भव है तब वह उद्वेलित हो गया। उसने महाबली, महामायावी, मायाविशारद राक्षस विधुज्जिह्व को बुलाकर आदेश दिया कि वह शीघ्र श्री रामचन्द्र जी का मायानिर्मित मस्तक बनाकर लाये। रावण की आज्ञा पाकर वह शीघ्र ही श्री राम का सिर बना लाया जो रक्त से लथपथ था। उसे देखकर कोई नहीं कह सकता था कि ये वास्तव में राम का मस्तक नहीं है। उस मस्तक को बाण की नोक पर रखकर वह अशोकवाटिका में जाकर सीता से बोला, "हे सीते! तूने राम की शक्ति पर अगाध विश्वास करके मेरा कहना नहीं माना। देख, राम युद्धभूमि में मारा गया। ले, अपने पति के मरने का समाचार सुन और इस सिर को देखकर अपने अभिमान पर आँसू बहा। वह अभिमानी वानरों के भरोसे मुझसे युद्ध करने आया था। रात्रि को जब वानर सेना सहित राम और लक्ष्मण दोनों सो रहे थे, तब मेरे सेनापति प्रहस्त ने एक विशाल सेना लेकर उस पर आक्रमण कर दिया और अपने भयंकर हथियारों से मारकाट मचा दी। बहुत सी सेना मारी गई और जो बचे, वे प्राण लेकर भाग गये। तब प्रहस्त ने सोते हुये राम के सिर को काट डाला। इस आक्रमण में विभीषण भी मारा गया। तुझे प्राप्त करने के लिये मुझे ऐसा भयंकर संहार करना पड़ा। अब तेरा कोई आश्रय नहीं रह गया है, इसलिये अब तुझे चाहिये कि तू मुझे पति रूप में स्वीकार कर ले।"

इतना कह कर रावण ने उस मायारचित सिर को सीता के समक्ष रख दिया।

जब सीता ने उन दोनों मस्तकों को देखा जो सब प्रकार से आकृति, मुद्रा आदि में राम से मिलता था तो वह बिलख-बिलख कर रो पड़ी और नाना प्रकार से विलाप करती हुई कैकेयी को कोसने लगी, "हा! आज कैकेयी की मनोकामना पूरी हो गई। हा नागिन! आज तुम्हारी इच्छा पूरी हुई। अब तुम्हारा भरत निष्कंटक होकर राज करेगा। तुमने अपने स्वार्थ के पीछे रघुकुल का नाश कर दिया।"

इस प्रकार विलाप करती हुई वे मूर्च्छित होकर पृथ्वी पर गिर पड़ीं। जब चेतना लौटी तो वे फिर विलाप करने लगीं, "हा नाथ! यह सब क्या हो गया? आज मैं विधवा हो गई। आप मुझे यहाँ किसके भरोसे पर छोड़ गये। मुझसे ऐसा क्या अपराध हो गया है कि मैं रो-रो कर मर रही हूँ और आप चुपचाप देख रहे हैं। मुझसे सान्त्वना का एक शब्द भी नहीं कह रहे। ऐसे निर्मोही तो आप कभी नहीं थे। वन चलते समय आपने वचन दिया था कि तेरा साथ कभी नहीं छोड़ूँगा, परन्तु आज आप मुझे अकेला छोड़ कर चल दिये। आपकी प्रतीक्षा में आँखें बिछाये कौसल्या जब ये समाचार सुनेंगीं तो उनकी क्या दशा होगी? कौन उनके आँसू पोंछेगा? हा! आज मैं ही आप दोनों कि मृत्यु का कारण बन गई। हे नीच रावण! तूने दोनों भाइयों की हत्या तो करा ही दी अब मेरा शीश भी काटकर अपनी कृपाण की प्यास बुझा ले। मेरे पति स्वर्ग में मेरी प्रतीक्षा कर रहे हैं। अब मैं इस संसार में एक क्षण भी रहना नहीं चाहती। उठा तलवार, कर अपना काम।"

जब सीता इस प्रकार विलाप कर रही थी तभी एक राक्षस ने आकर रावण को सूचना दी कि मन्त्री प्रहस्त अत्यन्त आवश्यक कार्य से इसी समय आपके दर्शन करना चाहते हैं। यह सुनते ही रावण तत्काल उस सिर को लेकर वहाँ से चला गया। उस समय तक सीता पुनः मूर्च्छित हो चुकी थीं।

विभीषण की स्त्री इस घटना की सूचना पा कर अशोकवाटिका में आई। वह सीता की मूर्छा दूर करके उन्हें समझाने लगी, "रावण ने तुमसे जो कुछ कहा है, वह झूठ है। राम न तो मारे गये हैं और न ये दुष्ट उन्हें मार ही सकते हैं। ये सिर माया से बनाया गया हैं। तुम इसके छल में पड़कर यह भी भूल गईं कि लक्ष्मण दिन रात राघव की सेवा में रहते हैं और वे रात को कभी नहीं सोते। फिर सोते में उनके सिर कैसे काटे जा सकते हैं? तनिक कान लगाकर सुनो। रण की तैयारी करती हुई राक्षस सेना की गर्जना की ध्वनि स्पष्ट सुनाई दे रही है। यदि राम-लक्ष्मण वानरों सहित मारे जाते तो फिर यह तैयारी किसलिये होती?"

ये तर्कयुक्त वचन सुनकर सीता इस बात पर विचार करने लगी।

- अंगद रावण दरबार में

सुवेल पर्वत पर श्री रामचन्द्र जी ने लंका का निरीक्षण करने के पश्चात् वे अपने सेनपतियों, विभीषण तथा वानरों आदि को लेकर लंका के मुख्य द्वार के निकट पहुँचे। यही लंका का सबसे विशाल मुख्य द्वार था। उन्होंने वहाँ पर एक दर्भेद्य व्यूह की रचना की। उस विशाल द्वार पर लक्ष्मण सहित राम धनुष धारण कर खड़े हो गये। पूर्व द्वार पर सेनापति नल, नील, मैंद तथा द्विविद असंख्य पराक्रमी वीरों के साथ खड़े हुये। दक्षिण द्वार पर अंगद, ऋषभ, गज, गवय तथा गवाक्ष नामक तेजस्वी सेनापति एकत्रित हुये। पश्चिम द्वार से आक्रमण का भार हनुमान, प्रजंघ, तरस आदि अद्वतीय पराक्रमी सेनानायकों को सौंपा गया। उन सबके मध्य में एक दुर्भेद्य व्यूह बनाकर वानरराज सुग्रीव चुने हुये वानरों के साथ खड़े हो गये। रामचन्द्र और सुग्रीव दोनों के बीच में विशाल सेना लेकर जाम्बवन्त तथा सुषेण खड़े हुये।

इस प्रकार की व्यूह रचना करके राम ने राजधर्म का विचार करते हुए वालिपुत्र अंगद को बुला कर बोले, "सौम्य! कपिवर! तुम तेजस्वी, बलवान तथा वाक्-पटु हो। इस लिये तुम रावण से जाकर कहो कि तुम चोरों की भाँति एकान्त से सीता को चुरा लाये थे। अब रणभूमि में आकर अपना रणकौशल दिखाओ। हम तुम्हें एक अवसर और देते हैं। यदि तुम सीता को लेकर दाँतों में तृण दबाकर हमसे अपने अपराध के लिये क्षमायाचना करोगे तो हम तुम्हें अब भी क्षमा कर देंगे, अन्यथा कल प्रातःकाल से युद्ध होगा जिसमें तुम समस्त राक्षसों के साथ मारे जाओगे।"

रामचन्द्र की आज्ञा पाकर वालिसुत अंगद छलांग लगाकर लंका के परकोटे को पार कर रावण के दरबार में पहुँचे। उन्होंने कहा, "मैं वालि का पुत्र और श्री रामचन्द्र जी का दूत अंगद हूँ। श्री रामचन्द्र जी ने कहलाया है किस तुमने सीता को चुरा कर जो जघन्य अपराध किया है, उसके लिये मैं परिवार सहित तुम्हारा और तुम्हारे वंश का नाश करूँगा। यदि अब भी तुम अपनी कुशल चाहते हो तो सीता को आगे करके मुख में तृण रखकर क्षमायाचना करो, तुमको क्षमा कर दिया जायेगा तुम देवता, दानवों, यक्ष, गन्धर्व सबके शत्रु हो, इसलिये तुम्हारा विनाश करना ही श्रेयस्कर है। मैं श्री रामचन्द्र जी की ओर से तुम्हें एक बार फिर समझाता हूँ, यदि तुमने उनसे क्षमा नहीं माँगी तो तुम मारे जाओगे और लंका का राज्य तथा ऐश्वर्य तुम्हारा भाई विभीषण भोगेगा।"

अंगद के कठोर वचन सुनकर क्रुद्ध हो रावण ने अपने सैनिकों को आज्ञा दी, "इस दुर्बुद्धि वानर को पकड़ कर मौत के घाट उतार दो।"

रावण की आज्ञा पाते ही चार राक्षसों ने अंगद को पकड़ लिया। पकड़े जाने पर उन्होंने एक धक्का देकर उन्हें भूमि पर गिरा दिया ओर स्वयं छलांग लगाकर छत पर पहुँच गये। क्रोध से जब उन्होंने छत पर अपना पैर पटका तो एक ही आघात से छत ध्वस्त हो कर नीचे आ गिरी। फिर विजय गर्जना करते हुये अपने कटक को लौट गये।

इसी समय गुप्तचरों ने आकर रावण को सूचना दी कि वानरों ने लंका को चारों ओर से घेर लिया है। उसने स्वयं छत पर चढ़कर चारों ओर वानरों की विशाल सेना को व्यूह बनाये देखा तो एक बार उसका हृदय भी भय और आशंका व्याप्त हो उठा।

उधर अंगद के पहुँचने के पश्चात् रामचन्द्र जी ने अपनी सेना को लंका का विध्वंस करने तथा राक्षसों का वध करने की आज्ञा दी। आज्ञा पाते ही वानर सेना बड़े-बड़े वृक्षों एवं शिलाखण्डों को लेकर लंका पर चढ़ दौड़ी। वे वृक्षों, पत्थरों, लात-घूसों से परकोटे और उसके द्वारों को

तोड़ने और विशाल खाई को पाटने लगे। थोड़ी ही देर में उन्होंने भयंकर आघातों से नगर के चारों फाटक चूर-चूर कर दिया। परकोटे में बड़े-बड़े छेद हो गये। जब पुरी के द्वार और परकोटे नष्ट-भ्रष्ट हो गये तो रावण ने राक्षस योद्धाओं को बाहर निकल कर युद्ध करने का आदेश दिया। आदेश मिलते ही राक्षस सेना हाथियों, घोड़ों, रथों आदि पर सवार होकर अपनी पैदल सेना के साथ पूरे वेग से वानरों पर टूट पड़ी। दोनों ओर के सैनिक अपने प्राणों का मोह त्याग कर भयानक युद्ध करने लगे। हाथी, घोड़ों की चिंघाड़ तथा हिनहिनाहट से, तलवारों की झंकार और सैनिकों के ललकार भरे जयजयकार से सारा वातावरण गूँज उठा। नाना प्रकार के वाद्यवृनद तथा रणभेरियाँ योद्धाओं के उत्साह को द्विगुणित कर रही थीं। वानरों का उत्साह राक्षसों से कई गुणा अधिक था। उनके वृक्षों, शिलाओं, नखों तथा दाँतों के प्रहार ने राक्षसों की सेना में भयंकर मार-काट मचा दी अस्ख्य राक्षस मर-मर कर गिरने लगे। समुद्र तट से लंका के द्वार तक भूमि मृत एवं घयल सैनिकों से पटी दिखाई देती थी।

- राम लक्ष्मण बन्धन में

इस प्रकार से युद्ध चल ही रहा था कि सूर्यदेव अस्त हो गये तथा प्राणों का संहार करने वाली रात्रि का आगमन हो गया। दोनों पक्ष के योद्धा बड़े भयंकर थे तथा अपनी-अपनी विजय चाहते थे; अतः उनके मध्य रात्रियुद्ध होने लगा। दोनों पक्ष के मध्य घनघोर युद्ध मच गया, 'मारो-मारो', 'काटो-काटो' शब्दों से समस्त समरभूमि गुंजायमान हो गई और रक्त की नदियाँ बहने लगीं। घायल होकर कराहते हुए राक्षसों तथा शस्त्रों से क्षत-विक्षत हुए वानरों का आर्तनाद बड़ा भयंकर प्रतीत होने लगा। वानरों और राक्षसों का संहार करने वाली वह भयंकर रजनी कालरात्रि के समान समस्त प्राणियों के दुर्लंघ्य हो गई थी।

श्री रामचन्द्र जी ने अग्निज्वाला के समान छः भयानक बाणों से निमिष मात्र में दुर्धुर्ष वीर यज्ञशत्रु, महापार्श्व, महोदर, महाकाय, वज्रदंष्ट्र, शुक और सारण को घायल कर दिया। वे छहों राक्षस श्री रामचन्द्र जी के बाणसमूहों से अपने मर्मस्थान में चोट खाने पर युद्ध छोड़ कर भाग गये; इसीलिये उनके प्राण बच गये और उनकी आयु शेष रह गई। महारथी श्री राम ने अग्नि-शिखा के समान प्रज्वलित भयंकर बाणों द्वारा समस्त दिशाओं में प्रकाश कर दिया। उनके समक्ष जो भी राक्षसवीर आते थे वे उसी प्रकार से नष्ट होते जाते थे जिस प्रकार से आग में पड़कर पतिंगे जल जाते हैं।

राक्षस सेना की यह दुर्दशा देखकर रावण के पुत्र मेघनाद के तन-बदन में आग लग गई। उसने शीघ्र ही नाग बाणों की फाँस बना कर राम-लक्ष्मण दोनों को उसमें बाँध लिया। नाग फाँस में बँधने पर दोनों भाई मूर्छित हो गये।

श्री राम के मूर्छित होकर पृथ्वी पर गिरते ही मेघनाद ने हर्षोन्मत्त होकर दसों दिशाओं को गुँजाने वाली गर्जना की। राक्षस सेना में फिर से नवजीवन आ गया और वह मेघनाद की जयजयकार करती हुई बड़े उत्साह से वानर सेना पर टूट पड़ी। मेघनाद उनके उत्साह को बढ़ाते हुये कह रहा था, "जिनके कारण आज शोणित की सरिता बह रही है, वे ही दोनों भाई नागपाश कें बँधे पृथ्वी पर मूर्छित पड़े हैं। अब देव, नर, किन्नर किसी में इतनी सामर्थ्य नहीं है जो इन्हें नागपाश से मुक्त कर सके। अब युद्ध समाप्त हो गया, लंकापति की विजय हुई।"

इस प्रकार विजयघोष करता हुआ मेघनाद लंका को लौट गया।

राम-लक्ष्मण के मूर्छित हो जाने से सम्पूर्ण वानर सेना में शोक छा गया। सुग्रीव, अंगद, हनुमान, जाम्बवन्त आदि सभी सेनाध्यक्ष किंकर्तव्यविमूढ़ होकर दोनों भाइयों को घेर कर खड़े हो गये और इस विपत्ति से त्राण पाने का उपाय खोजने लगे। तभी विभीषण ने उन्हें धैर्य बँधाते हुये कहा, "हे वीरों! भयभीत होने की आवश्यकता नहीं है। यह नागपाश इन दोनों भाइयों का कुछ नहीं बिगाड़ सकती और न वे मर ही सकते हैं। इसलिये तुम इनकी चिन्ता छोड़कर अपने-अपने मोर्चों पर जाकर युद्ध करो। इन दोनों भाइयों को तुम मेरे ऊपर छोड़ दो।"

उधर जब रावण ने मेघनाद के मुख से राम-लक्ष्मण के नागपाश में बँधकर मूर्छित होने का समाचार सुना तो उसके हर्ष का पारावार न रहा। उसने सीता की रक्षा पर नियुक्त राक्षस नारियों को बुलाकर आदेश दिया, "तुम लोग सीता को पुष्पक विमान पर चढ़ाकर युद्ध भूमि में ले जाओ और उन्हें ले जाकर राम-लक्ष्मण को दिखाओ जो पृथ्वी पर मरे पड़े हैं।"

रावण की आज्ञा पाते ही राक्षसनियाँ जानकी को विमान में चढ़ाकर युद्धभूमि में ले गईं जहाँ राम-लक्ष्मण मूर्छित अवस्था में पड़े थे। सीता ने देखा राक्षस सेना जयजयनाद कर रही है और वानर सेना शोक में डूबी हुई निराश खड़ी है। दोनों भाइयों को इस प्रकार पृथ्वी पर पड़ा देखकर सीता के धैर्य का बाँध टूट गया और वे फूट-फूट कर रोने लगी, "हाय! आज मैं विधवा हो गई। बड़े-बड़े ज्योतिषियों की यह भविष्वाणी मिथ्या हो गई कि मैं आजीवन सधवा रहूँगी, पुत्रवती बनूँगी। हे नाथ! आपने तो कहा था कि मैं अयोध्या लौटकर अश्वमेघ यज्ञ करूँगा। अब उस कथन का क्या होगा! जो विश्व को जीतने की शक्ति रखते थे, आज वे कैसे मौन पड़े हैं! हा विधाता! तेरी यह क्या लीला है? हे त्रिजटे! तू मेरे सती होने का प्रबन्ध करा दे। अब मैं इस संसार में अपने प्रिय राम के बिना नहीं रहूँगी। अब मेरा जीना व्यर्थ है।"

सीता को इस प्रकार विलाप करते देख त्रिजटा ने कहा, "हे जानकी! तुम व्यर्थ में विलाप करके जी छोटा मत करो। मेरा विश्वास है, राम-लक्ष्मण दोनों जीवित हैं, केवल मूर्छित हो गये हैं। यह देखो वानर सेना फिर युद्ध के लिये लौट रही है। सुग्रीव और विभीषण उनके चेतन होने की प्रतीक्षा कर रहे हैं। मेरा अनुमान मिथ्या नहीं है। वे उठकर फिर युद्ध करेंगे और रावण का वध करके तुम्हें अवश्य ले जायेंगे, तुम धैर्य

धारण करो।"

इस प्रकार सीता को समझा-बुझा कर त्रिजटा सीता सहित विमान को पुनः अशोकवाटिका में ले आई।

नागपाश में बँधे राम और लक्ष्मण काफी देर तक भूमि पर पड़े रहे। तभी अकस्मात् जोर से आँधी चलने लगी, आकाश में घने बादल छा गये। इतने में ही आकाशमार्ग से विनिता का पुत्र गरुड़ उड़ता हुआ आया। उसने दोनों भाइयों के पास बैठकर उनके शरीर का स्पर्श किया। गरुड़ के स्पर्श करते ही समस्त नाग भयभीत होकर पृथ्वी में छिप गये। नागों के बन्धन से मुक्त होने पर राम और लक्ष्मण ने अपने नेत्र खोले। उनके पीले पड़े हुये मुखमण्डल फर नवीन आभा से चमकने लगे। चैतन्य होकर राम ने गरुड़ को धन्यवाद देते हुये कहा, "हे वैनतेश! तुम्हारे अनुग्रह से हम दोनों भाई इस बन्धन से मुक्त हुये हैं। हम तुम्हारा कैसे आभार प्रदर्शन कर लकते हैं?"

राम की यह विनम्र वाणी सुनकर गरुड़ ने उत्तर दिया, "हे राघव! मैं तुम्हारा मित्र हूँ। वन में विचरण करते हुये मैंने सुना था कि मेघनाद ने तुम्हें इस नागपाश में बाँध लिया है जिसे देवता, राक्षस, यक्ष, गन्धर्व कोई भी नहीं खोल सकते। इसलिये मैं मित्र धर्म के नाते यहाँ आ पहुँचा और मैंने तुम्हें नागपाश से मुक्त करा दिया। भविष्य में अधिक सतर्क रहकर युद्ध करना क्योंकि ये राक्षस बड़े कपटी तथा मायावी हैं।"

इतना कहकर गरुड़ ने उनसे विदा ली।

राम और लक्ष्मण को पूर्णतया स्वस्थ पाकर वानर सेना के आनन्द का पारावार न रहा। वे रघुवीर की जयजयकार करके बाजे-नगाड़े, रणभेरी आदि बजाकर राक्षसों को भयभीत करने लगे।

- धूम्राक्ष और वज्रदंष्ट्र का वध

जब हर्षोन्मत्त वानरों का तुमुलनाद सुन कर रावण को आश्चर्य हुआ और आशंका ने उसे आ घेरा। उसने तत्काल मन्त्रियों से कहा, "वानरसेना में इतना उत्साह कैसे आ गया? मेघनाद ने तो राम और लक्ष्मण का वध कर दिया था। शीघ्र पता लगाकर बताओ, इसका क्या कारण है? कहीं भरत तो अयोध्या से विशाल सेना लेकर नहीं आ गया? आखिर ऐसी कौन सी बात हुई है जो वानर सेना राम की मृत्यु का दुःख भी भूलकार गर्जना कर रही है।"

तभी एक गुप्तचर ने आकर सूचना दी कि राम और लक्ष्मण मरे नहीं हैं, वे नागपाश से मुक्त होकर युद्ध की तैयारी कर रहे हैं।

यह सुनते ही रावण का मुख फीका पड़ गया। उसने क्रोधित होकर पराक्रमी धूम्राक्ष को आज्ञा दी, "हे वीरश्रेष्ठ धूम्राक्ष! तुमने अब तक अनेक बार अद्भुत पराक्रम प्रदर्शित किया है। तुम सहस्त्रों वीरों को अकेले मार सकते हो। एक विशाल सेना लेकर जाओ और राम-लक्ष्मण सहित शत्रु सेना का वध करो।"

रावण की आज्ञा पाते ही शूल, गदा, तोमर, भाले, पट्टिश आदि शस्त्रों से युक्त राक्षसों की विशाल सेना लेकर धूम्राक्ष रणभूमि में जा पहुँचा। इस विशाल वाहिनी को देख कर वानर सेना घोर गर्जना करती हुई उस पर टूट पड़ी। धूम्राक्ष कंकपत्रों वाले तीक्ष्ण बाणों से वानरों को घायल करने लगा। वे भी राक्षसों के वार बचाकर बड़े-बड़े शिलाखण्ड ले आकाश में उड़ कर उन पर फेंकने लगे। आकाश को उद्यत राक्षसी सेना को अपने प्राण बचाने कठिन हो गये। फिर भी राक्षस सेना का एक भाग अपने प्राणों की चिन्ता न करके बाणों, त्रिशूलों आदि से वानरों का लहू बहा रहा था। चारों ओर रक्त की नदियाँ बहने लगीं। जिधर देखो उधर ही राक्षसों और वानरों के रुण्ड-मुण्ड दिखाई देते थे। कानों के पर्दों को फाड़ने वाला चीत्कार और हाहाकार सुनाई दे रहा था। रणोन्मत्त धूम्राक्ष हताहत वीरों के शरीरों को रौंदता हुआ अपने अग्नि बाणों से वानर सेना को भस्मीभूत कर रहा था। उसके आक्रमण की ताव न लाकर वानर सेना इधर-उधर भागने लगी। अपनी सेना की यह दुर्दशा देख कर हनुमान ने क्रोध से भरकर एक विशाल शिला उखाड़ी और लक्ष्य तानकर धूम्राक्ष की ओर फैंक दी। उस शिला को अपनी ओर आते देख वह फुर्ती से रथ से कूद पड़ा। इस बीच में रथ चूर-चूर हो चुका था और घोड़े तथा सारथी मर चुके थे। राक्षस सेनापति को इस प्रकार बचता देख हनुमान का क्रोध और भी भड़क उठा। उन्होंने दाँतों, नाखूनों से उनके और धूम्राक्ष के बीच में आने वाले राक्षस समुदाय का विनाश करके मार्ग साफ कर लिया। जब उसने हनुमान को भयंकर रूप से अपनी ओर आते देखा तो लोहे के काँटों से भरी हुई गदा उठाकर उनके सिर पर दे मारी। हनुमान ने वार बचा कर एक भारी शिला उठाई और आकाश में उड़ कर धूम्राक्ष को दे मारी। इससे उसके शरीर की समस्त हड्डियाँ टूट गईं और वह पृथ्वी पर गिरकर यमलोक सिधार गया। उसके मरते ही राक्षस भी भाग छूटे।

रावण ने जब धूम्राक्ष की मृत्यु का समाचार सुना तो वह क्रोध से पागल हो गया। उसके नेत्रों से चिंगारियाँ निकलने लगीं। उसने वज्रदंष्ट्र को बुलाकर आज्ञा दी कि वह राम-लक्ष्मण तथा हनुमान सहित वानरसेना का वध करके अपने शौर्य का परिचय दे। वज्रदंष्ट्र जितना वीर था, उससे अधिक मायावी था। वह अपनी भीमकर्मा पराक्रमी सेना लेकर दक्षिण द्वार से चला। युद्धभूमि में पहुँचते ही उसने अपने सम्मुख अंगद को पाया जो अपनी सेना के साथ उससे युद्ध करने के लिये तत्पर खड़ा था। वज्रदंष्ट्र को देखते ही वानर सेना किचकिचा कर राक्षसों पर टूट पड़ी। दोनों ओर से भयंकर मारकाट मच गई। सम्पूर्ण युद्धभूमि रुण्ड-मुण्डों, हताहत सैनिकों तथा रक्त के नालों एवं सरिताओं से भर गई। रक्त सरिताओं में नाना प्रकार के शस्त्र-शस्त्र, कटे हुये हाथ तथा मस्तक छोटे-छोटे द्वीपों की भाँति दिखाई देने लगे। अंगद तथा वानर सेनापतियों

द्वारा बार-बार की जाने वाली सिंहगर्जना ने राक्षस सैनिकों का मनोबल तोड़ दिया। जब उन्हें अपने चारों ओर राक्षसों के कटे हुये अंग दिखाई देने लगे तो वह अपने प्राणों के मोह से रणभूमि से पलायन करने लगे।

अपनी सेना को मरते-कटते और कायरों की तरह भागते देख वज्रदंष्ट्र दोगुने पराक्रम और क्रोध से युद्ध करने लगा। उसने तीक्ष्णतर बाणों का प्रयोग करके वानरों को घायल करना आरम्भ कर दिया। क्रुद्ध वज्रदंष्ट्र के भयानक आक्रमण से पीड़ित होकर वानर सेना भी इधर-उधर छिपने लगी। उनकी यह दशा देखकर अंगद ने उस राक्षस सेनापति को ललकारा, "वज्रदंष्ट्र! तूने बहुत मारकाट कर ली। तेरा अंत समय आ गया है। अब मैं तुझे धूम्राक्ष के पास भेजता हूँ।" यह कहकर अंगद उससे जाकर भिड़ गये। दोनों महान योद्धा मस्त हाथियों की भाँति एक दूसरे पर प्रहार करने लगे। दोनों ही रक्त से लथपथ हो गये। फिर अवसर पाकर अंगद ने तलवार से वज्रदंष्ट्र का सिर काट डाला। अपने सेनापति के मरते ही राक्षस सेना मैदान से भाग खड़ी हुई।

- अकम्पन का वध

वालिपुत्र अंगद के हाथ से वज्रदंष्ट्र के वध का समाचार सुनकर रावण ने सेनापति अकम्पन को उसके शौर्य एवं पराक्रम की प्रशंसा करते हुये राम-लक्ष्मण के विरुद्ध युद्ध करने के लिये भेजा। महापराक्रमी अकम्पन सोने के रथ में बैठकर असंख्य चुने हुये भयानक नेत्रोंवाले भयंकर राक्षस सैनिकों के साथ नगर से बाहर निकला। महासमर में देवता भी उसे कम्पित नहीं कर सकते थे, इसीलिये वह अकम्पन नाम से विख्यात था। रणभूमि में पहुँचते ही उसने दसों दिशाओं को कँपाने वाला सिंहनाद दिया। उसके सिंहनाद से अविचल वीर वानर सेना राक्षस दल पर टूट पड़ी। एक बार फिर अभूतपरूर्व युद्ध आरम्भ हो गया। उन सबके ललकारने और गरजने के स्वर के सामने सागर की गर्जना भी फीकी प्रतीत होने लगी।

परस्पर युद्ध करते हुए वानरों और राक्षसों के द्वारा उड़ाई गई लाल रंग के धूल ने दसों दिशाओं को आच्छादित कर दिया और सम्पूर्ण वातावरण अन्धकारमय हो गया। उस महाअन्धकार में योद्धा अपने तथा विपक्षी दल के सैनिकों में भेद न कर सके। वानर वानरों को और राक्षस राक्षसों को मारने लगे। इस युद्ध में वीर वानर कुमुद, नल, मैन्द और द्विविद ने कुपित हो अपना उत्तम वेग प्रकट किया तथा उनके इस वेग से उत्साहित वानरों ने क्रुद्ध होकर वृक्षों, शिलाओं, दाँतों तथा नाखूनों से रिपुदल में भयंकर मारकाट मचा दी जिससे उसके पाँव उखड़ने लगे।

अपनी सेना के पैर उखड़ते देख अकम्पन मेघों के समान गर्जना करके अग्नि बाणों से वानर दल को जलाने लगा। वानर सेना को इस प्रकार अग्नि में भस्म होते देख परम तेजस्वी पवनपुत्र हनुमान ने आगे बढ़कर अकम्पन को ललकारा। जब अन्य वानरों ने हनुमान का रौद्ररूप देखा तो वे भी उनके साथ फिर फुर्ती से युद्ध करने लगे। उधर हनुमान को देखकर अकम्पन भी गरजा। उसने अपने तरकस से तीक्ष्ण बाण निकालकर हनुमान को अपने लक्ष्य बनाया। उन्होंने वार बचाकर एक विशाल शिला अकम्पन की ओर फेंकी। जब तक वह शिला अकम्पन तक पहुँचती तब कर उसने अर्द्धचन्द्राकार बाण छोड़कर उस शिला को चूर-चूर कर दिया। इस प्रकार शिला के नष्ट होने पर हनुमान ने कर्णिकार का वृक्ष उखाड़कर अकम्पन की ओर फेंका। अकम्पन ने अपने एक बाण से उस वृक्ष को भी नष्ट किया और एक साथ चौदह बाण छोड़कर हनुमान के शरीर को रक्तरंजित कर दिया। इससे हनुमान के क्रोध की सीमा न रही। उन्होंने एक विशाल वृक्ष उखाड़कर अकम्पन के सिर पर दे मारा। इससे वह प्राणहीन होकर भूमि पर गिर पड़ा। अकम्पन के मरते ही सारे राक्षस सिर पर पैर रख कर भागे। वानरों ने उन भागते हुये शत्रुओं को पेड़ों तथा पत्थरों से वहीं कुचल दिया। जो शेष बचे, उन्होंने रावण को अकम्पन के मरने की सूचना सुनाई।

- प्रहस्त का वध

रावण अकम्पन को अदम्य समझता था इसलिये उसकी मृत्यु से रावण को भारी आघात पहुँचा। वह गहन शोक में डूब गया। रात्रि को वह शान्ति से विश्राम भी न कर सका। दूसरे दिन उसने मन्त्रियों को बुलाकर कहा, "वानरों की सेना हमारी कल्पना से भी अधिक शक्तिशाली और पराक्रमी सिद्ध हुई है। पिछले चार दिनों में हमारी बहुत सी सेना मारी जा चुकी है। सैनिकों का मनोबल टूटने लगा है। नागरिकों को शत्रु के घेरे के कारण बाहर से उपलब्ध होने वाली खाद्य सामग्री प्राप्त नहीं हो रही है। वे अत्यन्त दुःखी हो रहे हैं। चार दिन के युद्ध को देखकर मैं इस निष्कर्ष पर पहुँचा हूँ कि शत्रु पर विजय प्राप्त करना साधारण राक्षसों के लिये सम्भव नहीं है। इसलिये हे वीर प्रहस्त! मुझे ऐसा प्रतीत होता है कि शत्रु को परास्त करने के लिये कुम्भकर्ण को, मेघनाद को, तुम्हें अथवा मुझे ही आगे आना पड़ेगा। अतः आज युद्ध का नेतृत्व तुम करो। तुम युद्ध कला विशारद हो। ये वानर चंचल और वीर तो हैं, परन्तु प्रशिक्षित नहीं हैं। तुम युद्ध नीति से उन पर विजय प्राप्त कर सकते हो। इसलिये हे वीर! तुम शीघ्र जाकर राम-लक्ष्मण सहित समस्त शत्रुओं का संहार कर मुझे निश्चिंत करो।"

अपने ऊपर इस प्रकार का विश्वास व्यक्त करते देख प्रहस्त ने कहा, "आज मैं अपने अतुल पराक्रम से शत्रु सेना का विनाश करके आप को निश्चिंत कर दूँगा। आज मेरे कृपाण के शौर्य से मैं रणचण्डी को प्रसन्न करके चील, कौवों, गीदड़ों आदि को शत्रु का माँस खिलाकर तृप्त करूँगा।"

इतना कहकर वह भयानक राक्षसों की सेना को लेकर युद्धस्थल की ओर चल दिया।

इस विशालकाय सेनापति को सदल-बल आते देख रामचन्द्र जी ने विभीषण से पूछा, "हे लंकापति! यह विशाल देह वाला सेनापति कौन है? क्या शूरवीर है?"

विभीषण ने उत्तर दिया, "हे रघुकुलतिलक! यह रावण का मन्त्री और वीर सेनापति प्रहस्त है। लंका की सेना का तीसरा भाग इसके अधिकार में है। यह बड़ा बलवान, पराक्रमी तथा युद्धकला विशारद है।"

यह सुनकर श्रीराम ने सुग्रीव से कहा, "हे वानराधिपति! ऐसा प्रतीत होता है कि रावण को इस पर बहुत विश्वास है। तुम इसे मारकर रावण का विश्वास भंग करो। इसके मरने पर रावण का मनोबल गिर जायेगा।"

राम का निर्देश पाते ही सुग्रीव ने श्रेष्ठ वानर सेनापतियों को यथोचित आज्ञा दी, जो बड़े वेग से राक्षसों पर टूट पड़े। राक्षस भी तोमर, त्रिशूल, गदा, तीर-कमान आदि से वानर सेना पर आक्रमण करने लगे। प्रहस्त ने स्वयं और उसके सेनानायकों ने अपने अप्रतिम रण कौशल से भयंकर दृश्य उपस्थित कर दिया और सहस्त्रों वानरों का सफाया करके रणभूमि को शवागार बना दिया। यह देख अनेक महारथी वानर अपनी पूरी शक्ति से राक्षसों से जूझने लगे। उन्होंने भी भयानक प्रतिशोध लेकर सहस्त्रों राक्षसों को सदा के लिये समरभूमि में सुला दिया। एक ओर राक्षसों की तलवार से कट-कट कर सैकड़ों वानर भूमि पर धराशायी हो रहे थे तो दूसरी ओर वानरों के घूँसों और थप्पड़ों की मार से सहस्त्रों राक्षस रक्त की उल्टियाँ कर रहे थे। कभी वीरों की गर्जना से भूमि काँप उठती और कभी आहतों के चीत्कार से आकाश थर्रा उठता। ऐसा प्रतीत होता था कि रक्त की सरिता में बाढ़ आ गई है और उसने सागर का रूप धारण कर लिया है।

जब वानर वीर द्विविद ने महावीर नरान्तक के हाथों अपने सैनिकों की दुर्गति होती देखी तो एक भारी शिला का वार करके उसका प्राणान्त कर दिया। द्विविद के इस शौर्य से उत्साहित होकर दुर्मुख ने प्रहस्त के प्रमुख सेनापति समुन्नत को मार गिराया। उधर जाम्बवन्त ने एक भारी शिला से प्रहार करके महानाद का अन्त कर दिया। फिर तारा नामक वानर ने अपने नाखूनों से कम्भानु का पेट चीरकर उसे यमलोक भेज दिया। कुछ ही क्षणों में इन चार सेनानायकों को मरते देख प्रहस्त ने क्रोध करके चारों दिशाओं में बाण छोड़ने आरम्भ कर दिये। इस आकस्मिक आक्रमण से अत्यधिक क्रुद्ध होकर वानर सेना अपने प्राणों का मोह छोड़कर शत्रुओं पर पिल पड़ी। उधर सेनापति नील पर्वत का एक टीला उठाकर प्रहस्त को मारने के लिये दौड़ा। मार्ग में ही प्रहस्त ने अपने बाणों से उस टीले की धज्जियाँ उड़ा दीं। इस पर नील ने एक दूसरा टीला उठाकर उसके रथ पर दे मारा जिससे उसका रथ टूट गया और घोड़े मर गये। रथ के टूटते ही प्रहस्त हाथ में मूसल लेकर नील को मारने के लिये दौड़ा। नील भी कम न था। दोनों परस्पर भिड़ गये। अवसर पाकर प्रहस्त ने मूसल नील के सिर पर दे मारा जिससे उसका सिर फट गया और रक्त बहने लगा। इससे नील को और भी क्रोध आ गया। उसने फुर्ती से एक शिला उठाकर प्रहस्त के सिर पर पूरे वेग से दे मारा जिससे उसका सिर चूर-चूर हो गया और वह मर गया। प्रहस्त के मरते ही उसकी सेना ने पलायन कर दिया।

- रावण कुम्भकर्ण संवाद

अग्निपुत्र नील के हाथों प्रहस्त के वध का समाचार सुनते ही रावण क्रोध से तमतमा उठा; किन्तु थोड़ी ही देर में उसका चित्त उसके लिये शोक से व्याकुल हो गया। उसके मन में भय उत्पन्न होने लगा। वह मन्त्रियों से बोला, "शत्रुओं को नगण्य समझकर मैं उनकी अवहेलना करता रहा इसी का परिणाम है प्रहस्त भी मारा गया। अब मैं समझता हूँ कि मुझे परमवीर कुम्भकर्ण को जगाकर रणभूमि में भेजना होगा। केवल वही ऐसा पराक्रमी है जो देखते-देखते शत्रु की सम्पूर्ण सेना का संहार कर सकता है।"

रावण की आज्ञा पाकर उसके मन्त्री ब्रह्मा के शाप के कारण सोये हुये कुम्भकर्ण के पास जाकर उसे जगाने लगे। जब वह चीखने-चिल्लाने और झकझोरने से भी न उठा तो वे लाठियों और मूसलों से मार-मार उसे उठाने लगे। साथ ही ढोल, नगाड़े तथा तुरहियों को बजाकर भारी शोर करने लगे, किन्तु उसकी नींद न खुली। अन्त में तोपों को दागकर, उसकी नाक में डोरी डालकर बड़ी कठिनाई से उसे जगाया गया। जब उसकी नींद टूटी तो माँस-मदिरा का असाधारण कलेवा करके वह बोला, "तुम लोगों ने मुझे कच्ची नींद से क्यों जगा दिया? सब कुशल तो है?"

कुम्भकर्ण का प्रश्न सुनकर मन्त्री यूपाक्ष ने हाथ जोड़कर निवेदन किया, "हे राक्षस शिरोमणि! लंका पर वानरों ने आक्रमण कर दिया है। अब तक हमारे बहुत से पराक्रमी वीरों तथा असंख्य राक्षस सैनिकों का संहार हो चुका है। मारे जाने वालों में खर-दूषण, प्रहस्त आदि महारथी सम्मिलित हैं। लंका भी जला दी गई है। ये सब वानर अयोध्या के राजकुमार राम की ओर से युद्ध कर रहे हैं। इस भयंकर परिस्थिति के कारण ही महाराज ने आपको जगाने की आज्ञा दी है। अब आप जाकर उन्हें धैर्य बँधायें।"

यह समाचार सुनकर कुम्भकर्ण स्नानादि से निवृत होकर राजसभा में रावण के पास पहुँचा। उसके चरणस्पर्श करके बोले, "महाराज! आपने मुझे किसलिये स्मरण किया है?"

कुम्भकर्ण को देखकर रावण प्रसन्न हुआ। वह बोला, “महाबली वीर! दीर्घकाल तक सोते रहने के कारण तुम्हें यहाँ के विषय में कोई जानकारी नहीं है। अयोध्या के राजकुमार राम और लक्ष्मण वानरों की सेना को लेकर लंका का विनाश कर रहे हैं। उन्होंने समुद्र पर पुल बाँधकर उसे पार कर लिया है। इस समय लंका के चारों ओर वानर ही वानर दिखाई देते हैं। प्रहस्त, खर, दूषण आदि असंख्य वीर राक्षस सेना के साथ मारे जा चुके हैं। लंका में भय से त्राहि-त्राहि मच रही है। तुम पर मुझे पूर्ण विश्वास है। तुमने देवासुर संग्राम में देवताओं को खदेड़ कर जो अद्भुत वीरता दिखाई थी, वह मुझे आज भी स्मरण है। इसलिये तुम वानर सेना सहित दोनों भाइयों का संहार करके लंका को बचाओ।”

इसके अतिरिक्त रावण ने विभीषण के निष्कासन आदि की बातें भी उसे विस्तारपूर्वक बताईं।

यह सुनकर कुम्भकर्ण ने पहले तो रावण को नीति सम्बंधी बहुत सी बातें कहते हुए रावण को उपालम्भ दिया। फिर वह बोले, “भैया! आप भाभी मन्दोदरी और भैया विभीषण द्वारा दी हुई सम्मति के अनुसार कार्य करते तो आज लंका की यह दुर्दशा न होती। आपने मूर्ख मन्त्रियों के कहने में आकर स्वयं दुर्दिन को आमन्त्रण दिया है। परन्तु अब जो हो गया सो हो गया। उस पर पश्चाताप करने से क्या लाभ? अब आप के अनुचित कर्मों के फलस्वरूप उत्पन्न भय को मैं दूर करूँगा। मैं उन दोनों भाइयों का वध करूँगा और दुःखी राक्षसों के आँसू पोछूँगा। आप शोक न करें। मैं शीघ्र ही राम-लक्ष्मण का सिर आपके चरणों में रखूँगा।”

- कुम्भकर्ण वध

शोकमग्न रावण को धैर्य बँधाकर कुम्भकर्ण युद्धभूमि में पहुँचा। स्वर्ण कवच से सुसज्जित कुम्भकर्ण ने हाथों में विद्युत के सदृश प्रकाशित भयंकर शूल उठा रखा था। लाखों चुने हुये सैनिकों को लेकर रणभूमि में पहुँचते ही उसने पृथ्वी को कँपा देने वाली भयंकर गर्जना की जिससे अनेक वानर मूर्छित होकर पृथ्वी पर गिर पड़े। इस विशाल पर्वताकार पराक्रमी राक्षस को देखकर साधारण वानरों की तो बात ही क्या; नल, नील, गवाक्ष तथा कुमुद जैसे पराक्रमी योद्धा भी भयभीत होकर रणभूमि से पलायन करने लगे। असंख्य वानर सैनिकों ने भी अपने इन सेनानायकों का अनुसरण किया। अपनी सेना को इस प्रकार प्राणों के भय से भागते देख युवराज अंगद ने ललकार कर कहा, “हे वानरों! क्या इस प्रकार शत्रु को पीठ दिखाना तुम्हें शोभा देता है? तुम जैसे वीरों को भी प्राणों का मोह सताने लगा? धिक्कार है तुम्हें और तुम्हारी वीरता को! जिस कुम्भकर्ण को देखकर तुम भाग रहे हो, क्या वह कोई असाधारण योद्धा है? माँस मदिरा का सेवन करके उसका शरीर फूल गया है। वह तो बड़ी सरलता से मारा जायेगा। क्या रामचन्द्र जी के तेज के सम्मुख यह ठहर सकता है? आओ, लौटकर युद्ध करो। भागकर संसार में अपयश के भागी मत बनो।

अंगद के उत्साह भरे वचन सुनकर वानर सेना पुनः रणभूमि में लौट आई। वे प्राणों का मोह छोड़कर कुम्भकर्ण और उसकी सेना पर आक्रमण करने लगे। कुम्भकर्ण भी अपनी विशाल गदा के प्रहार से वानर सेना को मार-मार कर ढेर लगाने लगा। फिर भी शेष वानर वृक्षों तथा शिलाओं से राक्षस सेना का विनाश करने में जुटे रहे। कुम्भकर्ण उस समय साक्षात् यमराज प्रतीत हो रहा था। वह वानरों को गाजर मूली की भाँति काटकर ढेर लगाता जा रहा था। उसके चारों ओर हताहत वानरों के शरीर ही शरीर दिखाई दे रहे थे। क्रुद्ध होकर द्विविद ने एक पर्वत के टीले को उठाकर आकाश से कुम्भकर्ण के सिर पर मारा। कुम्भकर्ण तो उस वार रो बच गया, किन्तु बहुत से राक्षस उसके नीचे दबकर मर गये। राक्षसों की इतनी भारी क्षति से उत्साहित होकर वानरों ने दूने बल से राक्षस सेना का संहार आरम्भ किया जिससे सम्पूर्ण समरभूमि में रक्त की नदियाँ बहने लगीं। अब कुम्भकर्ण पर हनुमान भी आकाश मार्ग से पत्थरों की वर्षा करने लगे, परन्तु उस पर इसका कोई प्रभाव नहीं पड़ा। वह अपने शूल से पत्थरों के टुकड़े करके इधर-उधर छितराता रहा। इस प्रकार अपने वार खाली जाते देख हनुमान ने एक नुकीला वृक्ष उठाकर कुम्भकर्ण पर वार किया और उसका शरीर लहूलुहान कर दिया। उसने जब अपने शरीर से शोणित बहता देखा तो उसने वज्र के सदृश एक शूल पवनकुमार के मारकर उनकी छाती चीर दी। उसकी पीड़ा से वे व्याकुल हो गये। उनके मुख से रक्त बहने लगा हनुमान की यह दशा देखकर राक्षस सेना ने जयनाद किया और वे तीव्र वेग से मारकाट मचाने लगे।

हनुमान को घायल होता देख गन्धमादन, नील, ऋषभ, शरभ तथा गवाक्ष, पाँचों पराक्रमी सेनानायक एक साथ कुम्भकर्ण पर टूट पड़े। इस संयुक्त आक्रमण का भी उस पर कोई विशेष प्रभाव नहीं पड़ा। उसने पाँचों को पकड़कर इस प्रकार मसला कि वे मूर्छित होकर पृथ्वी पर गिर पड़े। अपने सेनानायकों को इस प्रकार मूर्छित होते देख वानर सेना एक साथ कुम्भकर्ण से चिपट गई। वह इससे भी विचलित नहीं हुआ और मुक्कों से मार-मार कर उनका सफाया करने लगा। सैकड़ों को उसने पूँछ पकड़-पकड़ कर फेंक दिया और बहुत से वानरों को पैरों के तले रौंद डाला। जब उसके सम्मुख हनुमान, अंगद, नील, द्विविद, सुग्रीव जैसे वीर भी न ठहर सके और वानरों का अभूतपूर्व विनाश होने लगा तो सेना में भगदड़ मच गई। उन्होंने रामचन्द्र जी के पास जाकर गुहार की, “हे रघुवीर! कुम्भकर्ण ने हमारी सेना को तहस-नहस कर दिया है। हमारे बड़े-बड़े सेनापति घायल हो गये हैं। वह यमराज की भाँति हमारी सेना का घोर विनाश कर रहा है। ऐसा प्रतीत होता है कि वह हमारी सम्पूर्ण सेना को नष्ट कर डालेगा। इसलिये हम आपकी शरण में आये हैं। अब आप ही कुछ कीजिये, अन्यथा आज हमारी सेना का नामोनिशान नहीं बचेगा।

अपनी सेना की दुर्दशा का वृत्तान्त सुनकर लक्ष्मण का मुख क्रोध से रक्तवर्ण हो गया। वे राम की अनुमति लेकर कुम्भकर्ण से युद्ध करने के लिये चले। उनके पीछे-पीछे वानर सेनापति भी जयघोष करते हुये चले। अपने सम्मुख लक्ष्मण को देखकर कुम्भकर्ण ने हर्षनाद करते हुये कहा, "लक्ष्मण! मुझसे युद्ध करने का तुम्हारा साहस देखकर मैं प्रसन्न हुआ। तुम अभी बालक हो और मैं तुम्हारा वध नहीं करना चाहता। तुम लौट जावो और राम को भेजो, मैं उसका ही वध करूँगा।

इस प्रकार से लक्ष्मण का निरादर करके कुम्भकर्ण उस ओर दौड़ा जहाँ राम खड़े थे। कुम्भकर्ण को अपनी ओर आते देख वे उस पर रौद्र अस्त्रों से प्रहार करने लगे। जब इन अस्त्रों का उस पर कोई प्रभाव न पड़ा तो उन्होंने मयूर पंखों से सुसज्जित तीक्ष्ण बाण छोड़कर उसकी छाती फाड़ दी। इसकी पीड़ा से वह व्याकुल हो गया। उसके हाथों से गदा तथा अन्य अस्त्र छूटकर पृथ्वी पर गिर पड़े। जब रामचन्द्र जी के आगे उसकी एक न चली तो वह खिसियाकर मुक्कों, लातों और थप्पड़ों से वानरों को मारने लगा। इस पर श्री राम ने उसे फिर ललकारा और तीक्ष्ण बाणों से उसके शरीर को छलनी कर दिया। तब कुपित होकर कुम्भकर्ण ने पृथ्वी से एक भारी शिला उठाकर रामचन्द्र जी पर फैंकी जिसे उन्होंने सात बाण मारकर चूर-चूर कर दिया। फिर तीक्ष्ण नोक वाले तीन बाण छोड़कर उसका कवच तोड़ डाला। कवच के टूटते ही वानरों ने फिर उस पर धावा बोल दिया। उनसे घायल होकर वह क्रोध में इतना पागल हो गया कि उसे अपने और पराये का भी ज्ञान न रहा। उसने वानरों और राक्षसों सभी को मारना आरम्भ कर दिया। कुम्भकर्ण की यह दशा देखकर राम ने उसे फिर ललकार कर कहा, "अरे राक्षस! उन सैनिकों से क्या उलझ रहा है? इधर आकर मुझसे युद्ध कर।

राम की ललकार सुनते ही कुम्भकर्ण सामने आकर बोला, "हे राम! बहुत समय से मैं तुम्हारा वध करना चाहता था। आज सौभाग्य से तुम मेरे सम्मुख आये हो। मैं खर, दूषण, विराध या कबन्ध नहीं हूँ; मैं कुम्भकर्ण हूँ। मुझे अपने बल का परिचय दो।

कुम्भकर्ण की ललकार सुनकर रामचन्द्र जी ने अनेक अग्निबाण एक साथ छोड़े, परन्तु उन्हें कुम्भकर्ण ने मार्ग में ही नष्ट कर दिया। इस पर उन्होंने वायव्य बाण छोड़कर उसकी एक भुजा काट डाली। भुजा कटने पर क्रोध और पीड़ा से गर्जता हुआ भी वह वानरों का संहार करने लगा। इस भीषण मारकाट से भयभीत होकर वानर त्राहिमाम्-त्राहिमाम् कहते हुये रामचन्द्र जी के पीछे जाकर खड़े हो गये। तब रामचन्द्र जी ने ऐन्द्र नामक बाण से उसकी दूसरी भुजा भी काट डाली। फिर उन्होंने अर्द्धचन्द्राकार बाणों से उसके दोनों पैर काट डाले। इससे वह भयंकर शब्द करता हुआ पृथ्वी पर गिर पड़ा। तब उन्होंने इन्द्र द्वारा दिया हुआ सूर्य की किरण की भाँति जाज्वल्यमान ब्रह्मदण्ड नामक बाण छोड़ा जो कुण्डलों से युक्त कुम्भकर्ण के मस्तक को काटकर आकाश में उड़ा और फिर उसे पृथ्वी पर गिरा दिया। कुम्भकर्ण के मरते ही वानर सेना में हर्ष की लहर दौड़ गई। उनके जयनाद ने सम्पूर्ण लंकापुरी को थर्रा दिया। कुम्भकर्ण के मरने के पश्चात् राक्षसों ने रावण को जाकर दुःखद संवाद सुनाया।

कुम्भकर्ण की मृत्यु का समाचार सुनकर रावण मूर्छित हो पृथ्वी पर गिर पड़ा। नरान्तक, देवान्तक, त्रिशिरा आदि राक्षस भी अपने चाचा की मृत्यु का समाचार सुनकर रोने लगे। जब रावण की मूर्छा भंग हुई तो वह विलाप करके रोने लगा। "हाय! आज मैं भाई को खोकर बिल्कुल असहाय हो गया। जिस कुम्भकर्ण के नाम से देव-दानव तक थर्राते थे, वह वीर आज मनुष्य और वानरों के हाथों मारा गया। तुम्हारे बिना आज यह राज्य मेरे किस काम का? तुमने ठीक ही कहा था कि मैंने विभीषण की बात न मानकर भूल की थी। हा कुम्भकर्ण! तुम मुझे अकेला क्यों छोड़ गये? बिना भाई के यह जीवन भी कोई जीवन है? मैं तुम्हारे बिना अब किस के भरोसे जिऊँगा?" इस प्रकार विलाप करते हुये वह फिर मूर्छित हो गया।

जब रावण को फिर सुधि आई तो त्रिशिरा ने उसे धैर्य बँधाते हुये कहा, "पिताजी! चाचाजी के मरने का आप इतना शोक क्यों करते हैं? उन्होंने तो शत्रु के छक्के छुड़ाने के पश्चात् ही वीर गति प्राप्त की है। अभी आपको निराश होने की क्या आवश्यकता है, आपके पास तो ब्रह्मा की दी हुई शक्ति है। उसी से आप सेना सहित राम का नाश कीजिये। हम सब भी आपके साथ चलेंगे। आप अभी शोकाकुल हैं विश्राम कीजिये। हमें रणभूमि में जाने की अनुमति दीजिये।"

त्रिशिरा के इन वचनों को सुनकर रावण को कुछ धैर्य बँधा और उसने अपने पुत्रों को युद्ध में जाने की अनुमति दे दी।

- त्रिशिरा, अतिकाय आदि का वध

लंकेश रावण के आज्ञानुसार उसके चार पुत्र त्रिशिरा, अतिकाय, देवान्तक तथा नरान्तक अपने दो चाचाओं महोदर एवं महापार्श्व के साथ युद्ध करने के लिये चले। उनके पीछे हाथियों, घुड़सवारों, रथों की एवं पैदल सेना थी। युद्धभूमि में उनका सामना करने के लिये वानरों की अपार सेना पत्थरों, शिलाओं तथा बड़े-बड़े वृक्षों को लिये तैयार खड़ी थी। राक्षस सेना को देखते ही उन्होंने भयंकर गर्जना की और वे शत्रुओं पर टूट पड़ी। वानरों के पत्थरों एवं वृक्षों द्वारा किये जाने वाले आक्रमण के प्रतिउत्तर में राक्षस बाणों, लौह-मुद्गरों तथा अन्य शस्त्रों से वार करने लगे। इस भयंकर युद्ध के परिणामस्वरूप थोड़ी ही देर में सम्पूर्ण रणभूमि रक्त-रंजित हो गई। राक्षस सेनानायकों ने इतनी भीषण मारकाट मचाई कि चारों ओर वानरों के हताहत शरीर दिखाई देने लगे। राक्षस सैनिकों की भी ऐसी ही दशा थी। उनके घायल शरीर वानरों के शरीरों के साथ मिलकर एक वीभत्स दृष्य उत्पन्न कर रहे थे। जिनके अस्त्र-शस्त्र समाप्त हो जाते थे या नष्ट हो जाते थे, वे परस्पर भिड़कर लात-घूँसों

का प्रयोग करने लगते थे। राक्षस वानरों की पूँछ पकड़कर उन्हीं से अन्य वानरों को मारते थे तो वानर राक्षसों की टाँगें पकड़कर उन्हें घमाते हुये अन्य राक्षसों पर वार करते थे। उस समय दोनों दल के पराक्रमी सैनिक निर्भय होकर शत्रुओं का विनाश करने में जुटे हुये थे।

जब वानर सेनानायकों ने राक्षसों को भारी संख्या में मार डाला तो रावण के पुत्र नरान्तक ने क्रोध में भरकर अपने रणकौशल का प्रदर्शन करते हुये थोड़ी ही देर में सहस्त्रों वानरों को मार गिराया। इससे वानर सेना में हाहाकार मच गया। यह हाहाकार सुन अंगद ने क्रोधित होकर नरान्तक को ललकारा। अंगद की ललकार सुनकर नरान्तक ने गरजते हुये उसके वक्ष पर प्रास का वार किया किन्तु अंगद ने फुर्ती से प्रास को तोड़कर नरान्तक के रथ पर ऐसी लात जमाई कि उसका रथ पृथ्वी पर लुढ़क गया और उसके चारों घोड़े गिरकर मर गये। नरान्तक रथ से कूद पड़ा और अंगद के सिर पर घूँसे ही घूँसे बरसाने लगा। तब अंगद ने भी बड़े जोर से उसकी छाती में घूँसा मारा जिससे उसकी आँखों की पुतलियाँ फिर गईं। वह रक्त वमन करता हुआ पृथ्वी पर ऐसा गिरा कि फिर वह कभी जीवित नहीं उठ सका। नरान्तक के मरते ही वानर सेना ने हर्षनाद किया।

नरान्तक के वध होते ही हाथी पर सवार रावण का भाई महोदर अंगद की ओर बढ़ा। भाई की मृत्यु का प्रतिशोध लेने के लिये देवान्तक और त्रिशिरा भी अपने-अपने रथ दौड़ाते हुये अंगद को मारने के लिये झपटे। तीनों महारथी एक साथ अंगद पर बाण छोड़ने लगे। तीनों के आक्रमणों का मुकाबला करते हुये अंगद ने सबसे पहले महोदर के हाथी को एक ऐसी लात जमाई कि वह गम्भीर गर्जना करता हुआ मैदान से भाग निकला। अंगद ने भागते हुये हाथी के दाँत उखाड़कर उनसे ही शत्रु का संहार करना आरम्भ कर दिया। जब हनुमान ने अंगद को तीन महारथियों से घिरा देखा तो उन्होंने लपककर देवान्तक की छाती में इतने जोर का मुक्का मारा कि वह वहीं तड़पकर ठंडा हो गया। अपनी आँखों के सामने देवान्तक को इस प्रकार मरते देखकर त्रिशिरा और महोदर के नेत्रों से ज्वाला फूटने लगी। उन दोनों ने भयंकर बाणों की मार से अंगद, हनुमान सहित अनेक सेनानायकों को व्याकुल कर दिया। नील ने अपने वीरों को इस प्रकार घायल होते देख किलकिलाकर एक बहुत भारी शिलाखण्ड उखाड़ा। फिर उसे महोदर के सिर पर दे मारा। उसके नीचे महोदर पिस कर मर गया। इसके मरने पर त्रिशिरा ने वानर सेना पर एक साथ अनेक बाण छोड़े, किन्तु इस समय वानर सेना का साहस बढ़ा हुआ था और नरान्तक, देवान्तक तथा महोदर जैसे सेनापतियों के मारे जाने के कारण राक्षस सेना के पैर उखड़ने लगे थे। अवसर पाकर हनुमान ने कूदकर त्रिशिरा का सिर धड़ से अलग कर दिया। इस प्रकार चार महारथियों के मारे जाने पर महापार्श्व ने क्रोध से उन्मत्त होकर लोहे की भारी गदा से वानरों पर वार करना आरम्भ कर दिया। देखते ही देखते बीसियों वानर उसकी क्रोधाग्नि में जलकर स्वाहा हो गये। उस समय उसकी रक्तरंजित गदा प्रलयंकर अग्नि की भाँति वानरों को अपना ग्रास बना रही थी। इस पर ऋषभ नामक तेजस्वी वानर योद्धा ने क्रुद्ध होकर महापार्श्व को बड़ी जोर से लात मारी। उस आघात को न सह सकने के कारण महापार्श्व पृथ्वी पर गिर पड़ा। उसके गिरते ही वानर सेना ने चारों ओर से उसे घेरकर उसका शरीर नखों और दाँतों से फाड़ डाला जिससे वह तड़प-तड़प कर मर गया।

इन पाँचों महारथियों की मृत्यु से सेनापति अतिकाय को बड़ा क्रोध और क्षोभ हुआ। वह अपना विशाल रथ लेकर वानर सेना में घुस आया। उसे अपने बल पर बड़ा गर्व था क्योंकि वह अनेक बार देवताओं और दानवों को लोहे के चने चबवा चुका था। उसके भयंकर संहार से त्रस्त वानर सैनिक त्राहि-त्राहि करते हुये रामचन्द्र जी के पास पहुँचे। उसके विराट रूप और अद्भुत रणकौशल को देखकर उन्होंने विभीषण से पूछा, "हे विभीषण! यह पर्वताकार अद्भुत वीर सेनानी कौन है जो वानर सेना का प्रलयंकर विनाश कर रहा है?"

विभीषण ने बताया, "यह रावण का पुत्र अतिकाय है। मन्दोदरी इसकी माता है। साहस और पराक्रम में यह रावण से किसी भी प्रकार कम नहीं है। इसने अपनी तपस्या के बल पर दिव्य कवच तथा रथ प्राप्त किये हैं। सहस्त्रों बार इसने देवताओं और दानवों को परास्त किया है। इसलिये आप इसे मारने का शीघ्र ही उपाय करें, अन्यथा यह हमारी सम्पूर्ण सेना का विनाश कर देगा।"

इतने में वानर सेना में अभूतपूर्व मारकाट मचाता हुआ अतिकाय रामचन्द्र जी के पास अपना रथ दौड़ाता आ पहुँचा और उनसे क्रोध तथा गर्वपूर्वक बोला, "हे तुच्छ मनुष्यों! तुम दोनों भाई मेरे हाथों से क्यों इन बेचारे वानरों का नाश कराते हो? इन्हें मारने में न तो मेरा पराक्रम है और न मेरी कीर्ति ही है। इसलिये मैं तुमसे कहता हूँ कि यदि तुममें युद्ध करने की क्षमता और साहस हो तो मेरे साथ युद्ध करो अन्यथा लौट जाओ और वानर सेना से युद्ध बन्द करने के लिये कह दो।"

अतिकाय के दर्प भरे इन वचनों को सुन कर लक्ष्मण बोले, "अरे राक्षस! तू बढ़-चढ़ जितनी बातें बना रहा है, उतना वीर तो तू दिखाई नहीं देता। तेरा सिर तेरे धड़ से मैं उसी प्रकार अलग कर दूँगा जिस प्रकार आँधी पके हुये ताड़ के फल को गिरा देती है। संभाल अपने अस्त्र-शस्त्र और देख, मेरे बाण तेरे वक्ष का कैसे रक्तपान करते हैं। लक्ष्मण के ये कठोर वचन सुनकर अतिकाय ने क्रुद्ध हो एक जलता हुआ बाण उन पर छोड़ा। लक्ष्मण ने उस सर्पाकार बाण को अपने अर्द्धचन्द्राकार बाण से काटकर दूसरा अग्निबान उसके मस्तक को लक्ष्य करके छोड़ा जो सीधा उसके मस्तक में घुस गया जिससे रक्त का फौवारा छूट निकला। एक बार तो वह थर्रा गया, किन्तु शीघ्र ही संभलकर वह फिर आक्रमण करने लगा। दोनों ही वीर अपनी-अपनी रक्षा करते हुये अद्भुत रणकौशल का परिचय देने लगे। अतिकाय बार-बार सिंह गर्जना करके लक्ष्मण को आतंकित करना चाहता था, किन्तु इस गर्जना का उन पर उल्टा ही प्रभाव पड़ रहा था। जितना ही वह अधिक जोर से गरजता, उतने ही अधिक कौशल और स्फूर्ति से लक्ष्मण बाणों की वर्षा करते। जब अतिकाय का हस्तलाघव क्षीण होता दिखाई नहीं दिया तो लक्ष्मण ने क्रुद्ध होकर उस पर ब्रह्मशक्ति छोड़ी। अतिकाय ने उसे प्रत्याक्रमण करके रोकने का निष्फल प्रयास किया। उस ब्रह्मशक्ति ने अतिकाय का सिर

काटकर उड़ा दिया। उसके मरते ही राक्षस सेना निराश होकर मैदान छोड़ गई।

- मायासीता का वध

युद्ध में चार पराक्रमी पुत्रों और दो भाइयों के मारे जाने का समाचार सुनकर रावण को बहुत अधिक दुःख और रोष हुआ। हताश होकर वह सोचने लगा कि इस शत्रु से कैसे त्राण पाया जाये। अत्यधिक चिन्तन करने पर पर भी उसे कोई मुक्ति नहीं सूझ रही थी। अन्त में उसने मेघनाद को बुलाकर कहा, "हे पुत्र! शत्रुओं ने अपनी सेना के सभी श्रेष्ठ योद्धाओं को एक-एक करके मार डाला है। अब मुझे लंका में ऐसा कोई महावीर दिखाई नहीं देता जो राम-लक्ष्मण सहित वानर सेना का विनाश कर सके। अतः मेरी आशा तुम्हारे ऊपर ही टिकी हुई है। इसलिये अब तुम ही रणभूमि में जाकर दुर्दमनीय शत्रुओं का नाश करके लंका की रक्षा करो। तुमने महापराक्रमी इन्द्र को भी परास्त किया है तथा तुम सब प्रकार की युद्ध कला में प्रवीण भी हो। इसलिये तुम्हीं उनका विनाश कर सकते हो।"

पिता की आज्ञा के अनुसार मेघनाद दिव्य रथ में आरूढ़ हो विशाल राक्षसी सेना के साथ युद्धभूमि की ओर चला। मार्ग में वह विचार करने लगा कि राम और लक्ष्मण बड़े शक्तिशाली योद्धा हैं जिन्होंने प्रहस्त, कुम्भकर्ण, महोदर तथा अतिकाय जैसे पराक्रमी योद्धाओं का वध कर डाला। यदि किसी प्रकार इनका मनोबल टूट जाय तो इन पर विजय प्राप्त करना सरल हो जायेगा। इस प्रकार विचार करते हुये उसके मस्तिष्क में एक युक्ति आई। उसने अपनी माया के बल से सीता की आकृति का निर्माण किया और उसे रथ में रख लिया। इसके पश्चात् वह सिंह गर्जना करता हुआ वानर सेना के सम्मुख जा पहुँचा। मेघनाद सहित शत्रु सेना को सामने देखकर वानर शिला और वृक्ष लेकर उस पर टूट पड़े। हनुमान भी एक भारी शिला उखाड़कर मेघनाद पर झपटे, परन्तु रथ में दीन-मलिन, दुर्बल सीता को देखकर ठिठक गये। फिर उन्होंने सीता को बचाकर मेघनाद पर वार करना आरम्भ कर दिया। हनुमान को लगातार अपने ऊपर वार करते देख वह एक हाथ से तलवार खींचकर दूसरे हाथ से मायानिर्मित सीता के केश पकड़ उसे झकझोरने लगा। सीता की यह दुर्दशा देखकर क्रोध और सन्ताप से विदीर्ण हुये पनवपुत्र बोले, "अरे नीच! ब्राह्मण की सन्तान होते हुये तुझे स्त्री पर हाथ उठाते लज्जा नहीं आती? धिक्कार है तेरी बुद्धि और बल पर। एक अबला को मारकर अपनी वीरता को कलंकित करते हुये तुझे संकोच नहीं होता? रे दुष्ट! तू जानकी की हत्या करके कभी जीवित नहीं बच सकेगा।"

इतना कहकर हनुमान और वानर सेना पत्थर बरसाते हुये उसे मारने के लिये दौड़े, किन्तु मेघनाद और उसके सैनिकों ने उन्हें रथ तक नहीं पहुँचने दिया। उनके सारे प्रयत्नों को निष्फल कर दिया।

तब घोर गर्जना करता हुआ मेघनाद बोला, "हनुमान! स्त्री पर हाथ डालना यद्यपि धर्म के विरुद्ध है, किन्तु शत्रु को प्रत्येक प्रकार से पीड़ा पहुँचाना नीति के विरुद्ध नहीं है। इसलिये तेरे सामने ही मैं सीता का वध करूँगा। सीता ही सारे दुःखों की जड़ है। उसके मरने के बाद ही लंका में सुख-शान्ति स्थापित होगी।"

यह कहकर उसने माया से बनी सीता का सिर काट दिया। सिर कटते ही वानर सेना में निराशा फैल गई। वह दुःख के सागर में डूबकर किंकर्तव्यविमूढ़ सी खड़ी रह गई। इस दशा का लाभ उठाकर राक्षस बड़ी मात्रा में वानरों का विनाश करने लगे। उधर हनुमान ने दुःखी होकर रामचन्द्र जी को समाचार दिया कि मेघनाद ने हमारे सामने सीता जी का सिर तलवार से काट दिया और वे "हा राम! हा राम!!" कहती हुई स्वर्ग सिधार गईं। यह समाचार सुनते ही राम मूर्छित होकर पृथ्वी पर गिर पड़े। कुछ वानर उन्हें घेरकर चैतन्य करने का प्रयत्न करने लगे। लक्ष्मण भी शोकातुर होकर विलाप करने लगे। साथ ही वे अपने बड़े भाई को होश में लाने की चेष्टा भी करते जाते थे।

जब विभीषण ने यह संवाद सुना तो उसने आकर बड़ी कठिनाई से रामचन्द्र को सचेत किया और समझाते हुये कहा, "हे रघुनन्दन! हनुमान ने जो कुछ आपसे कहा है, वह सत्य नहीं है। सीता का वध किसी भी दशा में सम्भव नहीं है। रावण ऐसा कभी नहीं करेगा और न किसी को उन्हें स्पर्श करने देगा। इसमें सन्देह नहीं कि मेघनाद ने आपके साथ छल किया है। इस समय वह रणभूमि में भी नहीं है। मेरी सूचना के अनुसार वह निकुम्भिला देवी के मन्दिर में यज्ञ करने के लिये गया है। इस यज्ञ के सम्पन्न हो जाने पर वह अपराजेय हो जायेगा। इसलिये आप तत्काल सेना सहित लक्ष्मण को उस मन्दिर में भेजकर यज्ञ को पूरा न होने दें और वहीं मेघनाद का वध करा दें। आप लक्ष्मण को आज्ञा दें। मैं भी उनके साथ जाऊँगा। आज यज्ञ पूर्ण होने से पहले मेघनाद का वध होना ही चाहिये।"

- लक्ष्मण मेघनाद युद्ध

विभीषण की सम्मति के अनुसार रामचन्द्र जी ने लक्ष्मण जी को आज्ञा दी कि वे अपने पराक्रम का परिचय देकर मेघनाद का वध करें। अपने अग्रज की आज्ञा पाते ही लक्ष्मण कवच पहन, हाथ में धनुष बाण ले राम के चरणस्पर्श कर मेघनाद का वध करने के लिये चल पड़े। लक्ष्मण के पीछे-पीछे विभीषण, सुग्रीव, हनुमान, जाम्बवन्त तथा वानरों की विशाल सेना चली। निकुम्भिला देवी के मन्दिर के निकट मेघनाद के रक्षक के रूप में असंख्य पराक्रमी राक्षस हाथी, घोड़ों एवं रथों पर सवार युद्ध के लिये सन्नद्ध खड़े थे। लक्ष्मण को सेना सहित आते देख उन्होंने भयंकर हुंकार की।

हुंकार कि चिन्ता न कर लक्ष्मण तथा अंगद मारकाट मचाते हुये राक्षस सेना में घुस गये। शेष वानर सेना ने भी उनका अनुसरण किया और वृक्षों, पत्थरों तथा शिलाओं की मार से राक्षसों का विनाश करने लगे। बदले में वे भी तीर, भालों, तलवारों तथा गदाओं से वानरों पर प्रति आक्रमण करने लगे। दोनों ओर से होने वाली गर्जनाओं से सम्पूर्ण लंकापुरी गूँज उठी। दोनों ओर भयंकर कारकाट मच रही थी. सैनिकों के मस्तक, धड़, हाथ-पैर आदि कट-कट कर शोणित की सरिता में बह रहे थे। मृत शरीरों का एकत्रित ढेर रुधिर सरिता में द्वीप की भाँति प्रतीत हो रहा था। अंगद, हनुमान और लक्ष्मण की भयंकर मार से राक्षस सेना त्राहि-त्राहि कर उठी और उनका आर्तनाद सुनकर मेघनाद यज्ञ पूरा किये बिना ही क्रुद्ध होकर युद्ध करने के लिये मन्दिर से निकल पड़ा। जब उसने लक्ष्मण के साथ विभीषण को भी देखा तो क्रोध से उसका मुख तमतमा गया। वह भ्रकुटि चढ़ाकर उससे बोला, "हे राक्षसकुलकलंक! तुम परम तेजस्वी पुलस्त्य वंश पर कलंक हो जिसने अपने सहोदर भाई के साथ विश्वासघात करके शत्रु का साथ दिया है। राम न तो हमारे वंश का है, न हमारा मित्र है और न कोई धर्मपरायण व्यक्ति ही है। फिर तुम उसका साथ क्यों दे रहे हो? यह मत भूलो कि अपना अपना होता है और पराया पराया ही होता है। धिक्कार है तुम्हारी बुद्धि पर जो तुम स्वयं दास बनकर सम्पूर्ण राक्षस जाति को एक विदेशी का दास बनाने के उद्यत हो गये। तुम याद रखना कि राम कभी तुम्हारा सगा नहीं बनेगा। वह यह करकर तुम्हें मरवा देगा कि जो अपने सगे भाई का नहीं हुआ, वह हमारा क्या होगा?"

मेघनाद के कठोर वचन सुनकर विभीषण ने उत्तर दिया, "हे दुर्बुद्धि! तुझे प्रलाप करते समय यह भी ध्यान नहीं रहा कि मैं तेरे पिता का भ्राता हूँ। इसलिये तुझे मेरे साथ सम्मानपूर्वक वार्तालाप करना चाहिये। स्मरण रख, राक्षस कुल में जन्म लेकर भी मैं क्रूर व्यक्तियों की संगति से सदा बचता रहा हूँ। मैंने तुम्हारे पिता को भी उचित सम्मति दी थी, परन्तु उसे मानना तो एक ओर, उन्होंने भरी सभा में मेरा घोर अपमान किया। तुम लोग नीतिवान होने का दम्भ करके भी इस साधारण सी बात को भूल गये कि पराई स्त्री का हरण करना, पराया धन बलात् लेना और मित्र पर विश्वास न करना, तीनों ही विनाश के कारण बनते हैं। ये तीनों दुर्गुण तेरे पिता में आ गये हैं, इसलिये अब राक्षस वंश का नाश होने जा रहा है।"

विभीषण के इन शब्दों ने मेघनाद की क्रोधाग्नि और भी भड़का दिया और वह क्रोधित होकर अपने तीक्ष्ण बाणों से वानरों का संहार करने लगा। यह देख लक्ष्मण के क्रोध का पारावार न रहा। उन्होंने मेघनाद को ललकार कर उसके रथ को अपने बाणों से आच्छादित कर दिया। मेघनाद ने इन बाणों को काटकर अनेक बाण एक साथ छोड़े। दोनों में से कोई किसी से पीछे नहीं रहना चाहता था। वे गरज-गरज कर रणोन्मत्त सिंहों की भाँति युद्ध कर रहे थे। मेघनाद की गति जब मन्द पड़ने लगी तो वानर सेना ने उत्साहित होकर लक्ष्मण का जयघोष किया। इससे मेघनाद को बहुत क्रोध आया। उसने एक साथ असंख्य बाण छोड़कर वानर सेना को पीछे धकेल दिया। तब लक्ष्मण ने तीक्ष्ण नोक वाले सात बाण छोड़कर उसका दुर्भेद्य कवच तोड़ डाला जिससे वह टुकड़े-टुकड़े होकर पृथ्वी पर बिखर गया। फिर तो मेघनाद के कवचहीन शरीर में नुकीले तीर घुसकर उसके शरीर को छलनी करने लगे।

इस भयंकर वार से विचलित हो गया और उसने एक हजार बाण मारकर लक्ष्मण के कवच के भी टुकड़े-टुकड़े कर डाले। अब दोनों मतवाले वीर बिना कवच के युद्ध करने लगे। दोनों के शरीरों में एक दूसरे के तीक्ष्ण बाण घुसकर शोणित की धाराएँ प्रवाहित करने लगे। साथ ही उनके बाण एक दूसरे के बाणों को काटकर चिनगारी भी उगलते जाते थे। उनके रक्तरंजित शरीर ऐसे प्रतीत हो रहे थे मानो वन में टेसू और सेमल के फूल खिल रहे हों। दोनों सेनाएँ इन वीर महारथियों का पराक्रम देखकर विस्मित हो रही थीं जो युद्ध से न हटते थे और न थकते थे।

- मेघनाद वध

विभीषण ने क्रोध करके अग्नि के समान बाणों की बौछार करके राक्षस सेना का विनाश करना आरम्भ कर दिया। विभीषण की बाणवर्षा से प्रोत्साहित होकर वानर सेना पूरे बल से हनुमान के नेतृत्व में शिला और वृक्ष मारकर राक्षसों को यमलोक भेजने लगी। इस महायुद्ध को देखकर देवता-दानव सबके हृदय दहल गये। पृथ्वी पर शवों के अतिरिक्त वृक्षों एवं शिलाओं के समूह से गगनचुम्बी पर्वत बन गये। वहाँ लक्ष्मण और मेघनाद के बाणों से दसों दिशाएँ आच्छादित हो गईं, उनके बाणों से सूर्य छिप गया और चारों ओर अन्धकार छा गया। तभी सुमित्रानन्दन ने मेघनाद के रथ के चारों घोड़ों को मारकर सारथि का सिर काट डाला। यह देखकर राक्षसों के उत्साह पर पाला पड़ गया और वानर सेना में फिर से नवजीवन का संचार हो गया। तभी मेघनाद लपक कर दूसरे रथ पर चढ़ गया और उस पर से बाणों वर्षा करने लगा।

मेघनाद ने जब दूसरे रथ पर चढ़कर युद्ध करना आरम्भ किया तो विभीषण को बहुत क्रोध आया। उसने पूरे वेग से गदा का वार करके उसके रथ को चूर-चूर कर दिया और सारथि को मार डाला। अपने चाचा द्वारा किये गये इस विनाशकारी आक्रमण से मेघनाद जलभुन गया और उसने एक साथ दस बाण विभीषण को मारने के लिये छोड़े। मेघनाद के लक्ष्य को दृष्टि में रखकर लक्ष्मण ने अपने तीक्ष्ण बाणों से उन बाणों को मार्ग में ही नष्ट कर दिया। अपना वार इस प्रकार खाली जाते देख मेघनाद क्रोध से उन्मत हो गया और उसने विभीषण को मारने के लिये वह शक्तिशाली बाण छोड़ा जो उसे यमराज से प्राप्त हुआ था। वह एक अद्भुत बाण था जिसे इन्द्र आदि देवता भी नहीं काट सकते थे और जिसके वार को तीनों लोकों में भी कोई सहन नहीं कर सकता था। इस यम बाण को अपनी ओर आता देख लक्ष्मण ने भी वह अप्रमेय शक्ति

वाला बाण निकाला जो उन्हें कुबेर ने दिया था। उन बाणों के छूटने से सम्पूर्ण आकाश प्रकाश से जगमगा उठा। वे दोनों एक दूसरे से टकराये जिससे भयानक अग्नि उत्पन्न हुई और दोनों बाण जलकर भस्म हो गये। अपने बाण को व्यर्थ जाता देख लक्ष्मण ने मेघनाद पर वरुणास्त्र छोड़ा। उस प्रलयंकारी अस्त्र का निवारण करने के लिये इन्द्रजित ने आग्नेय बाण छोड़ा। इसके परिणामस्वरूप लक्ष्मण का वरुणास्त्र निरस्त होकर पृथ्वी पर गिर पड़ा। लगभग उसी समय मेघनाद ने लक्ष्मण के प्राण लेने के लिये आसुरास्त्र नामक बाण छोड़ा। उसके छूटते ही सम्पूर्ण वातावरण में अन्धकार छा गया और कुछ भी देखना सम्भव नहीं रह गया। अपने इस सफलता पर मेघनाद ने बड़े जोर की गर्जना की, किन्तु दूसरे ही क्षण लक्ष्मण ने सूर्यास्त्र छोड़कर उस अन्धकार को दूर कर दिया जिससे पृथ्वी, आकाश एव सभी दिशाएँ पूर्ववत् चमकने लगीं।

उसी के साथ उन्होंने एक अद्वितीय बाण प्रत्यंचा पर चढ़ाते हुये यह कहकर कि 'यदि रघुवंशमणि महात्मा राम परम सत्यवादी, धर्मपरायण तथा दृढ़व्रती हैं तो हे बाण! तू शीघ्र जाकर दुष्ट मेघनाद को यमलोक पहुँचा' वेदमन्त्रों का उच्चारण करते हुये उन्होंने वह बाण छोड़ दिया। तीनों लोकों का क्षय करने की सामर्थ्य वाला वह अजेय बाण सम्पूर्ण वातावरण को प्रकाशित करता हुआ मेघनाद को लगा और उसका मस्तक उड़ाकर आकाश में बहुत दूर तक ले गया। मेघनाद का मस्तकविहीन धड़ बड़े जोर का धमाका करता हुआ पृथ्वी पर गिरा। इन्द्र को भी समरभूमि में पराजित करने वाले, सम्पूर्ण देवताओं एवं दानवों को अपने नाम से ही भयभीत करने वाले इस परम पराक्रमी मेघनाद का सुमित्रानन्दन के हाथों वध होता देख वानर सेना के आनन्द की सीमा न रही। वे बड़े जोर से हर्षध्वनि और सिंह गर्जना करते हुये राक्षसों को चुन-चुन कर मारने लगे। लंका के महत्वपूर्ण स्तम्भ तथा राक्षसकुल के परम तेजस्वी युवराज को इस प्रकार मरते देख राक्षस सेना का मनोबल टूट गया। उनके पैर उखड़ गये। कुछ साहसी राक्षस आधे मन से लड़ते रहे और शेष प्राण बचाकर लंका की ओर दौड़े। वानर सेना उस समय विजयोन्माद से उन्मत्त हो रही थी। उसने भागते हुये राक्षसों को भी न छोड़ा और उन पर निरन्तर पत्थरों से आक्रमण करते रहे। जो उनकी पकड़ में आ गये, उन्हें नाखूनों और दाँतों से चीर डाला। एक ओर राक्षस हाहाकार करते हुये भागे जा रहे थे तो दूसरी ओर ऋक्ष एवं वानर राम-लक्ष्मण की जयजयकार करते हुये उन्हें खदेड़ रहे थे। देवताओं एवं ऋषि-मुनियों के भयंकर शत्रु के मर जाने पर सब लोग प्रसन्न हो हर्षनाद कर रहे थे।

- लक्ष्मण मूर्छित

इस भयंकर युद्ध में लक्ष्मण ने रावण की ध्वजा काटकर उसके सारथि का वध कर डाला और रावण के धनुष को काट डाला। साथ ही विभीषण ने भी अपनी गदा से रावण के रथ के घोड़ों को मार डाला। विभीषण के इस कृत्य से रावण को इतना क्रोध आया कि उसने विभीषण पर एक प्रज्वलित शक्ति चलाई किन्तु विभीषण के पास आने के पहले ही लक्ष्मण ने उस शक्ति को अपने बाणों से नष्ट कर दिया। इस पर अत्यन्त क्रोधित होकर रावण ने विभीषण पर ऐसी अमोघ शक्ति चलाई जिसका वेग काल भी न सह सकता था। विभीषण के प्राण संकट में देख लक्ष्मण स्वयं आगे बढ़कर शक्ति के सामने खड़े हो गये। वज्र और अशनि के समान गड़गड़ाहट उत्पन्न करने वाली तथा विषधर सर्प के समान वह भयंकर महातेजस्वी शक्ति लक्ष्मण आकर लगी। उस नागराज वासुकी की जिह्वा के समान देदीप्यमान शक्ति ने लक्ष्मण के वक्ष को विदीर्ण कर दिया और वे रक्त से लथपथ होकर मूर्छित हो पृथ्वी पर गिर पड़े।

वानरों ने उस शक्ति को लक्ष्मण के शरीर में से निकालने का भरसक प्रयत्न किया, किन्तु सफल न हो सके। अन्त में श्री राम ने पूरी शक्ति लगा कर दोनों हाथों से खींचकर उसे बाहर निकाला और तोड़कर भूमि पर फेंक दिया। जब तक राम शक्ति को खींचकर निकालते रहे रावण निरन्तर बाणों की वर्षा करके उन्हें घायल करता रहा। शक्ति निकाल कर उन्होंने शीघ्र ही रावण को मार डालने की प्रतिज्ञा की। फिर वे रावण के साथ भयानक युद्ध करने लगे। जब रावण उनके बाणों को न सह सका तो वह घायल होकर रणभूमि से भाग गया।

श्रीराम लक्ष्मण के पास बैठकर नाना प्रकार से विलाप करने लगे। उनके विलाप से दुःखी सारी वानर सेना रोने लगी। तभी सुषेण ने कहा, "हे वीरशिरोमणि! आप दुःखी न हों। ये जीवित हैं, इनकी हृदयगति चल रही है।"

फिर हनुमान से कहा, "तुम शीघ्र ही महोदय पर्वत पर जाकर विशल्यकरणी, सावण्यकरणी, संजीवकरणी तथा संघानी नामक औषधियाँ ले आओ। उनसे लक्ष्मण के प्राणों की रक्षा हो सकेगी।" सुषेण के निर्देशानुसार हनुमान तत्काल महोदय गिरि पर जा पहुँचे, परन्तु इन औषधियों की पहचान न होने के कारण उस शिखर को ही उखाड़ लाये जिस पर अनेक प्रकार की औषधियों के वृक्ष उग रहे थे। सुषेण ने इनमें से औषधियों को पहचानकर उनको कूट-पीस कर लक्ष्मण को सुँघाया। इससे वे थोड़ी ही देर में स्वस्थ होकर उठ खड़े हुये।

- रावण वध

उधर रावण रथारूढ़ हो फिर युद्ध करने के लिये लौट आया। राम पृथ्वी पर खड़े होकर रथ में सवार रावण से युद्ध करने लगे तो देवराज इन्द्र ने उनके पास अपना रथ भिजवाकर प्रार्थना की कि वे उस पर सवार होकर युद्ध करें। दोनों ही पराक्रमी वीर रथों पर सवार होकर भीषण युद्ध करने लगे। उनके अद्भुत रण-कौशल को देखकर दिग्गज वीरों भी रोमांचित होने लगे। इधर रावण ने नागास्त्र छोड़ा तो उधर श्रीराम ने

गरुड़ास्त्र। रावण ने इन्द्र के रथ की ध्वजा काट डाली और घोड़ों को घायल कर दिया। रावण के बाणों से बार-बार आहत होने के कारण श्रीराम अपने बाणों को प्रत्यंचा पर नहीं चढ़ा पा रहे थे। जब रावण ने उन पर शूल नामक महाभयंकर शक्ति छोड़ी तो राम ने क्रोधपूर्वक इन्द्र द्वारा दी हुई शक्ति छोड़कर उस शूल को नष्ट कर दिया। फिर उन्होंने लगातार बाण वर्षा करके रावण को बुरी तरह घायल कर दिया। रावण की यह दशा देखकर उसका सारथी उसे रणभूमि से बाहर ले गया। अपने सारथी के इस कार्य से रावण को बहुत क्रोध आया और उस फटकार कर उसने रथ को पुनः रणभूमि में ले चलने आज्ञा दी।

श्रीराम के सम्मुख पहुँचकर वह फिर उन पर बाणों की वर्षा करने लगा। दोनों महावीर महारथियों के बीच फिर ऐसा भयंकर युद्ध आरम्भ हुआ कि वानरों और राक्षसों की विशाल सेनाएँ और पराक्रमी वीर अपने हाथों में हथियार होते हुये भी निश्चेष्ट होकर उनका रणकौशल देखने लगे। राक्षसों की दृष्टि रावण के पराक्रम पर अटकी हुई थी तो वानरों की श्रीराम के शौर्य पर। श्रीराम को अपनी विजय पर पूर्ण विश्वास था और परिस्थितियों को देखते हुये रावण समझ गया था कि उसकी मृत्यु निश्चित है। यह सोचकर दोनों रणकेसरी अपनी पूरी शक्ति से युद्ध करने लगे। पहले रामचन्द्र जी ने रावण के रथ की ध्वजा को एक ही बाण से काट गिराया। इससे क्रोधित होकर रावण चारों ओर गदा, चक्र, परिध, मूसल, शूल तथा माया निर्मित शस्त्रों की वर्षा करने लगा। दोनों ओर से भयानक घात-प्रतिघात होने लगे। युद्ध विषयक प्रवृति और निवृति में दोनों ही रणपण्डित अपना-अपना अद्भुत कौशल दिखाने लगे। सनसनाते बाणों के घटाटोप से सूर्य की प्रभा लुप्त हो गई और वायु की गति भी मन्द पड़ गई। देव, गन्धर्व, किन्नर, यक्ष, सिद्ध, महर्षि सभी चिन्ता में पड़ गये। तभी अवसर पाकर महाबाहु राम ने एक विषधर समान बाण छोड़कर रावण का मस्तक काट डाला, परन्तु उसके स्थान पर रावण का वैसा ही दूसरा नया सिर उत्पन्न हो गया। जब श्रीराम ने उसे भी काट डाला तो वहाँ तीसरा शीश प्रकट हो गया। इस प्रकार बार-बार शीश कटने पर भी उसका अन्त नहीं हो रहा था।

यह दशा देखकर इन्द्र के सारथी मातलि ने कहा, "प्रभो! आप इसे मारने के ब्रह्मास्त्र का प्रयोग कीजिये। अब उसके विनाश का समय आ पहुँचा है। मातलि की बात सुनकर रघुनाथ जी को ब्रह्मा के उस बाण का स्मरण हो आया जो उन्हें अगस्त्य मुनि ने दिया था। उन्होंने रावण की छाती को लक्ष्य करके वह बाण पूरे वेग के साथ छोड़ दिया जिसने रावण के हृदय को विदीर्ण कर दिया। इससे रावण के प्राण पखेरू उड़ गये। रावण को मारकर वह बाण पृथ्वी में समा गया और पुनः स्वच्छ होकर श्रीराम के तरकस में लौट आया। रावण के विनाश और श्रीराम की विजय से समस्त लोकों में हर्ष की लहर दौड़ गई। चारों ओर श्रीराम की जयजयकार होने लगी। वानर सेना में आनन्द का पारावार न रहा। प्रत्येक सैनिक विजय गर्व से फूला न समाता था।

पराजित और मरे हुये भाई को देखकर विभीषण अपने आँसुओं को न रोक सका और वह फूट-फूट कर विलाप करने लगा और कहने लगा, "हे भाई! अहंकार के वशीभूत होकर तुमने मेरी, प्रहस्त, कुम्भकर्ण, इन्द्रजित, नरान्तक आदि किसी की भी बात न मानी। उसी का फल यह सामने आया। तुम्हारे मरने से नीति पर चलने वाले लोगों की मर्यादा टूट गई, धर्म का मूर्तिवान विग्रह चला गया, सूर्य पृथ्वी पर गिर पड़ा, चन्द्रमा अन्धेरे में डूब गया और जलती अग्नि शिखा बुझ गई।"

विभीषण को इस प्रकार विलाप करते देख श्रीराम ने उसे समझाया, "हे विभीषण! तुम्हें इस प्रकार शोक नहीं करना चाहिये। रावण असमर्थ होकर नहीं मरा है। उसने प्रचण्ड पराक्रम का प्रदर्शन किया है। इस प्रकार क्षत्रिय धर्म का पालन करते हुये मरने वालों के लिये शोक नहीं करना चाहिये। युद्ध में सदा विजय ही विजय मिले, ऐसा पहले भी कभी नहीं हुआ है। यह सोचकर उठो और संयत मन से प्रेत कर्म करो। मैं इसमें तुम्हें पूरा सहयोग दूँगा। बैर जीवनकाल तक ही रहता है। मरने के बाद उस बैर का अन्त हो जाता है। इसलिये यह जैसा तुम्हारा स्नेहपात्र है, उसी तरह मेरा भी है।"

- मन्दोदरी का विलाप और रावण की अन्त्येष्टि

रावण की मृत्यु का समाचार सुनकर मन्दोदरी सहित उसकी सभी रानियाँ शोकाकुल होकर अन्तःपुर से निकल पड़ीं। वे चीख-चीख कर विलाप करने लगीं। 'हा आर्यपुत्र! हा नाथ!' पुकारते हुये वे कटी हुई लताओं की भाँति रावण के मृत शरीर पर गिर कर हाहाकार करने लगीं, "हाय! असुर, देवता और नाग जिसके भय से काँपा करते थे, आज उन्हीं की एक मनुष्य ने यह दशा कर दी। आपके प्रिय भाई विभीषण ने आपके हित की बात कही थी, उसे ही आपने निकाल बाहर किया। राक्षसशिरोमणे! ऐसी बात नहीं है कि आपके स्वेच्छाचार से हमारा विनाश हुआ है, दैव ही सब कुछ कराता है।"

मन्दोदरी बिलख-बिलख कर कह रही थी, "नाथ! पहले आपने इन्द्रियों को जीतकर ही तीनों लोकों पर विजय पाई थी, उस बैर का प्रतिशोध लेकर इन्द्रियों ने ही अब आपको परास्त किया है। खर के मरने पर ही मुझे विश्वास हो गया था कि राम कोई साधाराण मनुष्य नहीं है। मैं ने बारम्बार आपसे कहा था, रघुनाथ जी से बैर-विरोध न लें, किन्तु आप नहीं माने। उसी का आज यह फल मिला है। आपने महान तेजस्वी सीता का अपहरण किया। वे संसार की महानतम पतिव्रता नारी हैं। उनका अपहरण करते समय ही आप जलकर भस्म नहीं हो गये, यही महान आश्चर्य है। आज वही सीता आपकी मृत्यु का कारण बन गई। हाय स्वामी! आपकी मृत्यु कैसे हो गई? आप तो मृत्यु की भी मृत्यु थे। फिर स्वयं ही मृत्य के आधीन कैसे हो गये? महाराज! पतिव्रता के आँसू इस पृथ्वी पर व्यर्थ नहीं गिरते, यह कहावत आपके साथ ठीक-ठीक घटी है।

आपने युद्ध में कभी कायरता नहीं दिखाई, परन्तु सीता का हरण करते समय आपने कायरता का ही परिचय दिया था। मैं शोक से पीड़ित हो रही हूँ औ आप मुझे सान्त्वना भी नहीं दे रहे। आज आपका वह प्रेम कहाँ गया?"

इन शोकविह्वल रानियों को देखकर श्रीराम ने विभीषण से कहा, "हे विभीषण! इन्हें धैर्य बँधाओं और अपने भाई का अन्तिम संस्कार करो।"

श्रीराम की आज्ञा पाकर विभीषण ने माल्यवान के साथ मिलकर दाह संस्कार की तैयारी की। शव को भली-भाँति सजाकर शवयात्रा निकाली गई जिसमें नगर के समस्त लंकानिवासियों और अन्तःपुर की सभी रानियों ने भाग लिया। वेदोक्त विधि से उसका अन्तिम संस्कार किया गया।

- विभीषण का राज्याभिषेक और सीता की वापसी

युद्ध की समाप्ति पर श्री राम ने मातलि को सम्मानित करते हुए इन्द्र के दिये हुये रथ को लौटा दिया। तत्पश्चात उन्होंने समस्त वानर सेनानायकों की भूरि-भूरि प्रशंसा करते हुये उनका यथोचित सम्मान किया। फिर वे लक्ष्मण से बोले, "सौम्य! अब तुम लंका में जाकर विभीषण का राज्याभिषेक करो, क्योंके इन्होंने मुझ पर बहुत बड़ा उपकार किया है।"

रघुनाथ जी की आज्ञा पाकर लक्ष्मण ने प्रसन्नतापूर्वक सोने का घड़ा उठाया और एक वानर यूथपति को समुद्र का जल भर लाने का आदेश दिया। उन्होंने लंकापुरी में जल से भरे उस घट को उत्तम स्थान पर स्थापित किया। फिर उस जल से विभीषण का वेदोक्त रीति से अभिषेक किया। राजसिंहासन पर विराजमान विभीषण उस समय अत्यन्त तेजस्वी प्रतीत हो रहे थे। लक्ष्मण के पश्चात् अन्य सभी उपस्थित राक्षसों और वानरों ने भी उनका अभिषेक किया। विभीषण को लंका के सिंहासन पर अभिषिक्त देख उसके मन्त्री और प्रेमी अत्यन्त प्रसन्न हुये। वे श्रीराम की स्तुति करने लगे। उन्होंने अपने निष्ठा का आश्वासन देते हुये दहीं, अक्षत, मिष्ठान्न, पुष्प आदि अपने नये नरेश को अर्पित किये और 'महाराज विभीषण की जय', 'श्रीरामचन्द्र जी की जय' का उद्घोष किया। विभीषण ने सभी प्रकार की मांगलिक वस्तुएँ लक्ष्मण को भेंट की और रघुनाथ जी के प्रति भक्ति प्रकट की।

जब लक्ष्मण विभीषण का राज्याभिषेक कर लौट आये तो श्री रामचन्द्र जी ने हनुमान से कहा, "महावीर! तुम महाराज विभीषण की आज्ञा लेकर लंकापुरी में जाओ और वैदेही को यह समाचार दो कि रावण युद्ध में मारा गया है और वे लौटने की तैयारी करें।"

रघुनाथ जी की आज्ञा पाकर हनुमान विभीषण की अनुमति ले अशोकवाटिका में पहुँचे और वैदेही को श्रद्धापूर्वक प्रणाम करके बोले, "माता! श्री रामचन्द्र जी लक्ष्मण और सुग्रीव के साथ कुशल हैं। अपने शत्रु का वध करके वे अपने मनोरथ में सफल हुए। रावण अपनी सेना सहित युद्ध में मारा गया। विभीषण का राज्याभिषेक कर दिया गया है। इस प्रकार अब आप निर्भय हों। आपको यहाँ भारी कष्ट हुआ। इन निशाचरियों ने भी आपको कुछ कम कष्ट नहीं दिया है। यदि आप आज्ञा दें तो मैं मुक्कों, लातों से इन सबको यमलोक पहुँचा दूँ।"

हनुमान की यह बात सुनकर सब निशाचरियाँ भय से थर-थर काँपने लगीं। परन्तु करुणामयी सीता बोलीं, "नहीं वीर! इसमें इनका कोई दोष नहीं है। ये तो रावण की आज्ञा का ही पालन करती थीं। इसके अतिरिक्त पूर्वजनित कर्मों का फल तो मुझे भोगना ही था। यदि फिर भी इन दासियों का कुछ अपराध हो तो उसे मैं क्षमा करती हूँ। अब तुम ऐसी व्यवस्था करो कि मैं शीघ्र प्राणनाथ के दर्शन कर सकूँ।"

पवनपुत्र ने लौटकर जब दशरथनन्दन को सीता का संदेश दिया तो उन्होंने विभीषण से कहा, "भाई विभीषण! तुम शीघ्र जाकर सीता को अंगराग तथा दिव्य आभूषणों से विभूषित करके मेरे पास ले आओ।"

आज्ञा पाकर विभीषण ने स्वयं वैदेही का पास जाकर उनके दर्शन किया और उन्हें श्री राम द्वारा दी गई आज्ञा कह सुनाई। पति का संदेश पाकर सीता श्रृंगार कर पालकी पर बैठ विभीषण के साथ उस स्थान पर पहुँचीं जहाँ उनके पति का शिविर था। फिर पालकी से उतरकर पैदल ही सकुचाती हुईं अपने पति के सम्मुख जाकर उपस्थित हो गईं। आगे वे थीं और उनके पीछे विभीषण। उन्होंने बड़े विस्मय, हर्ष और स्नेह से पति के मुख का दर्शन किया। उस समय उनका मुख आनन्द से प्रातःकालीन कमल की भाँति खिल उठा।

- सीता की अग्नि परीक्षा

अपने समक्ष सीता को विनयपूर्वक नतमस्तक खड़ा देख रामचन्द्र जी बोले, "भद्रे! रावण से तुम्हें मुक्त कर के मैंने स्वयं के ऊपर लगे कलंक को धो डाला है। शत्रुजनित अपमान और शत्रु दोनों को ही एक साथ मैंने नष्ट कर डाला है। इस समय अपनी प्रतिज्ञा को पूरी करके मैं उसके भार से मुक्त हो गया हूँ। युद्ध का यह परिश्रम मैंने तुम्हें पाने के लिये नहीं किया है बल्कि वह केवल सदाचार की रक्षा और फैले हुये अपवाद का निराकरण करने के लिये किया गया है। तुम्हारे चरित्र में सन्देह का अवसर उपस्थित है, इसलिये आज तुम मुझे अत्यन्त अप्रिय जान पड़ रही हो। अतः हे जनककुमारी! मैं तुम्हें अनुमति प्रदान करता हूँ कि तुम्हारी जहाँ इच्छा हो, चली जाओ। रावण तुम्हें अपनी गोद में उठाकर ले गया और तुम पर अपनी दूषित दृष्टि डाल चुका है। ऐसी दशा में मैं फिर तुम्हें कैसे ग्रहण कर सकता हूँ? मेरा यह निश्चित विचार

है।"

अपने पति के ये वचन सुनकर सीता के नेत्रों से अश्रुधारा बह चली। वह बोली, "वीर! आप ऐसी अनुचित कर्णकटु बातें सुना रहे हैं जो निम्नश्रेणी का पुरुष भी अपनी निम्नकोटि की स्त्री से कहते समय संकोच करता है। आज आप मुझ पर ही नहीं, समुचित स्त्री जाति के चरित्र पर सन्देह कर रहे हैं। रावण के शरीर से जो मेरे शरीर का स्पर्श हुआ है, उसमें मेरी विवशता ही कारण थी, मेरी इच्छा नहीं। जब आपने मेरी खोज लेने के लिये लंका में हनुमान को भेजा था, उसी समय आपने मुझे क्यों नहीं त्याग दिया?"

इतना कहते-कहते सीता का कण्ठ अवरुद्ध हो गया। फिर वे लक्ष्मण से बोलीं, "सुमित्रानन्दन! मेरे लिये चिता तैयार कर दो। मैं मिथ्या कलंक से कलंकित होकर जीवित नहीं रहना चाहती। मेरे स्वामी ने भरी सभा में मेरा परित्याग किया है, इसलिये अग्नि प्रवेश ही मेरे लिये उचित मार्ग है।"

लक्ष्मण ने दुःखी होकर श्रीराम की ओर देखा और उनका स्पष्ट संकेत पाकर उन्होंने चिता तैयार की। श्रीराम की प्रलयकारी मुख-मुद्रा देखकर कोई भी उन्हें समझाने का साहस न कर सका। सीता ने चिता की परिक्रमा करके और राम, देवताओं तथा ब्राह्मणों को प्रणाम करके यह कहते हुये चिता में प्रवेश किया, "यदि मेरा हृदय कभी एक क्षण के लिये भी श्री रघुनाथ जी से दूर न हुआ हो तो सम्पूर्ण संसार के साक्षी अग्निदेव मेरी रक्षा करें।"

वैदेही को अग्नि में प्रवेश करते देख सभी उपस्थित वानर और राक्षस हाहाकार करने लगे। तभी ब्रह्मा, शिव, इन्द्र, वरुण सहित अने देवताओं ने श्रीराम के पास आकर कहा, "श्रीराम! आप ज्ञानियों में श्रेष्ठ हैं, फिर इस समय आग मे गिरी हुई सीता के उपेक्षा कैसे कर रहे हैं? आज आप यह साधारण अज्ञानी मनुष्यों जैसा आचरण क्यों कर रहे हैं?"

इसी समय मूर्तिमान अग्निदेव वैदेही सीता को चिता में से लेकर उठ खड़े हुये। उस समय सीता जी प्रातःकालीन सूर्य की भाँति कान्तियुक्त प्रतीत हो रही थीं। अग्नि ने रघुनाथ जी को सीता को सौंपते हुये कहा, "श्रीराम! आपकी पत्नी सीता परम पतिव्रता है। इसमें कोई पाप या दोष नहीं है, इसे स्वीकार करें।"

अग्निदेव के वचन सुनकर श्रीराम ने प्रसन्नतापूर्वक सीता को स्वीकार करते हुये कहा, "मैं जानता हूँ, सीता बिल्कुल पवित्र है। लोगों को इनकी पवित्रता का विश्वास दिलाने के लिये मुझे यह परीक्षा लेनी पड़ी। आप सब लोग मेरे हितैषी हैं। इसीलिये कष्ट उठाकर इस समय यहाँ पधारे हैं।"

राम के वचन सुनकर महादेव जी बोले, "श्रीराम! दुष्ट-दलन का कार्य सम्पन्न हुआ। अब आपको शीघ्र अयोध्या लौटकर माताओं, भरत, पुरवासियों आदि की व्याकुल प्रतीक्षा की घड़ियों को समाप्त करना चाहिये। देखो, सामने आपके पिता दशरथ जी विमान में विराजमान हैं।"

महादेव जी की यह बात सुन कर लक्ष्मण सहित रामचन्द्र जी ने विमान में अपने पिता को बैठा देखकर उन्हें सादर प्रणाम किया। महाराज दशरथ ने उन्हे आशीर्वाद देकर स्वर्ग को प्रस्थान किया।

दशरथ के विदा होने पर देवराज इन्द्र ने कहा, "हे रघुनाथ! तुमने राक्षसों का संहार करके आज देवताओं को निर्भय कर दिया। इसलिये मैं तुमसे बहुत प्रसन्न हूँ। तुम जो चाहो, वरदान मुझसे माँग लो।"

इन्द्र को प्रसन्न देख श्रीराम बोले, "हे देवराज! यदि आप मुझ पर प्रसन्न हैं तो मेरी प्रार्थना है कि मेरे लिये पराक्रम करते हुये वानरादि जो वीर यमलोक को चले गये हैं, उन्हें नवजीवन प्रदान कर पुनः जीवित कर दें और वे पूर्णतया स्वस्थ होकर मुझसे मिलें।"

इन्द्र ने प्रसन्नतापूर्वक श्रीराम की इच्छा पूरी कर दी।

- अयोध्या को प्रस्थान

एक रात्रि विश्राम करने के पश्चात् श्री रामचन्द्र जी ने विभीषण को बुलाकर कहा, "हे लंकेश! मेरा वनवास का समय पूरा होने को है। अब मेरा मन भरत से मिलने के लिये उद्विग्न हो रहा है। वे मुझे स्मरण करके दुःखी हो रहे होंगे। इस लिये तुम ऐसा प्रबन्ध करो कि हम शीघ्रातिशीघ्र अयोध्या पहुँच जायें।"

यह सुनकर विभीषण ने कहा, "हे प्रभो! आप चिन्ता न करें। मैं एक ही दिन में आपको अयोध्यापुरी पहुँचा दूँगा। वैसे मेरी इच्छा यह थी कि आप कुछ दिन यहाँ रुक कर मेरा आतिथ्य स्वीकार करते।"

जब श्रीरामचन्द्रजी ने वहाँ ठहरने में अपनी असमर्थता दिखाई तो विभीषण ने तत्काल पुष्पक विमान मँगाया, जो स्वर्ण से बना हुआ और नाना प्रकार के रत्नों से सुसज्जित था। रामचन्द्रजी सब वानरों का उनके द्वारा की गई सहायता के लिये आभार प्रकट करके सीता और लक्ष्मण के साथ विमान पर सवार हुये। सुग्रीव सहित सब वानरों और विभीषण ने भी उनके साथ अयोध्या चलने का आग्रह किया तो उन्होंने कृपा करके सबको उसी विमान पर अपने साथ ले लिया। विमान आकाश में उड़ने लगा। रामचन्द्र सीता को लंका, सागर, सुवर्णमय पर्वत हिरण्यनाभ, सेतुबंध, किष्किन्धा नगरी को दिखाकर उनका महत्व बताने लगे। बीच-बीच में सीता-हरण के पश्चात् की घटनाओं का भी विशद वर्णन करते जाते थे। जब विमान किष्किन्धा नगरी पहुँचा तो वैदेही ने सुग्रीव की भार्या तारा आदि को भी अपने साथ अयोध्या ले चलने

का आग्रह किया।

रघुनाथजी ने विमान को वहाँ रुकवाकर सुग्रीव तथा अन्य यूथपतियों से कहा कि वे शीघ्र अपने-अपने परिजनों को, जो अयोध्या चलने के लिये उत्सुक हों, जाकर ले आयें। श्रीराम की आज्ञा पाते ही वे सब अपने परिजनों को बुला लाये। फिर विमान अपने गन्तव्य की ओर चल पड़ा। विमान चलते ही रामचन्द्र ने सीता को ऋष्यमूक पर्वत दिखाया जहाँ उन्होंने सुग्रीव से भेंट की थी। फिर उन्होंने शबरी की कथा सुनाते हुये पम्पा दिखाया। जटायु के मरने का स्थान, महात्मा सुतीक्ष्ण तथा शरभ के आश्रम, श्रृंगवेपुर आदि दिखाते हुये भरद्वाज मुनि के आश्रम पर पहुँचे। वहाँ उन्होंने विमान उतारा।

भरद्वाज मुनि के आश्रम में पहुँचकर उन्होंने मुनि को सादर प्रणाम किया और कुशलक्षेम के पश्चात् अयोध्यापुरी, भरत तथा माताओं के विषय में सूचनाएँ प्राप्त कीं। फिर उन्होंने हनुमान से कहा, "वानरराज! मैं चाहता हूँ कि मेरे अयोध्या पहुँचने से पहले तुम अयोध्या जाकर पता लगाओ कि राजभवन में सब कुशल से तो हैं। तुम श्रृंगवेरपुर पहुँचकर वनवासी निषादराज से भी भेंट करो। उनसे तुम्हें अयोध्या का मार्ग भी ज्ञात हो जायेगा। भरत से मिलकर उन्हें हमारा कुशल समाचार देना और यहाँ हुई समस्त घटनाओं से उन्हें अवगत कराना। उन्हें यह भी बता देना कि हम लोग सफलमनोरथ होकर राक्षसराज विभीषण, वानरराज सुग्रीव तथा अन्य मित्रों के साथ प्रयागराज तक आ पहुँचे हैं। साथ ही भरत की मुखमुद्रा का भी सूक्ष्म अध्ययन करना। यदि उन्हें हमारा आगमन अरुचिकर प्रतीत हो तो मुझे सूचित करना। ऐसी दशा में हम अयोध्या से दूर रहकर तपस्वी जीवन व्यतीत करेंगे। तुम शीघ्र जाकर उन्हें सब बातों की सूचना दो।"

प्रभु की आज्ञा पाकर हनुमान मनुष्य का रूप धारणकर तीव्रगति से अयोध्या की ओर चल पड़े। पहले वे गंगा और यमुना के संगम को पारकर श्रृंगवेरपुर पहुँचे और वहीं निषादराज गुह से मिले। उन्हें श्रीराम का कुशल समाचार देकर वे परशुराम तीर्थ, वालुकिनी नदी, वरूथी, गोमती आदि नदियों को पार करते हुये नन्दिग्राम जा पहुँचे। अयोध्या से एक कोस की दूरी पर उन्होंने चीर वस्त्र और काला मृगचर्म धारण किये हुये दुर्बल भरत को देखा। वे तपस्यारत ब्रह्मर्षि के सदृश दिखाई दे रहे थे। भरत जी के पास पहुँचकर पवनपुत्र हनुमान ने दोनों हाथ जोड़कर उनसे निवेदन किया, "देव! श्रीरघुनाथजी ने आपको अपना कुशल समाचार कहलाया है और आपका कुशल समाचार पूछा है। आप इस अत्यन्त दारुण शोक का परित्याग करें। आप शीघ्र ही श्रीराम से मिलेंगे।"

यह शुभ समाचार सुनकर भरत का हृदय हर्ष से भर उठा। उन्होंने बड़े उत्साह से पवनपुत्र को प्रेमपूर्वक अपने हृदय से लगा लिया और बोले, "भैया! तुमने जो मुझे यह प्रिय संवाद सुनाया है इसके बदले में मैं तुम्हें क्या दूँ। मुझे कोई ऐसी वस्तु दिखाई नहीं देती जो तुम्हारी इस शुभ सूचना का उचित उपहार हो सके। फिर भी मैं तुम्हें इसके लिये सौ उत्तम गाँव, एक लाख गौएँ और उत्तम आचार वाली स्वर्ण, रत्न तथा आभूषणों से सुसज्जित सोलह कुलीन कुमारी कन्याएँ पत्नीरूप में समर्पित करता हूँ।"

फिर बोले, "सौम्य! मुझे यह बताओ कि श्रीरघुनाथजी का और वानरों का मेल-मिलाप कैसे हुआ?" भरत के इस प्रश्न के उत्तर में हनुमान ने श्रीराम के वनवास से लेकर दण्डकारण्य में प्रवेश करके विराध को मारने, शरभंग मुनि के स्वर्ग सिधारने, खर-दूषण तथा त्रिशरा को मारने, सीताहरण, गिद्धराज जटायु की मृत्यु, सीता की खोज करते हुये सुग्रीव से भेंट होने का विवरण सुनाकर उन्होंने सीता की खोज करने, सागर पर पुल बाँधने तथा सपरिवार रावण को मारकर वैदेही को मुक्त कराने तक का वृत्तान्त सुना डाला। यह भी बता दिया कि अब रामचन्द्रजी पुष्पक विमान से अयोध्या आ रहे हैं।

- भरत-मिलाप तथा राम का राज्यभिषेक

हर्षविभोर भरत ने शत्रुघ्न को बुलाकर उन्हें यह शुभ समाचार सुनाया और रामचन्द्रजी के भव्य स्वागत की तैयारी करने का आदेश देते हुए कहा, "सभी देवस्थानों में सुगंधित पुष्पों द्वारा पूजन हो। सभी वैतालिक, नृत्यांगनाएँ, रानियाँ, मन्त्रीगण, सेनाएँ और नगर के प्रमुख जन श्रीरामचन्द्रजी के दर्शन और स्वागत के लिये नगर के बाहर चलें। नगर के सभी मार्गों, बाजारों तथा अट्टालिकाओं को ध्वजा-पताकाओं आदि से सजाया जाये।"

दूसरे दिन प्रातःकाल सभी श्रेष्ठ नगरनिवासी, मन्त्रीगण, अन्तःपुर की रानियाँ आदि असंख्य सैनिकों के साथ श्रीराम की अगवानी के लिये उत्साहपूर्वक नन्दिग्राम आ पहुँचे। कौसल्या, सुमित्रा, कैकेयी आदि महारानियाँ अन्तःपुरवासी रानियों का नेतृत्व कर रही थीं। सभी के हाथों में रंग-बिरंगी पुष्पमालाएँ थीं। चीर वस्त्र और कृष्ण मृगचर्म धारण किये भरत मन्त्रियों एवं पुरहितों से घिरे हुये सिर पर चरणपादुकाएँ धरे प्रतीक्षा कर रहे थे। तभी दूर से दिव्य पुष्पक विमान आता दिखाई दिया। समस्त उपस्थित पुरवासियों के मन में हर्ष की लहर दौड़ गई और वे रामचन्द्रजी का जयजयकार करने लगे। भरत ने आगे बढ़कर अर्घ्य-पाद्य आदि से श्रीराम का पूजन किया और उनके चरणों में साष्टांग प्रणाम किया। रामचन्द्र जी ने आगे बढ़कर उन्हें अपने हृदय से लगा लिया। फिर भरत ने वैदेही के चरण स्पर्श करके लक्ष्मण को अपने हृदय से लगा लिया। इसके पश्चात् वे विभीषण, सुग्रीव तथा अन्य वानर वीरों से बड़े प्रेम से मिले। फिर शत्रुघ्न भी सबसे उसी प्रकार मिले जिस प्रकार भरत मिले थे। श्रीराम ने तीनों माताओं का पास जाकर बारी-बारी से सबके चरणस्पर्श किये। उनका आशीर्वाद ग्रहण करके उन्होंने गुरु वसिष्ठ के पास जाकर उन्हें प्रणाम किया। उधर सब नागरिक उच्च स्वर में उनका अभिनन्दन, स्वागत और जयजयकार कर रहे थे।

फिर भरत ने चरणपादुकाएँ रामचन्द्र को पहनाते हुये कहा, “प्रभो! मेरे पास धरोहर के रूप में रखा हुआ आपका यह सारा राज्य मैंने आज आपके चरणों में लौटा दिया है। आज मेरा जन्म सफल हो गया। आपके प्रताप से राज्य का कोष, सेना आदि सब पहले से दस गुना हो गया है।”

भरत की बात सुनकर विभीषण तथा समस्त वानरों के नेत्रों से अश्रुधारा बह चली। विमान को कुबेर के पास लौट जाने का आदेश देकर रामचन्द्रजी गुरुवर वसिष्ठ जी के पा आकर बैठ गये।

भरत ने विनयपूर्वक श्रीराम से कहा, “रघुनन्दन! अब सबकी यह इच्छा है कि सब लोग आपका शीघ्र से शीघ्र राज्याभिषेक देखें। जब तक नक्षत्रमण्डल घूमता रहे और जब तक यह पृथ्वी स्थित है, तब तक आप इस संसार के स्वामी बने रहें। अब आप इस वनवासी के वेश का परित्याग कर राजसी वेश धारण करें। भरत के प्रेमभरे शब्द सुनकर रघुनाथजी ने ‘तथास्तु’ कहा और तत्काल राज्याभिषेक की तैयारियाँ होने लगीं। सीता, लक्ष्मण, भरत, शत्रुघ्न, समस्त रानियाँ, विभीषण, सुग्रीव तथा अन्य वानरों ने भी सुन्दर वस्त्राभूषण धारण किये। राजसी वेश धारणकर रामचन्द्रजी नगर की ओर चले। भरत सारथी बनकर उनका रथ चला रहे थे, शत्रुघ्न ने छत्र लगा रखा था, लक्ष्मण रामचन्द्रजी के मस्तक पर चँवर डुला रहे थे। एक ओर लक्ष्मण और दूसरी ओर विभीषण खड़े थे। उन्होंने श्वेत चँवर हाथ में ले रखे थे। वानरराज सुग्रीव शत्रुंजय नामक गज पर सवार थे। समस्त नगरवासियों ने जयजयकार किया और श्रेष्ठियों ने आगे बढ़कर उन्हें बधाई दी। फिर पुरवासी उनके पीछे-पीछे चलने लगे।

श्रीराम के अभिषेक के लिये चारों समुद्रों और समस्त पवित्र सरिताओं का जल मँगवाया गया। वसिष्ठ जी ने सीता सहित श्रीराम को रत्नजटित चौकी पर बिठाया। फिर वसिष्ठ, वामदेव, जावालि, काश्यप, कात्यायन, सुयज्ञ गौतम और विजय ने उनका अभिषेक किया। फिर अन्य मन्त्रियों, सेनापतियों, श्रेष्ठियों आदि ने उनका अभिषेक किया। उस समय श्रीराम ने ब्राहमण को गौएँ, स्वर्ण मुद्राएँ, बहुमूल्य आभूषण तथा वस्त्रादि बाँटे। फिर उन्होंने विभीषण, सुग्रीव, अंगद तथा अन्य वानरों को भी उपहार दिये। सीता जी ने अपने गले का हार उतारकर स्नेहपूर्वक पवनपुत्र को दिया। फिर सभी वानरादि विदा होकर अपने-अपने स्थानों को चले गये।

राज्य करते हुये राजा रामचन्द्र ने सौ अश्वमेघ यज्ञ तथा पौण्डरी एवं वाजपेय यज्ञ किये। रामराज्य में चोरी, दुराचरण, वैधव्य, बाल-मृत्यु आदि की घटनाएँ कभी नहीं हुईं। सारी प्रजा धर्म में रत रहती थी। इस प्रकार राम ने ग्यारह हजार वर्ष तक राज्य किया।

उत्तरकाण्ड

6

उत्तर रामायण

- *रावण के पूर्व के राक्षसों के विषय में*

श्रीराम का राज्य अयोध्या में स्थापित हो गया तो एक दिन समस्त ऋषि-मुनि श्रीरघुनाथजी का अभिनन्दन करने के लिये अयोध्यापुरी में आये। श्रीरामचन्द्रजी ने उन सबका यथोचित सत्कार किया। वार्तालाप करते हुये अगस्त्य मुनि कहने लगे, "युद्ध में आपने जो रावण का संहार किया, वह कोई बड़ी बात नहीं है, परन्तु द्वन्द युद्ध में लक्ष्मण के द्वारा इन्द्रजित का वध सबसे अधिक आश्चर्य की बात है। यह मायावी राक्षस युद्ध में समस्त प्राणियों के लिये अवध्य था।"

उनकी बात सुनकर रामचन्द्रजी को बड़ा आश्चर्य हुआ। वे बोले, "मुनिवर! रावण और कुम्भकर्ण भी तो महान पराक्रमी थे, महोदर, प्रहस्त, विरूपाक्ष भी कम वीर न थे, फिर आप केवल इन्द्रजित मेघनाद की ही इतनी प्रशंसा क्यों करते हैं?"

इस पर अगस्त्य मुनि बोले, "इस प्रश्न का उत्तर देने से पहले मैं तुम्हें रावण के जन्म, वर प्राप्ति आदि का विवरण सुनाता हूँ। ब्रह्मा जी के पुलस्त्य नामक पुत्र हुये थे जो उन्हीं के समान तेजस्वी और गुणवान थे। एक बार वे महगिरि पर तपस्या करने गये। वह स्थान अत्यन्त रमणीक था। इसलिये ऋषियों, नागों, राजर्षियों आदि की कन्याएँ वहाँ क्रीड़ा करने आ जाती थीं। उन कन्याओं की उपस्थिति के कारण उनकी तपस्या में विघ्न पड़ता था। उन्होंने उन्हें वहाँ आने से मना किया। जब वे नहीं मानीं तो उन्होंने शाप दे दिया कि कल से जो कन्या यहाँ मुझे दिखाई देगी, वह गर्भवती हो जायेगी। शेष सब कन्याओं ने तो वहाँ आना बन्द कर दिया, परन्तु राजर्षि तृणबिन्दु की कन्या शाप की बात से अनभिज्ञ होने के कारण उस आश्रम में आ गई और महर्षि के दृष्टि पड़ते ही गर्भवती हो गई। जब तृणबिन्दु को यह बात मालूम हुई तो उन्होंने अपने कन्या को पत्नी के रूप में महर्षि को अर्पित कर दिया। इस प्रकार विश्रवा का जन्म हुआ जो अपने पिता के समान वेद्‌विद और धर्मात्मा हुआ। महामुनि भरद्‌वाज ने अपनी कन्या का विवाह विश्रवा से कर दिया। उनके वैश्रवण नामक पुत्र हुआ। वह भी धर्मात्मा और विद्‌वान था। उसने भारी तपस्या करके ब्रह्मा जी को प्रसन्न किया और इन्द्र तथा वरुण के सदृश लोकपाल का पद पाया। फिर उसने त्रिकूट पर्वत पर बसी लंका को अपना निवास स्थान बनाया और राक्षसों पर राज्य करने लगा।"

श्रीराम ने आश्चर्य से पूछा, "तो क्या कुबेर और रावण से भी पहले लंका में माँसभक्षी राक्षस रहते थे? फिर उनका पूर्वज कौन था? यह सुनने के लिये मुझे कौतूहल हो रहा है?"

अगस्त्य जी बोले, "पूर्वकाल में ब्रह्मा जी ने अनेक जल जन्तु बनाये और उनसे समुद्र के जल की रक्षा करने के लिये कहा। तब उन जन्तुओं में से कुछ बोले कि हम इसका रक्षण (रक्षा) करेंगे और कुछ ने कहा कि हम इसका यक्षण (पूजा) करेंगे। इस पर ब्रह्माजी ने कहा कि जो रक्षण करेगा वह राक्षस कहलायेगा और जो यक्षण करेगा वह यक्ष कहलायेगा। इस प्रकार वे दो जातियों में बँट गये। राक्षसों में हेति और प्रहेति दो भाई थे। प्रहेति तपस्या करने चला गया, परन्तु हेति ने भया से विवाह किया जिससे उसके विद्‌युत्केश नामक पुत्र उत्पन्न हुआ। विद्‌युत्केश के सुकेश नामक पराक्रमी पुत्र हुआ। सुकेश के माल्यवान, सुमाली और माली नामक तीन पुत्र हुये। तीनों ने ब्रह्मा जी की तपस्या करके यह वरदान प्राप्त कर लिये कि हम लोगों का प्रेम अटूट हो और हमें कोई पराजित न कर सके। वर पाकर वे निर्भय हो गये और सुरों, असुरों को सताने लगे। उन्होंने विश्वकर्मा से एक अत्यन्त सुन्दर नगर बनाने के लिये कहा। इस पर विश्वकर्मा ने उन्हें लंकापुरी का पता बताकर भेज दिया। वहाँ वे बड़े आनन्द के साथ रहने लगे। माल्यवान के वज्रमुष्टि, विरूपाक्ष, दुर्मुख, सुप्तघ्न, यज्ञकोप, मत्त और उन्मत्त नामक सात पुत्र हुये। सुमाली के प्रहस्त्र, अकम्पन, विकट, कालिकामुख, धूम्राक्ष, दण्ड, सुपार्श्‌व, संहनादि, प्रधस एवं भारकर्ण नाम के दस पुत्र हुये। माली के अनल, अनिल, हर और सम्पाती नामक चार पुत्र हुये। ये सब बलवान और दुष्ट प्रकृति होने के कारण ऋषि-मुनियों को कष्ट दिया करते थे। उनके कष्टों से दुःखी होकर ऋषि-मुनिगण जब भगवान विष्णु की शरण में गये तो उन्होंने आश्‌वासन दिया कि हे ऋषियों! मैं इन दुष्टों का

अवश्य ही नाश करूँगा।

"जब राक्षसों को विष्णु के इस आश्वासन की सूचना मिली तो वे सब मन्त्रणा करके संगठित हो माली के सेनापतित्व में इन्द्रलोक पर आक्रमण करने के लिये चल पड़े। समाचार पाकर भगवान विष्णु ने अपने अस्त्र-शस्त्र संभाले और राक्षसों का संहार करने लगे। सेनापति माली सहित बहुत से राक्षस मारे गये और शेष लंका की ओर भाग गये। जब भागते हुये राक्षसों का भी नारायण संहार करने लगे तो माल्यवान क्रुद्ध होकर युद्धभूमि में लौट पड़ा। भगवान विष्णु के हाथों अन्त में वह भी काल का ग्रास बना। शेष बचे हुये राक्षस सुमाली के नेतृत्व में लंका को त्यागकर पाताल में जा बसे और लंका पर कुबेर का राज्य स्थापित हुआ।

राक्षसों के विनाश से दुःखी होकर सुमाली ने अपनी पुत्री कैकसी से कहा कि पुत्री! राक्षस वंश के कल्याण के लिये मैं चाहता हूँ कि तुम परम पराक्रमी महर्षि विश्रवा के पास जाकर उनसे पुत्र प्राप्त करो। वही पुत्र हम राक्षसों की देवताओं से रक्षा कर सकता है।"

- *रावण के जन्म की कथा*

अगस्त्य मुनि ने कहना जारी रखा, "पिता की आज्ञा पाकर कैकसी विश्रवा के पास गई और उन्हें अपने अभिप्राय से अवगत कराया। उस समय भयंकर आँधी चल रही थी। आकाश में मेघ गरज रहे थे। कैकसी का अभिप्राय जानकर विश्रवा ने कहा कि भद्रे! तुम इस कुबेला में आई हो। मैं तुम्हारी इच्छा तो पूरी कर दूँगा परन्तु इससे तुम्हारी सन्तान दुष्ट स्वभाव वाली और क्रूरकर्मा होगी। मुनि की बात सुनकर कैकसी उनके चरणों में गिर पड़ी और बोली कि भगवन्! आप ब्रह्मवादी महात्मा हैं। आपसे मैं ऐसे दुराचारी सन्तान पाने की आशा नहीं करती। अतः आप मुझ पर कृपा करें। कैकसी के वचन सुनकर मुनि विश्रवा ने कहा कि अच्छा तो तुम्हारा सबसे छोटा पुत्र सदाचारी और धर्मात्मा होगा।

"इस प्रकार कैकसी के दस मुख वाले पुत्र का जन्म हुआ जिसका नाम दशग्रीव रखा गया। उसके पश्चात् कुम्भकर्ण, शूर्पणखा और विभीषण के जन्म हुये। दशग्रीव और कुम्भकर्ण अत्यन्त दुष्ट थे, किन्तु विभीषण धर्मात्मा प्रकृति का था। दशग्रीव ने अपने भाइयों सहित ब्रह्माजी की तपस्या की। ब्रह्मा के प्रसन्न होने पर दशग्रीव ने माँगा कि मैं गरुड़, नाग, यक्ष, दैत्य, दानव, राक्षस तथा देवताओं के लिये अवध्य हो जाऊँ। ब्रह्मा जी ने 'तथास्तु' कहकर उसकी इच्छा पूरी कर दी। विभीषण ने धर्म में अविचल मति का और कुम्भकर्ण ने वर्षों तक सोते रहने का वरदान पाया।

"फिर दशग्रीव ने लंका के राजा कुबेर को विवश किया कि वह लंका छोड़कर अपना राज्य उसे सौंप दे। अपने पिता विश्रवा के समझाने पर कुबेर ने लंका का परित्याग कर दिया और रावण अपनी सेना, भाइयों तथा सेवकों के साथ लंका में रहने लगा। लंका में जम जाने के बाद अपने बहन शूर्पणखा का विवाह कालका के पुत्र दानवराज विद्युविह्वा के साथ कर दिया। उसने स्वयं दिति के पुत्र मय की कन्या मन्दोदरी से विवाह किया जो हेमा नामक अप्सरा के गर्भ से उत्पन्न हुई थी। विरोचनकुमार बलि की पुत्री वज्रज्वला से कुम्भकर्ण का और गन्धर्वराज महात्मा शैलूष की कन्या सरमा से विभीषण का विवाह हुआ। कुछ समय पश्चात् मन्दोदरी ने मेघनाद को जन्म दिया जो इन्द्र को परास्त कर संसार में इन्द्रजित के नाम से प्रसिद्ध हुआ।

"सता के मद में रावण उच्छृंखल हो देवताओं, ऋषियों, यक्षों और गन्धर्वों को नाना प्रकार से कष्ट देने लगा। एक बार उसने कुबेर पर चढ़ाई करके उसे युद्ध में पराजित कर दिया और अपनी विजय की स्मृति के रूप में कुबेर के पुष्पक विमान पर अधिकार कर लिया। उस विमान का वेग मन के समान तीव्र था। वह अपने ऊपर बैठे हुये लोगों की इच्छानुसार छोटा या बड़ा रूप धारण कर सकता था। विमान में मणि और सोने की सीढ़ियाँ बनी हुई थीं और तपाये हुये सोने के आसन बने हुये थे। उस विमान पर बैठकर जब वह 'शरवण' नाम से प्रसिद्ध सरकण्डों के विशाल वन से होकर जा रहा था तो भगवान शंकर के पार्षद नन्दीश्वर ने उसे रोकते हुये कहा कि दशग्रीव! इस वन में स्थित पर्वत पर भगवान शंकर क्रीड़ा करते हैं, इसलिये यहाँ सभी सुर, असुर, यक्ष आदि का आना निषिद्ध कर दिया गया है। नन्दीश्वर के वचनों से क्रुद्ध होकर रावण विमान से उतरकर भगवान शंकर की ओर चला। उसे रोकने के लिये उससे थोड़ी दूर पर हाथ में शूल लिये नन्दी दूसरे शिव की भाँति खड़े हो गये। उनका मुख वानर जैसा था। उसे देखकर रावण ठहाका मारकर हँस पड़ा। इससे कुपित हो नन्दी बोले कि दशानन! तुमने मेरे वानर रूप की अवहेलना की है, इसलिये तुम्हारे कुल का नाश करने के लिये मेरे ही समान पराक्रमी रूप और तेज से सम्पन्न वानर उत्पन्न होंगे। रावण ने इस ओर तनिक भी ध्यान नहीं दिया और बोला कि जिस पर्वत ने मेरे विमान की यात्रा में बाधा डाली है, आज मैं उसी को उखाड़ फेंकूँगा। यह कहकर उसने पर्वत के निचले भाग में हाथ डालकर उसे उठाने का प्रयत्न किया। जब पर्वत हिलने लगा तो भगवान शंकर ने उस पर्वत को अपने पैर के अँगूठे से दबा दिया। इससे रावण का हाथ बुरी तरह से दब गया और वह पीड़ा से चिल्लाने लगा। जब वह किसी प्रकार से हाथ न निकाल सका तो रोत-रोते भगवान शंकर की स्तुति और क्षमा प्रार्थना करने लगा। इस पर भगवान शंकर ने उसे क्षमा कर दिया और उसके प्रार्थाना करने पर उसे एक चन्द्रहास नामक खड्ग भी दिया।"

अगस्त्य मुनि ने कथा को आगे बढ़ाया, "एक दिन हिमालय प्रदेश में भ्रमण करते हुये रावण ने ब्रह्मर्षि कुशध्वज की कन्या वेदवती को तपस्या करते देखा। वह उस पर मुग्ध हो गया और उसके पास आकर उसका परिचय तथा अविवाहित रहने का कारण पूछा। वेदवती ने अपने परिचय देने के पश्चात् बताया कि मेरे पिता विष्णु से मेरा विवाह करना चाहते थे। इससे क्रुद्ध होकर मेरी कामना करने वाले दैत्यराज शम्भु

ने सोते में उनका वध कर दिया। उनके मरने पर मेरी माता भी दुःखी होकर चिता में प्रविष्ट हो गई। तब से मैं अपने पिता के इच्छा पूरी करने के लिये भगवान विष्णु की तपस्या कर रही हूँ। उन्हीं को मैंने अपना पति मान लिया है।

"पहले रावण ने वेदवती को बातों में फुसलाना चाहा, फिर उसने जबरदस्ती करने के लिये उसके केश पकड़ लिये। वेदवती ने एक ही झटके में पकड़े हुये केश काट डाले। फिर यह कहती हुई अग्नि में प्रविष्ट हो गई कि दुष्ट! तूने मेरा अपमान किया है। इस समय तो मैं यह शरीर त्याग रही हूँ, परन्तु तेरा विनाश करने के मैं अयोनिजा कन्या के रूप में जन्म लेकर किसी धर्मात्मा की पुत्री बनूँगी। अगले जन्म में वह कन्या कमल के रूप में उत्पन्न हुई। उस सुन्दर कान्ति वाली कमल कन्या को एक दिन रावण अपने महलों में ले गया। उसे देखकर ज्योतिषियों ने कहा कि राजन्! यदि यह कमल कन्या आपके घर में रही तो आपके और आपके कुल के विनाश का कारण बनेगी। यह सुनकर रावण ने उसे समुद्र में फेंक दिया। वहाँ से वह भूमि को प्राप्त होकर राजा जनक के यज्ञमण्डप के मध्यवर्ती भूभाग में जा पहुँची। वहाँ राजा द्वारा हल से जोती जाने वाली भूमि से वह कन्या फिर प्राप्त हुई। वही वेदवती सीता के रूप में आपकी पत्नी बनी और आप स्वयं सनातन विष्णु हैं। इस प्रकार आपके महान शत्रु रावण को वेदवती ने पहले ही अपने शाप से मार डाला। आप तो उसे मारने में केवल निमित्तमात्र थे।

"अनेक राजा महाराजाओं को पराजित करता हुआ दशग्रीव इक्ष्वाकु वंश के राजा अनरण्य के पास पहुँचा जो अयोध्या पर राज्य करते थे। उसने उन्हें भी द्वन्द युद्ध करने अथवा पराजय स्वीकार करने के लिये ललकारा। दोनों में भीषण युद्ध हुआ किन्तु ब्रह्माजी के वरदान के कारण रावण उनसे पराजित न हो सका। जब अनरण्य का शरीर बुरी तरह से क्षत-विक्षत हो गया तो रावण इक्ष्वाकु वंश का अपमान और उपहास करने लगा। इससे कुपित होकर अनरण्य ने उसे शाप दिया कि तूने अपने व्यंगपूर्ण शब्दों से इक्ष्वाकु वंश का अपमान किया है, इसलिये मैं तुझे शाप देता हूँ कि महात्मा इक्ष्वाकु के इसी वंश में दशरथनन्दन राम का जन्म होगा जो तेरा वध करेंगे। यह कहकर राजा स्वर्ग सिधार गये।

"रावण की उद्दण्डता में कमी नहीं आई। राक्षस या मनुष्य जिसको भी वह शक्तिशाली पाता, उसी के साथ जाकर युद्ध करने करने लगता। एक बार उसने सुना कि किष्किन्धापुरी का राजा वालि बड़ा बलवान और पराक्रमी है तो वह उसके पास युद्ध करने के लिये जा पहुँचा। वालि की पत्नी तारा, तारा के पिता सुषेण, युवराज अंगद और उसके भाई सुग्रीव ने उसे समझाया कि इस समय वालि नगर से बाहर सन्ध्योपासना के लिये गये हुये हैं। वे ही आपसे युद्ध कर सकते हैं। और कोई वानर इतना पराक्रमी नहीं है जो आपके साथ युद्ध कर सके। इसलिये आप थोड़ी देर उनकी प्रतीक्षा करें। फिर सुग्रीव ने कहा कि राक्षसराज! सामने जो शंख जैसे हड्डियों के ढेर लगे हैं वे वालि के साथ युद्ध की इच्छा से आये आप जैसे वीरों के ही हैं। वालि ने इन सबका अन्त किया है। यदि आप अमृत पीकर आये होंगे तो भी जिस क्षण वालि से युद्ध करेंगे, वह क्षण आपके जीवन का अन्तिम क्षण होगा। यदि आपको मरने की बहुत जल्दी हो तो आप दक्षिण सागर के तट पर चले जाइये। वहीं आपको वालि के दर्शन हो जायेंगे।

"सुग्रीव के वचन सुनकर रावण विमान पर सवार हो तत्काल दक्षिण सागर में उस स्थान पर जा पहुँचा जहां वालि सन्ध्या कर रहा था। उसने सोचा कि मैं चुपचाप वालि पर आक्रमण कर दूँगा। वालि ने रावण को आते देख लिया परन्तु वह तनिक भी विचलित नहीं हुआ और वैदिक मन्त्रों का उच्चारण करता रहा। ज्योंही उसे पकड़ने के लिये रावण ने पीछे से हाथ बढ़ाया, सतर्क वालि ने उसे पकड़कर अपनी काँख में दबा लिया और आकाश में उड़ चला। रावण बार-बार वालि को अपने नखों से कचोटता रहा किन्तु वालि ने उसकी कोई चिन्ता नहीं की। तब उसे छुड़ाने के लिये रावण के मन्त्री और अनुचर उसके पीछे शोर मचाते हुये दौड़े परन्तु वे वालि के पास तक न पहुँच सके। इस प्रकार वालि रावण को लेकर पश्चिमी सागर के तट पर पहुँचा। वहाँ उसने सन्ध्योपासना पूरी की। फिर वह दशानन को लिये हुये किष्किन्धापुरी लौटा। अपने उपवन में एक आसन पर बैठकर उसने रावण को अपनी काँख से निकालकर पूछा कि अब कहिये आप कौन हैं और किसलिये आये हैं?

"रावण ने उत्तर दिया कि मैं लंका का राजा रावण हूँ। आपके साथ युद्ध करने के लिये आया था। वह युद्ध मुझे प्राप्त हो चुका है। मैंने आपका अद्भुत बल देख लिया। अब मैं अग्नि की साक्षी देकर आपसे मित्रता करना चाहता हूँ। फिर दोनों ने अग्नि की साक्षी देकर एक दूसरे से मित्रता स्थापित की।"

- *हनुमान के जन्म की कथा*

यह कथा सुनकर श्रीराम हाथ जोड़कर अगस्त्य मुनि से बोले, "ऋषिवर! निःसन्देह वालि और रावण दोनों ही भारी बलवान थे, परन्तु मेरा विचार है कि हनुमान उन दोनों से अधिक बलवान हैं। इनमें शूरवीरता, बल, धैर्य, नीति, सद्गुण सभी उनसे अधिक हैं। यदि मुझे ये न मिलते तो भला क्या जानकी का पता लग सकता था? मेरे समझ में यह नहीं आया कि जब वालि और सुग्रीव में झगड़ा हुआ तो इन्होंने अपने मित्र सुग्रीव की सहायता करके वालि को क्यों नहीं मार डाला। आप कृपा करके हनुमानजी के बारे में मुझे सब कुछ बताइये।"

रघुनाथजी के वचन सुनकर महर्षि अगस्त्य बोले, "हे रघुनन्दन! आप ठीक कहते हैं। हनुमान अद्भुत बलवान, पराक्रमी और सद्गुण सम्पन्न हैं, परन्तु ऋषियों के शाप के कारण इन्हें अपने बल का पता नहीं था। मैं आपको इनके विषय में सब कुछ बताता हूँ। इनके पिता केसरी सुमेरु पर्वत पर राज्य करते थे। उनकी पत्नी का नाम अंजना था। इनके जन्म के पश्चात् एक दिन इनकी माता फल लाने के लिये

इन्हें आश्रम में छोड़कर चली गईं। जब शिशु हनुमान को भूख लगी तो वे उगते हुये सूर्य को फल समझकर उसे पकड़ने के लिये आकाश में उड़ने लगे। उनकी सहायता के लिये पवन भी बहुत तेजी से चला। उधर भगवान सूर्य ने उन्हें अबोध शिशु समझकर अपने तेज से नहीं जलने दिया। जिस समय हनुमान सूर्य को पकड़ने के लिये लपके, उसी समय राहु सूर्य पर ग्रहण लगाना चाहता था। हनुमानजी ने सूर्य के ऊपरी भाग में जब राहु का स्पर्श किया तो वह भयभीत होकर वहाँ से भाग गया। उसने इन्द्र के पास जाकर शिकायत की कि देवराज! आपने मुझे अपनी क्षुधा शान्त करने के साधन के रूप में सूर्य और चन्द्र दिये थे। आज जब अमावस्या के दिन मैं सूर्य को ग्रस्त करने के लिये गया तो मैंने देखा कि एक दूसरा राहु सूर्य को पकड़ने जा रहा है।

"राहु की बात सुनकर इन्द्र घबरा गये और राहु को साथ लेकर सूर्य की ओर चल पड़े। राहु को देखकर हनुमान जी सूर्य को छोड़कर राहु पर झपटे। राहु ने इन्द्र को रक्षा के लिये पुकारा तो उन्होंने हनुमान जी के ऊपर वज्र का प्रहार किया जिससे वे एक पर्वत पर जा गिरे और उनकी बायीं ठुड्डी टूट गई। हनुमान की यह दशा देखकर वायुदेव को क्रोध आया। उन्होंने उसी क्षण अपनी गति रोक ली। इससे कोई भी प्राणी साँस न ले सका और सब पीड़ा से तड़पने लगे। तब सारे सुर, असुर, यक्ष, किन्नर आदि ब्रह्मा जी की शरण में गये। ब्रह्मा उन सबको लेकर वायुदेव के पास गये। वे मृत हनुमान को गोद में लिये उदास बैठे थे। जब ब्रह्मा जी ने उन्हें जीवित कर दिया तो वायुदेव ने अपनी गति का संचार करके सब प्राणियों की पीड़ा दूर की। चूँकि इन्द्र के वज्र से हनुमान जी की हनु (ठुड्डी) टूट गई थी, इसलिये तब से उनका नाम हनुमान हो गया। फिर प्रसन्न होकर सूर्य ने हनुमान को अपने तेज का सौंवा भाग दिया। वरुण, यम, कुबेर, विश्वकर्मा आदि ने उन्हें अजेय पराक्रमी, अवध्य होने, नाना रूप धारण करने की क्षमता आदि के वर दिया। इस प्रकार नाना शक्तियों से सम्पन्न हो जाने पर निर्भय होकर वे ऋषि-मुनियों के साथ शरारत करने लगे। किसी के वल्कल फाड़ देते, किसी की कोई वस्तु नष्ट कर देते। इससे क्रुद्ध होकर ऋषियों ने इन्हें शाप दिया कि तुम अपने बल और शक्ति को भूल जाओगे। किसी के याद दिलाने पर ही तुम्हें उनका ज्ञान होगा। तब से उन्हें अपने बल और शक्ति का स्मरण नहीं रहा। वालि और सुग्रीव के पिता ऋक्षराज थे। चिरकाल तक राज्य करने के पश्चात् जब ऋक्षराज का देहान्त हुआ तो वालि राजा बना। वालि और सुग्रीव में बचपन से ही प्रेम था। जब उन दोनों में बैर हुआ तो सुग्रीव के सहायक होते हुये भी शाप के कारण हनुमान अपने बल से अनजान बने रहे।"

हनुमान के जीवन की यह कथा सुनकर सबको बड़ा आश्चर्य हुआ।

जब अगस्त्य तथा अन्य मुनि अयोध्या से विदा होकर जाने लगे तो श्रीराम ने उनसे कहा, "मेरी इच्छा है कि पुरवासी और देशवासियों को अपने-अपने कार्यों में लगाकर मैं यज्ञों का अनुष्ठान करूँ। आपसे प्रार्थना है कि आप सब उन यज्ञों में अवश्य पधारकर भाग लेने की कृपा करें।"

सब ऋषियों ने उसमें भाग लेने की अपनी स्वीकृति प्रदान की। फिर वे वहाँ से विदा होकर अपने-अपने आश्रम को चले गये।

- *अभ्यागतों की विदाई*

अब श्री रामचन्द्र जी नियमपूर्क प्रतिदिन राजसभा में बैठकर राजकाज संभालकर शासन चलाने लगे। कुछ दिन पश्चात् राजा जनक विदा होकर मिथिला के लिये प्रस्थान किया। इसके पश्चात् कैकेय नरेश युधाजित, काशिराज प्रतर्दन तथा अन्य आगत राजा महाराजा भी विनयपूर्वक अयोध्या से विदा हुये। फिर उन्होंने सुग्रीव, हनुमान, अंगद, नील, नल, केसरी कुमुद, गन्धमादन, सुषेण, पनस, वीरमैन्द, द्विविद, जाम्बवन्त, गवाक्ष, विनत, धूम्र, बलीमुख, प्रजंघ, सन्नाद, दरीमुख, दधिमुख, इन्द्रजानु तथा अन्य वानर यूथपतियों को नाना प्रकार के वस्त्राभूषण-रत्नादि देकर सम्मानित किया और उनकी भूरि-भूरि प्रशंसा करके उन्हें विदा किया।

फिर वे विभीषण को विदा करते हुये उनसे बोले, "राक्षसराज! तुम धर्मपूर्वक लंका पर शासन करना। तुम धर्मात्मा हो। मुझे विश्वास है कि तुम कभी धर्म विरुद्ध कोई कार्य नहीं करोगे। अपनी प्रजा का पुत्रवत् पालन करना।"

विदा होने से पहले हनुमान बोले, "प्रभो! मुझे ऐसा वर दीजिये कि आपके प्रति मेरी अटूट भक्ति सदा बनी रहे। आपके सिवा कहीं और मेरा आन्तरिक अनुराग न हो। इस पृथ्वी पर जब तक राम कथा प्रचलित रहे, तब तक मेरे प्राण इस शरीर में ही बसे रहें।"

हनुमान की बात सुनकर श्रीराम ने उन्हें हृदय से लगा लिया और बोले, "ऐसा ही होगा।" संसार में जब तक मेरी कथा प्रचलित रहेगी, तब तक तुम्हारे प्राण भी तुम्हारे शरीर में बने रहेंगे। तुमने जो उपकार किये हैं, उनके लिये मैं सदा तुम्हारा ऋणी रहूँगा।" फिर वे सब लोग श्रीराम का गुणगान करते हुये वहाँ से विदा हुये।

विभीषण, सुग्रीव, हनुमान आदि के विदा हो जाने पर भरत बोले, "राघव! आपको राजसिंहासन पर बैठे एक मास हुआ है। इस अवधि में सभी लोग स्वस्थ और निरोग दिखाई देते हैं। बूढ़े आदमियों के पास भी मृत्यु फटकने में हिचकती है। सभी बाल-युवा नर-नारियों के शरीर हृष्ट-पुष्ट और कान्तिमय प्रतीत होते हैं। मेघ समय पर अमृत के समान जल बरसाते हैं। हवा ऐसी चलती है कि उसका स्पर्श सुखद और शीतल जान पड़ता है।"

भरत की ये बातें सुनकर श्रीराम अत्यन्त प्रसन्न हुए।

- *पुरवासियों में अशुभ चर्चा*

जब अयोध्या में शासन करते हुये बहुत समय बीत गया तब एक दिन रामचन्द्रजी सीता के गर्भवती होने का समाचार पाकर अत्यन्त प्रसन्न हुये। वे सीता से बोले, "विदेहनन्दिनी! अब तुम शीघ्र इक्ष्वाकुवंश को पुत्ररत्न प्रदान करोगी। इस समय तुम्हारी क्या इच्छा है? मैं तुम्हारा मनोरथ अवश्य पूरा करूँगा। तुम निःसंकोच होकर अपने मन की बात कहो।"

पति के मृदु वचन सुनकर सीताजी मुस्कुराकर बोलीं, "स्वामी! मेरी इच्छा एक बार उन पवित्र तपोवनों को देखने की हो रही है। मैं कुछ समय उन महर्षि तपस्वियों के पास रहना चाहती हूँ जो कन्द-मूल-फल खाकर गंगा के तट पर तपस्या करते हैं। कम से कम एक रात्रि वहाँ निवास करके मैं उन्हें उग्र तपस्या करते देखना चाहती हूँ। इस समय यही मेरी अभिलाषा है।"

हृदयेश्वरी की अभिलाषा जानकर रघुनन्दन बोले, "सीते! तुम्हारी अभिलाषा मैं अवश्य पूरी करूँगा। तुम निश्चिंत रहो। कल प्रातःकाल ही मैं तुम्हें गंगातट वासी ऋषियों के आश्रम की ओर भेजने की व्यवस्था करा दूँगा।" सीता को आश्वासन देकर श्रीराम राजदरबार में चले गये। राजदरबार से निवृत हो वे अपने मित्रों में बैठकर हास्यविनोद की वार्ता करने लगे। मित्रमण्डली में उनके बालसखा विजय, मधुवत्त, काश्यप, मंगल, कुल, सुराजि, कालिय, भद्र, दन्तवक्त्र और सुभागध थे। बातो ही बातों में रामचन्द्र ने पूछा, "भद्र! आजकल नगर में किस बात की चर्चा विशेषरूप से होती है? नगर और जनपद के लोग मेरे, सीता, भरत-लक्ष्मण आदि भाइयों और माता कैकेयी के विषय में क्या-क्या बातें करते हैं? प्रायः देखा जाता है कि राजा यदि आचार-विचार से हीन हो तो सर्वत्र उसकी निन्दा होती है।"

भद्र ने उत्तर दिया, "सौम्य! सर्वत्र आपके विषय में अच्छी ही चर्चा सुनने को मिलती है। दशग्रीव पर जो आपने विजय प्राप्त की है, उसको लेकर सब लोग आपकी खूब प्रशंसा करते हैं और आपकी वीरता के कहानी अपने बच्चों को बड़े उत्साह से सुनाते हैं।"

रामचन्द्र बोले, "भद्र! ऐसा नहीं हो सकता कि सब लोग मेरे विषय में सब अच्छी ही बातें कहें। कुछ ऐसी भी बातें हो सकती हैं जो उन्हें अच्छी न लगती हों। संसार में सभी प्रवृति के लोग होते हैं। इसलिये तुमने जो कुछ भी सुना हो निश्चिंत होकर बेखटके कहो। यदि उन्हें मुझमें कोई दोष दिखाई देता होगा तो मैं उसे दूर करने की चेष्ट करूँगा।"

यह सुनकर भद्र बोला, "वे कहते हैं कि श्रीराम ने समुद्र पर पुल बाँध कर ऐसा दुष्कर कार्य किया है जिसे देवता भी नहीं कर सकते। रावण को मारकर वानरों को भी वश में कर लिया परन्तु एक बात खटकती है। रावण को मारकर उस सीता को घर ले आये जो इतने दिनों तक रावण के पास रही। फिर सीता से घृणा करने के बजाय उन्होंने उसे कैसे अपने पास रख लिया? भला सीता का चरित्र क्या वहाँ पवित्र रहा होगा? अब प्रजाजन भी ऐसी स्त्रियों को अपने घरों में रखने लगेंगे क्योंकि जैसा राजा करता है, प्रजा भी वैसा ही करती है। इस प्रकार सारे नगर निवासी भिन्न-भिन्न प्रकार की बातें करते हैं।"

भद्र की बात का अन्य साथियों ने भी यह कहकर समर्थन किया कि 'हमने भी ऐसी बातें लोगों के मुख से सुनी हैं।' सबकी बात सुनकर राजा राम ने उन्हें विदा किया और इस विषय पर गम्भीरतापूर्वक विचार करने लगे। फिर उन्होंने द्वारपाल को आज्ञा देकर अपने तीनों भाइयों को बुलाया। भाइयों ने आकर उन्हें सादर प्रणाम किया और देखा, श्रीराम बहुत उदास हैं तथा उनके नेत्रों में आँसू डबडबा रहे हैं। श्रीराम ने बड़े आदर से अपने भाइयों को अपने पास बिठाकर कहा, "बन्धुओं! मैंने तुम्हें इसलिये बुलाया है कि मैं तुम्हें उस चर्चा की जानकारी दे दूँ जो पुरवासियों में मेरे और सीता के विषय में चल रही है। उनमें सीता के चरित्र के विषय में घोर अपवाद फैला हुआ है और मेरे विषय में भी उनके मन में घृणा के भाव हैं। लक्ष्मण! यह तो तुम जानते ही हो कि सीता ने अपने चरित्र की पवित्रता सिद्ध करने के लिये सबके सामने अग्नि में प्रवेश किया था और उस समय स्वयं अग्निदेव ने उन्हें निर्दोष बताया था। इस प्रकार विशुद्ध आचार वाली सीता को स्वयं देवराज इन्द्र ने मेरे हाथों में सौंपा था। फिर भी अयोध्या में यह अपवाद फैल रहा है और लोग मेरी निन्दा कर रहे हैं। मैं लोक निन्दा के भय से अपने प्राणों को और तुम्हें भी त्याग सकता हूँ, फिर सीता का परित्याग करना तो मेरे लिये तनिक भी कठिन नहीं होगा। इसलिये लक्ष्मण! कल प्रातः तुम सारथी सुमन्त के साथ सीता को ले जाकर राज्य की सीमा से बाहर छोड़ आओ। गंगा के उस पार तमसा के तट पर महर्षि वाल्मीकि का आश्रम है। उसके निकट उन्हें छोड़कर लौट आना। मैं तुम लोगों को अपने चरणों और जीवन की शपथ देता हूँ, मेरे निर्णय के विरुद्ध कोई कुछ मत कहना। सीता ने गंगातट पर ऋषियों के आश्रम देखने की इच्छा प्रकट की थी, वह भी पूरी हो जायेगी।"

फिर गहरी साँस भरकर नेत्रों में आये आँसू पोंछकर वे मौन हो गये।

- *सीता का निर्वासन*

प्रातःकाल बड़े उदास मन से लक्ष्मण ने सुमन्त से सुन्दर घोड़ों से युक्त रथ लाने के लिये कहा। उसमें सीता जी के लिये एक सुरम्य आसन लगाने का भी आदेश दिया। सुमन्त के पूछने पर बताया कि उन्हें जानकी के साथ महर्षियों के आश्रम पर जाना है। रथ आ जाने पर लक्ष्मण

सीता जी के पास जाकर बोले, "देवि! आपने महाराज से मुनियों के आश्रमों में जाने की अभिलाषा प्रकट की थी। अतएव मैं महाराज की आज्ञा से तैयार होकर आ गया हूँ ताकि आपको गंगा तट पर ऋषियों के पवित्र आश्रमों तक पहुँचा सकूँ।

लक्ष्मण के वचन सुनकर सीता जी प्रन्नतापूर्व उनके साथ चलने को तैयार हो गईं। मुनिपत्नियों को देने के लिये उन्होंने अपने साथ बहुत से बहुमूल्य वस्त्र, आभूषण और नाना प्रकार के रत्न रख लिये। उन दोनों को रथ पर सवार कराकर सुमन्त द्रुतगति से रथ को वन की ओर ले चला। मार्ग में सीता लक्ष्मण से कहने लगी, "वीरवर! मुझे बहत से अपशकुन दिखाई दे रहे हैं। मेरी दायीं आँख फड़क रही है, शरीर काँप रहा है, हृदय अस्वस्थ सा प्रतीत हो रहा है। तुम्हारे भाई कुशल से तो हैं? मेरी सब सासुएँ सानन्द तो हैं?"

सीता की अधीर वाणी सुनकर लक्ष्मण ने अपने मन की उदासी दबाकर उन्हें धैर्य बँधाया। गोमती के तट पर पहुँचकर एक आश्रम में उन्होंने रात व्यतीत की। दूसरे दिन प्रातःकाल वे आगे चले और दोपहर तक गंगा के तट पर जा पहुँचे। गंगा की जलधारा को देखते ही लक्ष्मण के नेत्रों से जलधारा बह चली और वे फूट-फूट कर रोने लगे। सीता ने चिन्तित होकर उनसे रोने का कारण पूछा। लक्ष्मण ने उनके प्रश्न का कोई उत्तर नहीं दिया और रथ से उतर नौका पर सवार हो सीता सहित गंगा के दूसरे तट पर जा पहुँचे।

गंगा के उस तट पर नौका से उतर लक्ष्मण सीता से हाथ जोड़कर बोले, "देवि! आज मुझे बड़े भैया ने वह कार्य सौंपा है जिससे सारे लोक में मेरी भारी निन्दा होगी। मुझे यह बताते हुये भारी पीड़ा हो रही है कि अयोध्या में आपके लंका प्रवास की बात को लेकर भारी अपवाद फैल गया है। इससे अत्यन्त दुःखी होकर महाराज राम ने आपका परित्याग कर दिया है और मुझे आपको यहाँ गंगा तट पर छोड़ जाने का आदेश दिया है। वैसे यह स्थान सर्वथा निरापद है क्योंकि यहाँ महायशस्वी ब्रह्मर्षि वाल्मीकि जी का आश्रम है। आप यहाँ उपवास परायण आदि करती हुईं धार्मिक जीवन व्यतीत करें।"

लक्ष्मण के ये कठोर वचन सुनकर जनकनन्दिनी को ऐसा आघात लगा कि वे मूर्छित होकर पृथ्वी पर गिर पड़ीं। फिर चेतना आने पर बोलीं, "लक्ष्मण! क्या विधाता ने मुझे जीवन पर्यन्त दुःख भोगने के लिये ही उत्पन्न किया है? पहले मुझे राघव से अलग होकर लंका में रहना पड़ा और अब उन्होंने मुझे सदा के लिये त्याग दिया। लक्ष्मण! मेरी समझ में यह नहीं आता कि यदि मुनिजन मुझसे यह पूछेंगे कि तुम्हें श्रीराम ने किस अपराध के कारण त्यागा है तो मैं उन्हें क्या उत्तर दूँगी? मेरी सबसे बड़ी विडम्बना यह है कि मैं गंगाजी में डूब कर अपने प्राण भी विसर्जन नहीं कर सकती, क्योंकि ऐसा करने से मेरे पति का राजवंश नष्ट हो जायेगा। तुम दुःखी क्यों होते हो? तुम तो महाराज की आज्ञा का ही पालन कर रहे हो, जो तुम्हारा कर्तव्य है। जाओ, तुम लौट जाओ और सबसे मेरा सादर प्रणाम कहना।"

सीता से आज्ञा लेकर अत्यन्त दुःखी मन से लक्ष्मण मृतप्राय शरीर को ढोते हुये रथ पर बैठे और बैठते ही मूर्छित हो गये। मूर्छा दूर होने पर वे फिर आँसू बहाने लगे।

उधर सीता विलाप करती हुई चीत्कार करने लगी। दो मुनिकुमारों ने सीता को इस प्रकार विलाप करते देखा तो उन्होंने ब्रह्मर्षि वाल्मीकि के पास जाकर इसका वर्णन किया। यह समाचार सुनकर वाल्मीकि जी सीता जी के पास पहुँचे और बोले, "पतिव्रते! मैंने अपने योगबल से जान लिया है कि तुम राजा दशरथ की पुत्रवधू और मिथिलेश की पुत्री हो। मुझे तुम्हारे परित्याग की बात भी मालूम हो चुकी है। इसलिये तुम मेरे आश्रम में चलकर अन्य तपस्विनी नारियों के साथ निश्चिंत होकर निवास करो। वे तुम्हारी यथोचित देखभाल करेंगीं।"

मुनि के वचन सुनकर सीता ने उन्हें श्रद्धापूर्वक प्रणाम किया और महर्षि के आश्रम में आकर रहने लगी।

- *लक्ष्मण की वापसी*

रथ में मूर्छा भंग होने पर लक्ष्मण फिर विलाप करने लगे। सुमन्त ने उन्हें धैर्य बँधाते हुये उनसे कहा, "वीरवर! आपको सीता के विषय में संताप नहीं करना चाहिये। यह बात तो दुर्वासा मुनि ने स्वर्गीय राजा दशरथ जी को पहले ही बता दी थी कि श्रीराम सदैव दुःख उठायेंगे। उन्हें प्रियजनों का वियोग उठाना पड़ेगा। मुनि के कथनानुसार दीर्घकाल व्यतीत होने पर वे आपको तथा भरत और शत्रुघ्न को भी त्याग देंगे। यह बात उन्होंने मेरे सामने कही थी, परन्तु स्वर्गीय महाराज ने मुझे आदेश दिया था कि यह बात मैं किसी से न कहूँ। अब उचित अवसर जानकर आपसे कह रहा हूँ। आपसे अनुरोध है कि आप यह बात भरत और शत्रुघ्न के सम्मुख कदापि न कहें।"

सुमन्त की बात सुनकर जब लक्ष्मण ने किसी से न कहने का आश्वासन देकर पूरी बात बताने का आग्रह किया तो सुमन्त ने कहा, "एक समय की बात है, दुर्वासा मुनि महर्षि वसिष्ठ के आश्रम में रहकर चातुर्मास बिता रहे थे। उसी समय महाराज दशरथ वसिष्ठ जी के दर्शनों के लिये पहुँचे। बातों-बातों में महाराज ने दुर्वासा मुनि से पूछा कि भगवन्! मेरा वंश कितने समय तक चलेगा? मेरे सब पुत्रों की आयु कितनी होगी? कृपा करके मेरे वंश की स्थिति मुझे बताइये। इस पर उन्होंने महाराज को कथा सुनाई कि देवासुर संग्राम में पीड़ित हुये दैत्यों ने महर्षि भृगु की पत्नी की शरण ली थी। भृगु की पत्नी द्वारा दैत्यों को शरण दिये जाने पर कुपित होकर भगवान विष्णु ने अपने चक्र से उसका सिर काट डाला। अपनी पत्नी के मरने पर भृगु ने क्रुद्ध होकर विष्णु को शाप दिया कि आपने मेरी पत्नी की हत्या की है, इसलिये आपको मनुष्य के रूप में पृथ्वी पर जन्म लेना पड़ेगा और वहाँ दीर्घकाल तक पत्नी का वियोग सहना पड़ेगा। शाप की बात बताकर महर्षि दुर्वासा ने रघुवंश के भविष्य सम्बंधी बहुत सी बातें बताईं। उसमें आप लोगों को त्यागने की बात भी बताई गई थी। उन्होंने यह भी कहा था कि रघुनाथजी सीता

के दो पुत्रों का अभिषेक अयोध्या के बाहर करेंगे, अयोध्या में नहीं। इसलिये विधाता का विधान जानकर आपको शोक नहीं करना चाहिये।" ये बातें सुनकर लक्ष्मण का संताप कुछ कम हुआ।

केशिनी के तट पर रात्रि बिताकर दूसरे दिन दोपहर को लक्ष्मण अयोध्या पहुँचे। उन्होंने अत्यन्त दु:खी मन से श्रीराम के पास पहुँचकर सीता के परित्याग का सम्पूर्ण वृत्तान्त जा सुनाया। राम ने संयमपूर्वक सारी बातें सुनीं और अपने मन पर नियन्त्रण रखते हुये राजकाज में मन लगाया।

- *राजा नृग की कथा*

एक दिन लक्ष्मण ने श्रीराम से कहा, "महाराज! आप राजकाज में इतने व्यस्त रहते हैं कि अपने स्वास्थ्य का भी ध्यान नहीं रखते।"

यह सुनकर रामचन्द्रजी बोले, "लक्ष्मण! राजा का कर्तव्य होता है राजकाज में पूर्णतया लीन रहना। तनिक सी असावधानी हो जाने पर उसे राजा नृग की भाँति भयंकर यातना भोगनी पड़ती है।"

लक्ष्मण के जिज्ञासा करने पर उन्होंने राजा नृग की कथा सुनाते हुये कहा, "पहले इस पृथ्वी पर महायशस्वी राजा नृग राज्य करते थे। वे बड़े धर्मात्मा और सत्यवादी थे। एक बार उन्होंने तीर्थराज पुष्कर में जाकर स्वर्ण विभूषित बछड़ों युक्त एक करोड़ गौओं का दान किया। उसी समय उन गौओं के साथ एक दरिद्र ब्राह्मण की गाय बछड़े सहित आकर मिल गई और राजा नृग ने संकल्पपूर्वक उसे किसी ब्राह्मण को दान कर दिया। उधर वह दरिद्र ब्राह्मण वर्षों तक स्थान-स्थान पर अपनी गाय को ढूँढता रहा। अन्त में उसने कनखल में एक ब्राह्मण के यहाँ अपने गाय को पहचान लिया। गाय का नाम 'शवला' था। जब उसने गाय को नाम लेकर पुकारा तो वह गाय उस दरिद्र ब्राह्मण के पीछे हो ली। इस पर दोनों ब्राह्मणों में विवाद हो गया। एक कहता था, गाय मेरी है और दूसरा कहता कि मुझे यह राजा ने दान में दी है। दोनों झगड़ते हुये राजा नृग के यहाँ पहुँचे। राजकाज में व्यस्त रहने के कारण जब कई दिन तक नृग ने उनसे भेंट नहीं की तो उन्होंने शाप दे दिया कि विवाद का निर्णय कराने की इच्छा से आये प्रार्थियों को तुमने कई दिन तक दर्शन नहीं दिये, इसलिये तुम प्राणियों से छिपकर रहने वाले गिरगिट हो जाओगे और सहस्त्रों वर्ष तक गड्ढे में पड़े रहोगे। भगवान विष्णु जब कृष्ण के रूप में अवतार लेंगे तब वे ही तुम्हारा उद्धार करेंगे। इस प्रकार राजा नृग आज भी अपनी उस भूल का दण्ड भुगत रहे हैं। अतएव जब भी कोई कार्यार्थी द्वार पर आये, उसे सदा मेरे सामने तत्काल उपस्थित किया करो।"

राम का आदेश सुनकर लक्ष्मण बोले, "राघव! ब्राह्मणों का शाप सुनकर राजा नृग ने क्या किया?"

इस प्रश्न के उत्तर में श्रीराम ने बताया, "जब दोनों ब्राह्मण शाप देकर चले गये तो राजा ने अपने मन्त्री को भेजकर उन्हें वापिस बुलाया और उनसे क्षमायाचना की। फिर एक सुन्दर सा गड्ढा बनवाकर और अपने राजकुमार वसु को अपना राज्य सौंपकर उस गड्ढे में निवास करने लगे। ब्राह्मण के शाप का भारी प्रभाव होता है।"

- *राजा निमि की कथा*

श्रीरामचन्द्रजी बोले, "हे लक्ष्मण! अब मैं तुम्हें शाप से सम्बंधित एक अन्य कथा सुनाता हूँ। हमारे ही पूर्वजों में निमि नामक एक प्रतापी राजा थे। वे महात्मा इक्ष्वाकु के बारहवें पुत्र थे। उन्होंने वैजयन्त नामक एक नगर बसाया था। इस नगर को बसाकर उन्होंने एक भारी यज्ञ का अनुष्ठान किया। यज्ञ सम्पन्न करने के लिये महर्षि वसिष्ठ, अत्रि, अंगिर तथा भृगु को आमन्त्रित किया। किन्तु वसिष्ठ का एक यज्ञ के लिये देवराज इन्द्र ने पहले ही वरण कर लिया था, इसलिये वे निमि से प्रतीक्षा करने के लिये कहकर इन्द्र का यज्ञ कराने चले गये।

"वसिष्ठ के जाने पर महर्षि गौतम ने यज्ञ को पूरा कराया। वसिष्ठ ने लौटकर जब देखा कि गौतम यज्ञ को पूरा कर रहे हैं तो उन्होंने क्रुद्ध होकर निमि से मिलने की इच्छा प्रकट की। जब दो घड़ी प्रतीक्षा करने पर भी निमि से भेंट न हो सकी तो उन्होंने शाप दिया कि राजा निमि! तुमने मेरी अवहेलना करके दूसरे पुरोहित को वरण किया है, इसलिये तुम्हारा शरीर अचेतन होकर गिर जायेगा। जब राजा निमि को इस शाप की बात मालूम हुई तो उन्होंने भी वसिष्ठ जी को शाप दिया कि आपने मुझे अकारण ही शाप दिया है अतएव आपका शरीर भी अचेतन होकर गिर जायेगा। इस प्रकार शापों के कारण दोनों ही विदेह हो गये।"

यह सुनकर लक्ष्मण बोले, "रघुकुलभूषण! फिर इन दोनों को नया शरीर कैसे मिला?"

लक्ष्मण का प्रश्न सुनकर राघव बोले, "पहले तो वे दोनों वायुरूप हो गये। वसिष्ठ ने ब्रह्माजी से देह दिलाने की प्रार्थना की तो उन्होंने कहा कि तुम मित्र और वरुण के छोड़े हुये वीर्य में प्रविष्ट हो जाओ। इससे तुम अयोनिज रूप से उत्पन्न होकर मेरे पुत्र बन जाओगे। इस प्रकार वसिष्ठ फिर से शरीर धारण करके प्रजापति बने। अब राजा निमि का वृत्तान्त सुनो। राजा निमि का शरीर नष्ट हो जाने पर ऋषियों ने स्वयं ही यज्ञ को पूरा किया और राजा को तेल के कड़ाह आदि में सुरक्षित रखा। यज्ञ कार्यों से निवृत होकर महर्षि भृगु ने राजा निमि की आत्मा से पूछा कि तुम्हारे जीव चैतन्य को कहाँ स्थापित किया जाय? इस पर निमि ने कहा कि मैं समस्त प्राणियों के नेत्रों में निवास करना चाहता हूँ। राजा

की यह अभिलाषा पूर्ण हुई। तब से निमि का निवास वायुरूप होकर समस्त प्राणियों के नेत्रों में हो गया। उन्हीं राजा के पुत्र मिथिलापति जनक हुये और विदेह कहलाये।

- *राजा ययाति की कथा*

इस आश्चर्यजनक कथा को सुनकर सुमित्रानन्दन बोले, "हे प्रभो! ऐसे ही शाप की कोई और कथा हो तो सुनाइये।"

लक्ष्मण के जिज्ञासा देखकर कौशल्यानन्दन बोले, "नहुष के पुत्र राजा ययाति के दो पत्नियाँ थीं – एक शर्मिष्ठा और दूसरी देवयानी। शर्मिष्ठा दैत्यकुल के वृषपर्वा की कन्या थी और देवयानी शुक्राचार्य की। राजा को शर्मिष्ठा से विशेष स्नेह था। शर्मिष्ठा ने पुरु को और देवयानी ने यदु को जन्म दिया। दोनों ही बालक बड़े तेजस्वी थे। देवयानी को उचित सम्मान न पाते देख यदु ने उससे कहा कि माता! इस असम्मानजनक जीवन से क्या यह अधिक उचित न होगा कि हम अग्नि में प्रवेश करके यह जीवन समाप्त कर दें? यदि तुम मेरी बात नहीं मानोगी तो भी मैं यह जीवन धारण नहीं करूँगा।

पुत्र की यह बात सुनकर देवयानी ने सारी बातें अपने पिता भृगुनन्दन शुक्राचार्य को बता दी और स्वयं भी जल मरने को तैयार हो गई। उसने कहा कि ययाति मेरा ही नहीं आपका भी अनादर करते हैं। इससे क्रोधित होकर शुक्राचार्य ने ययाति को लक्ष्य करके शाप दिया कि दुरात्मने! तुम्हारी अवस्था जराजीर्ण वृद्ध जैसी हो जाये। तुम बिल्कुल शिथिल हो जाओ। इस प्रकार शाप देकर वे मौन हो गये।

"इस शाप के फलस्वरूप राजा ययाति को ऐसी वृद्धावस्था ने आ घेरा जो दूसरे की युवावस्था से बदली जा सकती थी। ययाति ने यदु से अनुरोध किया कि तुम मुझे अपना यौवन देकर मेरी वृद्धावस्था ले लो। कुछ समय पश्चात् मैं तुम्हारा यौवन तुम्हें लौटा दूँगा। यह सुनकर यदु ने कहा यह सौदा आप अपने लाडले पुरु से करें। जब उन्होंने पुरु से यह बात कही तो पुरु ने राजा का अनुरोध सुनकर तत्काल वृद्धावस्था के बदले में अपना यौवन दे दिया। सहस्त्रों वर्षों तक यज्ञ आदि का अनुष्ठान करके उन्होंने पुरु को फिर उनका यौवन लौटा दिया और यदु को शाप दिया कि तुमने मेरी आज्ञा का उल्लंघन किया है, इसलिये तुम्हारी सन्तान राजा नहीं होगी। हे सौमित्र! यह सब प्राचीन आख्यान मैंने तुम्हें सुना दिया। अब हमें उसी प्रकार करना चाहिये जिससे हमें किसी प्रकार का कोई दोष न लगे।"

- *कुत्ते का न्याय*

श्रीराम के शासन में न तो किसी को शारीरिक रोग होता था, न किसी की अकाल मृत्यु होती थी, न कोई स्त्री विधवा होती थे और न माता पिताओं को सन्तान का शोक सहना पड़ता था। सारा राज्य सब प्रकार से सुख-सम्पन्न था। इसलिये कोई व्यक्ति किसी प्रकार का विवाद लेकर राजदरबार में उपस्थित भी नहीं होता था। किन्तु एक दिन एक कुत्ता राजद्वार पर आकर बार-बार भौंकने लगा। उसे अभियोगी समझ राजदरबार में उपस्थित किया गया। पूछने पर कुत्ते ने बताया, "प्रभो! आपके राज्य में सर्वार्थसिद्ध नामक एक भिक्षुक है। उसने आज अकारण मुझ पर प्रहार करके मेरा मस्तक फाड़ दिया है। इसलिये मैं इसका न्याय चाहता हूँ।"

कुत्ते की बात सुनकर उस भिक्षुक ब्राह्मण को बुलवाया गया। ब्राह्मण के आने पर राजा रामचन्द्र ने पूछा, "विप्रवर! क्या आपने इस कुत्ते के सिर पर घातक प्रहार किया था? यदि किया था तो इसका क्या कारण है? वैसे ब्राह्मण को अकारण क्रोध आना तो नहीं चाहिये।"

महाराज की बात सुनकर सर्वार्थसिद्ध बोले, "प्रभो! यह सही है कि मैंने इस कुत्ते को डंडे से मारा था। उस समय मेरा मन क्रोध से भर गया था। बात यह थी कल मेरे भिक्षाटन का समय बीत चुका था, तो भी भूख के कारण मैं भिक्षा के लिये द्वार-द्वार पर भटक रहा था। उस समय यह कुत्ता बीच में आ खड़ा हुआ। मैं भूखा तो था ही, अतएव मुझे क्रोध आ गया और मैंने इसके सिर पर डंडा मार दिया। मैं अपराधी हूँ, मुझे दण्ड दीजिये। आपसे दण्ड पाकर मुझे नरक यातना नहीं भोगनी पड़ेगी।"

जब राजा राम ने सभसदों से उसे दण्ड देने के विषय में परामर्श किया तो उन्होंने कहा, "राजन्! ब्राह्मण दण्ड द्वारा अवध्य है। इसे शारीरिक दण्ड नहीं दिया जा सकता और यह इतना निर्धन है कि आर्थिक दण्ड का भार भी नहीं उठा सकेगा।"

यह सुनकर कुत्ते ने कहा, "महाराज! यदि आप आज्ञा दें तो मैं इसके दण्ड के बारे में एक सुझाव दूँ। मेरे विचार से इसे महन्त बना दिया जाय। यदि आप इसे कालंजर के किसी मठ का मठाधीश बना दें तो यह दण्ड इसके लिये सबसे उचित होगा।"

कुत्ते का सुझाव मानकर श्रीराम ने उसे मठाधीश बना दिया और वह हाथी पर बैठकर वहाँ से प्रसन्नतापूर्वक चला गया।

उसके जाने के पश्चात् एक मन्त्री ने कहा, "प्रभो! यह तो उसके लिये उपहार हुआ, दण्ड नहीं।"

मन्त्री की बात सुनकर श्रीराम ने कहा, "मन्त्रिवर! यह उपहार नहीं, दण्ड ही है। इसका रहस्य तुम नहीं समझ सके हो।"

फिर कुत्ते से बोले, "श्वानराज! तुम इन्हें इस दण्ड का रहस्य बताओ।"

राघव की बात सुनकर कुत्ता बोला, "रघुनन्दन! पिछले जन्म में मैं कालंजर के एक मठ का अधिपति था। वहाँ मैं सदैव शुभ कर्म किया करता था। फिर भी मुझे कुत्ते की योनि मिली। यह तो अत्यन्त क्रोधी है। इसका अन्त मुझसे भी अधिक खराब होगा। मठाधीश ब्राह्मणों और

देवताओं के निमित्त दिये गये द्रव्य का उपभोग करता है, इसलिये वह पाप का भागी बनता है।"

यह रहस्य बताकर कुत्ता वहाँ से चला गया।

- *च्यवन ऋषि का आगमन*

एक दिन जब श्रीराम अपने दरबार में बैठे थे तो यमुना तट निवासी कुछ ऋषि -महर्षि च्यवन ऋषि जी के साथ दरबार में पधारे। कुशल क्षेम के पश्चात् उन्होंने बताया, "महाराज! इस समय हम बड़े दुःखी हैं। लवण नामक एक भयंकर राक्षस ने यमुना तट पर भयंकर उत्पात मचा रखा है। उसके अत्याचारों से त्राण पाने के लिये हम बड़े-बड़े राजाओं के पास गये परन्तु कोई भी हमारी रक्षा न कर सका। आपकी यशोगाथा सुनकर अब हम आपकी शरण आये हैं। हमें आशा है आप निश्चय ही हमारा भय दूर करेंगे।"

ऋषियों के यह वचन सुनकर सत्यप्रतिज्ञ श्री राम बोले, "हे महर्षियों! यह समस्त राज्य और मेरे प्राण भी आपके लिये ही हैं। मैं आपको वचन देता हूँ कि मैं उस दुष्ट के वध का उपाय शीघ्र ही करूँगा। आप मुझे उसके विषय में विस्तार से बतायें।"

च्यवन ऋषि बोले, "हे राजन्! सतयुग में लीला नामक दैत्य का पुत्र मधु बड़ा शक्तिशाली और बुद्धिमान राक्षस था। उसने भगवान शंकर की तपस्या करके उनसे अपने तथा अपने वंश के लिये एक ऐसा शूल प्राप्त किये था जो शत्रु का विनाश करके वापस उसके पास आ जाता था। उन्होंने यह भी वर दिया कि जिसके हाथ में जब तक यह शूल रहेगा, तब तक वह अवध्य रहेगा। उसी मधु का पुत्र लवण है जो अत्यन्त दुष्टात्मा है और उस शूल के बल पर निरन्तर हमें कष्ट देता है। वह प्रायः किसी न किसी ऋषि, मुनि, तपस्वी को अपने आहार बनाता है। वन के प्राणियों, मनुष्यादि किसी को भी वह नहीं छोड़ता।"

यह सुनकर राम ने सब भाइयों को बुलाकर पूछा, "इस राक्षस को मारने का भार कौन अपने ऊपर लेना चाहता है?"

यह सुनकर शत्रुघ्न बोले, "प्रभो! लक्ष्मण ने आपके साथ रहते हुये बहुत से राक्षसों का संहार किया है। भैया भरत ने भी आपकी अनुपस्थिति में नन्दीग्राम में रहते हुये अनेक दैत्यों को मौत के घाट उतारा है। इसलिये लवणासुर के वध का कार्य मुझे सौंपने की कृपा करें।"

श्री राम बोले, "ठीक है, तुम ही लवणासुर का संहार करो और उसे मारके मधुपुर में अपना राज्य सथापित करो। मैं तुम्हें वहाँ का राजसिंहासन सौंपता हूँ।"

फिर उन्होंने शत्रुघ्न को एक अद्भुत अमोघ बाण देकर कहा, "इस अद्भुत बाण से ही मधु और कैटभ नामक राक्षसों का विष्णु ने वध किया था। इससे लवणासुर अवश्य मारा जायेगा। एक बात का ध्यान रखना कि वह अपने शूल को महल के अन्दर एक प्रकोष्ठ में रखकर नित्य उसका पूजन करता है। जब वह तुम्हें अपने महल के बाहर दिखाई दे तभी तुम उसे युद्ध के लिये ललकारना। अभिमान के कारण वह तुमसे युद्ध करने लगेगा और शूल के लिये महल के अन्दर जाना भूल जायेगा। इस प्रकार वह रणभूमि में तुम्हारे हाथ से मारा जायेगा।"

बड़े भाई की आज्ञा पाकर शत्रुघ्न ने विशाल सेना लेकर श्रीराम द्वारा दिय गये निर्देशों के अनुसार लवणासुर को मारने की योजना बराई। उन्होंने सेना को ऋषियों के साथ आगे भेज दिया। एक माह पश्चात् उन्होंने अपनी माताओं, गुरुओं और भाइयों की परिक्रमा एवं प्रणाम कर अकेले ही प्रस्थान किया।

- *पूर्व राजाओं के यज्ञ-स्थल एवं लवकुश का जन्म*

अयोध्या से प्रस्थान करने के तीसरे दिन शत्रुघ्न ने महर्षि वाल्मीकि के आश्रम में विश्राम किया। रात्रि में उन्होंने मुनि से पूछा, "हे महर्षि! आपके आश्रम के निकट पूर्व में यह किसका यज्ञ-स्थल दिखाई पड़ रहा है?"

महर्षि बोले, हे सौमित्र! यह यज्ञ-स्थल तुम्हारे कुल के महान राजाओं ने बनवाया था। मैं उनके विषय में बताता हूँ। तुम्हारे कुल में सौदास नाम बड़े धार्मिक राजा हुए हैं। एक दिन आखेट करते हुये उन्होंने वन में दो भयंकर दुर्धुर्ष राक्षसों को देखा। राजा ने बाण चलाकर उनमें से एक को मार गिराया। यह देखकर दूसरा राक्षस यह कहता हुआ अदृश्य हो गया कि हे पापी! तूने मेरे इस मित्र को निरपराध मारा है, अतः मैं इसका प्रतिशोध अवश्य लूँगा।

कुछ समय पश्चात् सौदास ने अपने पुत्र वीर्यसह को राज्य देकर और वसिष्ठ जी को पुरोहित बनाकर इस स्थान पर अश्वमेघ यज्ञ किया। उस समय वही राक्षस अपने प्रतिशोध लेने के लिये वहाँ आया और वसिष्ठ जी का रूप बनाकर राजा से बोले कि आज मुझे माँसयुक्त भोजन कराओ, इसमें सोच-विचार की आवश्यकता नहीं है। राजा ने अपने रसोइये को ऐसा ही आदेश दिया। इस आदेश को सुनकर वह आश्चर्य में पड़ गया। तभी वह राक्षस रसोइये के वेश में वहाँ उपस्थित हुआ और भोजन में मनुष्य का माँस मिलाकर राजा को दिया। राजा ने अपनी पत्नी सहित वह भोजन वसिष्ठ जी को परोसा। जब वसिष्ठ जी को ज्ञात हुआ कि भोजन में मनुष्य का माँस है तो उन्होंने क्रोधित होकर राजा को शाप दिया कि राजन्! जैसा भोजन तूने मुझे प्रस्तुत किया है, वैसा ही भोजन तुझे प्राप्त होगा। तब तो राजा वीर्यसह ने भी क्रोधित हो हाथ में जल लेकर वसिष्ठ जी को शाप देना चाहा। परन्तु रानी के समझाने पर वह जल अपने पैरों पर डाल दिया। इससे उनके दोनों पैर काले हो गये।

तभी से उनका नाम कल्माषपाद पड़ गया। तत्पश्चात् राजा और रानी ने महर्षि वसिष्ठ के पैर पकड़ कर क्षमा माँगी और पूरा वृत्तान्त उन्हें कह सुनाया। तब वसिष्ठ जी ने कहा कि राजन्! बारह वर्ष पश्चात् आप इस शाप से मुक्त हो जाओगे और तुम्हें इसका स्मरण भी नहीं रहेगा। हे शत्रुघ्न! इस प्रकार राजा कल्माषपाद उस शाप को भोगकर पुनः राज्य प्राप्त कर धैर्यपूर्वक प्रजा का पालन करने लगे। उन्हीं राजा सौदास और राजा कल्माषपाद का यह सुन्दर यज्ञ-स्थल है।"

यह कथा सुनकर शत्रुघ्न अपनी पर्णशाला में विश्राम करने चले गये।

जिस दिन शत्रुघ्न वाल्मीकि के आश्रम में पहुँचे उसी रात को सीताजी ने एक साथ दो पुत्रों को जन्म दिया। तपस्विनी बालाओं से उनके जन्म का समाचार सुनकर महर्षि ने एक कुशाओं का मुट्ठा और उनके लव लेकर मन्त्रोच्चार द्वारा उनकी भावी बाधाओं से रक्षा करने की व्यवस्था की। फिर एक का कुश और दूसरे का लव से मार्जन कराया। इस प्रकार बड़े बालक का नाम कुश और दूसरे का लव रखा गया। शत्रुघ्न को भी यह समाचार पाकर अत्यन्त प्रसन्नता हुई।

अगले दिन प्रातःकाल सब कृत्यों से निवृत हो शत्रुघ्न मधुपुरी की ओर चल दिये। मार्ग में सात रात्रियाँ व्यतीत कर वे महर्षि च्यवन के आश्रम में पहुँचे।

- *मान्धाता की कथा*

रात्रि होने पर शत्रुघ्न ने महर्षि च्यवन से लवणासुर के विषय में अन्य जानकारी प्राप्त की तथा पूछा कि उस शूल से कौन-कौन शूरवीर मारे गये हैं। च्यवन ऋषि बोले, "हे रघुनन्दन! शिवजी के इस त्रिशूल से अब तक असंख्य योद्धा मारे जा चुके हैं। तुम्हारे कुल में तुम्हारे पूर्वज राजा मान्धाता भी इसी के द्वारा मारे गये थे।"

शत्रुघ्न द्वारा पूरा विवरण पूछे जाने पर महर्षि ने बताया, "हे राजन्! पूर्वकाल में महाराजा युवनाश्व के पुत्र महाबली मान्धाता ने स्वर्ग विजय की इच्छा से देवराज इन्द्र को युदध के लिये ललकारा। तब इन्द्र ने उनसे से कहा कि राजा! अभी तो तुम समस्त पृथ्वी को ही वश में नहीं कर सके हो, फिर देवलोक पर आक्रमण की इच्छा क्यों करते हो? तुम पहले मधुवन निवासी लवणासुर पर विजय प्राप्त करो। यह सुनकर राजा पृथ्वी पर लौट आये और लवणासुर से युद्ध करने के लिये उसके पास अपना दूत भेजा। परन्तु उस नरभक्षी लवण ने उस दूत का ही भक्षण कर लिया। जब राजा को इसका पता चला तो उन्होंने क्रोधित होकर उस पर बाणों की प्रचण्ड वर्षा प्रारम्भ कर दी।

उन बाणों की असहय पीड़ा से पीड़ित हो उस राक्षस ने शंकर से प्राप्त उस शूल को उठाकर राजा का वध कर डाला। इस प्रकार उस शूल में बड़ा बल है। हे रघुकुलश्रेष्ठ! मान्धाता को इस शूल के विषय में कोई जानकारी नहीं थी अतः वे धोखे में मारे गये। परन्तु तुम निःसन्देह ही उस राक्षस को मारने में सफल.

- *लवणासुर वध*

अगले दिन प्रातःकाल होने पर जब लवणासुर अपने पुर से बाहर निकला, तब ही शत्रुघ्न हाथ में धनुष बाण ले मधुपुरी को घेर कर खड़े हो गये। दोपहर होने पर वह क्रूर राक्षस हजारों मरे हुये जीवों को लेकर वहाँ आया तो शत्रुघ्न ने उसे द्वन्द्व युद्ध के लिये ललकारा। अभिमानी लवण तत्काल उनसे युद्ध करने के लिये तैयार हो गया और बोला, "तेरे भाई ने रावण को मारा था जो मेरी मौसी शूर्पणखा का भाई था। आज मैं उसका बदला तुझसे लूँगा। तुझे पता नहीं, अब तक मैं बड़े-बड़े शूरवीरों को धराशायी कर चुका हूँ तेरी भला क्या गिनती है?"

यह सुनकर शत्रुघ्न बोले, "नराधम! जब तूने उन वीरों को धराशायी किया होगा तब शत्रुघ्न का जन्म नहीं हुआ था। आज मैं तुझे अपने तीक्ष्ण बाणों से सीधा यमलोक का रास्ता दिखाउँगा।"

यह सुनते ही लवण ने क्रोध कर एक वृक्ष उखाड़ कर शत्रुघ्न को मारा, परन्तु उन्होंने मार्ग में ही उसके सैकड़ों टुकड़े कर दिये। फिर उन्होंने उस पर बाणों की झड़ी लगा दी, किन्तु लवण इस आक्रमण से तनिक भी विचलित नहीं हुआ। उल्टे उसने शीघ्रता से एक भारी वृक्ष उखाड़कर उनके सिर पर मारा जिससे उन्हें क्षणिक मूर्छा आ गई। मूर्छित शत्रुघ्न को मरा हुआ समझ वह अपना आहार जुटाने और सैनिकों को खाने लग गया। अपना शूल लेने नहीं गया।

मूर्छा भंग होते ही शत्रुघ्न ने रघुनाथजी द्वारा दिया हुआ अमोघ बाण लेकर उसके वक्षस्थल पर छोड़ दिया वह बाण लवण का हृदय चीरता हुआ रसातल में घुस गया और फिर शत्रुघ्न के पास लौट आया। उधर लवणासुर ने भयंकर चीत्कार करके अपने प्राण त्याग दिये। शत्रुघ्न ने उस नगर को फिर से बसाकर उसका नाम मधुपुरी रखा। थोड़े ही दिनों में नगर सब प्रकार से सुख सम्पन्न हो गया। इस नगर को नवीन रूप पाने में बारह वर्ष लग गये। फिर एक सप्ताह के लिये शत्रुघ्न अयोध्या चले गये

- *ब्राह्मण बालक की मृत्यु*

एक दिन श्रीराम अपने दरबार में बैठे थे तभी एक बूढ़ा ब्राह्मण अपने मरे हुये पुत्र का शव लेकर राजद्वार पर आया और 'हा पुत्र!' 'हा पुत्र!' कहकर विलाप करते हुये कहने लगा, "मैंने पूर्वजन्म में कौन से पाप किये थे जिससे मुझे अपनी आँखों से अपने इकलौते पुत्र की मृत्यु देखनी पड़ी। केवल तेरह वर्ष दस महीने और बीस दिन की आयु में ही तू मुझे छोड़कर सिधार गया। मैंने इस जन्म में कोई पाप या मिथ्या-भाषण भी नहीं किया। फिर तेरी अकाल मृत्यु क्यों हुई? इस राज्य में ऐसी दुर्घटना पहले कभी नहीं हुई। निःसन्देह यह श्रीराम के ही किसी दुष्कर्म का फल है। उनके राज्य में ऐसी दुर्घटना घटी है। यदि श्रीराम ने तुझे जीवित नहीं किया तो हम स्त्री-पुरुष यहीं राजद्वार पर भूखे-प्यासे रहकर अपने प्राण त्याग देंगे। श्रीराम! फिर तुम इस ब्रह्महत्या का पाप लेकर सुखी रहना। राजा के दोष से जब प्रजा का विधिवत पालन नहीं होता तभी प्रजा को ऐसी विपत्तियों का सामना करना पड़ता है। इससे स्पष्ट है कि राजा से ही कहीं कोई अपराध हुआ है।"

इस प्रकार की बातें करता हुआ वह विलाप करने लगा।

जब श्रीरामचन्द्रजी इस विषय पर मनन कर रहे थे तभी वसिष्ठजी आठ ऋषि-मुनियों के साथ दरबार में पधारे। उनमें नारद जी भी थे। श्री राम ने जब यह समस्या उनके सम्मुख रखी तो नारद जी बोले, "राजन्! जिस कारण से इस बालक की अकाल मृत्यु हुई वह मैं आपको बताता हूँ। सतयुग में केवल ब्राह्मण ही तपस्या किया करते थे। फिर त्रेता के आरम्भ में क्षत्रियों को भी तपस्या का अधिकार मिल गया। अन्य वर्णों का तपस्या में रत होना अधर्म है। हे राजन्! निश्चय ही आपके राज्य में कोई शूद्र वर्ण का मनुष्य तपस्या कर रहा है, उसी से इस बालक की मृत्यु हुई है। इसलिये आप खोज कराइये कि आपके राज्य में कोई व्यक्ति कर्तव्यों की सीमा का उल्लंघन तो नहीं कर रहा। इस बीच ब्राह्मण के इस बालक को सुरक्षित रखने की व्यवस्था कराइये।"

नारदजी की बात सुनकर उन्होंने ऐसा ही किया। एक ओर सेवकों को इस बात का पता लगाने के लिये भेजा कि कोई अवांछित व्यक्ति ऐसा कार्य तो नहीं कर रहा जो उसे नहीं करना चाहिये। दूसरी ओर विप्र पुत्र के शरीर की सुरक्षा का प्रबन्ध कराया। वे स्वयं भी पुष्पक विमान में बैठकर ऐसे व्यक्ति की खोज में निकल पड़े। पुष्पक उन्हें दक्षिण दिशा में स्थित शैवाल पर्वत पर बने एक सरोवर पर ले गया जहाँ एक तपस्वी नीचे की ओर मुख करके उल्टा लटका हुआ भयंकर तपस्या कर रहा था। उसकी यह विकट तपस्या देख कर उन्होंने पूछा, "हे तपस्वी! तुम कौन हो? किस वर्ण के हो और यह भयंकर तपस्या क्यों कर रहे हो?"

यह सुनकर वह तपस्वी बोले, "महात्मन्! मैं शूद्र योनि से उत्पन्न हूँ और सशरीर स्वर्ग जाने के लिये यह उग्र तपस्या कर रहा हूँ। मेरा नाम शम्बूक है।"

शम्बूक की बात सुकर रामचन्द्र ने म्यान से तलवार निकालकर उसका सिर काट डाला। जब इन्द्र आदि देवताओं ने वहाँ आकर उनकी प्रशंसा की तो श्रीराम बोले, "यदि आप मेरे कार्य को उचित समझते हैं तो उस ब्राह्मण के मृतक पुत्र को जीवित कर दीजिये।"

राम के अनुरोध को स्वीकार कर इन्द्र ने विप्र पुत्र को तत्काल जीवित कर दिया।

- *राजा श्वेत की कथा*

इन्द्र से वर प्राप्त करके रघुनन्दन राम महर्षि अगस्त्य के आश्रम में पहुँचे। वे शम्बूक वध की कथा सुनकर बहुत प्रसन्न हुये और उन्होंने विश्वकर्मा द्वारा दिया हुआ एक दिव्य आभूषण श्रीराम को अर्पित किया। वह आभूषण सूर्य के समान दीप्तिमान, दिव्य, विचित्र तथा अद्भुत था। उसे देखकर श्री राम ने महर्षि अगस्त्य से पूछा, "मुनिवर! विश्वकर्मा का यह अद्भुत आभूषण आपके पास कहाँ से आया? जब यह आभूषण इतना विचित्र है तो इसकी कथा भी विचित्र ही होगी। यह जानने का मेरे मन में कौतूहल हो रहा है।"

श्रीराम की जिज्ञासा और कौतूहल को शान्त करने के लिये महर्षि ने कहा, "प्राचीन काल में एक बहत विस्तृत वन था जो चारों ओर सौ योजन तक फैला हुआ था, परन्तु उस वन में कोई प्राणी-पशु-पक्षी तक भी नहीं रहता था। उसमें एक मनोहर सरोवर भी था। उस स्थान को पूर्णतया एकान्त पाकर मैं वहाँ तपस्या करने के लिये चला गया था। सरोवर के चारों ओर चक्कर लगाने पर मुझे एक पुराना विचित्र आश्रम दिखाई दिया। उसमें एक भी तपस्वी नहीं था। मैंने रात्रि वहीं विश्राम किया। जब मैं प्रातःकाल स्नानादि के लिये सरोवर की ओर जाने लगा तो मुझे सरोवर के तट पर हृष्ट-पुष्ट निर्मल शव दिखाई दिया। मैं आश्चर्य से वहा बैठकर उस शव के विषय में विचार करने लगा। थोड़ी देर पश्चात् वहाँ एक दिव्य विमान उतरा जिस पर एक सुन्दर देवता विराजमान था। उसके चारों ओर सुन्दर वस्त्राभूषणों से अलंकृत अनेक अप्सराएँ बैठी थीं। उनमें से कुछ उन पर चँवर डुला रही थीं। फिर वह देवता सहसा विमान से उतरकर उस शव के पास आया और उसने मेरे देखते ही देखते उस शव को खाकर फिर सरोवर में जाकर हाथ-मुँह धोने लगा। जब वह पुनः विमान पर चढ़ने लगा तो मैंने उसे रोककर पूछा कि हे तेजस्वी पुरुष! कहाँ आपका यह देवोमय सौम्य रूप और कहाँ यह घृणित आहार? मैं इसका रहस्य जानना चाहता हूँ। मेरे विचार से आपको यह घृणित कार्य नहीं करना चाहिये था।

"मेरी बात सुकर वह दिव्य पुरुष बोला कि मेरे महायशस्वी पिता विदर्भ देश के पराक्रमी राजा थे। उनका नाम सुदेव था। उनकी दो पत्नियाँ थीं जिनसे दो पुत्र उत्पन्न हुये। एक का नाम था श्वेत और दूसरे का सुरथ। मैं श्वेत हूँ। पिता की मृत्यु के बाद मैं राजा बना और धर्मानुकूल राज्य करने लगा। एक दिन मुझे अपनी मृत्यु की तिथि का पता चल गया और मैं सुरथ को राज्य देकर इसी वन में तपस्या करने के लिये चला

आया। दीर्घकाल तक तपस्या करके मैं ब्रह्मलोक को प्राप्त हुआ, परन्तु अपनी भूख-प्यास पर विजय प्राप्त न कर सका। जब मैंने ब्रह्माजी से कहा तो वे बोले कि तुम मृत्युलोक में जाकर अपने ही शरीर का नित्य भोजन किया करो। यही तुम्हारा उपचार है क्योंकि तुमने किसी को कभी कोई दान नहीं दिया, केवल अपने ही शरीर का पोषण किया है। ब्रह्मलोक भी तुम्हें तुम्हारी तपस्या के कारण ही प्राप्त हुआ है। जब कभी महर्षि अगस्त्यत उस वन में पधारेंगे तभी तुम्हें भूख-प्यास से छुटकारा मिल जायेगा। अब आप मुझे मिल गये हैं, अतएव आप मेरा उद्धार करें और मेरा उद्धार करने के प्रतिदान स्वरूप यह दिव्य आभूषण ग्रहण करें। यह आभूषण दिव्य वस्त्र, स्वर्ण, धन आदि देने वाला है। इसके साथ मैं अपनी सम्पूर्ण कामनाएँ आपको समर्पित कर रहा हूँ। मेरे आभूषण लेते ही राजर्षि श्वेत पूर्णतः तृप्त होकर स्वर्ग को प्राप्त हुये और वह शव भी लुप्त हो गया।"

- *राजा दण्ड की कथा*

महर्षि अगस्त्य से श्वेत की कथा सुनकर श्रीरामचन्द्र ने पूछा, "मुनिराज! कृपया यह और बताइये कि जिस भयंकर वन में विदर्भराज श्वेत तपस्या करते थे, वह वन पशु-पक्षियों से रहित क्यों हो गया था?"

रघुनाथ जी की जिज्ञासा सुनकर महर्षि अगस्त्य ने बताया, "सतयुग की बात है, जब इस पृथ्वी पर मनु के पुत्र इक्ष्वाकु राज्य करते थे। राजा इक्ष्वाकु के सौ पुत्र उत्पन्न हुये। उन पुत्रों में सबसे छोटा मूर्ख और उद्दण्ड था। इक्ष्वाकु समझ गये कि इस मंदबुद्धि पर कभी न कभी दण्डपात अवश्य होगा। इसलिये वे उसे दण्ड के नाम से पुकारने लगे। जब वह बड़ा हुआ तो पिता ने उसे विन्ध्य और शैवल पर्वत के बीच का राज्य दे दिया। दण्ड ने उस स्थान का नाम मधुमन्त रखा और शुक्राचार्य को अपना पुरोहित बनाया।

"एक दिन राजा दण्ड भ्रमण करता हुआ शुक्राचार्य के आश्रम की ओर जा निकला। वहाँ उसने शुक्राचार्य की अत्यन्त लावण्यमयी कन्या अरजा को देखा। वह कामपीड़ित होकर उसके साथ बलात्कार करने लगा। जब शुक्राचार्य ने अरजा की दुर्दशा देखी तो उन्होंने शाप दिया कि दण्ड सात दिन के अन्दर अपने पुत्र, सेना आदि सहित नष्ट हो जाय। इन्द्र ऐसी भयंकर धूल की वर्षा करेंगे जिससे उसका सम्पूर्ण राज्य ही नहीं, पशु-पक्षी तक नष्ट हो जायेंगे। फिर अपनी कन्या से उन्होंने कहा कि तू इसी आश्रम में इस सरोवर के निकट रहकर ईश्वर की आराधना और अपने पाप का प्रायश्चित कर। जो जीव इस अवधि में तेरे पास रहेंगे वे धूल की वर्षा से नष्ट नहीं होंगे। शुक्राचार्य के शाप के कारण दण्ड, उसका राज्य और पशु-पक्षी आदि सब नष्ट हो गये। तभी से यह भूभाग दण्डकारण्य कहलाता है।"

यह वृत्तान्त सुनकर श्रीराम विश्राम करने चले गये। दूसरे दिन प्रातःकाल वे वहाँ से विदा हो गये।

- *वृत्रासुर की कथा*

एक दिन श्रीरामचन्द्रजी ने भरत और लक्ष्मण को अपने पास बुलाकर कहा, "हे भाइयों! मेरी इच्छा राजसूय यज्ञ करने की है क्योंकि वह राजधर्म की चरमसीमा है। इस यज्ञ से समस्त पाप नष्ट हो जाते हैं तथा अक्षय और अविनाशी फल की प्राप्ति होती है। अतः तुम दोनों विचारकर कहो कि इस लोक और परलोक के कल्याण के लिये क्या यह यज्ञ उत्तम रहेगा?"

बड़े भाई के ये वचन सुनकर धर्मात्मा भरत बोले, "महाराज! इस पृथ्वी पर सर्वोत्तम धर्म, यश और स्वयं यह पृथ्वी आप ही में प्रतिष्ठित है। आप ही इस सम्पूर्ण पृथ्वी और इस पर रहने वाले समस्त राजा भी आपको पितृतुल्य मानते हैं। अतः आप ऐसा यज्ञ किस प्रकार कर सकते हैं जिससे इस पृथ्वी के सब राजवंशों और वीरों का हमारे द्वारा संहार होने की आशंका हो?"

भरत के युक्तियुक्त वचन सुनकर श्रीराम बहुत प्रसन्न हुये और बोले, "भरत! तुम्हारा सत्यपरामर्श धर्मसंगत और पृथ्वी की रक्षा करने वाला है। तुम्हारा यह उत्तम कथन स्वीकार कर मैं राजसूय यज्ञ करने की इच्छा त्याग देता हूँ।"

तत्पश्चात लक्ष्मण बोले, "हे रघुनन्दन! सब पापों को नष्ट करने वाला तो अश्वमेघ यज्ञ भी है। यदि आप यज्ञ करना ही चाहते हैं तो इस यज्ञ को कीजिये। महात्मा इन्द्र के विषय में यह प्राचीन वृत्तान्त सुनने में आता है कि जब इन्द्र को ब्रह्महत्या लगी थी, तब वे अश्वमेघ यज्ञ करके ही पवित्र हुये थे।"

श्री राम द्वारा पूरी कथा पूछने पर लक्ष्मण बोले, "प्राचीनकाल में वृत्रासुर नामक असुर पृथ्वी पर पूर्ण धार्मिक निष्ठा से राज्य करता था। एक बार वह अपने ज्येष्ठ पुत्र मधुरेश्वर को राज्य भार सौंपकर कठोर तपस्या करने वन में चला गया। उसकी तपस्या से इन्द्र का भी आसन हिल गया। वह भगवान विष्णु के पास जाकर बोले कि प्रभो! तपस्या के बल से वृत्रासुर ने इतनी अधिक शक्ति संचित कर ली है कि मैं अब उस पर शासन नहीं कर सकता। यदि उसने तपस्या के फलस्वरूप कुछ शक्ति और बढ़ा ली तो हम सब देवताओं को सदा उसके आधीन रहना पड़ेगा। इसलिये प्रभो! आप कृपा करके सम्पूर्ण लोकों को उसके आधिपत्य से बचाइये। किसी भी प्रकार उसका वध कीजिये।

"देवराज इन्द्र की यह प्रार्थना सुनकर भगवान विष्णु बोले कि यह तो तुम जानते हो देवराज! मझे वृत्रासुर से स्नेह है। इसलिये मैं उसका वध नहीं कर सकता परन्तु तुम्हारी प्रार्थना भी मैं अस्वीकार नहीं कर सकता। इसलिये मैं अपने तेज को तीन भागों में इस प्रकार विभाजित कर दूँगा जिससे तुम स्वयं वृत्रासुर का वध कर सको। मेरे तेज का एक भाग तुम्हारे अन्दर प्रवेश करेगा, दूसरा तुम्हारे वज्र में और तीसरा पृथ्वी में ताकि वह वृत्रासुर के धराशायी होने पर उसका भार सहन कर सके। भगवान से यह वरदान पाकर इन्द्र देवताओं सहित उस वन में गये जहाँ वृत्र तपस्या कर रहा था। अवसर पाकर इन्द्र ने अपने शक्तिशाली वज्र वृत्रासुर के मस्तक पर दे मारा। इससे वृत्र का सिर कटकर अलग जा पड़ा। सिर कटते ही इन्द्र सोचने लगे, मैंने एक निरपराध व्यक्ति की हत्या करके भारी पाप किया है। यह सोचकर वे किसी अन्धकारमय स्थान में जाकर प्रायश्चित करने लगे। इन्द्र के लोप हो जाने पर देवताओं ने विष्णु भगवान से प्रार्थना की कि हे दीनबन्धु! वृत्रासुर मारा तो आपके तेज से गया है, परन्तु ब्रह्महत्या का पाप इन्द्र को भुगतना पड़ रहा है। इसलिये आप उनके उद्धार का कोई उपाय बताइये। यह सुनकर विषणु बोले कि यदि इन्द्र अश्वमेघ यज्ञ करके मुझ यज्ञपुरुष की आराधना करेंगे तो वे निष्पाप होकर देवेन्द्र पद को प्राप्त कर लेंगे। इन्द्र ने ऐसा ही किया और अश्वमेघ यज्ञ के प्रताप से उन्होंने ब्रह्महत्या से मुक्ति प्राप्त की।"

- *राजा इल की कथा*

जब लक्ष्मण ने अश्वमेघ यज्ञ के विशेष आग्रह किया तो श्री रामचन्द्र जी अत्यन्त प्रसन्न हुये और बोले, "हे सौम्य! इस विषय में मैं तुम्हें राजा इल की कथा सुनाता हूँ। प्रजापति कर्दम के पुत्र इल वाह्लीक देश के राजा थे। एक समय शिकार खेलते हुये वे उस स्थान पर जा पहुँचे जहाँ स्वामी कार्तिकेय का जन्म हुआ था और भगवान शंकर अपने सेवकों के साथ पार्वती का मनोरंजन करते थे। उस प्रदेश में शिव की माया से सभी प्राणी स्त्री वर्ग के हो गये थे। नर पशु-पक्षी या मनुष्य कोई भी दृष्टिगत नहीं होता था। राजा इल ने भी सैनिकों सहित स्वयं को वहाँ स्त्री रूप में परिणित होते देखा। इससे भयभीत होकर वे शंकर जी के शरणागत हुये और उनसे पुरुषत्व प्रदान करने की प्रार्थना करने लगे।

"जब भगवान शंकर ने उनकी प्रार्थना स्वीकार नहीं की तो उन्होंने व्याकुल होकर, गिड़गिड़ा कर उमा से प्रार्थना की। इससे प्रसन्न होकर उमा ने कहा कि मैं भगवान शंकर की केवल अर्द्धांगिनी हूँ। इलिये मैं तुम्हें तुम्हारे जीवन के केवल आधे काल के लिये पुरुष बना सकती हूँ। बोलो, तुम अपनी आयु के पूर्वार्द्ध के लिये पुरुषत्व चाहते हो या उत्तरार्द्ध के लिये? इल कुछ क्षण सोचकर बोले कि देवि! ऐसा कर दीजिये कि मैं एक मास पुरुष और एक मास स्त्री रहा करूँ। पार्वती जी ने 'तथास्तु' कहकर उनकी इच्छा पूरी कर दी। इस वरदान के फलस्वरूप इल प्रथम मास में त्रिभुवन सुन्दरी नारी बन गये तथा इल से इला कहलाने लगे। इल उक्त क्षेत्र से निकलकर उस सरोवर पर पहुँचे जहाँ सोमपुत्र बुध तपस्या कर रहे थे। इला पर दृष्टि पड़ते ही बुध उस पर आसक्त हो गये एवं उसके साथ रमण करने लगे। उन्होंने राजा के साथ आये स्त्रीरूपी सैनिकों का वृतान्त जानकर उन्हें किंपुरुषी (किन्नरी) होकर पर्वत के किनारे रहने का निर्देश दिया। उन्होंने आग्रह करके इल को एक वर्ष के लिये वहीं रोक लिया।

"एक मास पश्चात् इला ने इल के रूप में पुरुषत्व प्राप्त किया। अगले मास वे फिर नारी बन गये। इसी प्रकार यह क्रम चलता रहा और नवें मास में इला ने पुरुरवा को जन्म दिया। अन्त में इल को इस रूप परिवर्तन से मुक्ति दिलाने के लिये बुध ने महात्माओं से विचार विमर्श करके शिव जी को विशेष प्रिय लगने वाला अश्वमेघ यज्ञ कराया। इससे प्रसन्न होकर शिव जी ने राजा इल को स्थाई रूप से पौरुष प्रदान किया।"

श्री रामचन्द्र जी बोले, "हे महाबाहु! वास्तव में अश्वमेघ यज्ञ अमित प्रभाव वाला है।

- *अश्वमेघ यज्ञ का अनुष्ठान*

सब भाइयों के आग्रह को मानकर रामचन्द्र जी ने वसिष्ठ, वामदेव, जाबालि, कश्यप आदि ऋषियों को बुलाकर परामर्श किया। उनकी स्वीकृति मिल जाने पर वानरराज सुग्रीव को सन्देश भेजा गया कि वे विशाल वानर सेना के साथ यज्ञोत्सव में भाग लेने के लिये आवें। फिर विभीषण सहित अन्य राज-महाराजाओं को भी इसी प्रकार के सन्देश और निमन्त्रण भेजे गये। संसार भर के ऋषि-महर्षियों को भी सपरिवार आमन्त्रित किया गया। कुशल कलाकारों द्वारा नैमिषारण्य में गोमती तट पर विशाल एवं कलापूर्ण यज्ञ मण्डप बनाने की व्यवस्था की गई। विशाल हवन सामग्री के साथ आगन्तुकों के भोजन, निवास आदि के लिये बहुत बड़े पैमाने पर प्रबन्ध किया गया। नैमिषारण्य में दूर-दूर तक बड़े-बड़े बाजार लगवाये गये। सीता की सुवर्णमय प्रतिमा बनवाई गई। लक्ष्मण को एक विशाल सेना और शुभ लक्षणों से सम्पन्न कृष्ण वर्ण अश्व के साथ विश्व भ्रमण के लिये भेजा गया।

देश-देश के राजाओं ने श्रीराम को अद्भुत उपहार भेंट करके अपने पूर्ण सहयोग का आश्वासन दिया। आगत याचकों को मनचाही वस्तुएँ संकेतमात्र से ही दी जा रही थीं। उस यज्ञ को देखकर ऋषि-मुनियों का कहना था कि ऐसा यज्ञ पहले कभी नहीं हुआ। यह यज्ञ एक वर्ष से भी अधिक समय तक चलता रहा। इस यज्ञ में सम्मिलित होने के लिये महर्षि वाल्मीकि भी अपने शिष्यों सहित पधारे। जब उनके निवास की समुचित व्यवस्था हो गई तो उन्होंने अपने दो शिष्यों लव और कुश को आज्ञा दी कि वे दोनों भाई नगर में सर्वत्र घूमकर रामायण काव्य का

गान करें। उनसे यह भी कहा कि जब तुमसे कोई पूछे कि तुम किसके पुत्र हो तो तुम केवल इतना कहना कि हम ऋषि वाल्मीकि के शिष्य हैं। यह आदेश पाकर सीता के दोनों पुत्र रामायण का सस्वर गान करने के लिये चल पड़े।

- *लव-कुश द्वारा रामायण गान*

जब लव-कुश अपने रामायण गान से पुरवासियों एवं आगन्तुकों का मन मोहने लगे तब एक दिन श्रीराम ने उन दोनों बालकों को अपनी राजसभा में बुलाया। उस समय राजसभा में श्रेष्ठ नैयायिक, दर्शन एवं कल्पसूत्र के विद्वान, संगीत तथा छन्द कला मर्मज्ञ, विभिन्न शास्त्रों के ज्ञाता, ब्रह्मवेत्ता आदि मनीषि विद्यमान थे। लव-कुश को देखकर सबको ऐसा प्रतीत होता था मानो दोनों श्रीराम के ही प्रतिरूप हैं। यदि इनके सिर पर जटाजूट और शरीर पर वल्कल न होते तो इनमें और श्रीराम में कोई अन्तर दिखाई न देता। दोनों भाइयों ने अपराह्न तक प्रारम्भिक बीस सर्गों का गान किया और उस दिन का कार्यक्रम समाप्त किया। पाठ समाप्त होने पर श्रीराम ने भरत को आदेश दिया कि दोनों भाइयों को अट्ठारह हजार स्वर्ण मुद्राएँ दी जायें, किन्तु लव-कुश ने उसे लेने से इन्कार कर दिया और कहा कि हम वनवासी हैं, हमें धन की क्या आवश्यकता है? इससे श्रीराम सहित सब श्रोताओं को भारी आश्चर्य हुआ। उन्होंने पूछा, "यह काव्य किसने लिखा है और इसमें कितने श्लोक हैं?"

यह सुनकर उन मुनिकुमारों ने बताया, "महर्षि वाल्मीकि ने इस महाकाव्य की रचना की है। इसमें चौबीस हजार श्लोक और एक सौ उपाख्यान हैं। इसमें कुल पाँच सर्ग और छः काण्ड हैं। इसके अतिरिक्त उत्तरकाण्ड इसका सातवाँ काण्ड है। आपका चरित्र ही इस महाकाव्य का विषय है।"

यह सुनकर रघुनाथ जी ने यज्ञ समाप्त होने के पश्चात् सम्पूर्ण महाकाव्य सुनने की इच्छा प्रकट की। इस काव्य-कथा को सुनकर उन्हें पता चला कि कुश और लव सीता के ही सुपुत्र हैं।

- *भरत व लक्ष्मण के पुत्रों के लिये राज्य व्यवस्था*

यज्ञ की समाप्ति पर सुग्रीव, विभीषण आदि सहित राजाओं तथा ऋषि-मुनियों एवं निमन्त्रित जनों को अयोध्यापति राम ने सब प्रकार से सन्तुष्ट कर विदा किया। इसके पश्चात् उन्होंने राजकाज में मन लगाया। प्रजा का पालन करते हुये उन्होंने असंख्य यज्ञ एवं धार्मिक अनुष्ठान किये। उनके राज्य की महिमा दूर-दूर तक फैल रही थी। प्रजा सब प्रकार से सुखी और सम्पन्न थी पुत्रों एवं पौत्रों की समृद्धि एवं श्रद्धा से घिरी हुई माता कौसल्या ने इस संसार का त्याग किया। उनकी मृत्यु के पश्चात् कैकेयी, सुमित्रा भी परलोकगामिनी हो गईं।

भरत के पुत्र तक्ष और पुष्कल जब बड़े हुये तो कैकेयनरेश तथा भरत के मामा युधाजित ने श्रीराम के पास सन्देश भेजा कि सिन्धु नदी के दोनों तटों पर गन्धर्व देश बसा हुआ है। उस प्रदेश में गन्धर्वराज शैलूष अपने तीन करोड़ महापराक्रमी गन्धर्वों के साथ राज्य करते हैं। यदि आप उस प्रदेश को जीत कर सिन्धु देश के दोनों ओर के प्रान्तों को तक्ष और पुष्कल को सौंप दें तो अति उत्तम हो। कैकेय नरेश की आज्ञा को शिरोधार्य कर श्रीराम ने भरत को गन्धर्व देश पर आक्रमण का आदेश दिया। कैकेय नरेश युधाजित भी अपनी सेना लेकर भरत के साथ आ मिले।

दोनों सेनाओं ने मिलकर गन्धर्वों की राजधानी पर धावा बोल दिया। दोनों ओर की सेनाएँ भयंकर गर्जन-तर्जन करती हुई परस्पर युद्ध करने लगी। देखते-देखते समर भूमि में रक्त की नदियाँ बह गईं। सैनिकों के रुण्ड-मुण्ड उस शोणित-सरिता में जल-जन्तुओं की भाँति बहते दिखाई देने लगे। सात दिन तक यह भयानक युद्ध चलता रहा। अन्तिम दिन वीर भरत ने संवर्त नामक अस्त्र का प्रयोग करके गन्धर्व सेना का सर्वनाश कर दिया। इस प्रकार गन्धर्वों को परास्त कर भरत ने दो सुन्दर नगरों की स्थापना की। एक का नाम तक्षशिला रखा और तक्ष को वहाँ का राजा बनाया। दूसरे का नाम पुष्कलावत रखकर उस पुष्कल को सौंप दिया। नये अधिपतियों के शासन में दोनों नगरों ने अभूतपूर्व उन्नति की। पाँच वर्ष पश्चात् भरत अयोध्या लौट आये।

इसके पश्चात् श्रीरामचन्द्र ने भरत के परामर्श से लक्ष्मण के पुत्र अंगद के लिये कारूमथ में और चन्द्रकान्त के लिये चन्द्रकान्त नगर का निर्माण किया और उन्हें वहाँ का राजा बनाया। राजाकाज की समुचित व्यवस्था करने के लिये उन्होंने अंगद के साथ लक्ष्मण को और चन्द्रकान्त के साथ भरत को भेजा जो एक वर्ष तक वहाँ का समुचित प्रबन्ध करके अयोध्या लौट आये।

- *लक्ष्मण का परित्याग*

जब इस प्रकार राज्य करते हुये श्रीरघुनाथजी को बहुत वर्ष व्यतीत हो गये तब एक दिन काल तपस्वी के वेश में राजद्वार पर आया। उसने सन्देश भिजवाया कि मैं महर्षि अतिबल का दूत हूँ और अत्यन्त आवश्यक कार्य से श्री रामचन्द्र जी से मिलना चाहता हूँ। सन्देश पाकर

राजचन्द्रजी ने उसे तत्काल बुला भेजा। काल के उपस्थित होने पर श्रीराम ने उन्हें सत्कारपूर्वक यथोचित आसन दिया और महर्षि अतिबल का सन्देश सनाने का आग्रह किया। यह सुनकर मुनिवेषधारी काल ने कहा, "यह बात अत्यन्त गोपनीय है। यहाँ हम दोनों के अतिरिक्त कोई तीसरा व्यक्ति नहीं रहना चाहिये। मैं आपको इसी शर्त पर उनका सन्देश दे सकता हूँ कि यदि बातचीत के समय कोई व्यक्ति आ जाये तो आप उसका वध कर देंगे।"

श्रीराम ने काल की बात मानकर लक्ष्मण से कहा, "तुम इस समय द्वारपाल को विदा कर दो और स्वयं ड्योढ़ी पर जाकर खड़े हो जाओ। ध्यान रहे, इन मुनि के जाने तक कोई यहाँ आने न पाये। जो भी आयेगा, मेरे द्वारा मारा जायेगा।"

जब लक्ष्मण वहाँ से चले गये तो उन्होंने काल से महर्षि का सन्देश सुनाने के लिये कहा। उनकी बात सुनकर काल बोला, "मैं आपकी माया द्वारा उत्पन्न आपका पुत्र काल हूँ। ब्रह्मा जी ने कहलाया है कि आपने लोकों की रक्षा करने के लिये जो प्रतिज्ञा की थी वह पूरी हो गई। अब आपके स्वर्ग लौटने का समय हो गया है। वैसे आप अब भी यहाँ रहना चाहें तो आपकी इच्छा है।"

यह सुनकर श्रीराम ने कहा, "जब मेरा कार्य पूरा हो गया तो फिर मैं यहाँ रहकर क्या करूँगा? मैं शीघ्र ही अपने लोक को लौटूँगा।"

जब काल रामचन्द्र जी से इस प्रकार वार्तालाप कर रहा था, उसी समय राजप्रासाद के द्वार पर महर्षि दुर्वासा रामचन्द्र से मिलने आये। वे लक्ष्मण से बोले, "मुझे तत्काल राघव से मिलना है। विलम्ब होने से मेरा काम बिगड़ जायेगा। इसलिये तुम उन्हें तत्काल मेरे आगमन की सूचना दो।"

लक्ष्मण बोले, "वे इस समय अत्यन्त व्यस्त हैं। आप मुझे आज्ञा दीजिये, जो भी कार्य हो मैं पूरा करूँगा। यदि उन्हीं से मिलना हो तो आपको दो घड़ी प्रतीक्षा करनी होगी।"

यह सुनते ही मुनि दुर्वासा का मुख क्रोध से तमतमा आया और बोले, "तुम अभी जाकर राघव को मेरे आगमन की सूचना दो। यदि तुम विलम्ब करोगे तो मैं शाप देकर समस्त रघुकुल और अयोध्या को अभी इसी क्षण भस्म कर दूँगा।"

ऋषि के क्रोधयुक्त वचन सुनकर लक्ष्मण सोचने लगे, चाहे मेरी मृत्यु हो जाये, रघुकुल का विनाश नहीं होना चाहिये। यह सोचकर उन्होंने रघुनाथजी के पास जाकर दुर्वासा के आगमन का समाचार जा सुनाया। रामचन्द्र जी काल को विदा कर महर्षि दुर्वासा के पास पहुँचे। उन्हें देखकर दुर्वासा ऋषि ने कहा, "रघुनन्दन! मैंने दीर्घकाल तक उपवास करके आज इसी क्षण अपना व्रत खोलने का निश्चय किया है। इसलिये तुम्हारे यहाँ जो भी भोजन तैयार हो तत्काल मँगाओ और श्रद्धापूर्वक मुझे खिलाओ।"

रामचन्द्र जी ने उन्हें सब प्रकार से सन्तुष्ट कर विदा किया। फिर वे काल कि दिये गये वचन को स्मरण कर भावी भ्रातृ वियोग की आशंका से अत्यन्त दुःखी हुये।

अग्रज को दुःखी देख लक्ष्मण बोले, "प्रभु! यह तो काल की गति है। आप दुःखी न हों और निश्चिन्त होकर मेरा वध करके अपनी प्रतिज्ञा पूरी करें।"

लक्ष्मण की बात सुनकर वे और भी व्याकुल हो गये। उन्होंने गुरु वसिष्ठ तथा मन्त्रियों को बुलाकर उन्हें सम्पूर्ण वृत्तान्त सुनाया। यह सुनकर वसिष्ठ जी बोले, "राघव! आप सबको शीघ्र ही यह संसार त्याग कर अपने-अपने लोकों को जाना है। इसका प्रारम्भ सीता के प्रस्थान से हो चुका है। इसलिये आप लक्ष्मण का परित्याग करके अपनी प्रतिज्ञा पूरी करें। प्रतिज्ञा नष्ट होने से धर्म का लोप हो जाता है। साधु पुरुषों का त्याग करना उनके वध करने के समान ही होता है।"

गुरु वसिष्ठ की सम्मति मानकर श्री राम ने दुःखी मन से लक्ष्मण का परित्याग कर दिया। वहाँ से चलकर लक्ष्मण सरयू के तट पर आये। जल का आचमन कर हाथ जोड़, प्राणवायु को रोक, उन्होंने अपने प्राण विसर्जन कर दिये।

- *महाप्रयाण*

लक्ष्मण का त्याग करके अत्यन्त शोक विह्वल हो रघुनन्दन ने पुरोहित, मन्त्रियों और नगर के श्रेष्ठिजनों को बुलाकर कहा, "आज मैं अयोध्या के सिंहासन पर भरत का अभिषेक कर स्वयं वन को जाना चाहता हूँ।"

यह सुनते ही सबके नेत्रों से अश्रुधारा बह चली। भरत ने कहा, "मैं भी अयोध्या में नहीं रहूँगा, मैं आपके साथ चलूँगा। आप कुश और लव का अभिषेक कीजिये।"

प्रजाजन भी कहने लगे कि हम सब भी आपके साथ चलेंगे।

कुछ क्षण विचार करके उन्होंने दक्षिण कौशल का राज्य कुश को और उत्तर कौशल का राज्य लव को सौंपकर उनका अभिषेक किया। कुश के लिये विन्ध्याचल के किनारे कुशावती और लव के लिये श्रावस्ती नगरों का निर्माण कराया फिर उन्हें अपनी-अपनी राजधानियों को जाने का आदेश दिया। इसके पश्चात् एक द्रुतगामी दूत भेजकर मधुपुरी से शत्रुघ्न को बुलाया। दूत ने शत्रुघ्न को लक्ष्मण के त्याग, लव-कुश के

अभिषेक आदि की सारी बातें भी बताईं। इस घोर कुलक्षयकारी वृत्तान्त को सुनकर शत्रुघ्न अवाक् रह गये। तदन्तर उन्होंने अपने दोनों पुत्रों सुबाहु और शत्रुघाती को अपना राज्य बाँट दिया। उन्होंने सबाहु को मधुरा का और शत्रुघाती को विदिशा का राज्य सौंप तत्काल अयोध्या के लिये प्रस्थान किया। अयोध्या पहुँचकर वे बड़े भाई से बोले, "मैं भी आपके साथ चलने के लिये तैयार होकर आ गया हूँ। कृपया आप ऐसी कोई बात न कहें जो मेरे निश्चय में बाधक हो।"

इसी बीच सुग्रीव भी आ गये और उन्होंने बताया कि मैं अंगद का राज्यभिषक करके आपके साथ चलने के लिये आया हूँ। उनकी बात सुनकर रामचन्द्रजी मुस्कुराये और बोले, "बहुत अच्छा।"

फिर विभीषण से बोले, "विभीषण! मैं चाहता हूँ कि तुम इस संसार में रहकर लंका में राज्य करो। यह मेरी हार्दिक इच्छा है। आशा है, तुम इसे अस्वीकार नहीं करोगे।"

विभीषण ने भारी मन से रामचन्द्र जी का आदेश स्वीकार कर लिया। श्रीराम ने हनुमान को भी सदैव पृथ्वी पर रहने की आज्ञा दी। जाम्बवन्त, मैन्द और द्विविद को द्वापर तथा कलियुग की सन्धि तक जीवित रहने का आदेश दिया।

अगले दिन प्रातःकाल होने पर धर्मप्रतिज्ञ श्री रामचन्द्र जी ने गुरु वसिष्ठ जी की आज्ञा से महाप्रस्थानोचित सविधि सब धर्मकृत्य किये। तत्पश्चात् पीताम्बर धारण कर हाथ में कुशा लिये राम ने वैदिक मन्त्रों के उच्चारण के साथ सरयू नदी की ओर प्रस्थान किया। नंगे पैर चलते हुये वे सूर्य के समान प्रकाशमान मालूम पड़ रहे थे। उस समय उनके दक्षिण भाग में साक्षात् लक्ष्मी, वाम भाग में भूदेवी और उनके समक्ष संहार शक्ति चल रही थी। उनके साथ बड़े-बड़े ऋषि-मुनि और समस्त ब्राहमण मण्डली थी। वे सब स्वर्ग का द्वार खुला देख उनके साथ चले जाते थे। उनके साथ उनके राजमहल के सभी आबालवृद्ध स्त्री-पुरुष भी चल रहे थे। भरत व शत्रुघ्न भी अपने-अपने रनवासों के साथ श्रीराम के संग-संग चल रहे थे। सब मन्त्री तथा सेवकगण अपने परिवारों सहित उनके पीछे हो लिये। उन सबके पीछे मानो सारी अयोध्या ही चल रही थी। मस्त ऋक्ष और वानर भी किलकारियाँ मारते, उछलते-कूदते, दौड़ते हुये चले। इस समस्त समुदाय में कोई भी दुःखी अथवा उदास नहीं था, बल्कि सभी इस प्रकार प्रफुल्लित थे जैसे छोटे बच्चे मनचाहा खिलौना पाने पर प्रसन्न होते हैं। इस प्रकार चलते हुये वे सरयू नदी के पास पहुँचे।

उसी समय सृष्टिकर्ता ब्रहमाजी सब देवताओं और ऋषियों के साथ वहाँ आ पहुँचे। श्रीराम को स्वर्ग ले जाने के लिये करोड़ों विमान भी वहाँ उपस्थित हुये। उस समय समस्त आकाशमण्डल दिव्य तेज से दमकने लगा। शीतल-मंद-सुगन्धित वायु बहने लगी, आकाश में गन्धर्व दुन्दुभियाँ बजाने लगे, अप्सराएँ नृत्य करने लगीं और देवतागण फूल बरसाने लगे। श्रीरामचन्द्रजी ने सभी भाइयों और साथ में आये जनसमुदाय के साथ पैदल ही सरयू नदी में प्रवेश किया। तब आकाश से ब्रहमाजी बोले, "हे राघव! हे विष्णु! आपका मंगल हो। हे विष्णुरूप रघुनन्दन! आप अपने भाइयों के साथ अपने स्वरुपभूत लोक में प्रवेश करें। चाहें आप चतुर्भुज विष्णु रूप धारण करें और चाहें सनातन आकाशमय अव्यक्त ब्रहमरूप में रहें।"

पितामह ब्रहमा जी की स्तुति सुनकर श्रीराम वैष्णवी तेज में प्रविष्ट हो विष्णुमय हो गये। सब देवता, ऋषि-मुनि, मरुदगण, इन्द्र और अग्नदेव उनकी पूजा करने लगे। नाग, यक्ष, किन्नर, अप्सराएँ तथा राक्षस आदि प्रसन्न हो उनकी स्तुति करने लगे। तभी विष्णुरूप श्रीराम ब्रहमाजी से बोले, "हे सुव्रत! ये जितने भी जीव स्नेहवश मेरे साथ चले आये हैं, ये सब मेरे भक्त हैं, इस सबको स्वर्ग में रहने के लिये उत्तम स्थान दीजिये। ब्रहमा जी ने उन सबको ब्रहमलोक के समीप स्थित संतानक नामक लोक में भेज दिया। वानर और ऋक्ष आदि जिन-जिन देवताओं के अंश से उत्पन्न हुये थे, वे सब उन्हीं में लीन हो गये। सुग्रीव ने सूर्यमण्डल में प्रवेश किया। उस समय जिसने भी सरयू में डुबकी लगाई वहीं शरीर त्यागकर परमधाम का अधिकारी हो गया।

॥उत्तरकाण्ड समाप्त॥

•

इस पुस्तक को खरीदने और पढ़ने के लिए धन्यवाद आपका दिन शुभ हो साभार : श्री विवेक कुमार पांडे शंभुनाथ